관광학원론

PRINCIPLES OF TOURISM

머리말

본서의 전(前)판을 출판할 때 다음 판에서는 전면적인 개정을 하겠다고 독자들과 약속을 하였는데, 그 약속을 지켜 아주 기쁜 마음이다. 이 전면 개정을 위해 많은 시간을 투자해 주신 본서의 공동저자 중의 한 분이신 조태영 교수님께 심심한 감사의 말씀을 전하고 싶다.

모든 교재가 그러하듯이, 집필에는 저자들의 철학이 들어가 있다. 그러한 철학 중의 하나가 학문의 트렌드를 반영하는 것이다. 이러한 트렌드는 학문에 대한 사회의 수요에 의거하는데, 본 개정판에서는 사회 수요에 의거한 학문 트렌드를 바탕으로 본서 전(前)판의 내용을 대폭 개정하였다. 독자들에게 많은 도움이 되었으면 하는 바람이다.

본서는 총 14 Chapter로 구성되는데, Chapter 1 「관광의 이해」에서 Chapter 5 「문화관광」까지는 관광의 공통적인 현상을, Chapter 6 「관광자원 및 관광개발」에서 Chapter 8 「관광마케팅」까지는 관광경영의 자원 활용적인 측면을, Chapter 9 「여행업의 이해」에서 Chapter 13 「테마파크와 리조트」까지는 관광 사업 경영을, Chapter 14 「의료관광」은 새로운 추세를 반영하였다.

본서를 접하는 독자들은 대학 및 대학교에서의 한 학기가 16주로 이루어지고, 중간고사와 기말고사 주를 포함하는 만큼 이것을 감안하여 각 Chapter에 대해서 강의를 수행하면 될 것이다.

본서를 만드는데 여러분들이 도움을 주셨다. 이 지면을 빌려 감사를 드린다. 특히 약 15년 전으로 올라가는 본서의 초창기부터 관여를 해 오신 임순재 사장님과 이하 임직원 여러분께 깊은 감사를 드린다.

마지막으로 본서를 만드는데 있어 저자들은 최선을 다하였으나, 부족한 것이 많을 것으로 사료된다. 그러한 부부에 대해서 기탄없는 조언을 부탁드린다.

2016년 7월

저자 일동

CONTENTS

Chapter 01 관광의 이해

Chapter 02 관광역사의 이해

CONTENTS

CONTENTS

Chapter 04 관광과 여가

Chapter 05 문화관광

CONTENTS

Chapter 12 카지노 사업

Chapter 13 테마파크와 리조트

MEMO

Chapter 01

관광의 이해

학습목표

- 관광의 어원에 대한 이해
- 관광의 개념에 대한 이해
- 관광객에 대한 이해
- 관광 구조에 대한 이해
- 관광의 분류에 대한 이해
- 관광학 연구의 성립배경에 대한 이해
- 관광학 연구의 접근방법에 대한 이해

제1절

관광의 개념

현대 사회의 사람들이 즐기는 것들 중의 하나는 여행과 관광이다. 세상의 거의 모든 발명과 혁신들이 어떤 식으로든 사람들의 여행 증가에 기여해 왔다. 오늘날 사람들은 세계 도처의 이국적인 곳들을 방문하거나 했던 것을 일상생활 속의 대화에서 이야기하고 있다. 세계의 각 지역에서 온 사람들은 여행 중에 다른 세계의 각 지역에서 이미 만난 경험이 있는 사람들과 만난다. 이제 세계는 국가와 지역사회들이 서로 접촉하는 장소가 되었으며, 이러한 접촉이 이루어지는 주된 방법 중의 하나가 관광인 것이다.

1 관광의 어원

동양에서의 관광의 어원은 周나라B.B 12세기~13세기의 易經역경 또는 周易주역이라는 서적에서 "觀國之光관국지광이니 利用賓于王이용빈 우왕"이라는 구절에서 그 유래를 찾을 수 있다. 그 해석은 다양하나 한 나라의 훌륭한 문물文物, 制度제도, 風習풍습을 소개하고 동시에 그 나라의 문물을 관찰觀한다는 것은 빈객으로서 접대 받기에 적합하다라는 의미로 해석할 수 있다. 즉, 관광은 다른 나라의 문물을 살펴보러 오는 손님을 한 나라의 임금을 모시는 것과 같이 환대했다는 의미이다.

서양에서의 관광의 어원은 영국에서 그 기원을 찾아볼 수 있다. 영어의

tourism은 tour에 학설, 주의, 사상 등을 의미하는 접미사 'ism'이 붙어 완성된 용어이다. tour의 어원은 라틴어의 'tornus'순회하다로, 여러 나라를 유람한다는 의미를 내포하고 있다. 관광현상이 사회발전과 경제발전에 따라 급속도로 현대사회의 한 현상으로 자리 잡게 되어 가는 과정에서 개별적인 의미의 Tour나 Tourist를 대신하여 Tourism으로 발전하게 되었다. Touring 대신에 Tourism을 사용한 것은 현대사회에서 관광이란 현상이 모든 사람들에게 중요하게 인식되고, 관광사업 및 시설이 체계화되면서 자연스럽게 발생된 용어라고 할 수 있다.

표 1-1 관광의 어원

	내용	
동양에서의 어원동양	周易易經 : 觀國之光 利用賓于王관국지광 이용빈우왕 象傳상전 : 觀國之光 尙賓也관국지광 상빈야	■ 타국의 광화를 보기 위해 여러나라를 순회 · 여행하는 이동의 개념 ■ 타국을 순방하여 그 나라의 토지, 풍속, 제도, 문물의 관찰이라는 견문의 확대 의미 ■ 治國大道 의 설계라는 행정목적
서양에서의 어원서양	Tourism : 짧은 기간동안의 여행을 뜻하는 Tour의 파생어인 Tornus돌다에서 기원	■ 다른 지역의 제도 · 풍습 · 자연 등을 느끼고 배우며 견문하는 견문확대의 개념 ■ 피로회복을 위한 휴양행위를 수반

2 관광의 일반적인 개념

크리펜도르프Jost Krippendorf는 여가를 산업 사회의 중요한 영향력 중의 하나라고 규명했다. 그는 산업 사회에서의 사람은 일, 거주지, 여가의 세 가지에 관심을 갖는다고 지적했다. 산업 사회는 이러한 관심들과 상관되는 가치, 경제, 정부, 환경이나 자원 등의 네 가지 하부 시스템으로 구성된다고 이해할 수 있다. 즉, 가치는 부와 소비를 강조한다. 경제는 초기업supercompany과 부의 축적으로 발전할 수 있다. 환경은 한정되거나 무한한 자원을 가진 것으로 취급할 수 있다. 정부의 정책은 그 국민의 생활에 직접적인 영향을 미칠 수 있다.

크리펜도르프의 분석에 의하면 사람들은 자신들의 일과 가정생활을 더 잘 견디기 위해서 여행하는 것으로 나타났다. 또한 현 사회는 더 이상 일을 위해 존재하는 사회가 아니라는 대중들의 생각을 나타내고 있으며, 후기 산업 사회는 다음과 같은 사회가 될 것이라고 논평했다.

> 삶의 기교와 질이 생활 기준보다 우선된다. 자유, 참여, 자치, 자기실현 욕구와 같은 가치가 욕구 5단계에서 우선시된다. 전문 경력, 안전, 봉급 등이 중요성을 잃는다. 사람은 돈과 소유물을 과다할 정도로 충분히 가지고 있지만 시간은 충분하지 않다는 것을 깨닫기 시작한다. 살아갈 시간도 없다. 사람들은 시간의 의미를 다시 찾아가고 있다.
>
> Krippendorf, 1986: 517–532

크리펜도르프는 비록 여행이 그 성격상 사회가 변함에 따라 같이 변할지라도 관광이 더 나은 삶을 향한 욕구에 기여할 것이고, 더 나은 사회를 만드는 데 도움이 될 것이라는 말로써 결론짓고 있다.

관광을 더 잘 이해하기 위해서는 이 분야의 참여자들이 지닌 다양한 견해들을 고려해 볼 필요가 있다. 이러한 다양한 견해들은 관광분야의 참여자인 관광객, 관광사업체, 관광목적국 정부, 그리고 관광목적국 지역사회가 각각 가지고 있으며 다음과 같이 설명된다.

① 관광객

관광객은 여행으로 인해 충족되는 일련의 욕구와 욕망을 지닌다. 이러한 욕구와 욕망은 관광객의 시간, 돈, 문화적 배경 및 사회적 특성에 따라 다양하다. 관광객들의 욕구와 특성은 선정된 목적지와 그곳에서의 활동을 결정하는 데 영향을 미친다.

② 관광사업체

교통편에서 도움이 되든지 목적지에서 도움이 되든지 관광객의 욕구와 욕망을 충족시킬 수 있는 제품과 서비스를 제공할 기회를 갖는다. 관광산업은 교통,

숙박, 쇼핑, 이벤트 등으로 나누어지며 각 구성부문들은 국제선 공항의 면세점으로부터 시작해 축제, 호텔, 테마파크에 이르기까지 고도로 조직화되어 있다.

③ 관광목적국 정부

관광목적국 정부는 소득, 직업 및 세제 수입 등에 해당하는 관광의 직·간접적인 파급효과를 중요하게 다루고 있다.

④ 관광목적국 지역사회

관광이 긍정적이든 부정적이든 간에 가장 큰 영향을 미치는 것은 해당 지역사회이다. 관광객들은 지역주민들로 하여금 소득, 직업, 문화적 상호작용뿐만 아니라 환경에 대해서도 관심을 가지게 한다.

위의 네 가지 참여자들이 다양하고 복잡한 견해를 가지고 있기 때문에 이들의 상호작용으로 복잡성이 증가되며 동시에 세계를 더욱 가깝고 동질적인 것으로 되게 한다.

3 관광과 관광객의 정의

관광을 더 잘 이해하기 위해 세계 관광의 복잡성과 중요성에 입각한 정의가 필요하다. 즉, 관광은 관광객, 관련업체, 관광목적국 정부 및 관광목적극 지역사회들의 상호작용에서 발생하는 모든 연관의 총체라고 정의할 수 있다McIntosh, Goeldner and Ritchie 1995: 10.

한편 로빈손H. Robinson은 관광객을 주거지가 아닌 곳에서 하루 이상 여행하는 사람이라고 정의했고Robinson, 1976: 54, 영G. Young은 보다 넓은 의미로 집으로부터 멀리 떨어져서 여행하는 사람이라고 정의하였다Young, 1973: 1.

영국 서레이Surrey대학의 호텔·케이터링·관광 경영학과에서는 보다 넓은 관점에서 "관광은 보통 살고 일하는 곳이 아닌 목적지로의 일시적·단기적으로 머무르는 사람들의 이동과 이러한 목적지에서 체류기간 동안의 활동"을 나타낸다. 이와 같은 이동의 대부분은 그 특성상 국제적이며 여가 행위로 구성된다 Hudman and Hawkins, 1989:4. 부카트와 메드릭A. J. Burkart and S. Medlik은 일상적인 거주 장소 및 근무지가 아닌 곳으로의 일시적 여행 및 체재를 관광이라 정의할 수 있다고 제시했다Burkart and Medlik, 1981: 41–45.

이와 같이 관광에 대해 정의가 다양하다는 것은 그 주제가 얼마나 복잡한지에 대한 증거를 제시하는 것이다. 1937년 국제연맹League of Nations은 관광자료 수집의 중요성을 파악하여, 관광객은 거주지가 아닌 다른 지역에서 24시간 혹은 그 이상의 기간 동안 여행하는 사람들로 간주되어야 한다고 제안했다. 국제연맹League of Nations에 의해 권한을 부여받은 한 위원회는, 관광객을 즐거움, 건강, 가정 문제 등으로 여행하는 사람, 국제회의를 위해 여행하는 사람, 사업 목적을 위해 여행하는 사람, 체류기간에 상관없이 대개 24시간 이내에 해양 유람선으로 어떤 나라에 도착하는 사람들로 간주했다. 관광객으로 간주되지 않는 사람들은 어떤 지역에서 일하거나, 거주하거나 또는 학교에 다니기 위해 입국하는 사람들의 경우였다. 또한 인근의 국가에서 일하며 국경 근처에서 거주하거나 지속적으로 어떤 나라를 통과하는 사람들도 관광객으로 간주되지 않았다. 그리고 1963년 로마 국제연합회의United Nations Conference에서 관광객에 대한 정의는 다음과 같이 개정되었다. "방문객visitor"이란 용어는 방문하는 국가에서 생업목적이 아닌 아래와 같은 이유로 어떤 나라를 방문하는 사람을 이르는 말이며, 다음과 같이 크게 두 범주로 나누어진다Mill, 1992: 8.

1. 방문대상국에서 24시간 이상을 체류하며 여행목적은 다음과 같다.
    - 여가, 레크리에이션, 휴가, 운동, 건강, 공부, 종교 등
    - 사업, 가족방문, 친구방문, 임무, 회의 등
2. 유람여행자excursionist는 방문대상국에서 24시간 이내 체류하는 유람선 승객을 포함한 일시적인 방문자를 의미한다.

유람여행자의 경우 숙박에 관련된 소비액은 적으나 교통수단 및 쇼핑시설과 관련된 소비액은 훨씬 높은 것으로 나타나 이와 같이 구분하는 것은 중요하다.

관광객tourist이라는 용어는 24시간 이상 체재하는 사람에게 해당되는데, 이 정의는 방문객이 목적국에서 이익 추구를 목적으로 한 사업이 아닌 경우나 순수

관광의 목적에서 여행할 경우의 관광객의 범주에 포함된다.

한편 흔히 사용되는 또 다른 용어인 여행travel의 경우 일부 학자들이 여행과 관광tourism의 명확한 분류를 규정지으려 노력하고 있으나 유사어로 사용되고 있다. 그러나 미국관광정보센터USTDC의 한 관계자는 여행자traveller라는 용어를 '집에서 적어도 100마일 이상 떨어진 곳을 여행하고 되돌아가는 사람'이라고 정의를 내렸다Hudman and Hawkins, 1989: 5.

관광이라는 용어는 정부기관에서 더욱 인기를 얻게 되어 미국이나 캐나다의 여러 주 정부들과 많은 국가들이 기관명에 관광이란 용어를 사용하고 있으며, 영국관광공사British Tourist Authority, 미국관광청U.S. Travel and Tourism Administration, 세계관광기구World Tourism Organization 등이 그 실례이다. "여행자"라는 용어는 대체로 위락과 사업업무 모두를 포함하는 보다 포괄적인 의미를 지니는 데 반해, "관광객"이란 용어는 일상적으로 특정 종류의 위락여행과 결부되어 사용된다.

이상의 정의들에는 세 가지 공통된 요소들이 있다. 그러한 요소들은 ① 출발지와 목적지 혹은 그 이상의 장소 사이의 이동, ② 이동의 목적, ③ 시간 범위 등을 포함하고 있다. 대부분의 관광관련 조직들은 관광으로 인정하기에 필요한 출발지와 목적지 간의 최소한의 거리를 정해 놓았다.

관광객에 대한 정의들은 여행수단을 포함한다. 미국관광정보센터는 관광객의 정의에 비행기, 기차, 업무여행 그리고 통근시 학생들이 사용하는 공공교통수단은 포함하나 승무원Operation Crew의 여행은 제외한다. 일반적으로 관광객에 대한 정의들은 상용출장객이나 임시노동자, 학생, 그리고 이민자를 포함한다.

방문객이 한 지역 내에 머무르는 시간은 24시간 미만과 24시간 이상의 두 가지로 나누어진다. 그러나 기본개념으로서 관광객이나 여행자는 여행으로 정의된 목적을 성취하기 위해 해당지역을 방문한 후 다시 그들의 출발지인 거주지로 돌아가게 된다Chadwick, 1986: 47-62.

4 관광의 구조

관광구조는 2체계론과 3체계론으로 나누어서 설명할 수 있다. 초기에는 관광을 관광주체인 관광자와 관광객체인 관광대상관광자원의 상호작용에 초점을 맞춘 관광구조의 2체계론으로 시작되어 현재는 3체계론 등으로 세분화 되었다. 그러나 관광구조가 2구조 혹은 3구조이든 관광을 구성하고 있는 요소들은 하나의 전체를 구성하는 부분들이기 때문에 서로 독립적 · 상호작용적 특성을 지니고 있다.

1) 관광구조의 2체계론

관광구조 2체계론은 배출요인과 흡입요인으로 구성된 구조이며 두 요인간의 상호작용을 강조하는 구조이다. 배출요인은 관광주체인 관광객으로 하여금 관광을 하도록 하는 요인을 말하는데 개인적 요인성별, 소득, 교육수준 등 뿐만 아니라 사회적, 심리적 동기를 포함한다. 흡입요인은 관광객을 유인할 수 있는 관광자원의 매력을 의미한다. [그림1-1]은 관광주체, 관광객체, 배출요인 그리고 흡입요인의 상호관계성을 표현하였고, [표1-2]는 학자들의 관광에 대한 배출요인과 흡입요인을 요약하였다.

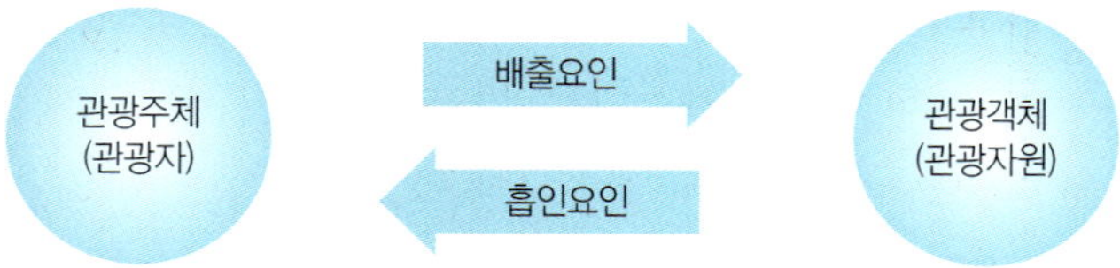

❙그림 1-1❙ 관광구조 2체계론

❙표 1-2❙ 관광배출 및 흡인요인

학 자 명	배 출 요 인	흡 입 요 인
Crompton(1979)	사회 및 심리적 동기	문화적 동기
Wahab(1975)	내적요인, 비합리적 요인	외적요인, 합리적 요인
Hudman(1980)	건강. 호기심, 스포츠, 오락, 사업 등	문화유적, 기후, 야생동물, 오락시설

자료: 박호표, 「신관광학의 이해」, 학현사, 2004, p.671.

2) 관광구조의 3체계론

베르네커Bernecker, 1962는 관광주체와 관광객체를 연결하는 관광사업혹은 기업의 역할과 중요성을 간과하고 있다면서 관광주체 - 관광매체 - 관광객체로 이어지는 관광구조의 3체계론을 주장하여 관광구조의 기본체계를 형성하게 되었다.

관광구조의 3체계론은 관광주체관광자와 관광객체관광대상의 상호작용 속에서 매개체역할을 수행하는 관광사업자의 필요와 그 역할이 강조됨에 따라 관광객체부문에서 관광매체를 독립시켜 관광구조체계를 명확히 한 것이다(그림 1-2 참조).

관광주체는 관광을 하는 사람 또는 관광을 행하는 주체를 말한다. 또한 관광객체는 관광자를 유인하는 관광대상혹은 관광매력물인 동시에 관광객의 욕구를 충족시켜 주는 역할을 한다. 마지막으로 관광매체는 관광주체와 관광객체를 연결시켜주면서 관광주체가 요구하는 관광서비스를 제공하고, 관광객체인 관광 매력물에게는 관광개발과 진흥을 촉진시키는 역할을 수행한다.

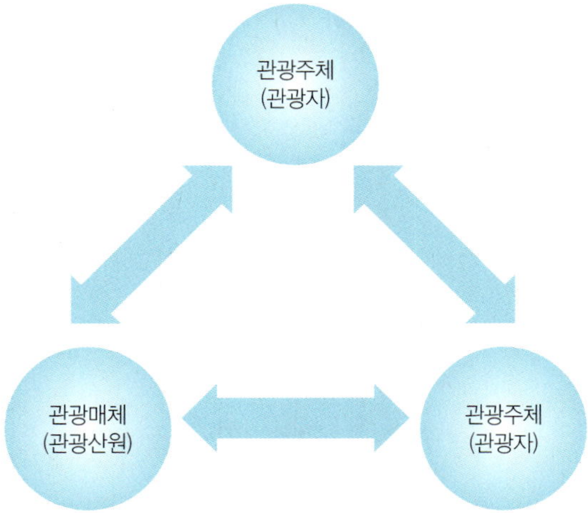

자료 : Bernecker. (1962). Grundlagenlehre des Fremdenverkrbr.

그림 1-2 관광구조 3체계론

3) 기타 관광구조 체계론

관광구조의 체계는 관광현상의 복잡성으로 인하여 점점 세분화 되고 있다.

Gunn[1974]의 기능적 관광시스템 이론은 현대사회 구조체계를 적절히 반영한 것으로 인식되고 있는데, Gunn은 관광현상을 기능적 체계로 인식하고 그의 구성요소로서 관광자[Tourist], 교통기관[Transportation], 매력물[Attraction], 서비스 및 시설[Service–facility], 정보 및 지도[Information–direction] 등 5가지를 제시하고 있다. 박호표[2004]는 베르네커[Bernecker, 1962]의 3체계론과 군[Gunn, 1974]의 기능적 시스템 이론을 바탕으로 현대적 관광구조체계의 구성 요소를 관광자, 교통, 정보 · 촉진, 관광 매력물, 부대시설, 기반시설 등의 6가지 요소로 분류하였다(그림 [1-3] 참조).

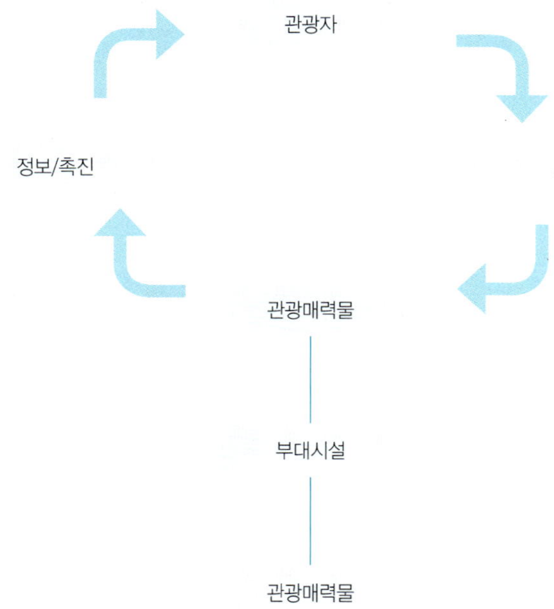

그림 1-3 현대적 관광구조 체계

5 관광의 분류

관광의 분류는 국적과 국경에 의한 분류, 관광목적에 의한 분류, 지역에 의한 분류, 관광활동 유형에 의한 분류, 여행기간에 의한 분류로 나누어 설명할 수 있다. 각 유형에 의한 분류를 살펴보면 다음과 같다.

1) 국적과 국경에 의한 분류

관광은 국적과 국경을 기준으로 국내관광Domestic tourism과 국제관광International tourism으로 분류된다. 국내관광이 관광자객의 이동 공간이 자국의 영토 내에서 이루어지는 관광행위를 말한다면, 국제관광은 관광자의 이동 공간이 자국 또는 특정국가의 국경을 넘어 이루어지는 관광행위를 말한다. [표 1-3]은 국적과 국경에 의한 분류를 나타낸 것이다.

| 표 1-3 | 국적과 국경에 의한 관광분류

국경 / 국적	국 내	국 외
내국인 국적	내국인 국내관광Domestic tourism	내국인 국외관광Outbound tourism
외국인국적	외국인 국외관광Inbound tourism	외국인제3국관광Overseas tourism

자료 : 김병용, 「관광학원론」, 한올출판사, 2012, p.13.

2) 관광목적에 의한 분류

관광행위는 순수한 관광만을 목적으로 하는 경우와 두 가지 이상의 목적으로 관광을 하는 겸목적 관광으로 나눌 수 있다. 순수목적 관광은 개인의 오락, 휴양, 레크리에이션, 견문확대 등의 목적으로 관광을 하는 것을 말하고, 겸목적 관광은 두 가지 이상의 목적을 가지고 관광활동을 하는 것을 의미한다. 그러나 실제로는 겸목적 관광도 순수목적 관광을 겸하게 되는 경우가 대부분이다.

순수목적 관광의 예로는 유적지 답사, 수학여행, 유람여행, 휴양여행 · 보건여행 · 요양여행 등이 있을 수 있고, 겸목적 관광의 예로는 비즈니스와 관광, 회의와 관광, 종교관광, 쇼핑관광, 의료관광 등이 있다.

3) 지역구분에 의한 분류

지역구분에 의한 관광의 분류는 일정한 지역 내에서 이루어지는 역내관광Intra-regional tourism과 지역간을 이동하여 관광을 하는 역외관광Inter-regional tourism으로 구분할 수 있다.

세계관광기구에 따르면 역내관광은 특정지역에 속해 있는 관광자가 그 지역

내의 다른 국가로 이동하는 여행형태라고 정의하였고, 역외관광은 특정지역내 속해 있는 한국가의 관광자가 다른 지역내 다른 국가로 이동하는 여행형태를 말한다. 예컨대 역내관광의 경우 한국인이 아시아 지역동일 대륙내의 일본이나 중국을 여행하는 행위를 여행하는 형태를 말하고, 역외관광은 한국인이 유럽지역타대륙의 국가ex : 영국나 미주지역의 국가ex : 미국를 여행하는 행위를 말한다.

4) 관광활동 유형에 의한 분류

관광활동유형에 따라 유동형혹은 주유형 관광, 체재형 관광, 목적형 관광으로 구분된다. 첫째, 유동형 관광은 여러 관광지관광대상를 경험하며 돌아다니는 관광활동을 말한다. 예를들어 자연탐방, 드라이브 등과 같이 자연관찰지역이나 역사 · 문화자원을 대상으로 하는 관광활동이다. 둘째, 체재형 관광은 한 관광지에서 일정기간 체류하는 유형의 관광형태이다. 이러한 관광의 형태에는 휴양 · 보양 · 수련캠프 등 숙박시설이 완비된 종합휴양지를 대상으로 한 숙박관광형태의 관광활동이다. 마지막으로 목적형 관광은 온천욕, 피크닉, 골프, 등산 등 구체적인 목적을 가지고 관광하는 활동유형을 말한다.

5) 여행기간에 의한 분류

관광기간을 기준으로 구분할 경우 당일관광과 숙박관광으로 구분할 수 있다. 당일관광은 관광목적지에서 1박 이상을 체류하지 않고 출발 당일 거주지로 되돌아오는 행태의 관광을 말한다. 그러므로 관광코스가 단순하다.

숙박관광은 관광지에서 최소한 1박 이상을 체류하는 형태로 단기 숙박관광과 장기 숙박관광으로도 분류할 수 있다. 장기 숙박관광은 일주일 이상의 숙박관광을 말하는데, 여행기간이 길어짐에 따라 다양한 관광코스를 선택하며 많은 경비가 필요하다.

제2절

관광학 연구의 성립배경과 접근방법

관광이 한 국가의 사회 · 경제 · 문화 등 국가 전반에 미치는 효과가 막대해 짐에 따라 관광관련 현상을 규명하려는 노력이 "관광학"이란 새로운 학문을 탄생시켰다. 관광학의 연구 대상은 관광의 경제적 현상뿐만 아니라 사회적, 심리적, 지리적, 문화적, 환경적 현상 등을 포함한다. 본 절에서는 관광학 연구의 성립배경과 연구방법에 대하여 살펴보고자 한다.

1 관광학 연구의 성립배경

관광학이란 학문의 역사는 다른 사회과학 분야에 비해 오래되지 않았다. 관광이 특권계층의 소유물이었던 시대에는 관광에 대한 과학적인 연구의 필요성을 별로 느끼지 못하였지만 근대 산업사회가 등장하면서 관심을 갖기 시작하였고, 근대산업사회 등장에 의한 개인의 여가시간증대와 여가활용에 대한 제도적 뒷받침으로 오늘날과 같이 대중관광이 실현되었고 또한 가치관 변화에 의한 생활양식의 변화로 인해 관광은 모든 사람들에 있어 큰 관심사가 되었다.

관광학의 성립배경의 첫 번째는 여가시간의 문제가 현실적인 인간의 기본적인 욕구로 등장하면서부터 대두되었다. 인간의 노동력이 기계화로 대체되면서 여가시간이 급속하게 증가하였다. 그로인해 근로시간이 단축되었고 궁극적으로 점차 많은 여가시간을 갖게 되었다. 이러한 변화 속에서 학자들은 인간 생활에 있어서의 여가동기, 여가 성장 배경, 여가의 사회적 효과 등에 관심을 갖기 시작하였다.

두 번째로 개인의 가치관 변화를 들 수 있다. 노동 생산성의 향상을 최고의 목표로 삼았던 시기에서 산업화가 고도화 되어감에 따라 노동과 관광의 관계는 변화하기 시작하였고, 오히려 노동보다는 여가시간과 활동이 중심이 되는 사회로 변화되었다. 다시말해 노동에 대한 가치는 높게 평가되고 관광은 매우 부정적으로 평가 되었던 시기에서 관광에 대한 가치가 점차 증대되어 관광과 노동의 대등한 가치평가로 이어졌고 결국 대중관광시대를 열게 만드는 계기가 되었다.

2 관광학의 접근방법

관광을 기술하기 위해 어떤 주된 철학과 방법론이 연계망 또는 시스템으로서 이용되어진다 하더라도 관광은 완전히 복합적인 학문분야이다. 따라서 관광에 관한 연구와 학교의 교육 · 훈련 프로그램에는 상당한 학술 지향성이 존재하여 관광현상과 환대과정hospitality process이라는 두 가지 주요 부문으로 구성된다 Hudman and Hawkins, 1989: 6.

[그림 1-4]은 관광과 관련된 학문들을 예시함으로써 관광이 다학제적 학문으로 묘사되어질 수 있음을 나타내고 있다. 오늘날 관광객과 학자들의 관광에 대한 관심증가로 학부, 단과대학, 종합대학교의 관광과 관련된 교육프로그램은 급속한 속도로 증가하고 있다. 이러한 교육프로그램들은 지리학에서 경영학에 이르기까지 광범위한 부문에서 발견된다. 일부 교육기관의 경우 경영대학이나 인문대학 혹은 사회과학대학 내에 관광관련 학과가 설치되어 있다. 관광과 관련된 연구논문들은 [그림 1-4]에 나타난 각 분야의 전문학술연구지에 발표되고

있다.

한편 환대과정에서 중심단어는 호스팅hosting, 즉 관광객에 대한 환영을 느낄 수 있게 하는 능력이다. 영국 서레이Surrey대학의 필립 나이론Philip Nailon 교수는 전문적인 환대란 "심리학적 및 육체적인 안락과 금전에 대한 안전을 제공하는 것"으로 정의하였다Nanninga and Reuland, 1985: 5. 환대분야에서 특별한 요소는 가정에서 찾을 수 있는 안락성을 제공하는 것이다. 잠재 여행객이 크게 두려워하는 것은 음식의 형태, 가용 숙박시설의 조건 및 개인적인 안락의 제공 여부이며 환대과정에서 이러한 것들이 제공된다. 헤이그 호텔 스쿨The Hague Hotel School은

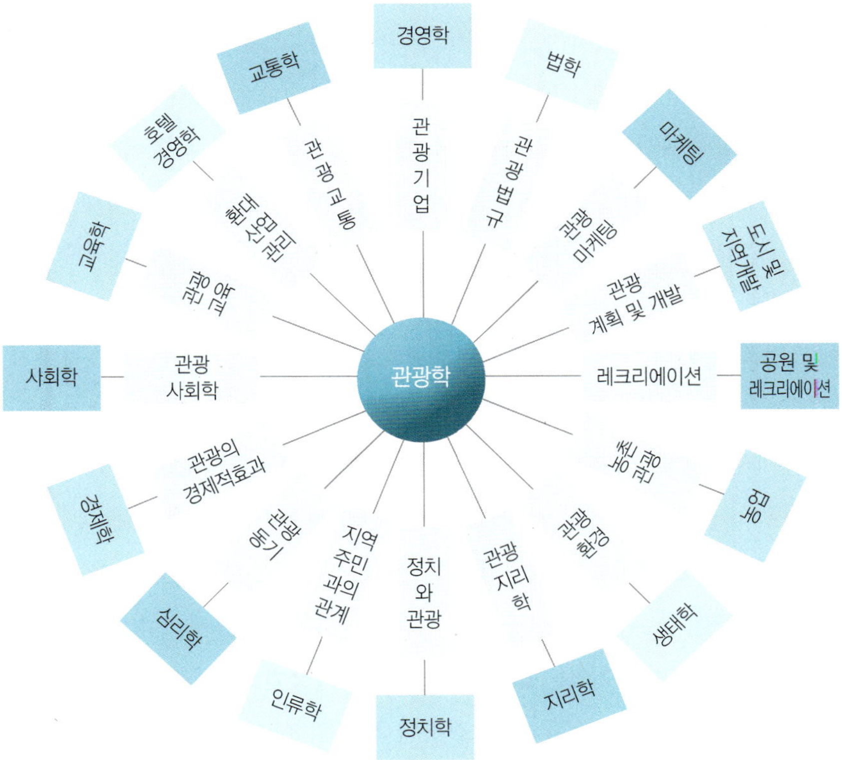

자료 : Jafar Jafari and J. R. Brent Ritchie, "Towards a Framework for Tourism Education : Problems and Prospects", Annals of Tourism Research, Vol. 8, No.1(1981).

그림 1-4 관광학의 접근방법

환대산업의 3가지 주요한 요소들로 환대 또는 관광제품제공자, 고객 또는 관광객수용자 그리고 제공자에서 수용자까지 환대의 이전으로 구별하고 있다Hudman and Hawkins, 1989: 6-7.

이 스쿨은 환대과정을 더욱 특정화하기 위하여 5개 요소를 추출하였으며, 그 중 3개는 제공자에게 그리고 2개는 수용자에게 영향을 미치는 것들로서 다음과 같다.

1. 제공자가 제공하는 주요 제품
2. 제공자의 행동
3. 제공된 제품 내의 환경
4. 안전과 안락에 관련된 고객의 욕구
5. 환대상황 내에서 실현하고자 원하는 관광객의 목표

환대상황 창출에서 제공자는 경제적, 문화적, 사회적 및 기술적 요소들에 의해 영향을 받는다. 따라서 환대제공자는 '집을 떠난 집'과 같은 분위기를 사용자고객가 느끼도록 만들기 위해 특정한 방식과 주어진 환경 속에서 제품을 제공하되 고객의 욕구와 목표에 기반을 두고서 관광객들의 사회적 및 경제적 요인들을 고려하게 된다. 다시 말해 환대제공자는 관광객의 욕구를 충족시키기 위해 독특한 환경 속에서 특별한 방법이나 행동을 통해 주요 제품을 제공하는 것이다. 환대시스템의 개념은 또 다른 교육적 목적과도 일맥상통하며 이것은 관광객의 사회 경제적인 욕구, 마케팅 기술, 환대제공자와 고객의 관계, 디자인, 계획과 개발 및 환대제공자의 구체적인 재능들을 모두 포함한다. 따라서 관광산업에 대한 연구는 관광을 연구하는 것과 환대과정을 연구하는 것의 두 가지 부문으로 나누어진다. 이 둘 모두는 시스템 접근방법을 요구한다. 시스템이란 전체적으로 통일된 형태를 갖도록 조정된 하나의 상호 연관된 성향이며, 이는 관광과 환대과정의 이해를 돕는 단서를 제공하게 된다.

요약

이 장에서는 관광의 어원과 개념, 구조, 분류 등을 설명하였다. 국내외적으로 사람이동의 급격한 증가는 거대한 규모와 다양성을 가진 산업을 잉태하였다. 또한 이 산업은 상당히 다양한 품질과 규모를 가지면서 전 세계의 모든 나라에서 발전되고 있다. 이 산업이 다양한 취업기회를 제공할 수 있는 것도 이 산업의 성장성과 다양성 때문이다. 관광객의 욕구와 욕망을 채워줄 수 있는 이 산업은 노동집약적이다. 이러한 산업들은 계획자, 건설자, 경영자, 직원 및 지원사업을 필요로 한다. 이러한 산업 모두는 직업경력을 제공한다. 따라서 여러분이 이 장을 읽고 나면 관광에 대한 전반적인 이해가 가능하게 될 것이다.

관광연구에 대해 상당한 관심을 가지고 있는 누구나 관광의 역사, 유명한 초기의 여행자 및 관광사업에서 유명한 선구자를 알 필요가 있다. 관광의 경제적 중요성 및 미래 또한 깊이 연구될 가치가 있다. 이러한 고려점은 관광연구가 지향될 수 있는 방식을 유도한다. 관광연구에는 수많은 기본적 접근방법이 있는데 이 장은 그것들을 모두 포함시켰다.

여러분이 이 장을 마칠 때쯤 여러분은 관광의 시사점에 대해 상당히 많이 알게 될 것이며 관광이 제공하는 장소, 사람, 문화 및 지식의 매력 있는 파노라마에 대해 날카로운 이해력을 개발하였을 것이다.

연구문제

Q1 관광의 어원에 대한 동양과 서양의 공통점과 차이점은 무엇인가?

Q2 관광에 대한 정의가 왜 중요한가?

Q3 관광객이란 무엇인가?

Q4 관광의 구조에는 어떤 것이 있는가?

Q5 관광의 분류기준에는 무엇이 있는가?

Q6 관광학 연구가 시작된 배경은 무엇인가?

Q7 시스템 접근방법system approach이 관광연구의 지적 발전에 유리하다고 생각하는가?

Q8 관광 연구의 접근방법에는 어떠한 것이 있는가?

참고문헌

김병용, 「관광학원론」, 한올출판사, 2012.
김성혁,「관광학 원론」, 형설출판사, 1994.
박호표, 「신관광학의 이해」, 학현사, 2004.
조명환, "관광제품의 구성요소에 대한 연구", 한국관광 · 레저학회 발표논문집, 1995.
한국관광협회,「한국관광발전사」, 1984.
한혜숙 · 유명희 · 김순호, 「관광학원론」, 한올출판사, 2010.

Antil, Frederick H, "Career Planning in the Hospitality Industry", *The Cornell Hotel and Restaurant Administration Quarterly*, Vol. 25, No. 1(1984).
Belasco, Warren James, Americans on the Road: From Autocamp to Motel, 1920-1945, Cambridge, Mass. : The M.I.T.Press, 1979.
Bernecker. P., 「Grundlagenlehre des Fremdenverkrbr」, 1962.
Burkart, A.J., and S. William Medlik, Tourism: *Past, Present, and Future,* London: Heinemann, 1981.
Casson, Lionel, *Travel In the Ancient World*, London: George Allen & Unwin, 1974.
Chadwick, Robert A., "Concepts, Definitions and Measures Used in Travel and Tourism Research", in *Travel, Tourism, and Hospitality Research: A Handbook for Managers and Researchers, ed*, 1986.
Doswell, Roger, *Case Studies in Tourism*, London: Barrie and Jenkins, 1978.
Gay, Jeanne, *Travel and Tourism Bibliography and Resources Handbook*, 3 vols, Santa Cruz, Calif.: Travel and Tourism Press, 1981.
Gee, Chuck, James Makens and Dexter Choy, *The Travel Industry*, New York, N.Y.: VNR, 1989.
Goeldner, C.R. and Karen Dicke, *Bibliography of Tourism and Travel Research Studies*, Reports and Articles, 9 vols, Boulder: Business Research Division, University of Colorado, 1980.
Goeldner, Charles R., and Karen Duea, *Travel Trends in the United States and Canada*. Boulder: Business Research Division, University of Colorado, 1984, Published in cooperation with the Travel and Tourism Research Association.

Gunn, *Clare A, Tourism Planning*, New York: Crane Russak, 1979.

Hawkins, Donald E., Elwood L. Shafer, and James M. Rovelstad, *Summary and Recommendations International Symposium on Tourism and the Next Decade*, Washington, D.C.: George Washington University Press, 1980.

Holloway, J. Christopher, *The Business of Tourism*, London: Macdonald and Evans, 1983.

Hooson, Christopher, and Nona Starr, *Travel Career Development*, Wellesley, Mass.: Institute of Certified Travel Agents, 1983.

Hudman, Lloyd E, Tourism: A Shrinking World, New York, NY: John Wiley, 1980.

__________, *Tourism in Contemporary Society An Introductory Text*, Englewood Cliffs: Prentice-Mall, Inc., 1989.

Hunziker, W. Grundriss der Allegemeinen Fremdenverkehrslehre.

Jafari, Jafar, "Anatomy of the Travel Industry", The Cornell Hotel and Restaurant Administration Quarterly, Vol. 24, No. 1(1983), pp.71-77.

__________ and J. R. Brent Ritchie, "Towards a Framework for Tourism Education : Problems and Prospects", *Annals of Tourism Research*, Vol. 8, No. 1(1981),

Kaiser, Charles, Jr., and Larry E. *Helber, Tourism Planning and Development*, Boston: CBI, 1978.

Krippendorf, Jost, "Tourism in the System of Industual Society", *Annals of Tourism Research*, Vol. 13, No. 4(1986), pp.517-532.

Leiper, Neil, "The Framework of Tourism: Towards a Definition of Tourism, Tourist and the Tourism Industry", *Annals of Tourism Research*, Vol. VI, No. 4(1979), pp.390-407.

Lundberg, Donald E, *The Tourist Business*, Boston: CBI, 1980.

McIntosh, Kobert W. and Charles R. Goeldner, *Tourism: Principles, Practices*, Philosophies, NY : John Wiley, 1986.

McIntosh, Robert W, charles R. Goeldner and J.R. Brent Ritchie, *Tourism: Principles, Practices, Philosophies*, NY: John Wiley, 1995.

Metekla, Charles J, *The Dictionary of Tourism*, Wheaton, Ill.: Merton House Travel and Tourism, 1981.

Mill, Robert Christie, *The Tourism System*, Englewood Cliffs, N.J.: Prentice-Hall, 1992, pp.XVii-XX.

Nanninga, Nico J. and Raud J. Reuland, *Hotel and Tourism Training in Developing Countries, The Hague School of Hospitality Management*, Hague Hotel School, 1985.

National Tourism Resources Review Commission, *Destination USA. Volume 1, Summary Report, Washington*, D.C.: NTRRC, June 1973.

Robinson, H, A *Geography of Tourism*, London: Macdonald and Evans, 1976.

Rosenow, John E., and Gerreld L. Pulsipher, Tourism: *The Good, the Bad, and the Ugly, West-port*, CT: AVI, 1979.

Regoff, Milton, The Great Travelers, New York: Simon & Schuster, 1960.

Shoemaker, Stowe, Robert C. Lewis, and Peter C. Yesawich, Marketing Leadership in Hospitality and Tourism, Upper Saddle River: Prentice Hall, 2000.

Smith, Stephen L. J., "The Tourism Product", *Annals of Tourism Research*, Vol. 21, No. 3(1994), pp.582-595.

Travel Industry Association of America, *The U.S. Travel and Tourism Industry*, 1984, Washington D.C.: TIAA, 1984.

Travel Market Yearbook, 1982, New York: Ziff-Davis, 1982.

Travel Trade Publications, Travel Trade 50, 1929-1979 *Golden Anniversary Edition*, New York: Travel Trade, 1979.

Turner, Louis, and John Ash, *The Golden Hordes*, London: Constable, 1975.

University of Colorado, Business Research Division, *Tourism's Top Twenty, Boulder: University of Colorado*, 1984, Published in cooperation with the U.S. Travel Data Center.

Young, George, *Tourism, Blessing or Blight?* Baltimore, Md.: Penguin Books, 1973.

Wahab, Salah, *Managerial Aspects of Tourism*, Turin, Italy: Center International de Perfection-nement Professionnel et Technique, 1976.

Waters, Somerset R, *Travel Industry World Yearbook, The Big Picture - 1984*, New York: Child & Waters, 1984.

World Tourism Organization, *Definitions Concerning Tourism Statistics*, Madrid: WTO, 1983.

Chapter 02

관광역사의 이해

Principle of Tourism
관광학원론

학습목표

- 세계 관광 발달사에 대한 이해
- 한국 관광 발달사에 대한 이해

제1절

세계관광의 발달사

여행과 관광의 역사를 간단히 살펴보는 것은 관광의 기원에 관한 배경을 제공하고 오늘날에도 배울 수 있는 교훈과 그 관계를 이해하는 데 필수적이다. 비록 제2차 세계대전 이후 대중관광으로 인해 관광이 전全세계적으로 중요한 산업으로 등장하였으며, 여행과 관광에 관한 수많은 역사적 기록들이 존재한다.

예로부터 사람들은 주로 식량을 찾기 위해 혹은 위험을 피하기 위해 여행을 하였으며, 그러한 활동의 흔적은 전 세계 도처에 남아 있다. 예를 들어, 호모 에렉투스Homo-erectus의 화석이 동유럽, 아프리카, 중국 및 자바에서 발견되었는데, 이와 같은 화석은 원시시대 때부터 이미 사람들은 상당한 거리를 여행할 수 있었다는 사실을 나타내는 증거이다.

슈메리아인바빌로니아에 의한 화폐발명과 무역발달은 여행을 더욱 촉진시켰다. 첫 번째 여행에 대해 기원전 1490년경에 헤셉스트Hatshepsut 여왕이 평화와 관광을 목적으로 고대 Punt지금의 소말리아까지 유람선여행을 했었다고 이집트 룩소Luxor의 성전 벽에 기록되어 있다. 페니키아인들은 무역업자로서 장소를 이동했었다는 점에서 순수사업 목적의 첫 여행자로 간주할 수 있다. 중국과 인도와 같은 동양으로의 초기여행은 주로 무역에 의해 이루어졌다.

1 초기여행자

1) 오세아니아인

동남아시아에서 남동방향으로 마이크로네시아를 거친 뒤 태평양을 건너 마퀴사스Marquesas섬, 투아모투Tuamotu군도 및 소사이어티Society섬까지의 항해에 길이 40피트를 넘지 않는 작은 피난용 카누를 사용하였으며, 폴리네시안은 기원전 약 500년경 소사이어티Society섬으로부터 하와이까지 2,000마일이 넘게 항해를 하였다. 이러한 항해는 태양과 별들의 위치, 바닷물의 증가, 구름 및 새들의 비행 등을 관찰함으로써 이루어졌으며, 식수와 음식의 문제를 고려할 때 이와 같은 바다에서의 항해는 놀라운 것이었다.

2) 지중해

지구문명의 고대 발상지인 지중해에서 무역, 상업, 종교 치료 혹은 교육의 목적으로 비교적 일찍 여행이 시작되었다. 구약성서에서도 대상caravan과 무역상에 대해 자주 언급하고 있다.

(1) 고대 그리스

고대 그리스는 기원전 776년경에 시작된 올림픽게임으로 인해 사람들이 여행을 하게 되었으며 자연적으로 숙박시설이 발달하게 되었다. 이러한 숙박시설들은 경기참가자와 관람객뿐만 아니라 기타 여러 가지 목적의 여행자들이 이용하였다. 오늘날 올림픽에도 게임과 여러 스포츠 게임은 관광객을 끌어들이는 주요 매력요인이 된다.

(2) 고대 로마

로마제국의 번영과 거대한 영토는 관광에 요구되는 구성요소였다. 거대한 로마제국을 통치하기 위해 로마인들은 5~6마일 간격의 휴식장소restpost에서 제공되는 말들을 이용하여 하루에 100마일을 여행할 수 있는 거대한 도로망을 건설하였다. 지중해 지역의 유명한 사원, 특히 이집트의 피라미드나 유적들을 보기 위해 여행했었다. 그리스와 소아시아도 인기 있는 여행목적지였으며, 그 곳에서 올림픽게임, 건강목욕 해변휴양지, 연극, 축제, 체육경기 및 기타 형태의 유흥들이 제공되었다. 로마제국과 그 도로들을 구경하고자 하는 욕구, 경제적 여유, 여가, 관광매력물 및 여행의 욕구는 숙박 및 기타 관광객을 위한 서비스 수요를 창출하였다.

로마시대에도 분명히 존재했던 이와 같은 관광형태는 관광개발주기cycle of tourism development에서 다시 한번 관찰할 수 있다. 즉, 민간을 위한 도로건설과 군사기술의 적용예를 들어 비행기이 그러한 예이다. 비록 고속도로와 항공산업이 관광목적으로 개발되지는 않았지만 이들의 비약적인 발전은 관광현상에 많은 혜택을 가져다주었다.

(3) 소아시아

기원전 334년경 알렉산더 대왕에 의해 시작된 유페수스Ephesus: 지금의 터키는 민주정부설립으로 한 계절 동안에만 약 70만명의 관광객이 유입되었다. 또한 유페수스는 중요한 무역 본거지이며 알렉산더 대왕의 통치하에 고대세계 가운데 가장 중요한 도시들 중 하나가 되었다.

역사는 우리에게 많은 교훈을 주며 특히 로마제국과 알렉산더 대왕이 통치한 국가는 관광에 대한 역사적 교훈을 남겨준다. 그것은 바로 관광객들은 안전하고 편안한 곳에 가기 원한다는 것이다. 로마제국의 부흥기에 관광은 번창했으며, 여행은 안전하였으나 쇠퇴기에는 관광현상 또한 쇠퇴하였다. 부유계층이 상당히 감소했으며, 도로사정은 악화되었고, 시골은 치안이 불안했으며, 이와 같은 요인들로 의해 여행은 불가능하게 되었다. 현대의 관광객들도 고대 그리스와 로마시대의 관광객들과 마찬가지로 안전하지 않은 장소로의 여행은 원치 않는다.

3) 유럽

4~5세기경 로마제국의 붕괴는 유럽에서의 순수관광pleasure travel and tourism에

매우 큰 역효과를 미쳤다. 암흑시대Dark Age, 이 시대는 기원후 476년의 서로마제국의 멸망 때부터 기원후 1450년 현대시대의 개막시대까지를 지칭한다에는 모험심이 아주 강한 사람들만이 여행했다. 역사적으로 이 시대 여행은 아주 위험하였으며, 순수관광 목적의 여행은 존재하지 않았다. 이 시대 동안 관광기피현상에 대한 예외는 십자군 원정과 암흑시대 말기까지 유럽대륙에서 종교성지로 여행을 한 유럽인들의 성지순례이다. 기원후 982년경 스칸디나비아인들에 의한 그린랜드와 북미로의 서사시적인 항해는 위대한 업적이 아닐 수 없다.

4) 그랜드 투어Grand Tour

17세기와 18세기에 발생한 그랜드 투어는 유럽, 주로 프랑스나 이태리 도시들을 여행한 외교관, 사업가 및 학자들에 의하여 이루어졌다. 당시 학자들은 파리, 로마, 플로렌스 및 기타 문화도시에서 연구하는 것이 유행이었다. 비록 그랜드 투어가 교육적 목적에 의해 이루어졌으나 궁극적으로는 쾌락을 추구하여 타락했다고 비난을 받았다.

그랜드 투어라는 용어는 오늘날 계속 사용되고 있으며, 유럽대륙으로의 여행은 초기의 그랜드 투어에서 그 기원을 찾아볼 수 있다. 그러나 오늘날은 그 개념이 많이 변하여, 여행기간이 3년에서 3주일로 단축되었다.

5) 미국

지금의 북미지역과 플로리다와 남서부 지역은 16세기 스페인에 의해 처음으로 개척되었다. 당시에는 종종 혹독한 조건하에서 상당히 긴 여행이 이루어졌다. 동부 케이프 코드Cape Code가 1602년 고스놀드Gosnold에 의하여 발견된 이래 플리머스Plymouth의 식민지가 1629년에 건설되었다.

초기여행은 걷거나 말을 타고 이동했으나 내륙에서는 작은 보트boat나 카누canoe를 이용한 여행도 이루어졌다. 일반적으로 여행은 동쪽에서 서쪽으로 진행되었으며, 도로가 개통됨에 따라 마차stagecoach를 이용한 여행이 보편화되었고, 오디너리ordinaries: 작은 호텔가 대중화되었다. 당시 가장 대중적인 여행은 천장이 있는 마차covered wagon를 타고서 대평원Great Plains을 횡단하여 서부지역으로 이동하는 것이었다. 이와 같은 이동행위는 남북전쟁1861–1865 이후에 발생하였으며, 대륙횡단철도의 건설로 철도여행이 대중화되었다. 1850년에 웰즈파고社Wells–Fargo Company는 아메리칸 익스프레스社American Express Company를 창업하였다. 이 선두적인 회사는 1891년에 첫 여행자수표를 발행하였고, 여행사로서 기타 여행서비스를 시작했다. 오늘날 아메리칸 익스프레스는 여행자수표, 신용카드, 다양한 여행 및 재무 서비스를 제공하는 전 세계적으로 유명한 금융회사이다.

미국의 여행역사상 가장 중요한 사건 중의 하나는 제2차 세계대전 동안에 이루어진 인력의 이동이다. 이 과정에서 여행은 생활경험의 일부가 되었으며, 전쟁 이후에 가솔린 배급제가 철폐되고 자동차가 다시 제조되면서 여행증가현상이 두드러지게 되었다. 또한 비행기, 기차 및 버스를 이용한 여행도 증대되었다.

2 여행업의 등장

1822년 영국 브리스톨이 거주지인 로버트 스마트Robert Smart는 자신을 최초의 기선중개인steamship agent이라고 발표한 후 기선예약업무를 개시하였다. 1841년 토마스 쿡Thomas Cook은 레스터Leicester로부터 러프버러Loughborough까지 12마일간 특별유람열차special excursion train를 운영하기 시작했다. 그해 6월 5일 쿡의 열차는 승객 1인당 왕복 1실링shilling의 가격으로 570명의 승객을 수송했다. 이 일이 대중들에게 광고된 최초의 유람열차로 알려져 있다. 따라서 쿡은 최초의 철도유람여행 중개인rail excursion agent으로 볼 수 있다. 그의 행위는 전세계적으로 알려져 각 나라에서 그대로 시행되었다. 쿡社Cook's company는 급격히 성장하여 유럽대륙뿐만 아니라 미국과 전 세계에 에스코트 투어escorted tour를 제공하였다. 이 회사는 현재도 여전히 전세계에서 가장 큰 여행기업 중의 하나로 남아 있다.

개인적인 인클루시브 트레블inclusive travel: 여행사의 기본적 업무의 최초 전문가는 아마도 노르웨이 오슬로Oslo에서 영국 총영사관의 총무로 근무했던 토마스 베네트1814–1898라 할 수 있을 것이다. 그는 노르웨이에서 영국의 유명장소를 방문하는 데 대해 개인적인 풍치관광을 주선했다. 1850년에 "트립 오거나이저trip organizer"라는 사업을 조직했으며, 여정표, 교통수단, 식량 및 "여행용 배낭"을 관광객들에게 제공했다. 그는 정기적으로 고객을 위해 말과 호텔 객실의 사전 예약제를 실시하였다.

3 교통수단의 발달

관광에서 중요한 요소 중의 하나가 교통수단이다. 초기의 관광객들은 걷거나, 짐을 나르는 짐승을 타거나, 배나 바퀴가 달린 차량을 이용해 여행하였다.

1) 역마차 여행

역마차는 15세기 헝가리에서 발명되어 정해진 루트에 따라 정규적인 서비스를 제공하였다. 1800년대까지 역마차에 의한 여행은 상당히 인기가 있었으며, 영국에서 특히 그러하였다. 영국의 유명한 터번tavern은 역마차 승객의 숙박시설 요구에 의해 시작되었다.

2) 수로 여행

1772년 영국운하에서는 상업용 보트에 짐뿐만 아니라 승객들도 운송하기 시작했다. 브리지워터 공작호Duke of Bridgewater가 맨체스터와 런던 브리지London Bridge: Warrington 근처에 위치 간에 처음으로 운항을 시작했으며, 각 보트는 선장부인이 음료를 판매하는 커피 룸coffee room을 갖추고 있었다. 1815년까지 증기보트가 클라이드Clyde, 에이본Avon 그리고 템스Thames강을 왕복했다. 1833년의 한 포스터poster에서 증기보트 유람여행이 런던에서 실행된다고 선전하였으며, 1841년까지 템스강의 증기선유람여행이 잘 운영되어 한 출판업자는 주별로 증기보트 유람가이드Weekly Steamboat Excursion Guide를 발행한 경우도 있다.

3) 철도 여행

철도는 1825년 영국에서 최초로 건설되었으며, 1830년부터 승객들을 운송하기 시작하였다. 리버풀Liverpool과 맨체스터Manchester 간에 새로 건설된 철도운송은 승객들을 위해 식음료를 제공하였다. 철도 경영자들은 많은 승객이 이용하리라 기대하지 않았으나, 1마일당 1페니penny의 낮은 가격으로 많은 수요를 창출하였다. 철도 요금이 역마차 요금에 비해 저렴했기 때문에 철도여행은 저소득계층들도 많이 이용하였다.

4) 자동차와 버스여행

1908년 미국의 헨리 포드Henry Ford가 유명한 T형 모델을 생산·판매함으로써 자동차가 관광에 이용되기 시작했다. 자동차는 미국에서 여행혁명을 일으켰으며, 보다 나은 도로를 건설하게 하였다. 1920년까지 도로망이 확립되었으며, 이로 인해 자동차는 관광산업에서 제일 중요한 교통수단으로 등장하게 되었다. 오늘날 자동차는 교통수단으로써 도시 간 여행거리의 84%를 차지하고 있으며, 모든 여행의 약 80%를 점하고 있다. 자동차 여행으로 1920년대와 1930년대에 초기 투어리스트 코트tourist court가 탄생되었으며, 이는 오늘날 모텔과 모터 호텔로 발전하게 되었다. 버스 역시 자동차의 대중화 이후 출현하여 현재 주요 교통수단으로 남아 있다.

5) 항공여행

1903년 미국 노스 캐롤라이나North Carolina주 키티 호크Kitty Hawk에서의 첫 번째 비행 이후 16년이 경과한 후 독일에서 베를린Berlin – 라이프찌히Leipzig – 바이마르Weimar 간 정규노선 항공서비스가 실시되었다. 이때 운행된 비행기의 이름은 도이치 루프트한자Deutsche Lufthansa이며 현재 주요 국제항공사들 중의 하나이다. 최초의 대서양을 횡단한 승객은 찰스 에이 레빈Charles A. Levine이며, 클라렌스 챔벌린Clarence Chamberlin과 함께 뉴욕에서 독일까지 경유지 없이 탑승했었다. 1927년 6월 7일 당시 비행기는 목적지인 베를린으로부터 118마일 떨어진 곳에 강제착륙을 하였다. 이 사건은 찰스 린드버그Charles Lindbergh가 뉴욕에서 파리까지 역사적인 단독비행을 성공한 직후에 발생하였다.

최초의 미국 항공회사인 바니 에어라인Varney Airlines은 1926년부터 운행을 시작했으며, 정기우편비행서비스airmail service를 제공하였다. 그후 웨스턴 항공회사Western Airlines가 설립되었으며, 바니 에어라인은 이후에 3개의 항공회사와 합병하여 유나이티드 에어라인United Airlines으로 회사명을 바꿨다.

미국의 다양한 항공회사들이 점차로 많은 도시와 해외 목적지로의 취항을 확대하였다. 제2차 세계대전 동안에 미국 항공회사의 설비와 직원들도 전장에 투입되었다. 영국 프랭크 휘틀Frank Whittle에 의해 발명된 제트 엔진jet engine은 B-52와 같은 군용비행기에 사용되었다. 최초의 미국 상용 제트기는 보잉 707Boeing 707이었고, 그후 팬 아메리칸 월드 에어웨이즈Pan American World Airways는 새로운 보잉 747 기종으로 뉴욕에서 런던까지 352명의 승객들을 운송하였다. 항공여행은 속도, 편안함 및 안전성에 1마일당 요금도 가장 값비싼 대중교통수단이다.

4 숙박시설

가장 원시적인 형태의 객실은 주거용 집의 일부였으며, 여행객들은 가족의 구성원과 같이 대접받았다. 중동아시아와 동양의 경우 대상숙박소caravansary와 여인숙inn이 가장 오래된 시설이다. 현대에 접어들어서는 역마차, 철도, 증기선, 자동차, 버스 및 비행기가 숙박시설의 필요성을 확대시켰으며, 특히 철도는 도심지 호텔을, 자동차와 버스는 모텔을, 비행기는 공항 내 혹은 근처의 숙박시설을 건설하게 하였다. 숙박시설은 여행객들을 숙박시키고, 그들에게 음식을 제공하며 동시에 즐거움을 제공하는 관광산업에 있어 가장 중요한 부문 중의 하나이다.

5 관광발전 단계

관광은 인류와 함께 오랜 역사를 갖고 있다. 고대시대에는 관광에 참여할 수 있었던 계층은 귀족이나, 성주, 승려 등의 특권층에 한정되어 있어 제약이 많았다. 그러나 산업의 발달로 인해 노동생산성이 향상되었고 노동자들의 노동시간은 감소되었다. 또한 소득향상은 물론 여가시간을 자신의 의지대로 자유롭게 활용할 수 있는 여가시간이 확대되었다. 소득의 증가와 자유시간의 증가는 곧 관광에 참여하게 되는 직접적인 계기가 되었다. 즉, 기술의 진보와 더불어 관광의 발전도 더불어 발전하게 되었다.

학자들마다 관광현상의 발전단계를 구분하는데 시각차이는 있지만 크게 Tour 시대, Tourism 시대, Mass Tourisim 시대, New Tourism 시대 등 4단계로 구분하는 것이 일반적이다. 다음의 [표 2-1]은 관광의 발전단계를 나타낸다.

표 2-1 관광의 발전단계

시 대	Tour	Tourism	Mass Tourism	New Tourism
	고대 ~ 1830년대 말	1840년대 초 ~ 제 2차 세계대전	2차 세계대전 이후~ 1980년대	1990년대 이후
관광자층	귀족, 승려, 기사 등의 특권계급과 일부 평민	특권계급과 일부 평민부르조아	대중을 포함한 전국민	일반대중과 전국민
관광동기	종교심	지식욕	보양, 오락	관광의 생활화
조 직 자	교회	기업	기업, 국가, 공공단체	개인, 가족
조직동기	신앙심 향상	이윤추구	이윤추구와 국민후생증대	개성추구와 특성한 주제

자료 : 김병용, 「관광학원론」, 한올출판사, 2012, p42.

제2절

한국관광의 발달사

1 한국관광의 원류

우리나라는 삼국시대로부터 근세 조선시대에 이르기까지 불교문화권의 나라로 우리민족의 생활양식, 정치, 문화제도 등 모든 면에서 불교의 영향을 받아왔다. 따라서 여행이나 관광활동도 불교가 정착되면서 전국 각지에 사찰이 생겨남에 따라 신도들을 중심으로 불교봉축행사 참가와 산중의 사찰을 찾는 종교적인 목적 아래 여행의 형태인 관광으로 생성되었다고 할 수 있다. 따라서 종교적 의미에서의 사찰의 참배와 유명사찰의 순례는 고대유럽에서의 신전과 성지참배와 유사한 성격을 띠는 원시관광 형태라 하겠다. 신라시대에 들어서 주요도시와 사찰을 연결하는 도로가 생기고, 고려시대에 들어와서는 전국에 22개의 도로망과 528개에 이르는 역참이 생겨나면서 국민의 이동이 점점 늘어나게 되었다. 조선시대에 들어서면서 전국에 41개의 노선과 50개의 역 그리고 1,200개의 원이 설치되어 서울을 중심으로 각지에 방사상放射狀으로 교통망이 발달되어 지역 간의 원활한 교류로 관민의 여행과 매년 정기적으로 개최되는 그 지방 특유의 민속행사씨름대회, 그네타기, 줄다리기 등 참가, 천렵, 뱃놀이 등 우리 고유의 서민중심의 민속놀이 형태인 여행현상이 많이 나타나게 되었다.

여행자의 숙식을 해결하는 숙박여행의 형태는 역참이 그 기능을 담당하였고, 조선시대에는 관용으로 출장하는 관원들을 위한 관영 여관인 역과 반관반민의 성격으로 평민이 관리하고 공용여행자의 숙식 외에 서민의 여사旅舍 또는 가난한 사람에게 음식과 여행자에게 약을 무료로 제공하였던 원院제도가 발달하였으나 임진왜란과 병자호란 등을 거치면서 유명무실하게 되었다.

그후 객상客商을 숙박시켰던 객주와 여상旅商을 숙박시켰던 여각, 그리고 주막이 등장하여 그 기능을 담당하게 되었다. 이때의 객주나 여각은 사용적私用的 성격을 띤 것으로 일반여행자보다는 상인을 대상으로 한 여숙旅宿이었고, 주막은 임진왜란 때부터 성행하여 주로 시골의 길거리에서 술과 음식을 팔고 나그네를 쉬게 하는 여숙의 성격을 띠고 있어 많은 여행자들의 숙식을 해결하는 대중적 형태를 갖추었다.

여행의 교통수단은 열차와 자동차와 같은 교통수단이 발명되기 이전에는 소나 말을 이용한 우마차, 유선遊船 등에 불과, 많은 사람이 여행에 참여하지 못했으며, 또한 많은 사람들이 이용하기에도 부족한 실정이었다.

결국 일상생활권을 벗어난 인간의 단순한 장소적 이동의 형식에서 출발한 우리나라의 초기의 관광형태는 종교의식에의 참가, 무속신앙적인 산신각, 신목사당 등의 탐방, 사찰행사 또는 민속행사에의 참관 등과 신라시대의 화랑도에 의한 심신수련여행, 그리고 조선시대의 시인 · 풍류객의 원유遠遊 등으로 그 기원을 유한계층의 소일과 풍류를 즐기는 여가형태로 흔히 찾을 수 있으나 여가시간에 일상생활 그 자체를 떠나는 현대적 관광의 의미와는 상당한 거리가 있었다.

우리나라 관광의 본격적인 출발은 19세기 말부터라고 할 수 있다. 조선 말기 발발한 운양호사건으로 인하여 문호개방시대를 맞이하여 1876년에 일본과 강화조약, 병자수호조약 체결을 계기로 부산항이 개항되고, 이어 원산 및 인천항이 개항되어 많은 해외열강과의 통상과 접촉을 통하여 기존의 전통적인 여행에 많은 변화를 가져왔다. 개항과 더불어 외국과의 물물교환 등을 통한 경제적 침투와 함께 많은 외국인이 입국하게 되면서 이미 있었던 숙박시설의 변천을 가져왔고, 1910년 한일합방과 더불어 근대적인 여관이 서울을 비롯하여 전국적으로 생겨나게 되었다. 이러한 숙박시설들은 처음에 부산, 인천과 같은 개항지를 중심으로 발생하였는데 철도교통의 발달과 함께 전국의 주요 철도역 부근을 중심으로 번창해 갔다. 이에 따라 개항 무렵에 흔히 볼 수 있었던 행낭과 짚신에 괴나리봇짐의 나그네와 보통 여염집과 다를 것 없는 초가지붕이 낮은 여인숙의 전경은 교통과 도시의 발달로 인하여 점점 근대적인 관광사업형태로 발전을 거듭하였다.

결국 우리나라 관광은 옛 선인들의 풍류놀이나 산천경관을 살피는 유람 등에서 출발하여 본격적으로 현대문명의 모체라 할 인쇄간행물에 의한 경관, 명승지의 대중적인 선전소개와 함께 대량교통수단으로서 철도가 개통되면서 지방의 주요 도시를 연결하는 도로망의 개설신작로의 확충과 때를 같이 한다고 볼 수 있다.

근대적 의미의 관광이 우리나라의 정책으로 도입된 것은 제2차 세계대전 이후인 정부수립 이후로 판단되고 있으나, 사회현상으로서 관광을 이해할 때 우리의 전통문화와 생활 속에서 많은 활동형태를 찾을 수 있으며, 「우리 것」의 올바른 인식을 위해서도 많은 조사와 연구가 필요한 분야라고 할 것이다.

2 1950년대 – 정책의 발아

우리 민족은 옛날부터 산자수명山紫水明한 경관지를 찾으며 풍류를 즐겨왔으나 레저산업으로서의 관광이 정착하게 된 것은 1970년대 후반이라고 할 수 있다.

관광정책이라는 측면에서 보아도 관광사업은 철도의 발달과 더불어 발전하였다고 볼 수 있다. 즉, 일제시대 일본의 만주 및 중국대륙의 침략을 위해 한반도를 교두보로서 이용하기 위하여 철도역의 주변에 철도호텔과 철도회관이 설립되면서 이를 관리하기 위해 관광여행의 필요성이 대두되었다고 할 수 있다. 그후 1948년 우리 정부가 수립되었으나 행정체제가 확립되기도 전인 6·25 전쟁의 와중에 우리 정부의 손에 의한 관광행정의 정비를 위한 시간을 갖지 못하였다고 하겠다.

관광행정조직의 발원은 일제시대 관광업무를 주관하던 철도국 운수과 여객계에서 관광선전업무를 수행하면서 시작되었다. 일본의 식민지 통치가 종식되고 우리 정부가 수립되면서 일본과의 국교가 사실상 단절되고 미국을 비롯한 구미제국과 외교관계를 맺으면서 구미인들의 한국여행이 늘어나게 되었으나 관광부문의 수용태세가 갖추어지지 않아 관광객을 유치할 수 있는 단계에는 이르지 못하였고, 1954년 2월 17일 교통부 육운국에 관광과가 설치됨으로써 처음으로 한국관광을 육성지도하는 기능을 수행하여 한국관광의 산실역할을 담당하게 되었다.

그러나 한반도 전체에 전쟁의 소용돌이가 지나간 후라 관광행정의 과제는 무엇보다도 전쟁으로 인해 파괴된 도로, 숙박시설 등 관광시설을 복구·확장하는 일이었다.

1958년에 온양, 해운대, 불국사 등에 철도호텔을 개설하게 되었고, 관광직행열차 및 관광버스 등도 운행되기 시작되었으며, 이 무렵부터 관광에 대한 출입국절차의 간소화, 국내외에 걸친 관광선전 등 관광행정 본연의 사무가 미미하나마 실천에 옮겨지게 되었다. 관광사업에 대한 관심이 높아지면서 1958년에는 대통령령 제1850호에 따라 중앙에는 교통부장관 자문기관으로 중앙관광위원회, 지방에는 도지사의 자문기관으로 지방관광위원회가 설치되어 관광행정에 있어서 각계의 의견을 집약하고자 하는 노력을 하였다.

우리나라의 관광사업은 관광객을 유치하기 위한 관광정책의 체계가 완전히 갖추어져 있지 않은 형태로 50년대 관광행정면에서 최대의 관심과 역점을 둔 것은 한국주둔 UN군을 위한 휴식장소와 위락의 제공이라 할 수 있다. 북한의 침략을 저지하기 위해 우리나라에 온 그들을 환대하고 그들을 통한 한국의 소개 및 외화획득은 관광행정면에서도 중요한 과제였던 것이다.

당초 이 사업은 UN군 휴가 장병을 대상으로 1957년에 설립된 코리아 하우스Korea house에서 위안회를 개최하고, 한국의 풍광을 영화로 소개하는 정도의 것이었으나 2박 3일 여정의 사진촬영을 위한 여행을 조직하는 등 차츰 활기를 더해 갔다. UN군의 휴가 장병이 일본이나 홍콩 등지에서 지내는 휴가를 한국에서 지낼 수 있는 R/RRest and Recuperation 지구로의 지정이 필요하였으나 UN군 당국에 의해 시설미비와 보안 등의 이유로 제외되었다가 1960년에 이르러 지정指定되는 결실을 보았다.

3 1960년대 – 정책기반의 조성

1) 관광법규의 제정

한국의 관광산업은 1960년대에 들어서 정부의 체계적인 정책기반 조성과 민간관광기업의 등장으로 외화획득산업으로서 발전의 토대를 구축하게 되었다.

정부는 경제개발계획을 추진함에 있어 관광사업이 외화가득률이 높은 전략산업으로 뿐만 아니라 지역발전이나 전통문화를 널리 소개하는 수단으로 국제적인 각광을 받고 있는 제 효과를 감안, 이를 적극적으로 육성하기 위하여 관광에 관한 각종 법제의 제정과 행정조직을 확대하게 되었다.

1961년 8월 22일에 한국관광 발전에 획기적인 계기가 된 관광사업진흥법을 제정공포법률 제689호하게 되고 동법 시행령1962.7.9. 공포 : 각령 제874호과 시행규칙1962.12.23. 공포 교통부령 제141호을 제정하였다.

정부는 관광진흥을 위한 수용태세 확립과 외래관광객 유치를 위한 선전활동, 세계관광기구의 적극적 가입 등을 활발하게 추진하기 시작하여 관광산업발전의 전환점을 이루었으며, 관광과 관련되는 문화재보호법을 1962년 1월에 제정한 것을 비롯하여 1969년 10월에 보사부가 숙박업법을 제정하여 관광사업에 대한 행정적인 뒷받침을 담당하게 되었다.

2) 관광행정조직의 정비

관광행정조직면에 있어서도 1962년 4월에는 새로운 국영기관으로서의 관광기구설치를 위한 특별법인 국제관광공사법이 제정됨으로써 국제관광공사가 설립되었으며, 관광사업의 선도적 기능을 위하여 1962년 2월 워커힐 운영권과 특정외래품 판매소 등을 인수하였고, 1963년에는 지방 7개 호텔온양, 해운대, 불국사, 대구, 서귀포, 설악산, 무등산과 대한여행사, 운수사업소, 반도호텔 및 조선호텔 등을 인수하였으며, 동년 4월에는 워커힐이 개관되었다. 또 1964년에는 울산호텔 인수, 1965년에는 반도조선 아케이드가 개관되었다. 그러나 이들 업체 중에서 1965~1968년 사이에 7개의 인수호텔은 민영화되었다.

1963년 9월에는 교통부의 관광과가 관광국기획과, 업무과으로 승격되어 관광행정의 범위가 넓어지게 되었고, 항공과도 항공국으로 승격되었으며, 동년 3월에는 관광사업진흥법 제48조에 의거 특수법인 대한관광협회중앙회현 한국관광협회중앙회가 설립되어 동경과 뉴욕에 최초로 해외선전사무소를 개설하게 되었다.

관광사업에 관한 종합적인 정책을 심의 · 의결하기 위하여 1965년 3월 19일에는 국무총리실 관광정책심의위원회규정이 제정되어 국무총리를 위원장으로 하는 관광정책심의위원회가 설치, 발족되면서 관광사업·발전을 위한 협조체제가 이루어졌다. 동위원회는 1965년 11월에 첫 심의회의를 갖고 동위원회의 운영세칙, 출입국절차의 간소화, 관광시설의 정비 및 관광개발기금확보 등 7개 안건을 심의통과시켰다.

관광산업의 진흥을 위한 관광인력의 양성에 있어서도 1963년 최초로 경희대학교와 경기대학의 부설초급대학에 관광과가 신설되어 늘어나는 관광종사원의 수요를 충족시키는 데 일익을 담당하게 되었으며, 그 후에도 고등학교와 전문대학 등에도 관광학과가 설립되었다. 대학과정의 관광교육기관이 속속 신설하게 됨으로써 고급인력 수급에 크게 이바지하였는데, 특히 1964년에는 경기대학의 관광과 신설을 선두로 정부의 관광진흥을 위한 노력도 활발해져 관광사업진흥법에 의하여 등록된 우리나라 최초의 민영관광호텔이 1962년에 출현하였다. 1965년 4월에 서울에서 처음으로 제14차 태평양지역관광협회PATA 연차총회 및 워크숍을 개최함으로써 우리나라 관광사업을 국제시장에 진출시키는 새로운 계기를 마련하였고 동년 9월에는 홍콩에서 개최된 미주여행업자협회ASTA 총회에 무용단 10명을 포함한 19명의 대표를 파견하여 우리나라 관광사업을 널리 소개하였다. 또 1967년부터는 11월을 「관광의 달」로 지정하여 관광산업진흥을 위한 여건과 관심을 제고시켰다.

3) 관광지 개발의 착수

관광대상지인 관광지의 개발에 박차를 가하기 시작하여 1961년부터 관광자원개발의 일환으로 설악산 관광도로전장 12km 포장을 선두로 불국사도로, 제주횡단도로의 건설 등 관광지의 기반조성과 1964년 4월 국토건설종합계획법의 제정, 1967년 12월 공원법의 제정으로 국·도립공원의 지정 등 관광개발을 위한 기초작업이 이루어졌다.

교통부는 관광자원의 개발과 보호를 위하여 1969년 1월에 20개의 지정관광지를, 1971년 5월에는 13개의 제2차 관광지를 지정하고 이에 대한 단계적인 조성계획을 수립하게 되었다.

4) 관광사업의 국제화 추진

관광의 국제화를 기하기 위하여 1965년에는 국제관광공사, 세방여행사 등의 6개 단체가 ASTA에 정회원으로, 교통부 등 18개 업체가 준회원으로 가입하였으며, 1966년에는 대한관광협회, 국제관광공사, 대한항공이 각각 동아세아관광협회EATA에 가입하였고, 1966년에는 USOM의 지원으로 외국전문가에 의해 한국관광지를 최초로 진단한 "Morton D. Kauffman 보고서"가 제출되어 이때부터 우리나라 관광사업발전의 일대 전환점을 가져오게 되었다.

1960년대의 한국관광은 발전과정의 기반조성 시대였으나 1964년 19회 동경올림픽과 1965년 한국과 일본의 국교정상화로 많은 일본인이 방한하면서 우리나라 관광시장에 대한 국적별 구성비를 바꾸어 놓는 계기가 되었고, 1970년에는 일본에서 개최된 「Expo 70」으로 인하여 많은 해외선전과 유치활동으로 외래관광객이 입국하기 시작하여 1960년대는 관광사업이 정착, 발전하기 시작하여 종합산업으로 성장하기 위해 체계적인 발전의 초석을 놓은 시기라고 할 수 있다.

4 1970년대 – 획기적 발전

1) 관광진흥시책의 추진

1970년대의 한국관광은 관광산업을 경제개발계획에 포함시켜 국가의 주요전략산업의 하나로 육성시키는 바탕을 마련하였으며, 동시에 관광시장의 다변화와 관광진흥 저해요인 및 사례의 제거와 관광객 유치를 촉진시키기 위한 능률적이고 강력한 관광행정기구를 강화한다는 관광사업진흥의 기본방향을 설정하고 또 관광사업의 경제적 · 사회문화적 중요도를 재인식시킨 시기라고 할 수 있다.

1970년대 초는 우리나라 관광산업에 있어서 최초의 호경기를 누렸던 시기로서 외래관광객의 대폭증가와 막대한 외화획득을 기록하였는데, 이를 계기로 관광산업을 수출산업으로 육성하려는 정부의 의도가 분명하게 제시되었다. 특히

1973년의 외래관광객의 급증은 적극적인 진흥정책에도 그 원인을 찾을 수 있으나 사회변화에 따른 하나의 부수적인 효과로, 일본인들의 생활관의 변화, 직장근로자의 포상휴가Incentive Tour의 장려, 여가시간의 증대, 소득수준의 향상에서 외국여행을 지향하는 가치관과 지역적으로 일본이 어느 나라보다도 한국에 가깝게 위치하고 있다는 점 등이 크게 작용하였다고 하겠다.

이와 같은 관광객의 급증으로 인한 관광산업에 대한 인식의 변화로 관광산업에 대한 국가의 적극적인 뒷받침이 계속되었다. 1971년에는 전국의 관광지를 10대 관광권으로 설정하여 관광지조성사업이 본격적으로 추진되기 시작하였고 1960년대 말부터 시작된 국·도립공원과 관광지 지정이 계속되었다. 1972년 12월에는 관광개발사업을 뒷받침하기 위한 관광진흥개발기금법이 제정되어 관광사업체에 대한 금융지원을 시작하였으며, 정부에서는 1973년 7월~1974년 2월7개월에 걸쳐 미국 보잉회사와 용역계약으로 작성한 「한국관광개발조사보고서」를 발표함으로써 한국의 관광정책과 개발 및 사업계획의 입안에 필요하고도 귀중한 자료를 합리적으로 제시하여 한국관광의 장기진흥에 기여하였다.

2) 관광행정조직의 개편

1973년에는 국제관광공사의 기구를 진흥개발체제로 개편하여 국내외 관광진흥개발사업만 맡게 하고, 동 공사의 선도영리업체인 워커힐1973년 3월 12일 민영화, 대한여행사1973년 6월 30일 민영화, 운수사업소1973년 6월 29일 민영화, 특정외래품 판매소1974년 2월 18일 민영화, 반도호텔1974년 6월 7일 민영화 등을 민간업체에 이관하였다.

1973년 4월 25일 대한관광협회중앙회도 기구개편을 단행하여 관광사업진흥을 위한 홍보활동 및 서비스 개선을 촉진하고 업계의 권익증대 및 상호 친선을 보다 더 효율적으로 하기 위해 기구를 강화하고 한국관광협회로 그 명칭을 바꾸었다.

교통부 관광국도 1972년부터 기구를 개편 확장하여 기획과, 진흥과, 지도과, 설치과를 설치하여 관광행정을 개화改化함으로써 보다 전문적으로 관광진흥 및 사업의 지도업무에 임하게 되었다.

3) 관광법규의 정비

1970년의 특기할 만한 사실은 관광관계법규의 확충 및 정비라 할 수 있다. 즉, 외래관광객 유치를 위해 본격적인 관광단지조성책으로 1975년 4월 4일 관광단지개발촉진법 공포에 이어 1975년 12월 31일을 기해 관광사업진흥법이 관광기본법과 관광사업법으로 분리 제정되었다.

종전 관광사업진흥법은 관광사업의 종류를 8종으로 구분하여 오던 것을 대폭 정리하여 이를 여행알선업과 관광숙박업 및 관광객이용시설업의 3종으로 구분한 것이 이때였다.

70년대 후반에 관광에 관한 법규가 대폭 정비되었는데 그 주요사항은 관광사업법1975년 12월 31일 제정 법률 제2878호, 관광기본법1975년 12월 31일 법률 제2877호, 관광사업법1977년 12월 31일 개정 법률 제3088호, 관광사업법 시행령1976년 7월 20일 대통령령 제8194호, 관광사업법 시행규칙1976년 7월 30일 교통부령 제541호, 관광정책심의위원회 규정1976년 9월 4일 대통령령 제8238호 등이었고, 1976년 6월에는 한국관광협회와 서울특별시 관광협회의 사무국이 통합개편되었으며 국제관광공사는 제14주년 기념일을 계기로 민영화를 단행하여 진흥, 개발, 요원육성 등으로 운영체제를 개편하였고, 건전국민관광 계도를 위하여 관광안내원 자격시험을 제도화하였으며 동년 2월에는 국제관광공사 훈련원이 개관되어 관광종사원의 국제수준화와 유능한 관광요원의 확보에 주력하였다.

관광경기가 회복된 1976년에 우리나라의 관광산업은 완전히 본 궤도에 진입, 본격적인 상승추세에 돌입하였으며 1977년은 정부의 제4차 경제개발계획이 시작되는 제1차 연도로서 70년대의 후반기를 장식하는 매우 중요한 시발점이 되었다.

1977년도에는 관광객유치실적이 949,666명에 3억 7,030만불의 외화를 획득하였고, 1978년도에는 1,079,396명 유치에 외화획득 4억 810만불을 기록하여 관광사상 최초로 100만명을 돌파한 해가 되었다.

4) 관광여건의 변화

1979년에 들어와서 세계의 국제관광은 이란의 정변과 OPEC에 의한 석유가격의 대폭인상 등 정치 · 경제적 주요 원인에 큰 영향을 받아 우리나라도 세계적 경제불황에 따른 소비절약풍조와 국내외 제반사태로 관광객은 1978년보다 약간 증가하였으나 당초 목표에는 미달하였으며 관광수입은 전년대비 20%나 감소하였다. 1980년에는 120만 명의 외래관광객을 유치하여 이들 관광객을 통하여 5억불의 외화를 획득할 것을 목표로 정하고 이러한 목표달성과 1980년대를 대비한 수용태세확립, 관광산업의 지속적인 진흥을 위한 시책방향을 제시하고 목표달성을 위해 전력을 경주하였으나 외화정세의 불안상태가 계속됨에 따라 외래관광객의 방한이 크게 감소하였다.

결국 1970년대는 한국관광의 획기적 발전기로서 이 시기에 관광수요가 급속히 팽창하는 데 대비한 관광시설의 정비, 관광자원의 개발확충, 고유문화재의 개발 및 보전, 관광요원의 자질향상, 관광서비스 개선 그리고 건전한 관광풍토 조성, 대규모 관광단지의 개발, 대량관광과 국민관광의 본격화와 특히 국민복지 실현을 위한 국민관광의 여건 등의 기반을 조성하였다. 또한 관광시장 구조의 다양화, 판촉방법의 개척, 관광조사통계의 정비, 관광학연구의 활성화, 관광협회의 업계지도, 관광행정의 쇄신과 관광기업에 대한 행정적 지원체제를 확립하는 등으로 국가전략산업으로서 관광산업의 역할과 기능을 극대화한 한국관광의 획기적인 발전기라 할 수 있다.

5 1980년대 – 성장과 도약

1980년대에 들어와서는 1970년대 후반의 관광여건의 악화현상이 1980년대 초로 이어지는 과정에서 한국관광은 어느 정도 회복의 기미는 보였으나 정치·사회적 불안이 계속됨으로써 결정적인 타격을 입게 되었다.

일본인들의 왜곡된 편향보도와 몰이해로 일본시장에 의존하던 외래관광객의 격감을 가져옴으로써 관광업계는 심각한 타격을 입게 되었다.

그러나 제5공화국이 들어서면서 '86 아시안게임과 '88 올림픽의 유치로 관광발전의 전기가 될 수 있는 여건이 조성되어 한국관광은 제2의 도약기를 맞이하였다고 할 것이다. 정부의 개방정책의 일환으로 1983년에는 50세 이상 국민의 관광목적 해외여행이 자유화되면서 국제관광시장의 매력과 관심을 집중시키면서 한국관광은 크게 성장 · 발전의 기대를 모았다.

국민의 생활수준향상과 더불어 1970년대 후반부터 국민관광의 분위기가 전반적으로 무르익기 시작되어 관광이 대중문화와 산업사회의 특징으로 등장하게 되어 국민의 국내관광은 국민화합과 지역개발의 촉진, 교통조건이 발달되어 국민 각 계층의 여가증대와 함께 관광수요는 폭발적으로 증가하게 되었다.

특히 1983년 9월에 서울에서 열린 제53차 ASTA미주여행업자협회 총회는 세계 각국의 여행업자에게 한국관광의 이미지를 올바로 심어주어 일본인과 미국인에 편중되었던 외래관광객층이 다원화될 수 있는 좋은 계기를 마련하였다.

정부는 현대사회의 다양한 욕구를 충족함으로써 국민생활의 질을 향상시키며 궁극적으로는 국제관광의 진흥을 국민관광의 발전에서 찾아야 한다는 원칙에 입각하여 국민관광과 국제관광의 조화를 이상으로 하는 구체적인 시책을 1980년대의 관광정책목표로 설정하기에 이르러 1980년대의 한국관광은 세계정책의 회복과 '86 아시안게임 및 '88 올림픽 등으로 우리나라의 경제, 사회, 문화의 성장과 함께 크게 발전하였다.

6 1990년대 – 세계화

1990년대에서의 커다란 전환점은 독일통일과 구소련의 붕괴, 남한과 북한의 유엔 동시가입, 그리고 1992년 여름에 이루어진 중국과의 국교정상화 등이다. 냉전시대의 종식으로 인해 우리나라의 외교, 무역 및 관광의 세계화 · 국제화가 성큼 다가오게 되었다.

또한 1993년의 대전 엑스포는 전 세계에 우리나라의 저력을 과시한 또 하나의 축제였다. 이는 이제 우리가 참가국이 아닌 엑스포 개최국이 되었다는 것을 전세계에 알린 계기였고 국제적으로 뿐만 아니라 내국인들에게도 과학적인 지식을 일깨워준 커다란 행사였다.

그러나 1997년 닥친 외환환란 현상과 함께 찾아온 한국경제의 IMF 관리체제는 한국의 관광산업을 전면적으로 구조조정시킬 것으로 예측되었다. 약육강식의 원리에 따라 강자는 살아남고 약자는 도태하여 세계무대에서 더욱 경쟁력이 있는 관광기업이 탄생할 것으로 기대되었다. 결론적으로 1990년대는 관광분야에서 명실상부한 세계적인 관광지로서 한국의 위상을 심어주었던 것이다.

이와 동시에 1990년대는 외국인의 방한만이 아니고 내국인의 해외여행의 증가로 인하여 외래문물을 보고 느끼고 식견을 높이고 우리의 삶을 살찌우는 데 새로운 장을 여는 전환의 시기였다고 말할 수 있다.

7 2000년대 - 세계 속의 성장

2000년대 한국관광은 각종 국제행사의 개최로부터 시작했다. 즉, 2002년은 세계 축구인들의 잔치인 월드컵 대회를 일본과 공동으로 개최하였으며, 2003년은 대구에서 하계 유니버시아드 대회가 열리는 등 2000년대 초반부터 국제 스포츠대회가 개최되었다.

이와 함께 정부에서는 국제대회 유치를 위한 노력을 경주하고 있으며, 지방자치단체도 지역의 발전을 위해 국제대회 유치에 발 벗고 나서고 있다.

이에 따라 한국은 전 세계의 관광선진국들이 추진하고 있는 국제대회 유치 경쟁에 합류했으며, 이러한 추세는 계속 되리라고 본다. 원래 국제대회 유치는 정치 · 경제 · 문화의 합작품의 결과이다. 따라서 국제대회를 유치하기 위해서는 어느 한 요소만 발달해서는 아니 되며, 계속적인 국제대회 유치는 한국의 전반적인 면이 골고루 발달해야 가능하다. 결론적으로 국제대회 유치는 해당국가의 선진척도가 될 수 있다.

연구문제

Q 1 슈메리아인Sumerians은 관광에 어떠한 공헌을 했는가?

Q 2 십자군원정은 산업으로써의 여행에 어떤 공헌을 했는가?

Q 3 제트비행기와 증기기차가 관광에 끼친 혁명적 영향을 어떻게 알 수 있는가?

Q 4 최초의 여행사를 누가 설립했으며, 그가 고안해 낸 여행서비스의 기본개념은 무엇인가?

Q 5 중세의 숙박시설을 설명하라.

Q 6 로마제국으로부터 우리는 관광에 대한 어떤 교훈을 얻었는가?

Q 7 영국에서 초기의 철도에 대한 반응은 어떠했는가?

Q 8 미국에서의 자동차 여행의 우위현상은 무엇을 설명하는가?

Q 9 왜 관광객은 북극 같은 멀리 떨어진 장소에 방문하기 원하는가?

Q 10 항공여행이 얼마나 중요한가?

Q 11 어떤 관광산업에 여러분은 관심이 있는가?

Q 12 관광의 기원은 어떻게 되는가?

Q 13 여행업의 등장으로 인한 영향은 무엇인가?

Q 14 오늘날 그랜드 투어와 비슷한 관광의 형태는 무엇인가?

Q 15 항공산업의 발달은 관광산업과 어떠한 관련이 있는가?

Q 16 한국과 고대유럽의 원시관광 형태의 차이점은 무엇인가?

Q 17 한국관광의 제2도약기는 언제인가?

Q 18 대전 엑스포의 개최가 의미하는 바는 무엇인가?

Q 19 2000년대에는 관광산업이 어떻게 될 것인가?

Q 20 최초의 사업여행자는 누구였는가?

참고문헌

김병용, 「관광학원론」, 한올출판사, 2012.
김성혁, 「관광학 원론」, 형설출판사, 1994.
박호표, 「신관광학의 이해」, 학현사, 2004.
조명환, "관광제품의 구성요소에 대한 연구", 한국관광·레저학회 발표논문집, 1995.
한국관광협회, 「한국관광발전사」, 1984.
한혜숙·유명희·김순호, 「관광학원론」, 한올출판사, 2010.

Antil, Frederick H, "Career Planning in the Hospitality Industry", *The Cornell Hotel and Restaurant Administration Quarterly*, Vol. 25, No. 1(1984).
Belasco, Warren James, Americans on the Road: From Autocamp to Motel, 1920-1945, Cambridge, Mass. : The M.I.T.Press, 1979.
Bernecker. P., 「Grundlagenlehre des Fremdenverkrbr」, 1962.
Burkart, A.J., and S. William Medlik, Tourism: *Past, Present, and Future,* London: Heinemann, 1981.
Casson, Lionel, *Travel In the Ancient World*, London: George Allen & Unwin, 1974.
Chadwick, Robert A., "Concepts, Definitions and Measures Used in Travel and Tourism Research", in *Travel, Tourism, and Hospitality Research: A Handbook for Managers and Researchers, ed*, 1986.
Doswell, Roger, *Case Studies in Tourism*, London: Barrie and Jenkins, 1978.
Gay, Jeanne, *Travel and Tourism Bibliography and Resources Handbook*, 3 vols, Santa Cruz, Calif.: Travel and Tourism Press, 1981.
Gee, Chuck, James Makens and Dexter Choy, *The Travel Industry*, New York, N.Y.: VNR, 1989.
Goeldner, C.R. and Karen Dicke, *Bibliography of Tourism and Travel Research Studies*, Reports and Articles, 9 vols, Boulder: Business Research Division, University of Colorado, 1980.
Goeldner, Charles R., and Karen Duea, *Travel Trends in the United States and Canada*. Boulder: Business Research Division, University of Colorado, 1984, Published in cooperation with the Travel and Tourism Research Association.
Gunn, *Clare A, Tourism Planning*, New York: Crane Russak, 1979.

Hawkins, Donald E., Elwood L. Shafer, and James M. Rovelstad, *Summary and Recommendations International Symposium on Tourism and the Next Decade*, Washington, D.C.: George Washington University Press, 1980.

Holloway, J. Christopher, *The Business of Tourism*, London: Macdonald and Evans, 1983.

Hooson, Christopher, and Nona Starr, *Travel Career Development*, Wellesley, Mass.: Institute of Certified Travel Agents, 1983.

Hudman, Lloyd E, Tourism: A Shrinking World, New York, NY: John Wiley, 1980.

___________, *Tourism in Contemporary Society An Introductory Text*, Englewood Cliffs: Prentice-Mall, Inc., 1989.

Hunziker, W. Grundriss der Allegemeinen Fremdenverkehrslehre.

Jafari, Jafar, "Anatomy of the Travel Industry", The Cornell Hotel and Restaurant Administration Quarterly, Vol. 24, No. 1(1983), pp.71-77.

___________ and J. R. Brent Ritchie, "Towards a Framework for Tourism Education : Problems and Prospects", *Annals of Tourism Research*, Vol. 8, No. 1(1981),

Kaiser, Charles, Jr., and Larry E. *Helber, Tourism Planning and Development*, Boston: CBI, 1978.

Krippendorf, Jost, "Tourism in the System of Industual Society", *Annals of Tourism Research*, Vol. 13, No. 4(1986), pp.517-532.

Leiper, Neil, "The Framework of Tourism: Towards a Definition of Tourism, Tourist and the Tourism Industry", *Annals of Tourism Research*, Vol. VI, No. 4(1979), pp.390-407.

Lundberg, Donald E, *The Tourist Business*, Boston: CBI, 1980.

McIntosh, Kobert W. and Charles R. Goeldner, *Tourism: Principles, Practices*, Philosophies, NY : John Wiley, 1986.

McIntosh, Robert W, charles R. Goeldner and J.R. Brent Ritchie, *Tourism: Principles, Practices, Philosophies*, NY: John Wiley, 1995.

Metekla, Charles J, *The Dictionary of Tourism*, Wheaton, Ill.: Merton House Travel and Tourism, 1981.

Mill, Robert Christie, *The Tourism System*, Englewood Cliffs, N.J.: Prentice-Hall, 1992, pp.XVii-XX.

Nanninga, Nico J. and Raud J. Reuland, *Hotel and Tourism Training in Developing Countries, The Hague School of Hospitality Management*, Hague Hotel School, 1985.

National Tourism Resources Review Commission, *Destination USA. Volume 1, Summary Report, Washington*, D.C.: NTRRC, June 1973.

Robinson, H, A *Geography of Tourism*, London: Macdonald and Evans, 1976.

Rosenow, John E., and Gerreld L. Pulsipher, Tourism: *The Good, the Bad, and the Ugly, West-port*, CT: AVI, 1979.

Regoff, Milton, The Great Travelers, New York: Simon & Schuster, 1960.

Shoemaker, Stowe, Robert C. Lewis, and Peter C. Yesawich, Marketing Leadership in Hospitality and Tourism, Upper Saddle River: Prentice Hall, 2000.

Smith, Stephen L. J., "The Tourism Product", *Annals of Tourism Research*, Vol. 21, No. 3(1994), pp.582-595.

Travel Industry Association of America, *The U.S. Travel and Tourism Industry*, 1984, Washington D.C.: TIAA, 1984.

Travel Market Yearbook, 1982, New York: Ziff-Davis, 1982.

Travel Trade Publications, Travel Trade 50, 1929-1979 *Golden Anniversary Edition*, New York: Travel Trade, 1979.

Turner, Louis, and John Ash, *The Golden Hordes*, London: Constable, 1975.

University of Colorado, Business Research Division, *Tourism's Top Twenty, Boulder: University of Colorado*, 1984, Published in cooperation with the U.S. Travel Data Center.

Young, George, *Tourism, Blessing or Blight?* Baltimore, Md.: Penguin Books, 1973

Wahab, Salah, *Managerial Aspects of Tourism*, Turin, Italy: Center International de Perfection-nement Professionnel et Technique, 1976.

Waters, Somerset R, *Travel Industry World Yearbook, The Big Picture - 1984*, New York: Child & Waters, 1984.

World Tourism Organization, *Definitions Concerning Tourism Statistics*, Madrid: WTO, 1983.

Chapter 03

관광동기

학습목표

- 4가지의 기본적 관광동기에 대한 이해
- 관광욕구와 관광동기에 대한 이해
- 사람들이 여행을 하지 않는 6가지의 주요 이유에 대한 이해
- 관광 목적지 6가지 유형과 관광동기에 대한 이해
- 관광객 유형과 관광 동기에 대한 이해

사람들은 여행을 할 때 대개 한 가지 이상의 이유 혹은 동기를 가진다. 예를 들어 어떤 사람이 사업상의 동기로 어떤 지역을 방문할 때 방문기간 동안 그 지역에서 일련의 축제가 열린다는 사실은 그 지역을 방문하게 하는 강화요인으로 작용하게 한다.

기본적 관광동기는 다음과 같이 네 가지 범주로 나눌 수 있다McIntosh and Goeldner, 1990: 131-132.

1. 육체적 동기physical motivator는 건강과 관련이 되는 육체적 휴식, 스포츠행사 참가, 해변 레크리에이션, 기분전환을 위한 유흥 및 기타 관련 동기 등이다. 이외에 추가적인 동기로 의사의 명령 혹은 권고사항, 건강온천의 이용, 치료목욕, 건강진단 및 기타 건강치료활동 등을 들 수 있다. 이러한 동기는 모두 공통적인 하나의 특징을 가지고 있는데, 그것은 육체적 활동을 통한 긴장 감소이다.

2. 문화적 동기culture motivator는 다른 지역을 알려는 소망에 의해 확인되며, 음악, 예술, 민속, 춤, 그림 및 종교 등을 포함한다.

3. 대인적 동기interpersonal motivator는 새로운 사람을 만나거나, 친구와 친척을 방문하며, 일상 업무나 가족 그리고 이웃으로부터의 탈출, 또는 새로운 친구를 사귀기 위한 것도 포함된다.

4. 신분 및 권위 동기status and prestige motivator는 자아욕구와 개인의 개발에 관심을 둔다. 이 범주 내에 소속된 동기는 사업, 컨벤션, 연구혹은 공부 및 취미와 교육의 추구에 관련된 관광을 포함한다.

제1절

욕구·욕망과 관광동기

관광동기를 정확하게 파악하기 위해 어떠한 관광현상이 관광객의 욕구와 욕망을 해결하는지를 이해하여야 한다. 즉, 관광객은 단순히 휴식을 취하고 다른 문화를 경험하며 자녀들을 교육시키고 기타 목적으로 관광을 하는 것이 아니라, 전적으로 혹은 부분적이든 간에 그들의 다양한 욕구와 욕망을 만족시킬 수 있다는 희망과 신념하에서 관광을 한다.

이와같이 모든 사람들이 똑같은 이유로 관광을 하지 않으며 동일한 방식으로 의사결정을 하지 않는다. 그렇지만 이들을 유사한 이유와 유사한 의사결정방식으로 집단화하여 분석하면 그 원인을 찾을 수 있다.

관광에 관한 학문적 연구가 시작된 이래로 관광객에 관해 연구하는 학자들이 가장 많은 관심을 가지고 있는 것은 사람들이 관광을 하는 이유가 무엇인지에 대한 것 즉, 관광동기이고, 다른 하나는 사람들이 관광 관련 의사결정을 어떻게 진행하고 거기에 영향을 미치는 요인이 무엇인가 하는 점이다. 이러한 관심에 해답을 찾기 위한 노력을 통해 우리는 관광객의 행동을 이해하는 데 한 걸음 더 나아갈 수 있다. 또한 특정한 집단을 위해 가장 효율적이고 효과적인 마케팅 전략과 운영전략을 세울 수 있다.

1 욕구 · 욕망 및 동기

관광마케터가 알아야 할 첫 번째 중요한 사항으로 개인은 욕구를 가지고 있다는 사실이다. 이러한 사실을 파악할 때 관광마케터는 해당 개인에게 욕구에 맞는 서비스를 제공할 수 있으며 더욱 쉽게 해당 개인을 만족시킬 수 있다. 만약에 어떤 관광마케터가 개인의 욕구에 크게 관심을 가지고 있지 않다면 그는 고객을 만족시킬 수 없으며, 따라서 현대 기업의 필수요소인 고객만족을 이룰 수 없고 결국 경쟁에서 탈락하게 된다.

여기서 우리는 용어를 정의할 필요가 있다. 욕구needs는 인간이 무엇인가 결핍되어 있다고 느끼는 상태로서 인간의 본능에 해당된다. 한편 다른 용어인 욕망은 욕구가 구체화된 것으로서 욕구에서 파생되어 나오는 것이다. 예를 들어 사람이 배가 고픈 것은 욕구이고 이 욕구를 채우기 위해 햄버거를 먹고 싶다는 것은 욕망이다. 따라서 마케터의 과업은 개인의 욕구를 욕망으로 변환시키는 것이 된다.

그러나 마케터가 개인의 욕구를 욕망으로 변환시키는 것을 원하고 해당 개인이 해당 욕구에 대한 만족을 원하더라도 동기부여motivation되지 않는다면 어떠한 행동도 발생할 수 없다. 동기이론에 의하면 개인이 항상 안정상태를 유지하고 싶어 하는데, 해당 개인이 욕구 결핍을 느낄 때 안정상태는 파괴된다. 따라서 해당 개인은 또 다시 안정상태를 획득하기 위하여 욕망을 거쳐 해당 욕구를 만족시키게 된다. 이 과정에서 해당 개인은 목표를 가져야 하는데, 마케터는 목표, 예를 들어 유람선 여행, 항공여행, 휴가여행 등을 제시하여야 한다. 물론 해당 개인이 구매하고자 하는 제품이나 서비스에 대해 충분하고 정확한 정보를 가지고 있을 경우에 마케터의 역할은 그만큼 감소하게 될 것이다. 이 과정이 [그림 3-1]에 나타나 있다.

동기는 다른 요인과 마찬가지로 행동에 영향을 줄 수가 있는데, 다양한 동기의 상호작용으로부터 행동이 발생한다. 이러한 다양한 동기 중의 하나가 어떤 시점에 강하게 나타나며, 다양한 사회경제적 및 심리적 요인들과 상호작용할 수도 있다.

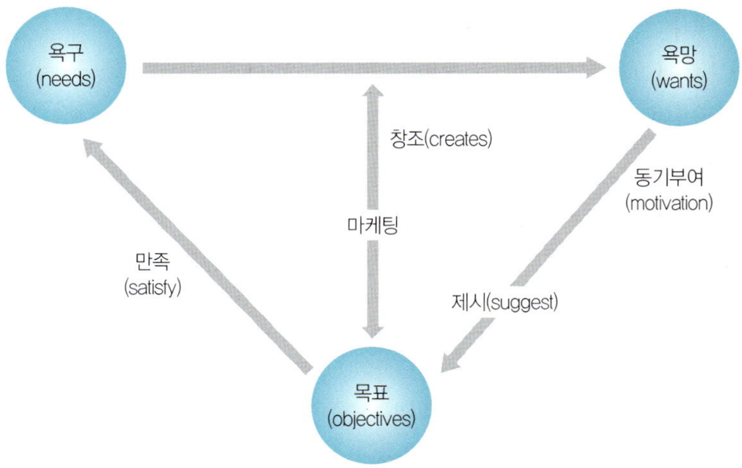

자료 : Rovert Christie Mill, The Tourism System: An Introductory Text, Englewood Cliffs, Prentice-Hall, 1992, p.18.

그림 3-1 욕구, 욕망 및 동기

동기는 또한 구체적인 경우와 일반적인 경우로 나눌 수 있는데, 일반적 동기는 최종목표로, 구체적 동기는 최종목표를 도달하기 위한 수단이 된다. 예를 들어 어떤 근로자가 일정기간 열심히 일한 뒤 해외여행휴가를 즐기도록 동기부여될 수 있다. 그러나 이것은 부분적으로 건강의 추구라는 동기가 포함될 수 있으나 건강은 해외여행휴가 외의 방법으로 성취될 수 있다.

사례 ● 동기부여 과정

몇 년 전에 외국신문에 두 소녀가 "무엇을 생각하고 있니? 미국에 계시는 할아버지와 할머니께서 다음달 우리를 방문하신단다."라고 서로 이야기하는 광고가 등장했다. 이 광고는 미국에서 한국으로의 항공여행을 촉진하고 있었다. 이 광고는 다음 사항을 나타내려고 했던 것이었다.

"우리들은 귀하께서 귀하의 손자를 사랑하고 있다는 것을 알고 있다(욕구). 우리들은 귀하에게 이 광고를 보여줌으로써 귀하의 손자 사랑을 일깨워 주고 싶다(욕망). 귀하께서는 손자를 방문함으로써(목표), 사랑에 대한 욕구를 해결할 것이다."

이러한 방식으로 할아버지와 할머니들이 한국으로의 항공여행을 하도록 동기부여된다.

하나의 관광사업경영자는 협의적으로 다른 관광사업경영자와 경쟁하고 있고, 광의적으로 기타 사업과 경쟁하고 있다고 볼 수 있다. 예를 들어 사람들은 휴가 때 해외여행이나 국내여행을 할 수 있으나 어떤 경우는 영화관에 간다거나 집에서 꽃을 가꿀 수 있다. 어떠한 경우이든 간에 관광사업체의 마케터는 자사 제품이나 서비스가 관광객의 해당 욕구를 만족시킬 수 있다는 것을 확신시켜 주어야 한다. 이렇게 될 경우 관광객은 해당 제품과 서비스를 구매하도록 동기부여된다.

2 매슬로우의 욕구이론과 관광동기

관광관련 문헌에는 관광동기가 매슬로우의 욕구단계모델Maslow's hierarchy of needs model에 의하여 잘 설명된다는 것을 입증하고 있다. 매슬로우는 단계별로 형성되는 다음과 같은 욕구들을 제안했다.

자료 : Arnold Mitchell, "Social change : Implications of Trends in Values and Lifestyles", VALS Report No. 3, January 1979, Robert Christie Mill, The Tourism System, 1992, p.19에서 재인용.

그림 3-2 매슬로우의 욕구단계

① **생존욕구** 배고픔, 갈증, 휴식, 활동

② **안전욕구** 안전, 공포와 불안으로부터의 자유

③ **소속감 및 사랑욕구** 애정, 주고받는 사랑

④ **자아존중욕구** 자아존중과 타인으로부터의 존중

⑤ **자아실현욕구** 개인적 자아성취

이 이론은 낮은 단계의 욕구가 더 높은 단계의 욕구만족에 도달하기 전에 만족되어야 한다고 제시하고 있다. 그러나 여기서 단계hierarchy는 일련의 보금자리형 삼각형nested triangle으로 보는 것이 더 나을 것이다. 즉, 높은 단계의 욕구는 낮은 모든 단계의 욕구를 포함하고 있으며, 각 욕구의 상대적인 가치 크기를 잘 나타내고 있다.

표 3-1 매슬로우의 욕구, 동기부여 및 관광관련 용어

욕 구	동 기	관광관련 용어
생리적 욕구	휴식	일탈, 탈출, 도피, 휴식, 긴장으로부터 해방 휴양, 휴가
안전 욕구	안심감	건강, 재미, 운동, 레크리에이션, 즐거운 기분, 미래를 위한 강한 체력유지
소속 욕구	사랑	가족화합, 동료의식, 개인적 및 사회적인 유대관계 형성, 가족에 대한 애정표시, 조상의 뿌리, 인종, 민족
존경 욕구	지위성취	개인적인 성취감, 품위와 위신, 타인에 대한 자기과시, 자기향상, 사회적인 인정, 전문직종 종사
자아실현 욕구	자신의 본성에 충실	탐구를 통한 자기평가, 자아발견, 내적 욕구의 충족
지적 욕구	지식	문화, 교육, 방랑성
미적 욕구	미의 감상	환경, 경치

자료 : Robert Christie Mill, The Tourism System, 1992, p.20.

매슬로우의 욕구이론에서 첫 번째 단계의 욕구인 생존욕구는 육체와 관련되고 다른 4개의 욕구단계는 심리와 관계된다. 이외에 매슬로우의 욕구단계이론은 다음과 같은 두 개의 욕구를 첨가하고 있다Lewis and Chambers, 1989: 137.

- 지적 욕구 : 지식 습득
- 미적 욕구 : 미의 감상

여기서 지적 욕구는 다른 욕구와 독립적으로 존재하는 것으로 사료된다.

욕구, 동기 및 관광현상 간의 관계는 [표 3-1]에 나타나 있다Mill, 1992: 20-22. '탈출' 혹은 '긴장으로부터 해방'을 위해 여행을 한다고 말하는 사람은 기본적인 생존 혹은 생리적 욕구의 만족을 추구하는 것으로 보여질 수 있다. 그러한 동기는 육체적 혹은 정신적인 기분전환을 위한 것 같다. 휴가여행자는 종종 육체적으로 피로한 상태에서 여행을 마치지만 정신적으로는 상쾌하다. 비록 적극적으로 휴가를 즐기는 사람과 소극적으로 휴가를 즐기는 사람들 간의 차이점은 존재하나, 양자 모두 긴장 완화에 대한 필요성에 의하여 동기부여된다.

소극적인 휴가여행자는 주위 환경에 양보함으로써 긴장완화를 성취하는 것으로 보여지는데 이러한 양보로부터 생기는 대가로 새로운 기분을 가지게 되는 긴장완화가 발생한다. 예를 들어 공장에서 과로하는 근로자는 2주 동안 해변에서 쉼으로써 휴식을 취할 수 있다. 적극적으로 휴가를 즐기는 사람은 육체적 활동을 통하여 긴장완화를 성취한다. 이러한 활동은 성취 및 환경의 정복과 관련되고 자아존중에 대한 욕구와 관련되는 것으로 보인다. 육체적인 일에 종사하지 않는 사람은 휴가 때 육체적 활동에 몰두함으로써 보상받는다. 이러한 사실은 경우에 따라 인간은 한 가지 이상의 욕구를 만족시키도록 동기부여될 수 있다는 사실을 설명해 준다.

건강상의 이유로 여행을 하는 것은 안전욕구를 만족시키기 위한 방법으로서 해석될 수 있다. 정신과 건강을 돌봄으로써 우리 자신들을 보호하고 우리들 자신의 수명을 연장시키게 한다. 온천 방문은 이러한 성격을 지니고 있다. 선행연구에서는 레크리에이션과 건강을 연결시켜 이 양자 사이에 관계가 있다는 것을 시사하고 있다.

소속과 사랑에 대한 욕구는 애정에 대한 욕망 및 주고받는 사랑에 대한 욕망과 관련된다. 조직 투어organized tour는 우정 및 사회적 교류에 대한 욕구를 격려하고 만족시키는 하나의 방법이 된다.

이 동기는 VFR 세분시장, 즉 친구 및 친척방문visit friends and relatives 세븐시장으로 종종 언급된다. 이 세분시장의 한부분이 민족 혹은 뿌리 시장ethnic cr roots market으로서 고향이나 자신 혹은 조상의 전 거주지를 방문하고 싶어하는 욕망을 가진 세분시장이다. 여기에는 두 가지 분류가 있으며, 첫 번째로 다른 곳에서 태어나서 고향에 돌아가려는 욕망을 가진 자들이며, 두 번째는 조상의 땅을 경험하고 싶어하는 후손들이다. 전자는 사람과 사물을 보고 그들이 기억하는 경험을 새롭게 한다. 전의 경험을 새롭게 하는 욕망은 관광객들이 목적지의 상황에 적응한다는 것을 의미한다. 결국 과거로부터 기억하는 것을 즐기기 위하여 목적지에 오게 되는 것이므로 방문지의 불편함은 참을 수 있다. 그러나 이 세분시장에 소속되는 사람들은 친구와 친척과 함께 체재하는 경향이 있는 관계로 관광목적지에는 커다란 경제적 효과를 가지고 오지 않는다.

한편, 후손들은 조상의 땅을 경험하기 위하여 해당 지역을 방문한다. 그러나 그들은 자기 뿌리에 대한 개인적 경험이 없으며 출생국가에서 습득된 삶의 표준에 의해 대체되었기 때문에 자신의 뿌리를 찾는 여행에서 취하는 것은 이러한 적응된 삶이 표준이다. 따라서 방문지의 삶의 표준은 출생국가에서 경험한 삶의 표준과 비교되어진다. 그러나 이 세분시장은 호텔에서 숙식이 이루어질 경우 목적지 경제에 큰 영향을 미치게 된다.

매슬로우의 자아존중의 욕구개념은 두 가지, 즉 자아존중과 타인으로부터의 존경욕구로 나누어진다. 자아존중은 힘, 성취, 정복, 능력 및 독립성을 나타내는 욕구 같은 것으로부터 구체화된다. 자아존중은 사람들이 왜 흰 파도에서 뗏목을 타는가에 대해 설명하고 있다. 타인으로부터의 존중은 명성, 권위, 지위 및 인정과 같은 개념에 의해 설명된다. 인간은 여행경험으로 인해 확실히 목적지와 목적지에서 귀향하면서 개인의 자아를 향상시킬 수 있다. 나이가 들면서 사회에서의 지위는 낮아지나 여행은 지위를 향상시키는 한 가지 방법이 된다.

자아실현은 사실상 여가의 끝이거나 목적으로 고려될 수 있다. 여가는 긴급히 해결해야 하는 낮은 단계의 욕구로부터 자유로운 상태이다. 휴가는 자아에 대해 재평가하고 재발견하며 자아를 수정하거나 교정하는 방식으로서 자아 이미지를 나타내는 기회를 제공한다.

지적 욕구는 지식에 대한 욕망의 관점에서 검토될 수 있다. 많은 사람들이 다른 문화를 배우기 위하여 여행을 한다. 또한 다른 문화의 사람들과의 접촉은 자기 자신의 문화를 발견하는 기회를 제공한다. 이 같은 개념이 해외에서의 교육, 방랑 및 흥미에 대한 동기로 표현되어 왔다.

미에 대한 욕구는 환경적인 이유, 즉 경관을 관찰하기 위하여 여행하는 사람에게서 볼 수 있다.

제2절

인구통계적 변수와 관광동기

관광동기에 영향을 미치는 세 가지 주요 변수는 성별, 나이 그리고 학력수준이다McIntosh and Goeldner, 1990: 132-135. 성별 역할 갈등과 교육 · 훈련 차이에서 발생되는 것 같다. 남성은 가족과 직장 간의 갈등으로 인해 시간과 에너지의 배분에 대한 수요과정에서 갈등이 발생한다. 따라서 이 두 영역의 삶을 분리시키고자 한다.

미국의 경우, 여성은 두 영역에서 남자보다 더욱 분리되는 경향이 보이나 이 두 영역 간에 갈등이 발생될 경우 가족문제를 더욱 중시한다. 그러나 성의 역할이 계속 변화하고 있으므로 교육과 훈련, 동기 및 취미에 있어 남성과 여성의 차이점이 과거처럼 분명하지는 않다. 만약 자녀가 관여될 경우 자녀의 욕구는 부모의 동기와 선택에 영향을 미치게 된다.

나이 역시 개인이 소구하는 경험의 유형에 있어 중요한 부분을 차지한다. 나이가 적을수록 새로운 경험에 대한 인내력이 높은 것으로 나타난다. 동물의 세계에서 미성숙한 동물일수록 특별한 지역의 방어에 신경 쓰지 않으며, 미지의 지역을 탐험하려는 경향이 높은 것으로 나타난다. 같은 맥락에서 청년기의 집단은 새로운 아이디어에 대해 수용적이며 사회상황의 변화에 대한 민감성이 낮다. 이들은 자신의 실수에 대한 변명으로, 항상 나이를 이용하므로 많은 것이 기대되지는 않는다. 일반적으로 젊은 층은 새로운 장소와 경험에 대한 관심이 높다.

중년기에는 안락comfort이 더욱 중요하다. 중년기의 집단은 어느 정도의 사회적 지위가 있으며 이에 상응하는 안락을 원한다. 이 집단은 단체로 여행하기를 원한다는 사실을 고려해야 한다. 이와 같은 현상의 두 가지 원인은 첫째, 사회적 비교 및 동료의식에 대한 욕구증가와 둘째, 탐험에 대한 욕구감소 때문이다. 이 집단은 자신의 행동이 동료 행동과 조화될 때 더욱 안전감을 느끼기 때문에 단체에 대해 호의적이다. 또한 이들은 가족과 함께 여행하는 것을 선호하여 안전하고 친숙한 가정의 연장이라는 의미에서 안락함을 느끼게 된다.

인생의 후반기에 해당되는 사람들의 이동은 점차 줄게 되어 한 장소에만 거주하게 된다. 그러나 이러한 현상이 발생하는 특정 나이는 없으며, 이 현상이 영원히 발생하지 않을 가능성도 존재한다.

학력수준 차는 인간이 수용하는 새로운 경험의 유형에 영향을 미친다. 그러나 학력수준 차를 논의할 경우 사회경제적 신분상태 및 소득수준과 결합되어서 고려되어져야 한다. 대개 학력수준이 높은 사람은 학력수준이 낮은 사람보다 가처분소득이나 지위가 높다. 대학 졸업자들은 항상 환경의 변화를 수용하는 성향이 강하다. 이들은 더 많은 기회를 포함하기 위해 노력하고 익숙하지 않은 낯선 장소를 방문한다. 이 집단은 이동을 많이 하며 사회변화의 선두주자이다. 이들 대부분이 사회에서 가장 이동이 많은 사람들로 회사 경영진을 포함한다. 이들은 여행에 관심이 있으며, 어떤 특별한 여행개념에만 치중하지 않는다. 실례로 이와 같은 집단을 위해 신기한 경험을 제공하는 것은 어려울지도 모르나 관광마케터에게는 도전의 기회를 제공하게 된다.

목적지를 방문하는 새로운 세분시장으로 고등학교 졸업자들을 들 수 있다. 이 집단의 경우 여행을 위한 시간이나 흥미가 거의 없는 것으로 간주되어 왔다. 그러나 소득이 증가함에 따라 자금을 축적하여 관광시장에 진입할 여가시간을 가지게 되었다. 소득이 사회적 지위를 올리는 것과 반대 현상으로, 이 세분시장의 관심은 관광의 기회를 제한당했으며, 관광경험이 거의 없는 부모의 관심과 일치하지 않는다. 따라서 이들은 관광행동을 동기부여하는 안전과 관심에 대한 욕구와는 관계없이 여행 아이디어에만 관심이 있다.

초등학교 졸업자들은 타 집단에 비해 더욱 정적이며, 친숙성과 사회적 체면에 극도의 관심을 갖는다. 이 집단은 자신의 교양수준이 낮다고 느끼기 때문에 오히려 여행을 전혀 하지 않을지도 모른다. 이들은 같은 여행패턴을 지속적으로 유지하는데, 이는 그러한 패턴을 원해서가 아니라 새로운 무언가를 행하는 데 대한 두려움 때문이다. 고등학교 졸업자의 경우와 마찬가지로 이 집단에게는 새로운 상황이 반드시 불안정성을 촉진시키는 것만은 아니라는 것을 재확인시킬 필요성이 있다.

제3절

여행의 장애요인과 관광동기

사람들이 광범위하게 혹은 전혀 여행하지 않는 이유는 여러 가지가 있을 것이다. 그러나 심리분석적으로 왜 사람들이 해당 지역을 광범위하게 혹은 전혀 여행하지 않는지에 대한 궁극적인 해답은 아직까지 제시되지 않고 있다.

일반적으로 사람들이 해당 지역을 일정기간 동안 광범위하게 혹은 전혀 여행하지 않는 이유는 다음과 같다.

1 비용

소비자들은 소득을 고려하여 여행을 하고 있으며, 여행은 하나의 상품인 관계로 여타 상품과 경쟁하고 있다. 상대적으로 소득이 높은 소비자는 여행비용을 낮게 생각하고, 소득이 낮은 소비자는 여행비용을 높게 생각한다. 결론적으로 과다한 여행비용은 여행을 불가능하게 만든다.

2 시간의 부족

어떤 사람은 충분한 소득을 가지고 있더라도 그들이 종사하고 있는 사업이나 직장 때문에 시간을 내지 못한다. 우리나라의 경우 대부분의 사람들이 여름철에 휴가를 신청하는데, 이러한 경우 다른 계절에는 시간상의 제약으로 인해 휴가여행을 갈 수 없다.

3 건강상의 제약

어떤 사람이 충분한 소득과 시간을 가지고 있다 하더라도 부실한 육체적 · 정신적 건강상태로 인해 집에 머무를 수밖에 없다면 여행을 할 수가 없다.

4 가족주기

아무래도 자녀를 양육하고 있는 부부는 미혼, 자녀가 없는 신혼부부, 자녀 모두를 출가시킨 부부 혹은 배우자를 떠나보낸 사람보다는 상대적으로 여행할 때 따르는 불편함이 많기 때문에 여행하는 기회가 줄어들 것이다.

5 관심의 부족

어떠한 사람은 여러 가지 이유로 해서, 유쾌한 만족을 가져다주는 어떤 관광목적지에 대해 모를 수가 있다. 이러한 지식의 결핍은 여행에 대한 관심의 부족으로 이끌 수 있으며, 결과적으로 여행의 주요 장벽이 될 수 있다.

6 두려움과 안전

미지의 세계는 두려움을 수반하며, 결국 잠재관광객 자신에 대한 안전 문제가 고려된다. 사람들이 가지고 있는 어떤 지역에 대한 부정적인 지각은 해당 지역에 대한 부정적인 홍보, 전쟁 및 사회적 불안으로부터 유래할 수 있으며, 이러한

사례 ● 여행 장애요인

마케팅 조사에서 응답자는 다음과 같은 문장을 완성하도록 한다.

"○○○씨는 크루즈 선사로부터 중국을 2박 3일 무료여행하는 제안을 받았으나 그는 (   ) 때문에 여행을 가고 싶지 않았다."

미국에서 행하여진 한 연구에 의하면 응답자의 42%는 직무, 건강상태, 연령 및 자녀에 대한 책임 때문에 가고 싶지 않았다고 응답했으며, 26%는 전혀 여행을 하고 싶지 않아했는데 그들은 차라리 집에 머물거나 여행하는 것을 두려워하였다McIntosh and Goeldner, 1990: 135.

장애요인들은 결과적으로 잠재관광객의 마음에 두려움과 안전상의 고려를 유발시키고, 여행수단이나 관광목적지의 선정에 영향을 준다.

비록 관광객이 첫 번째부터 네 번째까지의 여행 장애요인들을 극복할 수는 없으나, 관광마케터는 다섯 번째 장애요소인 관심의 부족을 소비자들이 극복할 수 있도록 할 필요성이 있다. 이와 같은 여행 장애요인의 얼마나 광범위하게 퍼져 있는가를 설명하기 위하여 비용장애가 고려되지 않는 위의 사례와 같은 접근방식이 사용된다.

여행하려는 충분한 욕구가 있음에도 불구하고 어떤 사람들은 집에 머물기 원한다. 일부 사람들은 여행에 대한 욕구가 충분하지 않아 여행이 가져올지도 모르는 과민성 혹은 두려움 때문에 좌절한다. 여행에 대한 이와 같은 저항감은 언젠가는 사라지게 되나 이러한 세분시장을 간과하기에는 너무나 큰 집단이다. 적절한 동기부여 도구를 이용해 이 접촉되지 않은 상당수의 잠재관광객들에게 외부세계에 흥미 있는 장소나 일이 존재한다는 것을 확신시킬 수 있다.

여행에 대한 관심이 부족하게 되는 심리적 원인을 분석해 볼 때 일부는 탐험과 안전욕구 사이의 갈등에 관련된다. 어떤 사람의 경우 자신의 집이 안전하며 철저히 외부에 공개된 장소이기 때문에 집 밖의 장소에 대해 상대적이 된다. 불안감을 느끼게 되므로 탐험을 기피하게 된다. 반면에 집의 친숙성은 지루함과 탐험할 욕구를 유발시킨다. 따라서 인간은 안전과 탐험이라는 2개의 아주 강한 동인을 이용해 갈등을 감소시킬 필요성이 있다.

이를 위한 한 가지 방법은 사람들이 잘 알고 있는 장소에서 여행하는 것이다. 어떤 사람은 몇 년 동안 알고 있는 사람과 함께 전에 가보았던 호수에서 이미 투숙한 경험이 있는 오두막집으로 갈 수도 있다. 이런 경우 안전의 욕구를 위협하는 새로운 경험은 회피할 수 있으나, 집을 떠나 친숙한 장소를 여행함으로써 탐험욕구는 감소될 수 있다.

제4절

관광목적지의 유형과 관광동기

관광목적지의 공간이나 특징은 다양하므로 관광심리와 관광동기의 체계적 논의가 가능하도록 관광목적지를 분류하는 것은 중요하다. 이를 위한 한 가지 방법으로 관광의 유형에 따라 관광목적지가 제공하는 여행경험이 달라지며, 이것에 따라 관광목적지를 분류하면 다음과 같다.

1 민속관광

이 부류에 속하는 관광객들은 타 지역의 문화적 표현과 생활양식을 관찰할 목적으로 여행을 한다. 이러한 관광은 산 블라스San Blas 인디언을 연구하기 위해 파나마로 여행하거나 고립된 작은 산에 살고 있는 아쌈Assam 부족을 관찰하기 위해 인도로 여행하는 경우, 한국인의 생활양식을 연구하기 위해 용인 민속촌을 방문하는 경우를 예로 들 수 있다. 이 경우 전형적인 관광목적지 활동은 원주민의 집을 방문하고 춤과 행사에 참가하며 때로는 종교의식에도 참여하는 포괄방문을 포함한다.

2 문화관광

이 부류에 속하는 관광객들은 인간의 기억 속에는 존재하나 사라져 가는 생활양식을 경험하거나 참가하기 위하여 여행을 한다. 이 관광에서는 관광목적지 내의 그림 같은 무대설정 혹은 지역색채local color가 주요 매력물에 속하며, 목적지 활동으로는 전형적인 시골풍 여관에서의 식사, 의상 행렬, 포크 댄스 및 옛 형태의 예술 및 공예품 전시회 관람 등을 포함한다. 버지니아 주의 윌리엄스버그Williamsburg, 미시간 주 디어본Dearborn의 그린필드Greenfield 마을 혹은 코네티컷 주의 미스틱 시포트Mystic Seaport로의 방문이 문화관광의 예이다.

3 역사관광

이 부류에 속하는 관광객들은 과거 로마, 이집트 및 그리스의 영광을 강조하는 박물관 및 성당을 방문한다. 또한 미국 펜실베니아주의 게티스버그Gettysburg와 같은 남북전쟁에 관련된 장소 방문 및 한국의 고대국가인 신라의 수도로서의 경주에의 방문이 이 역사관광에 속한다. 유적관광, 교회나 성당 방문 그리고 과거 주요사건의 생활양식을 보존하는 소리와 빛을 갖춘 공연물은 관광목적지 활동에서 선호된다. 이와 같은 관광은 관광매력물이 도시에서 쉽게 접근할 수 있는 장소에 있거나 도심지 내에 위치하기 때문에 촉진된다. 전형적으로 이러한 관광은 조직화된 대중관광에 적합하다.

4 환경관광

이 부류에 속하는 관광객들은 멀리 떨어진 지역으로 여행한다는 측면에서 민속관광과 유사하나 민속매력물보다는 자연 및 환경매력물을 강조한다. "자연으로서 회귀" 목적, 인간과 대지people-land의 관계를 감상하거나 또는 이와 같은 관계에 민감한 관광이 환경관광의 범주에 속한다. 환경관광은 주로 지리적인 측면에 관계되며 나이아가라 폭포, 그랜드 캐니언, 옐로스톤 국립공원 및 기타 자연자원을 소유하고 있는 관광목적지를 포함한다. 전형적인 관광목적지 활동으로는 사진촬영, 하이킹, 등산, 카누타기 및 캠핑이 있다.

5 레크리에이션 관광

이 부류에 속하는 관광객은 스포츠에의 참가, 온천욕, 일광욕 및 휴식 환경에서의 사회적 접촉에 신경을 쓴다. 이러한 관광목적지들은 잠재관광객들로 하여금 스키장, 야자수 나무가 있는 해변, 대회가 있는 골프장이나 테니스 코트를 방문하게끔 만드는 아름다운 컬러사진을 통하여 모래, 바다 및 성을 강조한다. 이러한 강조의 주요 목적은 휴가를 즐기는 관광객 유치에 있다. 라스베이거스는 도박, 현란한 플로어 쇼floor show 그리고 집을 벗어난 자유와 같은 다양한 레크리에이션 관광을 강조하고 있다.

6 사업관광

이 부류에 속하는 관광객들은 컨벤션, 미팅 및 세미나에 관심을 두는 중요한 형태의 여행객이다UN의 경우 사업여행객은 관광객의 범주에 포함시키고 있다. 사업여행은 종종 앞에서 언급된 하나 이상의 관광유형과 결합된다.

이상의 분류체계가 완전하지는 않다. 관광목적지는 대부분 하나 이상의 관광경험을 제공할 수 있고 또한 제공하고 있다. 기본적으로 레크리에이션 관광서비스를 제공하는 라스베이거스는 컨벤션 시설 또한 제공한다. 하와이의 휴양지는 관광객이 소망하는 활동의 유형에 따라 레크리에이션, 환경 및 문화관광을 제공한다. 인도는 휴가를 즐기는 관광객들에게 해변에서의 현란한 레크리에이션 관광 외에 민속관광을 경험할 기회를 제공한다.

이와 반대로 관광객은 같은 유형의 관광서비스를 제공하는 수많은 관광목적지 중에서 하나를 선정할 수 있다. 예를 들어, 역사관광에 관심을 갖는 관광객은 역사적 매력물을 가진 어느 나라도 방문할 수 있다.

제5절

관광객 유형과 관광동기

제4절에서 언급된 관광목적지의 유형을 분석하는 것만큼 중요한 것으로 관광객의 유형을 확인하는 것도 중요하다. 관광객의 유형을 확인하는 것은 관광객의 여행 패턴을 더욱 쉽게 이해할 수 있고 체계적으로 분석할 수 있다.

관광시장을 세분화하는 방법은 여러 가지가 있는데, 지금까지 전통적으로 사용된 방법이 인구통계적 변수로 시장을 세분화하는 방식이다. 인구통계적 변수는 소득, 나이, 성별, 직업 및 지리적 위치와 같은 인구에 관한 사회 통계치를 포함한다. 이 방식이 전통적으로 사용되어 왔던 이유는 이 변수들에 관한 자료들을 쉽게 획득할 수 있었다는 점이었다. 그러나 선행 연구들에 의하면 이 방식은 시장을 정확하게 파악하지 못하는 단점을 가지고 있다.

다른 관광시장 세분화 방법으로 심리적 세분화 방식이 있다. 관광객이 구매하는 것은 주로 경험이고, 경험은 심리적 성격이기 때문에 관광수요 패턴은 주로 관광객의 심리적 특징에 의거한다. 그러나 이 방식의 단점은 자료를 얻기가 그다지 쉽지 않다는 점이다. 그럼에도 불구하고 이 방식이 관광시장을 정확히 판별하기 때문에 선호되고 있다.

심리적 유형에 따라 다양한 모델이 관광객을 분류하기 위하여 개발되었으며, 그 중 플로그Stanley C. Plog 박사가 개발한 모델은 미국인을 한쪽 극의 사이코센트릭psychocentric에서 반대편 극의 얼로센트릭allocentric으로 이어지는 심리적 연속체psychographic continuum상에 분류하였다.

'사이코센트릭'이라는 용어는 개인의 사상과 고려사항의 중심을 조그만 문제영역인 개인의 삶에 두는 것을 의미하는 사이키psyche 혹은 자아 지향self-centered이라는 용어에서 파생되었다. 한편 '얼로센트릭'이라는 용어는 다양한 형태를 뜻하는 얼로allo라는 어근에서 파생되었다. 따라서 얼로센트릭한 개인은 자신의 관심패턴이 다양한 활동에 집중된다. 개인은 외향적이고 자신감에 차있으며 외부를 향해 인생을 시험해 보려는 상당한 모험심과 의도를 가지고 있다. 여행은 얼로센트릭한 사람이 탐구성을 표현하고 호기심을 만족시키는 하나의 방법이 된다.

플로그plog는 미국인이 이 양극단 사이에 정규적으로 분포한다는 것을 발견하였으며, [그림 3-3]에 이러한 사실이 나타나 있다. 대부분의 사람은 미드센트릭midcentric의 범주에 포함된다.

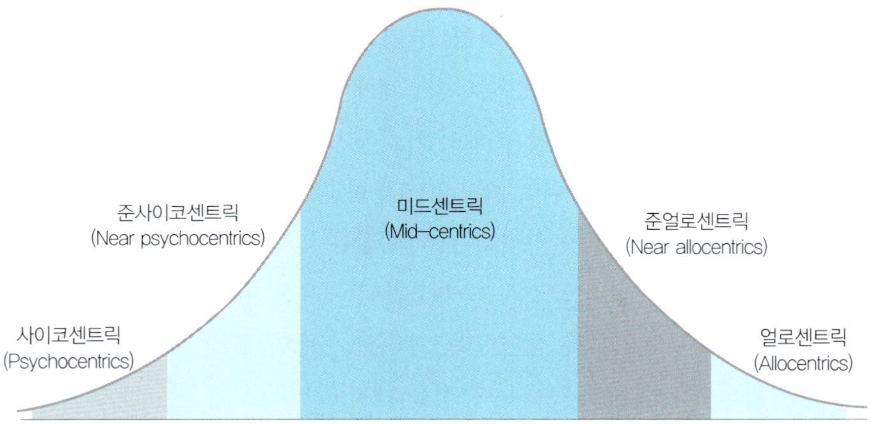

자료 : Stanley C. Plog, "Why Destination Areas Rise and Fall in Popularity", The Cornell Hotel and Restaurant Administration Quarterly, Vol. 14, No. 4(February 1974), pp.55-58.

| 그림 3-3 | 심리적 유형에 의한 미국인들의 분포상황

플로그Plog는 더욱 심도 있는 연구를 통해 사이코센트릭과 얼로센트릭의 여행 선호도를 확인한 결과 소득수준에 따라 미국인은 낮은 소득계층에 사이코센트릭이 많이 몰려 있으며, 높은 소득계층에는 얼로센트릭이 많이 몰려있다는 재미있는 관계를 발견하였다. 그러나 대부분의 미국인들은 이 양극단 사이에 광범위하게 퍼져 있었으며, 어느 한쪽에 극단적으로 치우쳐지지는 않았는데, 이상의 발견점은 다양한 시사점을 제시한다.

가족소득이 아주 낮은 계층의 경우 여행패턴은 주로 소득제약에 의해 결정되는 것이 자명하다. 심리적 유형에 관계없이 소득이 낮은 대학생의 경우 사이코센트릭 유형의 휴가목적지를 간주한 지역을 선택할 지도 모른다. 이들은 성격상으로는 얼로센트릭일지도 모르나 얼로센트릭 유형의 휴가아프리카에로의 원정여행 혹은 네팔로의 등산 탐험의 경우는 많은 비용을 요구하는 관계로 이런 유형의 휴가는 불가능하다. 그 대신 대학생들은 근처의 관광목적지로 여행하여 돈을 적게 쓰며 친숙한 활동에 참가한다. 따라서 '낮은 소득의 사람이 모두 사이코센트릭이다.'라고 결론내리는 것에 오류가 발생할지도 모른다. 즉, 소득상의 제약이 심리상태의 관점에서 개인을 분류하는 것을 왜곡할지도 모른다.

플로그Plog는 중간층의 소득집단이 심리상의 유형과 약간 양의 상관관계를 나타낸다는 것을 인정하고 있다. 이 범주의 사람들은높은 소득으로 인하여 휴가여행의 선택시 자신들이 선호하는 휴가여행의 유형을 유연하게 선택하며 흥미로운 것은 이 집단의 경우 소득과 심리가 가깝게 관련되어 있지 않다는 것이다.

관광목적지의 유형과 관광객의 유형을 정의한 후에 이러한 2가지 분류체계를 연결하려는 시도는 목적지의 유형을 인구분포곡선에 겹쳐놓음으로써 얼로센트릭 유형의 사람들은 아프리카나 동양과 같은 관광목적지로 여행하게 되는 반면에, 사이코센트릭 유형의 사람들은 근처의 관광목적지 예를 들어, '톨레도 거주자의 경우라면 세다 포인트Cedar Point 및 오하이오Ohio 주제공원'으로 여행을 한다.

관광객 분류와 관광목적지 분류를 연결하는 것은 사람들이 다양한 경로를 통해 다양한 동기를 가지고서 여행한다는 사실을 고려하지 않는다. 연간소득이 높은 얼로센트릭 유형의 사람은 연간 휴가시에는 아프리카를 방문하지만 다른 때에는 전형적인 사이코센트릭 관광목적지로 주말여행을 갈지도 모른다. 이와 유사하게 쉽게 발생하지는 않으나 사이코센트릭 유형의 사람들은 얼로센트릭 유형의 관광목적지로 휴가여행을 갈 수도 있다아주 낮은 소득계층의 경우는 예외이다. 예를 들어, 사이코센트릭 유형의 사람들 자신들과 유사한 관광객들과 함께 여행함으로써 안전하게 먼 지역을 여행하게 될지도 모른다. 이 여행은 관광안내자와 동반하게 되므로 관광마케터는 사이코센트릭 유형의 사람이지만 얼로센트릭 유형의 관광지예를 들어, 아시아로의 여행을 권유할 지도 모른다. 그렇다면 아시아는 사이코센트릭 관광목적지인가 얼로센트릭 관광목적지인가? 이 경우 사이코센트릭 유형과 목적지 사이의 직접적인 관계가 존재하지 않는다.

그러면 관광객의 유형과 관광목적지 유형과는 어떠한 관계가 있는가? 여행패턴을 예측하기 위한 두 개념 간의 연결성을 개발하기 위하여 다음과 같은 두 가지 사항이 실현되어야 한다. 첫째, 이미 지적되었던 것처럼 관광객은 여행할 때마다 각기 다른 이유로 여행할 지도 모른다. 둘째, 목적지는 여행이 계획되는 방식에 따라 다양한 종류의 관광객에게 맞는 다양한 여행경험을 제공한다. 관광목적지의 유형과 관광객의 유형 사이의 체계적인 연결성이 개발될 수 있는 유일한 방법은 각각의 여행을 분리하여 여행을 촉진하는 동기를 조사하는 것이다.

[그림 3-4]는 관광객의 유형, 관광동기 및 관광목적지 유형 사이의 관계를 설명하고 있다.

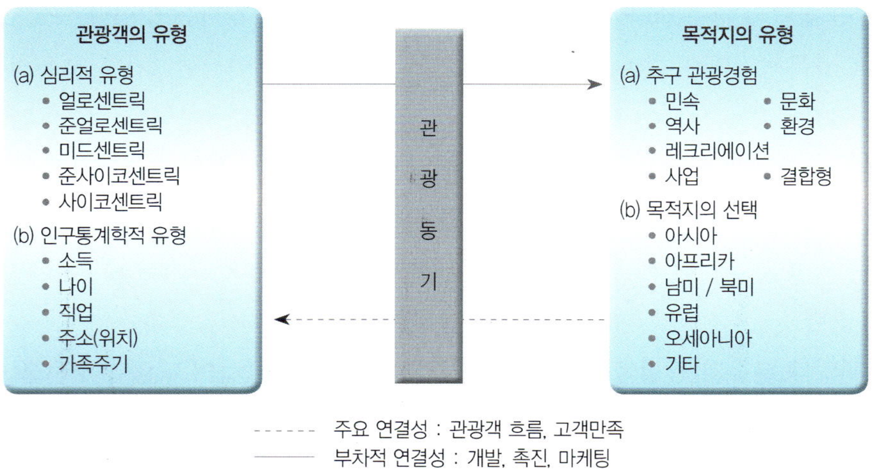

자료 : R.W. McIntosh and C.R. Goeldner, Tourism: Principles, Practices, Philosophies, 1990, p.145.

| 그림 3-4 | 관광객, 관광동기 및 목적지 유형 간의 관계

이 그림에서 나타난 바와 같이, 관광동기는 두 가지 방식으로 관광객 유형과 관광목적지 유형을 연결하고 있다.

먼저 관광객의 흐름과 고객이 적절한 유형의 목적지로 향할 때 창출되는 고객만족 사이에 중요한 연결성이 발생한다. 그러한 연결성은 고객만족을 최대화하며 관광객이 추구하는 여행경험의 종류를 창출해낸다. 따라서 고객의 심리적 및 인구통계학적 구성, 결과적으로 특별 여행에 대한 고객의 동기에 대한 분명한 이해가 필요하다. 이러한 사실을 파악하는 것은 여행상담자와 같은 관광서비스 공급자가 투어패키지의 유형안내원 동반 혹은 비동반, 관광목적지의 유형 및 고객 또는 고객의 욕구에 맞는 여행경험의 유형을 조언하는 것을 가능하게 한다. 이러한 방식으로 계획된 여행경험은 가장 높은 수준의 고객만족을 창출한다.

부차적 연결성은 목표시장에 관광목적지의 촉진, 개발 및 마케팅으로 연결된다. 목표시장에서의 관광객의 유형과 관광동기를 이해하는 것은 관광목적지에서 제공되어야 하는 환경과 서비스의 유형을 결정하는 근거를 제공한다.

앞의 논의를 바탕으로 고객만족을 극대화하기 위해서는 특별한 여행에 대한 동기가 명확하게 확인되고 이해되는 것이 필수불가결하다. 그렇게 하는 것이 고객으로 하여금 욕구와 욕망에 가장 가까운 여행경험의 유형을 선정하는 것을 돕는다.

요 약

관광을 마케팅하는 어떠한 사람이든지 첫 번째로 잠재고객의 관광동기를 확인하여 이러한 욕망과 동기를 가장 잘 채울 관광제품/서비스를 제시하여야 한다. 관광동기에 관한 지식은 광고와 기타 촉진 프로그램을 계획하는 데 필수적이다.

사람들의 방문요인에 대한 분명한 이해는 관광목적지의 성공적인 촉진에 중요하다. 따라서 이러한 동기를 확인하고 설득력 있는 메시지로 잠재고객에 도달하는 것은 촉진자의 도전 과제이다. 이 장에서는 주요 관광동기를 확인하였고, 이것이 인구통계학적 요인, 운송수단 및 관광목적지의 유형에의 구체적인 관계를 설명하고 있다.

관광동기를 이해하는 것은 관광개발의 성격에 중요하게 영향을 미친다. 개발의 위치, 설계, 특징 및 모습은 주요 목표시장을 구성하고 있는 이들의 관광동기와 기대를 채워야 한다.

또한 왜 어떤 사람들은 여행을 하지 않으며 여행 장벽은 무엇인가를 이해하는 것이 유용하다. 일단 정의된 뒤 장벽이 기술적인 카운셀링 및 판매로 극복되어야 한다.

연구문제

Q 1 귀하께서 휴양지 호텔의 마케팅 담당 이사라고 가정하자. 귀하께서는 내년의 마케팅 프로그램을 만드는데 네 개의 기본적 관광동기를 어떻게 사용할 수 있는가에 대해 예를 제시하라.

Q 2 1번 문제를 답하면서 호텔의 현재 및 잠재시장의 성별, 나이 및 교육이 호텔의 미래 연간 마케팅 플랜에 어떻게 영향을 주는가? 예를 제시하라.

Q 3 만약 귀하께서 매력적인 휴양지인 지역사회를 홍보하는 데 책임을 맡고 있다면 귀하의 주요 잠재시장 도시들의 관심 부족을 극복할 방법을 가지고 있는가?

Q 4 관광학도로서 귀하께서 가장 중요하게 인식하는 관광동기는 무엇인가? 귀하는 이 관광동기가 시간이 지날수록 변한다고 생각하는가?

Q 5 비행기와 공항 테러는 관광객에게 항공여행에 대해 심각한 장벽을 형성하였다. 이러한 감정을 완화시키기 위하여 항공사는 어떤 조치를 취할 수 있을까?

Q 6 비용은 여행의 심각한 장애요소이다. 이러한 문제에 대해 공급자들이 취할 수 있는 심리적인 접근방식은 무엇인가?

Q 7 특수한 여행경험에 대한 관심부족을 극복하기 위하여 자동차 클럽이나 소매 여행대리점이 사용할 수 있는 의사소통수단을 서술하라.

Q 8 귀하께서는 휴가여행을 오늘날의 사회에서 어떻게(필수품 혹은 사치품) 생각하는가?

Q 9 패키지투어는 어떠한 방식으로 여행장애를 극복하는가?

Q 10 매슬로우 욕구이론은 무엇인가?

Q 11 관광객 유형과 관광동기는 어떠한 관계가 있는가?

참고문헌

고춘희, "방한 중국 패키지관광객의 동기와 상품선택속성이 만족 및 사후행동에 미치는 영향", 동아대학교 동북아국제대학원 박사학위논문, 2008.

조명환, "관광동기 연구에 관한 재고찰", 관광 · 레저연구, 1994.

Gee, Chuck Y., James C. Makens and Dexter J. L. Choy, *The Travel Industry*, New York, NY: Nr, 1989.

Hudman, LIoyd E. and Donald E. Hawkins, *Tourism in Contemporary Society: An Introductory Text*, Englewood Cliffs, NJ: Prentice-Hall, Inc., 1989.

Lewis, Robert C,. Richard E.Chambers and Harshae E. Chacko, *Marketing Leadership in Hospitality: Foundations and Practices*, New York, NY: NR, 1995.

McIntosh, Robert W. and Charles R. Goeldner, Tourism: *Principles, Practives*, New York, NY: John Wiley&Son, Inc., 1990

McIntosh, Robert W., Charles R. Goeldner and J.R. Brent Ritchie, *Tourism: Principles, Practives, Philosophies*, New York, NY: John Wiley&Sons, Inc.,

Mill, Robert Christie, *The Tourism System: An Introductory Text,* Englewood Cliffs, NJ: Prentice-Hall, Inc., 1992.

Plog, Stanley C., "Why Dsetination Areas Rise and Fall in Popularity", *The Cornell Hotel and Restaurant Administration Quarterly*, Vol. 14, No. 4(February 1974).

Smith, Valene, *Hosts and Guests*, Philadelphia: University of Pennsylvania Press, 1977.

MEMO

Chapter 04

관광과 여가

학습목표

- 여가에 대한 이해
- 여가행동이론에 대한 이해
- 여가산업에 대한 이해

옛날부터 귀족계급들은 높은 가처분소득과 많은 자유재량시간을 가지고 있었기 때문에 여가활동을 상당히 즐겼다. 산업혁명 이후로 대중들은 가처분소득의 증가와 주당 근무시간의 감소로 여가에 관심을 가지게 되었고, 여가는 현대사회에서 상당히 중요한 개념으로 등장했다.

이러한 여가활동의 증가는 여가활동 속에 관광이 상당히 포함되어 있는 관계로 여가와 관광은 불가분의 관계에 있다. 따라서 여가에 대한 수요는 관광에 대한 수요를 낳았고, 수요는 다시 공급을 창출하여 여가산업을 형성했다. 본 장에서는 관광과 여가관계를 중심으로 서술하고자 한다.

제1절

여가의 의의

현대인의 삶에 있어서 여가는 단순히 즐기는 차원을 넘어서 삶에 없어서는 안될 필수불가결한 한 부분이 되었다. 즉, 여가는 삶에 있어서 단순히 즐기는 부분이 아니라, 이것의 사용에 따라 삶의 다른 부분, 즉 일 등의 생산성 등이 달라질 수 있는 여지를 남겨 놓을 수 있다.

1 여가의 정의

여가의 일반적 정의에는 세 가지의 개념이 있다. 시간적 개념과 활동적 개념, 마지막으로 상태적 개념으로 구성된다.

1) 시간적 개념

여가를 자유시간, 비의무적인 시간, 자의自意로 선택한 시간 등으로 보는 견해이며, 노동의 대가를 위해서 일하는 시간이 아닌, 즉 1일 24시간 중 생활필수시간 · 노동시간 등의 구속시간을 뺀 나머지 자유시간 등으로 보는 견해이다. 이는 가장 보편화된 그리고 현대적인 경향을 띤 정의로서 계량화하기 용이하다는 장점이 있다.

「사회학사전」Dictionary of Sociology에 의하면 여가는 24시간에서 노동 · 수면 ·

기타 자기 보존을 위한 시간들을 제외한 잉여시간으로 정의하고 있으며, 파커 Parker, 1971는 일과 생존을 위한 기초적 욕구가 충족되고 남은 잔여시간을 여가로 보고 있다.

이와 같이 여가의 개념은 언뜻 보기에는 단순해 보여 지역 간, 문화 간, 역사적으로 비교함에 있어 유용하게 보이지만, 여가로써의 성립은 활동 자체가 참가자의 자의에 의해서 선택되어져야 하고, 노동과는 전혀 관계가 없어야 한다. 그런데 취미와 직업이 일치하여 노동이 전혀 의무감이나 강제성이 없고 오히려 즐거움과 보람을 느낄 경우, 또는 사업상의 이유로 손님을 초대하여 파티를 하거나 골프를 칠 경우 노동 중에 여가가 가능할 수 있다는 것이다. 반대로 여가시간이 노동시간의 일부로 사용되는 경우도 있다. 예컨대 자기 직업을 보충하기 위해 출석하는 야간강좌의 경우 자유시간을 이용한 자발적 활동으로 여가 같지만 활동목적이 노동과 관련이 있어 순수한 여가로 볼 수 없다.

또한 자유시간을 이용한 온 가족의 즐거운 외식은 훌륭한 여가활동의 하나가 된다. 그러나 원칙적으로 식사는 자기보존활동으로서 여가활동이 아니나 이 경우는 생활필수시간이 여가로 활용되는 예가 되며, 그 밖에 타의에 의해 선택된 여가활동 등이 있다서태양 · 부숙진, 2009.

이와 같이 노동과 관련이 있거나 활동이 자의가 아닌 타의에 의해 선택된 경우 이론적으로 보아 순수한 여가라고 볼 수 없으며, 노동과 여가의 성격이 공존하는 활동으로 듀마즈디에J. Dumazedier는 「Semi-leisure」準餘暇, 半餘暇라고 하였다 Joffre Dumazedier, 1967.

2) 활동적 개념

여가를 '자유시간 중에 행하는 활동 그 자체'로 보는 견해로서 직장에서의 업무, 가정에서의 일, 공동사회의 임무에서 벗어나서 휴식을 취하고 교양을 증진시키는 활동 및 각종 레크리에이션 활동을 모두 여가로 보고 있으며, 특히 위락적 측면을 강조하고 있다. 우리나라의 경우 이러한 활동적 개념이 크다고 할 수 있다.

듀마즈디에1967는 여가를 시간적 개념을 바탕으로 한 활동으로 인식하려는 입장으로서, 인간활동을 보상적 활동, 가사활동, 사회/종교활동 자기실현적 활동으로 구분하였으며, 개인이 노동 · 가정 · 사회에 대한 의무에서 벗어나 휴식, 기분전환, 지식확대, 자발적 사회참여, 자유로운 창조력 발휘를 위하여 임의적으로 행하는 활동의 총체로 정의하고 있다.

그 밖에 윌슨Wylson은 여가를 활동과 기회요소의 결합으로 인식하면서 노동, 가정, 사회 및 기타 의무가 실현되고 난 후에 자신의 의사대로 할 수 있는 활동일 뿐만 아니라 휴식, 회복, 오락, 자기실현, 정신적 재생, 지식의 향상, 기술의 개발, 사회활동의 참여를 제공해 주는 기회로 정의하고 있다.

3) 상태적 개념

여가의 상태적 개념은 종교학자, 철학자 등에 의해 정의되었으며, 여가를 시간의 개념으로 정의하는 것이 아니라 주관적인 요인에 의해 여가를 정의하는 것이다.

여가는 작은 욕구와 성취감을 맛보려는 인간의 상태 속에 존재하며, 시간도 아니고 활동도 아닌 마음의 상태라는 것이다. 고대 그리스 철학자 아리스토텔레스Aristoteles에 의해 대표되는 고전적 견해로서 근대의 그라지아Grazia, 피이퍼Pieper 등의 학자들에 의해 주장되었다. 여가는 '그 자체에 목적을 가진 어떤 활동에서 오는 심적인 변화'로서 여가를 시간의 한 구분으로 보지 않고 어떤 활동을 통한 '심적 상태' 또는 '마음의 변화'로 보고 있다.

아리스토텔레스가 주장하는 여가는 정치 · 철학적인 토론, 예술추구, 음악에의 심취, 명상 등과 같은 활동에서 오는 심오한 경지 또는 즐거움 같은 것으로, 노동을 위주로 한 하류계급 사람들과는 상관없는 상류계층에만 부여된 특권으로 볼 수 있다. 그라지아는 인간에게 남는 시간이 있다 해서 그것이 곧 여가는 될 수 없다는 것이다. 즉, 그 남는 시간을 아리스토텔레스가 말한 대로 명상 · 예술추구 등과 같은 심오한 경지를 맛볼 수 있게 사용할 줄 아는 사람이 많지 않기 때문에 자유시간은 모든 사람에게 가능한 것이지만, 여가를 누린다는 것은 누구나 다 할 수 있는 일이 아니라는 것이다서태양 · 부숙진, 2009.

4) 통합적 개념

여가는 복합적이고 다양한 면을 가지고 있으며, 어느 하나의 개념으로는 여가의 본질을 충분히 설명할 수 없기 때문에 시간적 · 활동적 · 상태적 요소가 적절히 배합된 통합적인 속성을 갖고 있다고 할 수 있다. 따라서 여가란 개인이 노동이나 그 밖의 의무에서부터 자유로운 상태에서 휴식, 기분전환, 사회적 성취, 자기발전을 위해 자발적으로 참여하고 수행하는 활동시간으로 정리할 수 있다.

2 관광과 여가

여가는 일과 의무적인 시간에서 벗어난 자유로운 시간을 의미하는데 이러한 여가시간에 행하는 활동에는 관광, 레크리에이션, 스포츠, 놀이 등 다양하다. 관광은 여가활동 중 대표적인 여가활동으로서 여가 시간에 이루어지는 활동내용이 레크리에이션[위락]이라고 볼 때 아웃도어 레크리에이션 형태의 여가활동이라고 할 수 있다.

관광의 정의는 복귀를 전제로 일상생활에서 벗어나 인간의 기본적 욕구를 충족시키는 행위로서 타국이나 타지역의 자연과 문화를 접하고 즐김으로 인해 정신과 육체적 상태를 새롭게 하는 행위이다. 그러나 여가의 경우 어느 공간에서나 이루어 질 수 있는 활동으로 일반적으로 시간적 개념이 강하고 즐거움과 쾌락의 내적 감정 표출이라는 것에 관광과 차이가 있을 수 있다. 또한 기능적인 측면에서도 차이가 있는데 관광은 공간적 이동을 수반한 휴식과 휴양, 비일상적인 환경에서 해방감과 기분전환, 지식과 견문확대, 자기계발 등의 기능을 가지지만 여가의 경우 공간적 이동의 제한이 없는 휴식, 기분전환, 자기계발 등의 기능을 갖는다.

제2절

여가행동이론

이론이 개념과 얼마나 다른가? 개념이란 어떤 것이 그 자체로서 무엇인가를 정의하는 것이다. 이론은 기본적인 개념의 상호관계나 조직체계를 설명하기 위한 시도이다. 예를 들면 질량, 힘, 운동에 관한 개념이 있지만 상대성이론은 그들의 상호관계에 대한 설명을 시도한다. 여가행동이론은 여가가 인간행의의 다른 면들과 어떻게 조화를 이루고 대조를 이루는가에 대한 설명을 시도한다.

1 모든 활동의 목표로서의 여가 이론

처음으로 알려진 여가행동이론은 기원전 4세기에 기록된「니코마첸윤리학」에서 아리스토텔레스에 의해 부분적으로 윤곽이 잡혀졌다. 아리스토텔레스에게 있어, 인생의 다른 모든 것은 여가와 연관된다. 여가는 인간행동의 목표이고, 모든 행동이 지향하는 종착점이다. 즉, "우리는 평화를 얻기 위해 전쟁을 하는 것과 마찬가지로 여가를 얻기 위해 일을 행한다."하동현 · 황성혜, 2006 여가는 음악, 다시 말해 예술적인 활동이나 감상과 명상 또는 사색을 하는 데 사용된다. 아리스토텔레스에게 있어 여가를 즐기는 사람은 신과 거의 유사하다. 왜냐하면 아리스토텔레스의 신학해석에서 신은 가장 고귀한 실존인 자신만을 생각했기 때문이다. 그래서 여가는 영원한 진실이며 자신에게 있어 아름답고 즐거운 사상을 숙고하는 데 사용되는 시간이다. 여가를 누리는 사람은 결코 상인이나 정치가가 아닌데, 그들은 항상 어떻게 이익을 남기느냐에 혹은 권력을 어떻게 증가시킬 것인지에 관심이 있기 때문이다. 아리스토텔레스는 여가에 대해 아주 귀족적인 견해를 가지고 있었는데, 그는 여가가 쉽게 성취될 수 없는 것이고 여가를 찾는 사람도 거의 없는 것으로 간주하였다. 대다수 사람들은 운명적으로 자신도 모르게 힘들게 살아간다. 오직 사상가, 묵상가, 감상가만이 여가를 즐길 수 있다.

현대인들은 여가에 대한 이런 극단적인 설명을 받아들이기가 힘들 것이다. 그러나 아리스토텔레스는 여가가 부유한 사람만을 위해 존재한다고 말하지는 않았다. 그는 여가가 여가를 열정적으로 추구하는 사람만을 위해 존재한다고 말했다. 아리스토텔레스의 이론에 의하면, 오늘날 미국에서 여가를 즐길 수 있는 계층은 반드시 부유층에서만 찾을 수 있는 것이 아니라 여가의 추구가 유일한 삶의 중심적 관심인 사람들에게서 찾아진다.

2 보상 이론

이것은 아마도 가장 인기 있고 빈번하게 언급되는 여가행동이론일 것이다. 그 기본사상은 여가가 일과 관련되며 일과 따로 떼어서 이해될 수 없다는 것이다. 일은 인생에 있어 지배적인 힘인 것으로 보여지며 여가는 일의 권태나 흥분을 보상하는 것으로 보인다.

보상가설은 근로자가 자신의 일에 수반되는 억눌린 좌절, 억압, 억압된 긴장 등을 풀기 위한 수단으로 여가를 이용한다는 사실을 지적하고 있다. 다시 말해 일과는 연관되지 않은 혹은 일과 반대되는 여가를 즐긴다는 것이다. 예컨대 사무직 근로자들은 여가활동으로 활동적 · 적극적 여가를 즐기는데 반해 육체노동자들은 수동적 · 소극적 여가를 즐긴다. 그러나 이러한 보상이론으로 사람들이 행하는 여가행동 모두가 설명되지 않는다. 예를들어 컴퓨터 프로그래머인 사람이 컴퓨터를 통한 여가활동을 즐긴다면 일과 흡사한 활동을 즐기는 것으로 이해할 수 있는데 그렇다면 왜 일과 반대 내지는 관련없는 여가를 즐기는 것이 아닌 일과 관련있는 여가를 여가시간에 계속하는가? 이러한 질문에 답을 하려고 한다면 여가는 단지 근무 중에 발생한 일에서 흘러넘친 것, 즉 과잉되었음을 의미하는 또 다른 여가이론이 생기게 된다. 그것이 바로 과잉 여가가설이다.

3 과잉여가 이론

이 이론은 엥겔스Friedrich Engels와 마르크스Karl Mark의 저서에서 제안됐지만, 그 명확한 설명을 처음으로 제시한 사람은 윌렌스키Wilensky이다.

어떤 자동차산업 근로자는 조용히 집에 가서, 침대에 눕고, 혼자서 식사하고, 술을 마시며, 어떠한 모임에도 속하지 않고, 아무 것도 읽지 않으며, 아무 것도 모르고, 어느 누구를 위해서도 투표하지 않으며, 집과 길 주위를 배회하고, 심야쇼를 시청하며, 너무나 지친 관계로 몸을 일으켜 TV 프로그램을 선택하지도 않고, 너무나 따분해서 다이얼을 돌리지도 않는다. 간략히 말해 그는 일에서의 소외가 생활에서의 소외가 되는 과잉여가일정을 따른다. 즉, 자기의 노동으로 인해 만들어진 정신적 허탈감이 여가에도 스며드는 것이다.

이 이론에 기초가 되는 개념은 여가가 어떻게 해서든 작업활동과 유사할 것이라는 사실이다. 일이 굉장히 신나고 고무적이라면 그 근로자는 아마도 열광적이고 자극적인 레크리에이션 행동을 선택할 것이다. 즉, 일을 잘하는 사람이 여가도 잘 즐기는 경향이 있는 반면, 따분한 직업을 가진 사람들은 과격하게 보충하거나 따분하게 여가를 보내는 것 같다Parker, 1971.

여가행동에 대한 보상이론과 과잉여가 이론은 같은 일을 하지만 다른 여가행동을 즐기는 것에 대한 이유를 설명할 수 있어야 한다. 그러나 보상이론과 과잉여가 이론의 경우 이러한 이유를 설명하지는 않는다. 따라서 다음의 여가행동에 관한 좀 더 중요한 두 개의 이론에 이르게 된다.

4 친숙성 이론

여가 중에 공장의 한 근로자는 흥청거리고 난폭한 반면 다른 근로자는 조용하고 수동적인지를 설명하는 변수 중의 하나는 훈련, 전통, 습관일 것이다. 버치William Burch는 이것을 "친숙성 가설"이라고 불렀다.

여가행동을 직업활동의 결과로 간주하는 보상가설 및 과잉가설과는 달리 친숙성 가설은 사람들이 편안한 것으로 알게 된 것들의 관점에서 여가행동을 설명한다. 우리가 잘 아는 것을 즐길 수 있는 것과 마찬가지로 우리는 이미 성취, 만족 또는 희열을 주는 것들을 하면서 여가를 즐긴다. 휴가기간 동안 똑같은 곳으로 방문하는 사람들이 가장 훌륭한 예가 될 수 있다.

친숙성은 많은 여가행동을 확실히 설명한다. 그러나 이 가설 또한 어떤 사람이 친숙함에 의해 빨리 지루함을 느끼고 새로운 것이나 새로운 경험을 지속적으로 추구하는 것을 설명하지 못한다. 친숙성은 미래의 여가행동을 예측하는 좋은 도구일 뿐만 아니라 여가행동에 대해 많은 내용을 포함하며, 발생할 만한 여가 패턴에 대해 도움이 되는 개념이다.

5 개인적 공동사회 이론

여가행동의 상당한 비율은 같은 연령이나 계층의 모임 등 유사집단에 의해 영향을 받는다. 일반적으로 주어진 활동에 대해 열광적이고 잘 아는 사람에 의해 일련의 여가행동이 필요한 사람에게 전수된다. 응시와 명상 또는 혼자 하는 카드놀이조차 가르쳐 주는 사람이 필요하다. 스키나 수상스키 그리고 행글라이더와 같은 모험적인 스포츠는 동반자가 필요하며, 필요한 기술을 익히는 고통스러운 기간 동안에 서로를 격려하기 위해 또래집단이 필요하다.

사람은 사회적이며 사교적이다. 여가행동이 집단활동이며, 같은 문제에 직면하고, 비슷한 사회경제적, 교육적 배경을 가지며 같은 종교나 정치적 연합을 가지고, 같은 생활주기 단계에 있는 사람들과 여가행동을 자주 나누는 것은 놀랄 만한 사실이 아니다. 버치Burch는 이러한 "개인적 공동사회의 가설을 말할 때 전반적인 사회문제와 심리학적 동인이 친구와 가족, 그리고 직장동료의 사회적 집단에 의해 유의미하게 여과되어지고, 방향이 바뀌어진다."라고 표현했다Burch, 1969: 125–148.

6 휴식, 오락, 자기개발로서 여가 이론

여가행동의 마지막 이론은 가장 포괄적이기 때문에 가장 이해가 빠르다. 어떤 면에서 이것은 앞에서 언급한 이론들의 가장 좋은 측면만을 모은 것이다.

듀마즈디에Joffre Dumazedier는 여가가 긴장완화이든 기분전환이든, 혹은 지식을 넓히는 것이든 간에 개인의 의지로 변하는 활동이고 사회적이며 개인의 창조적 능력을 요구하는 활동이라고 제시했다Dumazedier, 1974. 그래서 여가는 자발적이고 주의를 다른 곳으로 돌리게 하며, 정신적이고 대인적인 기술을 사용한다. 듀마즈디에는 여가 자체가 가끔 동시에 발생하는 3가지 기능, 즉 휴식, 오락, 자기개발을 가지고 있기 때문에 이것을 "3개로 구성된" 여가이론이라고 말하였다.

제3절

여가산업

최근 몇 년 동안 우리의 일상생활에는 많은 변화가 있었다. 예를 들면, 감소된 주당 근무시간은 증가된 자유시간을 이용하는 여가산업을 성장시켰다.

여가산업은 여러 방향으로 발전되어왔다. 그 중 중요한 요소들을 정리해 보면 다음과 같다.

1. 증가된 여가시간으로부터 생겨난 영화와 연극산업의 호황
2. 프로스포츠의 활성화
3. 식음료 소비의 증가에 따른 외식산업의 발전
4. 증가된 자유시간이 사람들에게 더욱 많이 여행할 수 있는 좋은 기회의 제공

그 결과로 혜택을 받는 여가산업 내의 하위산업은 다음과 같다.

1. 항공사
2. 유람선
3. 버스와 철도
4. 여행사와 여행도매업
5. 호텔산업
6. 기타

등이 있다.

1 여가산업정의

여가산업이란 자유재량 시간에 가처분 소득을 이용하여 여가를 목적으로 하는 활동에 필요한 재화와 서비스를 생산하거나 제공하는 산업에 주로 종사하는 생산단위의 집합을 지칭하고 있다. 즉, 여가활동을 위해 직접 생산하거나 직접 제공하는 재화와 서비스의 생산 및 소비와 관련된 산업이 여가산업이다. 넓은 의미에서 보면 여가활동과 관련된 재화와 서비스 가운데 생산자에서 소비자로 이동하는 중간단계에 있거나 최종생산물을 만드는데 기여하는 중간생산물도 포함할 수 있겠지만 본서에서는 이러한 중간단계중간생산물를 제외하고 협의의 여가산업만을 대상으로 설명한다.

2 여가산업 분류

1) 분류 기준

여가산업에 대한 정의와 외국의 여가산업 분류 방식을 바탕으로 다음과 같은 기준에 따라 여가산업을 분류할 수 있다. 여가산업은 '여가를 목적으로 하는 경제활동'을 대상으로 하고, '여가활동에 필요한 재화 생산 및 서비스 제공'을 내용으로 하며,' 여가활동에 필요한 재화를 생산하거나 서비스를 제공함으로써 이윤 창출'을 목적으로 한다.

여가산업의 범위는 다음과 같은 두 가지의 기준을 따른다. 첫째, 재화와 서비스를 공급하는 과정에 대한 기준으로서, 최종생산물로서 재화와 서비스만을 포함하며 최종생산물을 만들기 위해 중간에 투입되는 중간생산물은 제외한다. 둘째, 여가활동의 소비과정에 대한 기준으로서, 여가산업은 여가활동을 하는 일련의 과정에서 최종소비단계의 산업이 제공하는 재화와 서비스를 소비함으로써 형성되어진다. 이는 곧 여가활동에서 비롯된 산업이다.

2) 여가부문 하위산업

한국 실정에 맞는 여가산업 분류를 위해 미국과 일본의 사례를 중심으로 파악해보면 먼저 미국의 경우에는 전 세계 여가산업을 선도하고 있기 때문에 한국 여가산업의 미래 방향을 개략적으로 파악하는데 도움을 얻을 수 있고, 여가산업 발전전략을 수립한다든가 여가산업 경쟁력 제고를 위한 방안을 도출할 때 많은 시사점을 얻을 수 있다. 또한 일본의 경우 한국 여가산업과 그 구조 및 발전경로가 유사하기 때문에 여가산업 분류에 직접적인 도움을 얻을 수 있다. 일본의 경우 크게 네가지스포츠 · 관광 · 취미 · 오락 하위 산업으로 분류하고 있는데 스포츠와 관광을 제외한 나머지 두 하위 산업에 경우에는 한국의 특수성에 맞는 산업으로 분류할 필요가 있다.

한국의 여가산업을 대표할 수 있는 주무부처인 문화체육관광부의 경우 여가영역이 스포츠, 관광, 문화예술로 구분되어 있기 때문에 문화예술을 하위 범주로 설정하는 것이 맞지만 문화라는 개념은 너무 방대하기 때문에 여가부분의 하위산업을 구분할 때는 문화의 명칭을 사용하지 않는 것이 바람직하다. 또한 대부분의 국제적인 보고서들이 엔터테인먼트와 방송을 하나로 묶어서 보고하고 있다. 따라서 엔터테인먼트와 방송을 한 범주에 묶어서 보고하고 있는 국제적인 흐름과 보조를 같이 하고 있는 사례에 해당한다. 따라서 본서에서도 엔터테인먼트산업을 별도의 범주로 설정하였다.

3) 여가부문 하위산업 정의 및 분류

여가부문의 하위산업은 스포츠산업 · 관광산업 · 예술산업 · 엔터테인먼트산업 · 기타산업 등 5개로 구분된다. 스포츠산업이란 스포츠 활동과 관련된 경제활동을 말하고, 관광산업은 관광활동과 관련된 경제활동을 말한다. 예술산업은 아름다움을 추구하는 여가활동과 관련된 경제활동이다. 엔터테인먼트산업은 오락을 주목적으로 하는 여가활동과 관련된 경제활동이다. 그리고 마지막으로 기타산업이란 아름다움이나 오락을 주목적으로 하지 않는 사교 · 휴식 · 교육 등 기타 여가활동과 관련된 경제활동을 말한다.

이와 같이 여가부문의 5개 하위산업별로 해당 해당여가활동을 구분하면 아래 표와 같다.

표 4-1 여가부문 산업별 분류

여가부문	구분
스포츠산업	시설 · 용품 · 경기
관광산업	여행 · 식사 · 숙박 · 교통
예술산업	고전음악 · 회화 · 무용 및 공연예술 · 공예 · 도예
엔터테인먼트산업	텔레비젼/라디오 · 외식 및 식도락 · 영화 · 연극 및 기타 공연 · 대중음악/뮤지컬 · 기타 관람 · 독서 · 사진 · 리조트/테마파크 · 게임 · 도박 · 놀이 · 패션 · 미용
기타산업	사교 · 휴식 · 교육 · 종교 · 원예 · 기타(애완동물)

자료 : (재)한국문화관광연구원, 「2013 여가백서」, 문화체육관광부, 2015

요약

여가의 정의에는 ① 시간적 개념, ② 활동적 개념, ③ 상태적 개념, ④ 통합적 개념이 있다.
관광은 여가의 대표적인 여가활동으로서 공간적 이동을 전제로 하는데 비해 어느 공간에서든 이루어 질 수 있는 여가는 명확히 구분될 수 있으며, 기능면에서도 차이가 있다.

여가는 산업사회의 발전과 함께 확립 · 발전하였는데, 이에 따라 여가행동이론은 ① 모든 활동의 목표로서의 여가이론, ② 보상이론, ③ 과잉여가 이론, ④ 친숙성 이론, ⑤ 개인적 공동사회이론, ⑥ 휴식, 오락, 자기개발로서 여가이론 등이 있다.

한편 여가산업이란 자유재량 시간에 가처분 소득을 이용하여 여가를 목적으로 하는 활동에 필요한 재화와 서비스를 생산하거나 제공하는 산업에 주로 종사하는 생산단위의 집합을 지칭한다. 이러한 여가산업은 스포츠산업, 관광산업, 예술산업, 엔터테인먼트산업, 기타 산업 등으로 분류할 수 있다.

연구문제

Q 1 여가는 왜 획일적으로 정의될 수 없는가?

Q 2 아리스토텔레스가 규정한 여가의 고전적 개념은 왜 현대의 여가의 개념에 맞지 않는가?

Q 3 여가와 산업사회는 어떠한 관계를 가지는가?

Q 4 모든 활동의 목표로서의 여가행동이론이 가지는 문제점을 서술하라.

Q 5 여가행동이론으로서 보상이론과 과잉여가 가설은 어떠한 관계를 가지는가?

Q 6 귀하께서는 듀마즈디에가 제안한 휴식, 오락, 자기개발로서의 여가이론에 대해서 동의하는가?

Q 7 여가산업의 종류를 설명해 보라.

Q 8 여가에 관한 학문적 준비는 왜 필요한가?

Q 9 귀하께서는 졸업 후 여가산업에 종사할 마음이 있는가? 있다면 어떠한 여가산업에 종사하고 싶은가? 그 이유는 무엇인가?

참고문헌

하헌국 · 황성혜, 「여가와 인간행동」, 백산출판사, 2006.
서태양 · 부숙진(2009). 「현대사회와 여가경영」, 대왕사
(재)한국문화관광연구원, 「2013 여가백서」, 문화체육관광부, 2015

Bammel, Gene and Lei Lane Barrus-Bammel, *Leisure and Human Behavior* (Dubuque, Iowa: Wcb, 1982).

Burch, Jr., W.R., "The Social Circles of Leisure", *Journal of Leisure Research* 1, No. 2(1969).

Dulles, F.R. *A History of Recreation* (Englewood Cliffs, N.J.: Prentice-Hall, 1965).

Dumazedier, J., *Sociology of Leisure* (New York: Elsevier, 1974).

________, *Toward a Society of Leisure* (New York: The Free Press, 1967).

Henkel, D.D. and G.C. Godbey, *Parks Recreation and Leisure Services: Employment in the Public Sector: Status and Trends* (Arlington, Va.: National Recreation and Park Association, 1977).

Kando, T., *Leisure and the Popular Culture in Transition* (St. Louis: C.V. Mosloy, 1980).

Kraus, R., *Recreation and Leisure in Modern Society* (Englewood Cliffs, N.J.: Prentice-Hall, 1971).

Neulinger, J., *The Psychology of Leisure* (Springfield, Ill.: Charles C. Thomas, 1974).

Parker, S., *The Future of Work and Leisure* (New York: Praeger, 1971).

Riesman, D., N. Glazer and D. Reuel, *The Lonely Crowd* (New Haven, Conn.: Yale University Press, 1950).

Vinton, D.A., "Preparing for Careers in the *Leisure Industries*: A Career Education Approach", Leisure Today, November - December 1975.

Chapter 05

문화관광

학습목표

- 관광경험은 다른 문화를 배우는 최고의 방법이라는 것을 이해
- 관광에서 문화적 요인에 대한 이해
- 문화관광의 구성요소에 대한 이해
- 지역의 문화적 자원을 포함하는 가장 효과적인 개발과 촉진방법을 이해

관광이 전 세계 국민들에게 더 나은 세계를 만드는 이해와 인식을 깊게 함에 따라 관광의 최고 목적은 다른 지역주민과 자국민과의 교류를 통한 상호이해를 높이는 데 있다. 국제관광 역시 가치 있는 목표인 지식과 아이디어의 교환을 포함한다. 여행은 학습, 연구 및 예술적 활동의 많은 영역에서 인간의 경험, 인식 및 성과의 수준을 끌어올린다. 이 장에서는 우리들의 삶을 풍부하게 하는 것으로서의 관광을 논의하기로 한다.

제1절

문화관광의 개념 및 중요성

1 문화의 개념

'문화'란 다양하게 정의되어질 수 있다. 이러한 다양한 문화의 정의를 하나의 표준이 될 만한 정의를 내리고자 크로버Alfred Kroeber와 클락혼Clyde Kluckhohn이란 인류학자들도 노력을 시도하였다. 1952년 '문화: 개념과 정의의 한 비판적인 검토'라는 그들의 저서에서 문화에 대한 175개의 상이한 정의들을 검토하였으나, 결론적으로 얻은 문화의 정의마저 결국 인류학사에 또 하나의 추가적인 정의로 끝나고 말았다. 그러나 동물계에서 인간을 다른 종으로부터 구분짓는 가장 중요한 특징으로 인간은 문화를 가진 유일한 동물이라는 점에 학자들은 의견을 모으고 있다. 바로 이것이 '인간에 관한 과학적인 연구'로서의 인류학에서 문화가 가장 핵심적인 개념으로 간주되고 있는 이유이기도 하다.

문화란 숭배한다는 의미를 가진 'Cultus' 라는 라틴어에서 유래한 것으로 ' 마음과 예를 개발하고 세련되게 한다'는 뜻으로 사용되었으며, 외적 문명에 대한 내적 소산을 말한다. 현대에 이르러서 문화의 개념은 여러 인류학자들에 의해 다양한 의미로 해석되었다. 이러한 수많은 정의들을 요약하여 보면 그 대부분은 총체적 견해와 관념론적인 견해의 두 가지 범주로 분류할 수 있다한상복 외, 1998. 따라서 인류학자들이 주장하는 총체론적 견해와 관념론적인 견해에 대해 살펴보고자 한다.

1) 총체론적 견해

일상생활에서 우리는 문화라는 말을 자주 접하고 사용한다. 예컨대 문화한국, 문화인, 문화생활, 한국 전통문화, 아랍문화, 서양문화 등과 같을 말을 접할 수 있다. 그런데 인류학자들은 이러한 표현에서 포괄적이고 불명확하며 불확실한 사상적, 예술적, 특수성과 같은 것을 읽는다. 인류학자들이 이러한 이색적인 문화를 접하고 연구하면서부터 문화라는 것은 인간의 사회생활에 편재되어 있음을 간파하였다. 따라서 문화란 다름 아닌 인간의 삶의 유형patterns of life 혹은 생활양식ways of living 그 자체라는 깨달음을 얻었다. 이런 관점에서 문화는 사람이 사는 모습의 전부, 즉 지식·믿음·느낌·가치관·행위의 규범 등 상징적이고 제도적인 것 뿐만 아니라 테크놀로지라든가 연장·의식주의 수단 등의 물질적인 것을 다 포함하는 삶의 설계라고 볼 수 있다김경동, 1996. 이러한 총체론적 견해에 대한 문화를 이해하고자 한다면 서로 다른 사회의 생활양식을 비교해서 파악하면 쉽게 이해할 수 있을 것이다. 이와 같이 우리는 일반적으로 한 사회의 구성원들 간에 찾아볼 수 있는 관습적인 행위와 그에 따른 행위산물을 문화라 부르고 있다.

문화에 대한 가장 유명한 정의로는 1871년 타일러Tylor가 주장한 정의로서 그는 문화를 지식, 신념, 예술, 도덕, 법, 관습과 더불어 그 사회의 구성원들이 갖는 습관과 모든 가능성을 포함하는 복합적인 총제로 보았다.

이러한 입장은 문화를 기능적인 측면이 중요함을 강조하고 있다고 볼 수 있다. 즉, 인간은 문화수단을 통해 그들이 접해있는 환경에 적응하면서 삶을 영위한다. 따라서 이렇게 환경에 적응하는 과정에서 축적된 지식들로서의 도구, 기술, 사회조직, 언어, 관습, 신앙들의 총합체를 문화라 부르고 이러한 관점은 단순히 문화의 한 부분만을 강조하여 관념적인 영역으로 한정하는 관념론적 견해와는 차이가 있다.

2) 관념론적 견해

총체론적 견해는 사회에서 발생될 수 있는 여러 가지 현상을 파악하고 판단할 수 있는 것까지 문화에 포함시켰지만 관념론적 견해는 문화의 한 부분인 주관적인 측면을 강조하여 관념적인 영역에만 한정시켜 문화로 간주하는 관념론적 견해가 있을 수 있다고 인류학자들은 주장한다. 예컨대 한 사회에서 사용되어지고 있는 언어 즉, 대화 상황을 들 수 있다. 사람들은 서로 의사소통을 한다. 이러한 의사소통에는 일정 규칙이 존재한다. 이러한 규칙을 모른다면 의사소통을 할 수 없다. 이러한 규칙을 문화라고 지칭한다. 또 다른 예로 인류학자 구드이나프Goodenough, 1961는 같은 사회에 살고 있고 같은 문화를 가진다고 하더라도 모든 구성원이 똑같은 행동을 할 수 없다는 점에 문제를 제기하며 결국 사회에서 요구되는 공통적인 기준 또는 규칙이 있음을 발견하였고 그러한 규칙의 세계가 곧 문화라고 주장하였다. 다시말해 구드이나프는 한 사회의 구성원들의 생활양식이 기초하고 있는 관념체계 또는 개념체계를 문화로 간주하고 있으므로 구체적으로 관찰된 행동 그 자체가 아니라 그런 행위를 위한 혹은 그런 행위를 규제하는 규칙의 세계가 곧 문화라는 것으로 사람들은 이 규칙에 따라서 행동하게 된다고 하였다.

이와 같이 관념론적 견해에서는 문화를 도구, 행동, 제도 등을 포함하지 않고 단지 우리가 관찰할 수 있는 행동으로 이르게끔 하는 기준, 표준 또는 규칙을 문화라고 부르고 있다. 예를 들어 한국에서 조상에 대한 제사는 그 자체로는 한국문화가 아니라 할 수 있고, 단지 그것을 가능하게 한 관념체계와 개념체계만이 곧 한국문화라는 것이다. 이상에서 살펴본 바와 같이 관념론적 견해를 가진 사람들은 총체론적 견해에서 본 문화의 주관적인 한 부분만을 강조하여 문화라고 부른다는 것을 알 수 있다.

2 문화관광의 개념 및 중요성

문화관광에 대한 개념은 여러 학자들이 다양하게 서술하고 있다. [표 3-1]은 이러한 문화관광에 대한 개념을 나타내고 있다.

관광객에게 제공할 수 있는 관광상품은 크게 네 가지로 구분할 수 있다. 아름다운 자연풍경, 생태관광의 매력을 갖게 하는 미개척지, 주제공원, 문화관광유적지 등이다. 21세기를 맞고 있는 세계는 지금 문화관광에 대해 높은 관심을 갖고 있다. 문화관광에 대한 높은 관심을 갖게 된 이유는 다음과 같다박종희, 1999: 104-5. 첫째, 과거의 산업사회는 이제 지나가고 정보사회 혹은 지식사회라고 불리는 새로운 사회가 도래하고 있다. 과거 산업사회에서는 자원과 노동력, 그리고 규모의 경제를 위한 대규모의 경제시스템, 상대국가에 영향력을 미치기 위한 군사력에 의하여 국가의 번영을 이루어 왔지만, 정보화 사회에서는 독창적이고 부가가치가 높은 상품의 생산에 의해서만 국가번영이 가능하게 되었다. 독창적이고 부가가치가 높은 상품을 생산하기 위해서는 풍부한 경험과 다양하고 신속한 정보, 창의력과 상상력을 필요로 한다. 즉, 과거처럼 동일하고 일상적인 상품을 만드는 대량생산체제에서 경쟁력을 확보하는 것이 아니라, 정보 혹은 지식이라는 무형의 자산을 통하여 경쟁우위를 누릴 수 있는 것이다. 독창적이며 지식이라는 무형의 자산은 각 나라의 고유한 문화의 산물이기 때문에, 문화관광에 대한 관심이 점차 높아지고 있다고 볼 수 있다. 둘째, 세계 경제의 성장으로 인하여 많은 사람들은 점차 예술과 문화, 여행과 같은 자아완성에 도움이 되는 상품소비에 높은 관심을 보이고 있다.

3 문화관광의 효과

문화관광은 기존 대중관광의 부정적 영향을 최소화 할 수 있기 때문에 유네스코와 세계관광기구에서 권장할 정도로 주목받는 관광의 형태라 할 수 있다. 특히 유네스코에서는 문화관광을 빈곤퇴치와 더불어 문화유산의 보호, 타문화에 대한 이해와 문화의 다양성을 인정하고 보호하는데 공헌한다고 제시하고 있어 매우 긍정적 영향이 미칠 수 있다고 강조하고 있다. 또한 국가 및 지역경제 활성화라든가 문화 · 예술의 진흥, 교육적인 효과, 친환경적인 관광 등 긍정적 효과는 다양하나 반드시 긍정적인 측면만 있는 것은 아니다. 예컨대 물가상승, 수요의 계절성, 과소비 풍조 등의 경제적인 효과와 범죄발생, 소속감과 유대감 결여 및 약화 등의 사회 · 문화적 효과, 생태계 파괴, 소음, 매연, 교통체증 등의 환경적 효과 등의 부정적인 측면도 있다.

1) 긍정적인 효과

(1) 재조명되는 전통문화

세계화로 인하여 국경이 사라지고 문화 또한 지역의 고유한 문화가 훼손되고 변화되기 시작하였다. 그러나 지역 고유문화와 전통문화를 바탕으로 관광자원화하는 문화관광의 경우 획일화되는 관광지의 진행을 막고 훼손되고 사라져가는 문화를 다시 재조명하여 가치를 부여하는 역할을 할 수 있다. 예컨대 전주한옥마을의 경우 한옥의 가치를 재조명하여 관광객이 방문할 수 있도록 한옥을 주제로 한옥생활체험관, 한옥숙박 등의 문화관광상품으로 재탄생되어 지역의 고유성을 유지하며 매우 성공적으로 운영되고 있는 사례라고 할 수 있다.

(2) 문화자원의 보존

문화관광은 관광객의 유입으로 인해 경제적 부가가치가 창출된다. 유네스코를 비롯해서 유럽위원회, 아프리카와 중앙 유럽의 신흥국들이 문화관광을 지원하는 이유 중 하나는 빈곤퇴치와 경제적 활성화를 도모하기 위함이다. 특히 아시아와 아프리카의 나라들은 역사적으로 가치가 높은 문화유산을 다량 보유하고 있지만 경제적으로 낙후된 지역이 많아 이러한 나라의 경우 더욱 문화관광에 주력하고 있다. 이와같이 문화관광으로 얻어진 수익은 지역의 경제활성화를 위한 수단으로 사용되며, 문화재를 보호 · 보전하는 중요한 재원으로 활용되고 있다. 예컨대 스틴버그Steinberg는 문화관광 수입으로 인도의 농촌 일부분이 활성화 되었다는 긍정적 평가를 내렸지만 이러한 평가 보다도 전통문화의 재생을 통해 인도 고유의 모습을 복구한 것에 더 큰 의미를 두었다. 일부에서는 문화를 상품화 할 경우 본래 의미가 퇴색되거나 소멸된다고 하였으나 관광화에 수반되는 문화의 상품화는 문화를 파괴하는 것이 아닌 오히려 쇠퇴하고 있는 전통문화의 보존 및 개혁, 재창조를 도모하는 작용을 한다고 할 수 있다. 다시 말해 관광을 통해 소멸될 수 있었던 문화가 보존되어 지역의 고유성과 민족의 아이덴티티를 유지시킬 수 있는 작용을 하는 것이다.

(3) 문화적 교류

유네스코 세계문화유산으로 등록된 지역은 전 세계 관광객이 방문을 하는 곳이다. 특히 외국인 관광객의 유입은 외화획득으로 이어져 경제적인 수익이 발생 될 뿐만 아니라 사회·문화적인 측면에서도 다양한 의의를 갖는다. 또한 외국인 관광객의 유입으로 인하여 타 문화와의 교류가 발생되고 이러한 교류로 인하여 상호 문화적 발전이 가능해 진다. 즉, 지역민의 경우 문화적 교류를 통해 지역의 문화에 대해 가치를 널리 홍보하고 전시하면서 지역사회와 문화에 대해 인식이 높아지고 지역에 대한 자긍심이 생겨 지역 이미지가 제고될 수 있다.

2) 부정적인 효과

(1) 문화자원의 훼손

세계문화유산을 알리는 팸플릿이나 관광가이드북을 보면 세계문화유산의 원래 의미 보다는 단순한 관광지로 알려질 수 있다. 즉, 관광개발이라는 미명아래 관광객 유치를 위한 선전요소로 활용되며 경제적 논리에 입각하여 많은 관광객을 유치하는데는 성공할 수 있겠지만 관광객의 과도한 이용으로 문화자원이 훼손될 수 있는 부정적 문제를 야기할 수 있다. 따라서 문화자원을 보호하기 위한 법적 제도나 장치의 보완이 필요하고, 문화유산 이용에 대한 체계적인 모니터링과 관광인프라 개발을 제어할 수 있는 수단이 필요하며, 자연적인 훼손을 방지할 수 있는 조치가 필요하다.

(2) 문화변형

관광은 진정한 현지문화를 추구하려 하지만 관광산업은 관광객에게 만족을 극대화시키기 위해 낭만적이고 아름다운 관광지를 제공하려고 노력한다. 즉, 관광산업은 진정한 현지문화를 이용하여 진정성의 환영 즉, 인위적인 가상의 경험을 강화하는 것에 초점이 맞춰질 수 있다. 같은 맥락으로 부어스틴Boorsitn은 모든 관광명소는 대부분 인위적이고 가짜 이벤트적인 성격을 가진다고 주장한다. 예컨대 원주민의 문화행사가 장소와 시간이 변경되어 무대에 올려지거나 편리한 시간에 공연될 때 이런 것을 가짜 민속문화라고 하는데 이렇게 관광객을 위해 만들어진 문화가 지속적으로 계승되면 결국 원주민의 원래 문화가 소멸될 수 있다는 것이다.

표 5-1 문화관광에 대한 개념

연구자	개 념	비 고
안종윤(1985)	유적, 유물, 전통공예, 예술 등이 보존되거나 스며 있는 지역 또는 사람의 풍요로웠던 과거에 초점을 두고 관광하는 행위	전통문화 문화관광의 대상으로 봄
김상무(1995)	다른 지방의 문화에 대한 지식을 습득하고 동시에 그 고장의 문물에 참뜻을 음미하는 데 목적을 두고 여행하는 것	문화관광에 대한 대상이 막연함
이선희(1996)	인간의 정신과 물질세계 전반을 포함하는 총체적 개념으로 이해	광의의 총체개념
A. J. Tighe (1991)	사적, 유적, 역사적 건조물, 공예, 박물관, 미술관 등의 시각예술, 무대예술을 보거나 경험하기 위한 여행, 이러한 여행목적 가운데 여행지 문화(향토문화 혹은 특정한 민족문화를 체험하는 것이 포함되는 경우가 많다) 사적과 역사적 건조물, 박물관 등이 문화관광의 기본	WTO에서 내린 협의와 광의개념의 중간적 입장을 취함
R. E. Wood (1989)	문화에 의해서 형성되고 문화가 관광지의 경험을 유도하는 상황에 따라 규명되어지는 것	문화관광은 문화에 의해 형성된다는 보편성 견지
세계관광기구 (1985)	좁은 의미에서는 연구관광, 무대예술, 문화여행, 축제와 그 외의 문화적 행사, 역사적인 장소 및 유적, 자연과 민속, 예술을 배우는 여행, 순례 등의 문화적인 동기에 의한 인간행위가 포함된다. 광의로 볼 때 문화관광에는 인간의 움직임 모두가 포함	문화관광의 개념을 관광의 개념과 비슷하게 봄
한국관광공사	문화적 공기를 가지고 전통과 현대의 다양한 문화를 적극적으로 체험하는 SIT의 일종	문화관광이란 체험관광이라고 강조

자료 : 김천중 · 이주형, "한국전통음식의 문화관광상품화 방안에 관한 연구", 한국호텔경영학연구, 1998.3, p.166.

셋째, 점차 과거를 보고 싶어하는 욕구가 증가하고 있다. 과거를 보고 싶어 하는 관심이 확산되고 있는 이유로서 Nuryanti1996는 "19세기가 경제적 진보와 풍요를 위하여 사람들이 과거를 파괴하고 새로운 것을 창조하려고 노력했던 시대였고, 20세기에 들어와 사람들은 과거와의 대화 혹은 전통적 가치에 대한 동경이 높아졌다."고 주장하였으며, 때문에 전통적인 사회적 가치로의 복귀를 통하여 자신의 뿌리와 진귀함과 새로움novelty을 경험하고자 하는 관광객이 많이 늘고 있다고 주장하였다. 이러한 문화유적관광은 대중관광Mass Tourism이 제공할 수 없는 정통성authenticity, 정체성identity, 과거와의 만남encounters을 제공할 수 있다. 관광객들은 역사유적지에서 제공하는 장식품, 생활양식, 미적인 아름다움 그리고 상징물을 통하여 자신의 정체성을 확인하고, 삶의 의미와 자신의 귀중함을 재확인하는 데 반드시 필요하기 때문에 관광객은 그러한 관광지의 방문을 점차 선호한다. 문화유산관광은 현재시간에서 과거의 모습을 볼 수 있는 기회를 제공하며, 문화유산은 관광객들에게 수많은 해석의 가능성을 제공할 수 있는 무한대의 시간과 장소로서 제공되어진다. 현대의 관광객들은 자신의 지적 능력과 상상력을 동원하여 역사의 한 시점에서 자신이 무엇이고 누구인가를 문화유적을 통하여 이해하고자 한다.

제2절

문화관광의 구성요소

문화관광의 구성요소들은 분류방법에 따라 다양하게 표현될 수 있다. 다음은 여러 학자들의 분류를 소개하고자 한다.

1 McIntosh 등의 분류

McIntosh 등은 다음과 같이 문화관광의 구성요소들을 나열식으로 나타내고 있다McIntosh 등, 1995: 192.

1. 도서관, 박물관, 전시회
2. 음악, 드라마 혹은 영화창작물
3. 라디오 및 TV 프로그램, 녹음물
4. 공부 혹은 연구에 관련된 관광 혹은 단기 과정
5. 장기간 연구 및 조사를 위한 학교대학교 포함
6. 과학적이고 고고학적인 탐험, 해양학교
7. 공동 영화창작물
8. 집회, 회합 및 세미나

2 김천중 · 이주형의 분류

김천중 · 이주형1998은 문화관광의 구성요소를 민속문화와 대중문화로 분류하는 방법과 기타 방법으로 제시하고 있는데 다음과 같다.

1) 민속문화와 대중문화

(1) 민속문화와 관광

민속문화유산 · 민속문화 · 기층문화 · 민속풍습은 모든 민속을 표현하는 혼합된 개념이다. 민속은 민간인들 사이에서 전승되어 온 생활과 풍습, 과거로부터 현재까지 그리고 미래에도 민족의 일상생활문화에서 밑바탕이 되고 강한 활력이 되며 항상 새로운 의의를 발휘할 수 있는 문화이다.

민속은 전全세계적으로 퍼져 있는 보편적인 전래생활문화이지만 서유럽 사회에서는 일찍이 산업사회 전개와 더불어 축소 · 소멸을 거듭해 왔고 오늘날은 아시아, 아프리카, 라틴 아메리카에서 비교적 많이 전승되어 왔다. 민속은 민족생활의 독자성을 반영하면서 고유한 특성을 가지고 그 민족문화생활에 이바지 해왔으며, 민속은 민중들의 사고, 언어, 행동이 구체적으로 형상화한 유 · 무형 일체의 문화현상이다.

따라서 민속은 민간인의 과거 · 현재 · 미래의 생활풍습을 모두 포괄하며 일반적으로 어느 민족에 있어서나 다음과 같은 특징이 있으므로 관광매력의 가치는 매우 높다. 이러한 민속문화의 특성을 보면 다음과 같다.

첫째, 민속문화는 독자적인 민속정서를 내포한다. 각 나라와 민족은 저마다 독특한 문화를 지니고 있으며, 그 민족 특질이 가장 두드러진 것이 민족이다. 한 민족의 구성은 확고한 단일 구성원이기에 민속문화는 전체 민속구성원의 문화라고 할 수 있다.

둘째, 민속문화는 계층적인 성격이 강하다. 어느 나라나 지배층의 문화와 민간층의 문화는 다르게 마련이다. 한국민속문화의 경우 궁중문화, 양반문화, 농민문화 등이 상호 수용과정 속에서 형성된 끊임없는 변화의 문화라고 할 수 있다.

셋째, 민속문화는 각 시기별로 차이를 보여준다. 민속문화는 사회 · 정치적인 배경이나 경제적인 여건의 변화에 따라 각 시기별로 특징을 달리하며 변화하는 문화인 것이다.

넷째, 민속문화는 공동체문화이다. 공동체란 문화생산자와 수용자의 공동체성을 말하며, 개인창작과 집단창작이 유기적으로 연결되어 있음을 말한다.

다섯째, 민속문화는 생산문화적 성격을 내포한다. 한국의 민속문화는 생산의 풍요를 기원하는 농경생활에서 비롯되었다. 각 절기에 따른 생활풍습과 자연지리, 사회경제 처지에 알맞게 발전을 거듭해 온 민속문화는 생산자가 농민, 어민, 수공업자와 상인들이기 때문에 생산문화를 반영한다고 볼 수 있는 것이다.

이와 같은 특성을 반영하고 있는 민속문화는 크게 민속공예 같이 물질적 자료가 전승되는 경우의 유형문화와 민속놀이, 의 · 식 · 주 생활풍습, 민간신앙, 명절, 생산풍습, 민속예술들과 같이 사람을 통해 구전되는 무형문화로서 구분된다. 특히 오늘날 현대인들의 교육수준과 생활수준이 향상됨에 따라 가치관의 변화가 물질적 풍요보다는 정신적 풍요를 중시하고 양적 위주의 관광보다는 질적 위주 관광의 선택 추세에 발맞추어 민속문화관광에 대한 관심이 증가하고 있다. 또한 인터넷 정보 · 통신체계와 교통의 발달로 지구촌화되는 현상 속에서 세계의 상품, 생활양식, 건축, 음식, 오락놀이 등이 동질화, 획일화, 몰개성화되어 가는 생활양식에 대한 반작용으로서 이질적이고 독특한 지역의 고유한 민속문화에 대한 관심이 높아지고 있다. 지방화시대의 도래에 따라 독특한 지역문화에 대한 재평가와 지역주민들의 지역사랑에 발맞추어 지역의 민속문화에 대한 복원 · 발굴작업을 통하여 관광상품으로 만드는 작업이 이루어지고 있다.

관광을 경제로 인식하는 세대를 벗어나 국민의 삶의 질을 높이는 수단으로 인식하는 선진국들은 민속문화관광에 대한 정책대안을 모색하고 있다. EU국가 관광자 4명 중 1명이 예술, 건축과 같은 전통문화에 큰 관심을 가지고 있고, 우리나라를 방문하는 외래관광자의 74%가 역사문화관광 목적으로 입국하고 있으며, 미국인 관광자의 국외관광지 선택시 고려요인으로 쇼핑 → 경관감상 → 역사유적, 일본인 관광자의 국외관광지 선택시 고려요인으로는 경관 → 역사문화 → 쇼핑과 스포츠 순으로 나타나고 있는 것은 앞으로 한국관광이 가야 할 방향을 제시하고 있는 것이다.

(2) 대중문화와 관광

사회과학에서 지칭하는 문화는 보다 넓은 의미로 사용되는 개념으로서 한 사회구성원들이 후천적인 학습을 통하여 공통적으로 가지게 되는 행동양식과 사고방식의 종합체로서 인간의 모든 생활양식을 뜻한다.

민속문화와 구분되는 대중문화의 출현은 19세기 초 이후 경제적인 발달과 산업화의 산물로서 서민과 중산층의 대중의식을 바탕으로 이루어졌기 때문에 현대사회의 사회계층에 관계없이 광범위하게 지지를 받았다. 대중문화가 현대사회의 중심문화로 자리 잡게 된 것은 각종 신문, 잡지, 라디오, TV, 영화, 비디오 등과 같은 대중매체와 새로운 정보를 신속하게 전달하는 과학기술의 발달에 기인하고 있다. 결국 대중문화는 산업화, 도시화의 산물로서 현대성, 도시성, 인간성 소외로 특징지을 수 있다.

이러한 대중문화는 대중소비사회로 특징지어질 수 있는데, 이는 여가대중화 시대의 출현뿐만 아니라 남녀 간의 하위문화, 종교적 하위문화, 지리적 하위문화, 연령별 하위문화들과 같은 독특한 소문화가 형성되어 있어 관광선택행동과 의사결정에 영향을 미치고 있다.

신세대에 대한 정확한 개념을 설정하기는 어려움이 있으나, 우리나라에서는 80년대 후반부터 소비문화를 중심으로 중요한 관심을 이루어 책보다는 잡지와 TV나 비디오, 밥보다는 햄버거나 피자, 어느 한 가지에 집착하기보다는 계속 새로운 것을 추구, 깊이 생각하고 행동하기보다는 즉흥과 충동으로 처리하는 세대들이라고 규정하고 있다. 그래서 이들 신세대들은 논리보다는 감각과 감성이 지배하는 세대라 하여 일명 '인스턴트 세대' 또는 'X세대'라고 부르고 있는데, 이들의 시장계층은 더욱 넓어지고 있다.

구세대와 구분되는 신세대 특성은 관광활동에 있어서도 그대로 반영되어 그들이 원하는 무엇인가를 구하기 위한 독특한 관광형태로서 배낭여행, 모험을 지향하는 개인여행allocentric tour, 레저스포츠 관광을 선호하고 있다. 그러나 이러한 신세대들의 관광활동도 대중문화의 영향을 받으면서 구세대와 신세대의 관계 속에서 단절 없이 이어져 오고 있는데 이것이 관광문화이다.

2) 기타 방법

이 방법은 문화관광을 다른 방식으로 나타내고 있는데 [표 5-2]와 같다.

표 5-2 문화관광의 유형

유 형	특 징	사 례
전통음식관광	민족고유의 전통음식을 경험하여 문화유산의 하나로서 전통음식의 조리과정과 맛을 음미함	광주 김치축제, 낙인 음식축제
문화유적관광	유·무형의 문화유적을 관광하면서 한 민족의 우수성과 민족적 자긍심 회복	왕릉, 궁궐, 박물관, 매장문화재, 민속자료
민속예술관광	타 민족과 다른 민족예술적 성격 특화	하회별신굿, 무당춤, 종묘제례악, 전통축제
역사교육관광	특정분야에 대한 전통적인 삶을 재현	유교, 불교문화연구, 풍수지리연구
전통생활탐험관광	타 민족과는 다른 전통적인 삶의 재현	전통민속마을
종교성지순례관광	종교발상지, 순교지 및 종교적 의의가 깊은 곳 순례	마니산, 동학발상지, 기독교 박해현장
현대문화시설관광	과거의 문화와 함께 현대적인 문화시설을 관광함으로써 문화의 발전과정 이해	광주비엔날레, 화랑극장, 각종 전시관

자료 : 김천중 · 이주형, 1998.3, p.169.

제3절

문화관광의 개발 및 촉진방법

특별한 활동을 통해 관광의 문화적 요소를 개발하고 촉진하는 방법이 다음과 같이 고려될 수 있다(McIntosh 등, 1995: 194-197).

1 방법과 기법의 개발

극장, 도서관, 박물관 및 기타 국가기관은 관광과는 관계없이 만들어지지만 그것들은 방문객의 흥미를 유발하는 위대한 자산이다. 특히 박물관과 역사적 기념물은 관광여정에서 예외 없이 포함되는 것들 중의 하나이다. 관광개발을 도울 수 있는 이러한 시설 및 기타 활동은 국가 문화개발 측면에서 바람직한 요소들이다. 이러한 시설과 활동에 관련된 문화관광개발 방법 및 기법은 전문화된 지식을 필요로 한다. 대부분의 전문화된 지식분야와 마찬가지로 정보와 아이디어는 해외로부터 얻고 국내 상황에 적용시킬 수 있다.

필요한 시설이 이미 존재할 때도 이 시설을 관광욕구에 맞추는 것이 바람직하다. 종종 특별한 코스(course)가 외국인을 위해 개발되어야 한다. 즉, 다양한 외국어를 구사하는 가이드가 교육되어져야 하며, 박물관과 영화에서 캡션 및 지시사항이 최소한 2개 국어로 제공되어져야 한다. 특별한 준비사항이 관광객들로 하여금 관심대상의 기관에서 무료나 쉽게 접근이 가능하도록 해야 하며, 삶의 관찰관광도 준비되어야 한다.

2 관광교육 및 문화적 내용에서의 개선사항

관광객이 해외에 관해 참고하는 자료는 항상 개선을 시켜야 하는데, 주로 책, 팸플릿, 영화 및 도해정보자료illustrated information material가 해당된다. 즉, 해당 국가의 역사나 지리에 관한 자료를 수집할 뿐만 아니라 서너 개의 언어로 해당 자료를 매력 있고 정확하게 표현하는 데 전문가의 도움이 절대적으로 필요하다.

이러한 예로는 유럽위원회the Council of Europe에 의해 성공적으로 운영된 문화정체 카드시스템cultural identity card system이 있는데, 이 시스템은 관광객들로 하여금 교육, 과학 및 예술 분야의 전문가를 소개해 준다.

3 중요한 주제에 활동을 집중시킴

최근 다양한 연극, 음악 혹은 영화창작물을 하나로 묶는 축제festival의 경우처럼 상당한 흥미를 이끄는 주제, 이벤트, 관광관련 활동을 연결한 것들이 많이 행해지고 있다. 와그너 음악을 다룬 시애틀 링 페스티벌Seattle Ring Festival과 겨울축제Winter Festival를 다룬 캐나다의 퀘벡 주를 들 수 있다. 이와는 다른 방식으로도 전시회나 박람회 등이 있다. 이와 같은 이벤트는 많은 유형의 활동에 후원을 하는 기회를 제공한다. 국제적인 집회나 회의는 전시회나 축제가 열리는 시기에 개최될 수 있다. 젊은이를 위한 축제나 잼보리jamboree는 중요한 스포츠행사나 큰 컨벤션이 열리는 시기에 행사를 가질 수 있다.

관광객의 관심을 자극하는 다른 방법으로 트위닝twinning이 있는데 이것은 국가나 지역사회가 서로 관계를 맺고 해당 국가나 지역사회가 주최하는 행사에 사절단을 파견하는 것이다.

4 대중매체의 사용

대중매체는 관광개발에 중요하다. 대중매체가 국제관광객을 유치하는 도구로 해외에서 사용되든가 혹은 국제관광객이 도착 후 그들에게 정보를 주거나 즐겁게 해주든간에 언론인, 영화연출가 및 예술가가 제공하는 높은 질의 제품/서비스가 필요하다. 이미 많은 국가에서는 서비스를 제공하는 관광분야의 전문가들이 있다. 미국여행작가협회the Society of American Traval writers는 여행에 관해 언론 홍보를 해주는 하나의 전문집단이다.

5 비수기 관광개발

교육 및 문화활동은 특히 비수기 관광개발에 효과적이다. 국제회의와 연구과정은 기후와 유흥에 좌우되지 않는다. 종종 이 행사의 후원자들은 호텔의 비수기 요금을 이용하는 것을 선호한다. 따라서 적절한 활동과 행사를 유치하기 위하여 시설과 홍보를 개발하는 노력이 필요하다.

요약

목적국 국민의 문화적 표현은 대부분의 관광객들에게 최대의 관심사이다. 이러한 문화적 표현은 예술, 음악과 춤, 기념품, 식음료, 산업계, 농업, 교육, 문학과 언어, 과학, 정부, 종교 및 역사가 포함된다. 관광객의 경험은 그들이 목적지 주민들을 더욱 잘 알려는 진지한 노력을 할 때 풍부하게 된다. 관광객을 유치하려는 어떠한 국가나 지역은 시설 계획을 세워 개발하여야 하며 그러한 문화적 표현에 관광객들이 접근하게 하는 프로그램을 촉진하여야 한다. 이렇게 하는 개념 중의 하나가 생활관찰관광life-seeing tourism인데, 이것은 관광객들로 하여금 지역주민의 가정에 방문을 주선하는 지역 프로그램 혹은 관심이 있는 관광객들이 지역주민의 가정에서 일정기간 동안 숙박하게 하는 계획이다. 외국관광객을 환대하는 지역이, 관광객들에게 문화적 표현을 잘 이해시키기 위해서는 다양한 언어로 제공하여야 한다.

이 장에서 밝힌 바와 같이, 방문객의 문화적 배경과 목적국의 문화적 표현관계의 점검은 목적국에게 유용한 지침을 제공한다.

연구문제

Q 1 여행동기로서 문화를 평가하라.

Q 2 관광객이 출발국가와 전혀 다른 특정 국가를 방문함으로써 가장 만족을 얻는 문화경험의 예를 들어라.

Q 3 귀하께서 친숙한 지역사회에서 생활관찰관광을 창조하라.

Q 4 귀하께서는 어떤 종류의 생활관찰관광을 특별히 즐기는가?

Q 5 대부분의 관광객들은 어느 정도의 문화적 차이를 인내할 수 있는가? 예를 들어라.

Q 6 국제여행이 지각적이고 민감한 여행자들에게 가져올 수 있는 보상을 확인하라.

Q 7 귀하께서 거주하고 있는 지역사회는 독특한 문화적 매력물들을 소유하고 있는가?

Q 8 귀하께서는 특정 관광목적지에 적절한 관광개념을 적용할 수 있는가?

Q 9 만약에 관광객들이 우수한 질을 가진 문화유산해석교육 프로그램heritage interpretation training program을 담당하고 있는 대학원생들에 의해 주도되는 문화유산 탐방에 참가한다면 관광객들이 얻을 수 있는 혜택을 설명하라.

참고문헌

김경동, 「현대의 사회학」, 박영사, 1996

김천중 · 이주형, "한국전통음식의 문화관광상품화 방안에 관한 연구", 한국호텔경영학연구, 1998. 3.

박종희, "문화관광 경쟁력 강화 전략", 한국관광학회 발표논문집, 1999. 2.

손해식 · 정익준 · 이방식 편역, 「현대 관광론」, 범한서적주식회사, 1993.

원융희, 「문화와 관광 그리고 공해」, 백산출판사, 2007

이석호 · 장호찬 · 허진 · 여경진, 「관광학개론」, 한국방송통신대학교출판문화원, 2015

이주형 · 송관인 · 최영기 · 류인평, 「문화와 관광」, 기문사, 2012

한상복 외, 「문화인류학개론」, 서울대출판부, 1998

McIntosh, Robert W., Charles R. Goeldner and J.R. Brent Ritchie, *Tourism: Principles, Practives, Philosophies*, New York, NY: John Wiley & Sons, Inc., 1995.

MEMO

Chapter 06

관광자원 및 관광개발

Principle of Tourism
관광학원론

학습목표

- 관광자원의 개념과 특징에 대한 이해
- 관광자원의 분류에 대한 이해
- 관광자원의 종류에 대한 이해
- 관광개발의 의의와 목적
- 관광개발의 조건에 대한 이해
- 관광개발의 유형에 대한 이해
- 관광지 발전단계와 관광개발
- 관광개발의 효과에 대한 이해

제1절

관광자원의 개념과 특징

관광자원tourism resources은 관광의 주체인 관광객으로 하여금 관광동기나 관광의욕을 갖도록 하는 목적물로서 유형·무형의 제 관광대상을 가리켜 말한다. 즉, 관광자원은 관광객으로 하여금 관광행위를 일으키게 하는 것이어야 하므로 관광객에게 매력성과 유인성을 가진 것이어야 한다. 이러한 관광자원은 관광산업에 있어서는 경제적 가치를 가지게 되며 관광객에 있어서는 관광의 목적물인 관광대상이 되게 된다조송빈, 1986: 92.

관광자원에는 자연 그대로의 관광자원, 즉 인공적으로 손을 대지 않고서도 원래의 관광자원으로서의 가치를 지니고 있는 관광자원뿐만 아니라 다듬어 만든 관광자원, 즉 인공적으로 개발한 관광자원이 있을 수 있다. 전자의 자연적인 관광자원만으로도 그 가치는 뛰어 나지만 다수의 관광객을 유치하기 위해서는 인공적으로 관광자원을 개발할 필요가 있다.

최근 들어 관광자원을 포괄적으로 인식하려는 경향이 강해지고 있는데, 여러 학자들의 주장을 통해 다음과 같은 관광자원의 특징을 정리할 수 있다김정옥, 1997: 29.

1. 관광자원은 관광객의 욕구나 동기를 일으키는 매력성을 지니고 있다.
2. 관광자원은 관광객의 행동을 끌어들이는 유인성을 지니고 있다.
3. 관광자원은 개발을 통해서 관광대상이 되어진다.
4. 관광자원은 자연과 인간의 상호작용의 결과이다.
5. 관광자원의 범위는 자연자원과 인문자원, 유형자원과 무형자원 등 아주 다양하고 넓다.
6. 관광자원은 사회구조나 시대에 따라 가치를 달리한다.
7. 관광자원은 보존 또는 보호를 필요로 한다.

제2절

관광자원의 분류

관광자원은 그 범위가 넓고, 분류에 있어서도 학자들 간에 견해가 다양하다. 본서에서는 지면상 대표적인 것만 소개하기로 한다.

1 한국관광공사의 분류 한국관광공사, 1979, 1985

- 관광자원
  - 유형관광자원
    - **자연적 관광자원** : 천연자원, 천문자원, 동 · 식물
    - **문화적 관광자원** : 고고학적 유적, 사적, 사찰공원
    - **사회적 관광자원** : 풍속, 행사, 생활, 예술, 교육, 스포츠
    - **산업적 관광자원** : 공업단지, 유통단지, 광업소, 농장, 목장, 백화점
    - **관광레크리에이션자원** : 캠프장, 수영장, 놀이시설, 어린이공원
  - 무형관광자원
    - **인적 관광자원** : 국민성, 풍속, 관습, 예절 등
    - **비인적 관광자원** : 고유종교, 사상, 철학, 역사, 음악, 가곡 등

2 건Gunn의 분류

건Gunn은 관광자원을 관광의 유형과 토지이용단위별로 분류하고 있는데 토

지이용단위별 관광자원의 분류는 [표 6-1]에, 관광의 유형별 관광자원의 분류는 [표 6-2]에 나타나 있다.

표 6-1 토지이용단위별 관광자원의 분류

유 형	종 류	
자연자원 (natural resources)	1. 해변	2. 피크닉 장소
	3. 자연캠핑지역	4. 일반경관지역general scenic areas
	5. 경관지역scenic spectaculars	6. 암석채취지역
	7. 화석채취지역	8. 사냥지역
	9. 낚시지역	10. 스키, 동계스포츠지역
	11. 스노우모빌지역	12. 보트장, 카누장, 항해장
	13. 동계휴양지북부	14. 동계휴양지남부
	15. 하계휴양지	16. 캠프, 조직, 단체
	17. 마리나, 항만, 보트계류장	18. 야생생물
	19. 동물관찰지역	20. 수로waterways
	21. 휴가지가정	22. 전망대
	23. 산림골재지역	24. 트레일연결지역trail bike areas
	25. 자연오솔길지역도보, 승마	26. 조류관찰지역
	27. 동물연구spelunking지역	28. 스쿠버 · 해저탐험지역
	29. 마리나축제, 요트계류장	30. 관광지 : 자연관광자원중심형
문화자원 (cultural resources)	1. 고고학적 유적	2. 박물관
	3. 역사유적, 유령도시	4. 최초의 사건발생지
	5. 특수인종적 문화	6. 공학적 · 과학적 불가사의
	7. 제조공정	8. 장엄한 건물
	9. 성지, 성역지	10. 문화적 관광지
	11. 관광목장dude ranches	12. 전설유래지역
혼합형 자원 (natural or cultural resources)	1. 콘서트, 드라마, 연극장	2. 공예품전시장
	3. 도시캠핑지역	4. 스포츠센터
	5. 골프장	6. 오락공원
	7. 쇼핑센터	8. 나이트클럽
	9. 호텔, 모텔	10. 관광음식점
	11. 정보센터, 휴식처	12. 놀이터
	13. 친척, 친구집	14. 축제, 퍼레이드, 더비경마장derby areas
	15. 회의장	16. 운동장

자료 : Clare A. Gunn, Tourism Planning(N.Y.: Crane Russak, 1979), pp.58-59, 김정옥, 「관광자원관리론」, 1997, p.37에서 재인용.

| 표 6-2 | 주유형과 체재형 관광자원의 종류

구 분	주유형 관광대상touring attraction	체재형 관광대상destination attraction
종 류	• 도로변 경관지 • 훌륭한 자연지역 • 자연 캠핑지 • 친구와 친척의 집 • 수변지역 • 독특한 관습 • 사당과 문화적 장소 • 토속음식과 위락지 • 역사적 건물과 유적지 • 민족특유의 장소 • 쇼핑지역 • 특수공예전승지	• 휴양지 • 축제장소와 농가 • 집단 캠프장 • 휴가지가정 • 도박중심지 • 종합공원 • 낚시, 사냥, 해안, 수상스포츠 • 지역 • 관광목장 • 회의중심지 • 운동경기장 • 무역회관 • 과학기술회관

자료 : Clare A. Gunn, Tourism Planning(N.Y.: Crane Russak, 1979), pp.54-56, 김정옥, 「관광자원관리론」, 1997, p.38에서 재인용.

3 맥킨토시McIntosh의 분류

미국의 유명한 관광학자인 맥킨토시는 관광공급요소를 다음과 같이 분류하고 그 중 자연자원과 환대, 문화자원을 관광자원으로 간주하고 있다McIntosh 등, 1995: 269-288.

• 관광공급요소와 관광자원의 유형

관광공급의 구성요소
- **자연자원** : 공기, 기후, 토지, 지질, 동 · 식물, 수질, 해안경관지
- **환대 및 문화자원** : 예술, 문학, 역사, 무용, 쇼핑 등
- **하부구조**(기반시설)
- **교통수단 및 시설**

자연자원natural resources은 기후대temperature zone와 입지location 및 자원의 질이 포함되는데, 관광공급요소 가운데 가장 기초적인 요소로 공기, 기후, 토지, 지

형, 지질, 동 · 식물, 수질, 해안경관미를 들 수 있다.

환대 · 문화자원hospitality and cultural resources은 관광객을 유인하는 해당지역의 문화유산이다. 이것은 관광객에 대한 지역주민의 호의적인 태도, 친근성, 그리고 예술, 문화, 역사, 음악, 연극, 예술, 무용 및 쇼핑 등을 말한다.

본서에서는 여러 학자들의 분류방법을 파악하고, 관광객의 기호변화와 관광자원의 상대적 중요성의 변화 등을 고려하여, 관광자원을 자연관광자원, 문화관광자원, 사회관광자원, 산업관광자원, 위락관광자원으로 분류하여 다음에서 자세히 설명하고자 한다.

제3절

관광자원의 종류

1 자연관광자원

자연관광자원natural resources은 관광산업 육성의 기본적 요소가 되는 자연경관을 대상으로 하며 관광의 성격상 매우 중요한 위치를 차지하고 있다.

자연경관은 지역별로 너무나 다양하고 기후적으로 보면 열대, 온대, 한대 등으로 구별되며, 지형적으로 보면 산악에서 고원과 평지가 있고 삼림, 동식물 등과 지질, 그리고 하천에는 많은 계곡과 폭포 등이 존재한다. 이들은 지질구조적으로는 침식의 연대에 따라 빙하도 있으며 화산지형과 온천 등이 존재한다.

내수면에도 상류, 중류, 하류별로 각기 특색을 갖고 있으며 많은 어류가 서식하며 해양에는 많은 도서가 있고 해중에는 각종 어류가 있다.

이와 같은 자연경관은 지구상에 골고루 일률적으로 분포되어 있는 것이 아니고, 기후적 · 지형적인 요인을 중심으로 복잡하게 결합되어 있으며 각 지역의 독자적인 독특한 경관을 구성하고 있다. 우리나라 사람들에게는 사계의 변화는 자연법칙으로 당연한 것으로 생각되나 열대, 한대지역 혹은 사막지역의 사람들에게는 놀랍고 좋은 기후가 아닐 수 없다.

이와 같은 자연의 지역차가 관광욕구와 연결되어 관광대상으로서의 자연적 자원이 되며, 이것은 제반 교통수단 등의 개발조건과 결합되어 자연적 관광자원으로서의 가치를 형성하게 된다. 또한 산업구조의 변화는 도시화의 급속한 발전을 가져왔고 인간생활의 여러 가지 변혁을 초래하게 되었으므로 관광행위의 목표물 가운데서도 자연에 대한 지향성은 더욱 높아지게 되었다.

관광자원은 자연적, 인문적 관광자원이 상호 융합되어 완전한 하나의 관광자원으로서의 가치를 갖게 되는 것이므로, 자연적 관광자원이나 인문적 관광자원은 보호와 개발이 조화됨으로써 관광자원에 대한 보호육성이 이루어지게 되는 것이다. 아무리 개발이 잘 이루어지고 훌륭한 자원이라도 인간이 이것을 잘 보호하고 육성하지 못한다면 매력은 상실되어질 것이고 관광가치성의 발휘는 물론 개발의 효용도 사라지게 되므로 관광자원의 보존과 보호사상 및 국토애호사상이 투철해야 할 것이다조송빈, 1986: 96-97.

이러한 자연관광자원은 분류방식에 따라 자연보전특별지구, 자연보전지구, 휴양지보전지구로 나눌 수 있고 다음과 같이 나눌 수 있다이장춘, 1997: 92, 94.

자연관광자원
- **위치** : 대륙관계성, 해양관계성, 접근성, 거리
- **기후** : 기온, 강수량, 바람, 일조시수, 안개일수, 쾌청일수
- **지형** : 산악, 하천, 해안, 호수, 약수, 온천, 동굴, 지구대, 사구, 석굴
- **동물** : 희귀동물, 천연기념물
- **식생** : 희귀식물, 천연기념물

한편, 자연관광자원의 종류를 어떻게 분류할 것이냐는 관광자원을 대하는 시각에 따라서 상이한 분류체계를 가질 수 있기 때문에 자연관광자원을 산악관광자원, 내수면관광자원, 온천관광자원, 동굴관광자원, 해안관광자원 등으로 분류한다조송빈, 1986: 97-102.

2 문화관광자원

문화적 자원cultural resources이란 민족문화의 유산으로서, 이는 문화재자원cultural assets resources과 박물관museum의 두 가지를 대표적으로 들 수 있다. 이 가운데 문화재자원은 대개 역사적 가치가 큰 것으로서 값진 민족문화의 유산을 지칭한다. 그 중에서 특히 역사적, 또는 전통적 가치가 큰 것을 역사적 자원historical resources 혹은 전통적 자원traditional resources이라 한다조송빈, 1986: 102.

이러한 문화재는 문화재보호법에 따라 [표 6-3]과 같이 분류할 수 있다.

표 6-3 문화재의 분류

문화재	유형문화재	• 건조물건축 · 교량 · 석탑 등 • 미술공예품회화 · 조각 · 공예품 · 서적전적 · 고문서 등 • 고고자료출토품
	무형문화재	• 예능연극 · 무용 · 음악 등 • 공예기술토기 · 칠기 · 금세공 · 영직 · 임죽세공 등
	민속자료	• 유형의 민속자료의식주 · 생업 · 신앙 · 연중행사 등에 사용되는 물건 • 무형의 민속자료의식주 · 생업 · 신앙 · 연중행사 등의 습속
	기념물	• 유적패총 · 주거지 · 고적 · 사적 · 성지 등 • 경승지정원 · 계곡 · 해안 · 산악 등 • 천연기념물동식물 · 지질광물
	매장문화재	• 유적유물 · 유구 등이 출토되는 일정한 공간 • 유구주거지 · 고분 · 건물터 · 요지 등 • 유물그릇 · 무기 등

3 사회관광자원

오늘날 관광자원은 관광객을 유치할 수 있는 관광대상물로서 관광의 목적과 형태 등에 따라 매우 다양하다. 종래까지는 관광자원이 될 수 없었던 대상물도 관광이 대중화됨에 따라 관광행동을 일으키게 하는, 즉 관광매력성을 가진 많은 상품들이 관광자원으로 각광을 받고 있다.

유 · 무형물이든 그것이 관광객을 유인할 수 있고, 또 관광수입을 올릴 수 있는 산업성을 띤, 즉 경제적 가치를 가지고 있다면 관광자원이 되는 것이다. 그리고 최근에 와서는 다양화된 관광행동의 지향성에 따라 소박한 인정, 풍속, 특색 있는 국민성, 음식물 예절과 제도, 생활 속에 전승되어 온 모든 생활자료와 행사 및 사회공공시설 등도 관광자원으로서 재평가받게 되었다.

이와 같은 사회적 자원은 관광이 다양화, 심도화됨에 따라 관광자원으로서 각광을 받게 되었고, 이는 한 나라 역사와 전통, 그리고 과거의 생활상을 추적하고 현재의 발전상을 이해하는 데 있어서 귀중한 자료가 된다. 따라서 이 사회적 자원은 관광에 있어서 국민적 · 민족적 자원이라 할 수 있다.

이러한 사회적 관광자원을 편의상 이를 유형 · 무형의 것으로 나눌 수 있고, 이것을 더 세분하면 다음과 같이 분류할 수 있다(조송빈, 1986: 109–110).

① 인정, 풍속, 행사

외국인 관광객에 있어 방문국의 인정(human feeling), 풍속(manners & customs)과 향토색이 풍부한 민속행사 등은 대단히 흥미 있는 관광매력이 될 수 있고 이것은 그 나라의 풍토와 민족성에 따라 자연적으로 생겨난 것이며 또 오랜 역사와 전통 속에서 심어져 내려온 것으로 중요한 자원이 될 수 있다.

② 예절과 제도 및 음식물

나라마다 각기 다른 예절과 제도, 음식물은 외래관광객에게는 흥미와 관심의 대상이 되며, 관광의욕을 불러일으키게 하는 동기가 된다. 관광객은 방문국의 생활을 직접 체험하고 대화를 나누며 여러 가지 예의와 제도를 보고 음식을 접함으로써 한층 친밀한 감정을 가질 수 있다.

현재 유럽 각 나라에서는 방문국의 생활을 가장 친밀하게 느끼고 이해를 돕기 위한 유효한 제도로서 생활관찰관광(life-seeing tourism)이 행하여지고 있다. 또한 외국의 특이한 미각을 찾아서 여행하는 식도락관광도 상당히 많다는 것을 알 수 있다.

③ 예능과 스포츠(sports)

고대로부터 전승되어 오는 독특한 예능과 스포츠 및 행사와 혹은 오락적 요소를 포함한 각종의 예능 등도 점차 관광자원으로서 가치성이 재인식되어 각광받고 있다.

④ 교육, 사회, 문화시설

오늘날 교육시설educational institution은 관광객의 흥미와 관심을 끄는 중요한 관광대상 가운데 하나이다.

사회시설social institution로서는 국회의사당, 고아원, 양로원, 고속도로, 그 밖에 사회복지, 후생시설, 도시구조 등이 있고, 문화시설cultural institution로서는 시민회관, 공회당, 산업전시관, 미술연구소 등이 속한다.

위와 같은 시설과 운영상태 등을 견학, 시찰하거나 관광하는 것은 지식과 견문을 넓힐 수가 있고, 또한 방문객의 문화와 문명의 수준과 정도를 파악할 수 있으며 문화교류와 기술협력의 계기를 마련할 수 있는 중요한 관광자원이라 할 수 있다.

4 산업관광자원

산업관광자원industrial tourism resources은 일찍이 프랑스, 독일 등 서유럽 각국에서 관광의 새로운 분야로서 개발하게 된 산업지역의 농림업, 수산업, 공업, 사회공공시설 등 각종 산업시설을 말한다.

산업적 관광자원이란 관광객이 산업시설을 관광함으로써 한 나라의 산업수준industrial standard, 또는 산업발달의 정도를 파악할 수 있는데 이러한 산업시설은 한 나라의 특성이 뚜렷이 부각될 수 있는 이미지를 관광객에게 심어주어야 하는 것이다.

그러므로 우리나라도 한국 고유의 전통적 산업시설traditional industrial facilities을 개발하여 내국인은 물론 외국관광객에게 관광효과를 올릴 수 있어야 한다.

그리고 산업관광의 문제점으로서는 각종 산업시설이 관광에 따른 위험성이 있으므로 안전 문제가 뒤따르게 된다. 또한 특수 분야의 산업에 대해서는 산업기밀보장의 문제가 있어 다소의 제약은 피할 수 없으나 이에 대한 적절한 대책을 강구함으로써 해결할 수 있다.

산업적 관광자원은 농업관광자원, 임업관광자원, 수산관광자원, 공업관광자원으로 분류한다조송빈, 1986: 110-111.

5 위락관광자원

위락recreation은 인간의 기본적인 욕구로 생활변화를 추구한다는 점에서 최근 관광자원으로서 각광을 받고 있다. 최근 관광객이나 여가를 즐기는 사람들은 보다 높은 삶의 질을 추구하고 있고, 또한 현대 자본주의 사회에서 발생하고 있는 급속한 도시화와 산업화는 여러 형태의 위락관광상품을 개발하도록 만든다.

최근에 국내·외에서 각광받고 있는 대표적인 위락관광자원들은 다음과 같다.

1) 주제공원Theme Park

2) 카지노

3) 레저 스포츠

1. 트롤낚시
2. 트레킹
3. 번지점프
4. 자동차 경주
5. 초경량 항공기 비행
6. 주요 스포츠 이벤트

제4절

관광 개발의 목적

관광개발은 관광자원의 미개발상태에서 관광객의 새로운 차원의 다양한 욕구를 충족시킬 수 있는 상태까지 이끌어가는 과정으로 정의되며, 관광진흥법에서 말하는 관광개발이란 관광자원의 개발만을 의미하는 것으로 관광지개발과 관광단지조성, 지원시설의 제공 등이 포함된다고 할 수 있다.

따라서 관광개발의 개념을 파악하는 데는 두 가지의 견해가 있을 수 있는데, 첫째는 관광자원의 개발, 즉 관광자원을 정비하여 그것을 관광객들에게 이용하도록 하게 하는 것으로서, 이는 관광자원의 이용을 통해 관광행동이 촉진된다고 보는 견해이다. 이 견해는 관광진흥법에서 말하는 관광개발이 된다. 둘째는 인간들이 가지고 있는 관광욕구를 만족시켜 주기 위해 관광자원의 활용과 관광관련 기능을 가진 각종의 관광시설을 설치함으로써 관광 레크리에이션 지역을 만들어 주는 것이라는 견해이다.

오늘날 현대의 관광사업 경영에서 보면, 관광개발을 단순히 관광자원의 관광대상화라는 의미로만 인식해서는 안 되고, 관광자원에 이용가치를 부가시켜 유형 · 무형의 수용태세를 개발 · 정비하는 일들이 모두 관광개발에 포함되는 사업내용이어야 한다는 점에서 현대관광개발은 두 번째의 견해에 중점을 맞추어 나가야 한다는 것을 시사하고 있다김성혁, 1997: 307.

이러한 관광개발의 목표로 다음과 같은 사항을 들 수 있다McIntosh 등, 1995: 342.

① 관광의 경제적 혜택을 통하여 지역주민들의 생활수준을 향상시키는 틀을 제공한다.

② 사회간접시설을 개발하고 방문객과 지역주민 모두를 위한 레크리에이션 시설을 제공한다.

③ 지역의 관광개발 목적에 맞는 관광객 센터와 휴양지 내 각종 이용시설의 개발을 보장한다.

④ 관광국, 지방정부 및 주민들의 문화적 · 사회적 · 경제적 역할과 일치하는 개발계획을 수립한다.

⑤ 관광객 만족도를 최적화한다.

제5절

관광개발의 조건

관광개발시 여러 가지의 개발조건이 존재하고 개발로 인해 초래되는 여러 가지 문제점을 분석 · 검토한 후 결정해야 한다. 관광개발의 전형적인 전제조건으로 지리적 조건, 자연적 조건, 사회적 조건이 있는데, 다음은 그것들을 설명하고 있다김성혁, 1997: 309–310.

1 지리적 조건

1) 거리

관광자원의 가치는 관광수요지로부터 멀리 격리되어 있을수록 커진다고 이해되고 있으나, 관광수요지에서의 원거리는 교통비용과 관광지에 도달하는 소요시간에 직접적인 영향을 주기 때문에 지나치게 멀리 떨어져 있으면 많은 관광량을 기대할 수 없다. 따라서 관광지의 규모나 성격 그리고 그 가능성을 좌우하는 중요한 요소 중의 하나는 교통비용과 소요시간 그리고 거리가 된다.

2) 경합 관광지의 존재

주변에 몇 개의 관광지가 존재하면 상호 간 경영상에 애로점이 있게 된다. 그러나 한편으로 선의의 경쟁관계를 유지하는 것은 상호 간에 관광가치를 높일 수 있고, 또 지역관광루트를 형성함으로써 탄력성 있는 관광지를 형성하는 데 도움이 된다.

3) 관광자원의 존재

가치 있는 관광자원이 있는 경우에는 관광개발이 용이하지만, 없는 경우에는 막대한 자본을 들여 별도의 관광대상을 건설하여야 한다. 이와 같이 가치 있는 관광자원의 존재 유무는 관광지의 규모결정면에서 뿐만 아니라 관광개발의 가능성에도 영향을 미치는 개발조건이 된다.

2 자연적 조건

1) 지형

지형이 평탄하거나 개발예상조건에 맞는 지형은 관광개발을 용이하게 하지만, 지형이 복잡한 곳은 교통로 건설이 곤란하거나 자연현상에 의해 큰 위험이 상존할 수 있으므로 개발지로 부적합하다.

2) 기상

온난한 기후에다 강수량이 비교적 적은 곳은 관광지 개발이 유리하고 그 반대되는 곳은 대중관광지로서는 부적합하다. 이와 같이 기상조건은 관광사업 경영에 중대한 영향을 미친다.

3) 자연환경

수려한 자연환경에 둘러싸인 관광지는 많은 체재형 관광객들을 유인하는 매력이 있다. 이는 자연 자체가 인간에게 무한한 감동과 휴식을 제공하기 때문이다.

3 사회적 조건

1) 법적 규제

관광지를 보호 · 육성 및 개발 · 유지를 하는 데 있어서 많은 법령이 있다. 이를테면, 관광자원의 보호와 육성 및 개발과 관련해서는 문화재보호법이 있고, 또 지역의 미관과 풍치의 유지를 위한 법령으로는 자연환경보전법 및 「국토의 계획 및 이용에 관한 법률」 등이 있어 관광사업에 필요한 행정조치를 가하고 있다.

한편으로 관광사업 진흥을 위해 특별법 및 규제 완화 등의 행정규제 완화 및 철폐가 이루어지기도 한다.

2) 지역사회의 반응

지역주민들이 관광지 개발에 찬동하고 협조적인가 아니면 부정적인 인식을 갖는가 하는 것은 관광개발에 있어서 중요한 전제조건이 된다.

제6절

관광개발의 유형

관광개발의 유형구분은 여러 가지로 분류할 수 있으나 개발주체에 의한 구분, 지역범위와 관광객 유치반경WTO, 1978, 42-43; 이장춘, 1989, 136; Burkart and Medlik, 1987: 227; 鈴木忠義, 1974: 204, 개발기간, 관광자원 의존도로 분류된다.

1 개발주체에 의한 유형김정옥, 1997: 339-341

1) 공공주도형 관광개발제 1섹터 개발

공공주도형 관광개발은 국가, 지방자치단체 또는 한국관광공사, 한국토지주택공사 등과 같은 정부투자기관과 경북관광개발공사와 같은 정부재투자기관에서 직접 또는 간접적으로 개발의 주체가 되는 것을 의미한다.

관광개발의 공공주도형은 공익성을 확보하기 위해 국토개발과 자연환경을 중심으로 한 관광자원의 효율적인 보존과 일반국민대중에게 관광활동에 보다 많은 참여기회를 제공하여 궁극적으로는 복지를 증진시키고자 하는 것이 그 목적이라고 하겠다.

우리나라의 경우 관광지국민관광지는 문화체육관광부가 주관이 되어 지방자치단체와 합동으로 개발이 진행되어 오고 있으며, 자연공원 중에서 국립공원은 안전행정부가 국립공원관리공단을 통해 개발과 관리를 담당하고 있고, 도립공원은 시 · 도지사, 군립공원은 해당 시장과 군수가 개발과 관리를 담당하고 있다. 그리고 유원지와 도시공원은 각 지방자치단체에서 개발을 담당하고 있다.

2) 민간주도형 관광개발제 2섹터 개발

민간주도형 관광개발은 개인 또는 기업이 영리를 목적으로 토지를 확보하여 관광시설과 공간을 개발하는 것을 의미한다. 대체로 민간주도형 관광개발은 개발규모와 투자 및 재원조달방법에 따라 다르겠지만, 토지를 완전히 매입한 후에 개발을 추진하게 되므로 부동산개발에 의한 개발이익의 독점을 하게 되며, 개발자금의 조달 및 투자방법도 수지타산에 맞추어 진행하거나 결정한다.

사회구조의 변화에 따라 관광수요가 다양한 형태로 변화하고, 관광산업의 계절적 특성, 즉 수요의 불안전성을 갖고 있어 관광사업의 계절적 편차가 큰 것을 감안하면, 민간부문에 의한 관광개발사업은 관광수요변화에 탄력적으로 대응할 수 있고, 영리를 위한 종합적인 개발이 가능한 장점이 있다.

그러나 관광개발사업이 토지자원의 개발이라는 점에서 공공성과 입지적 의존성이 높은 점을 고려하면, 공익성을 위한 자연보호 또는 환경보존과 같은 비영리적 분야에 대한 투자는 소홀히 하는 단점도 있다. 그리고 영리성을 추구하는 과정에서 지역주민의 복지증진이나 지역경제의 활성화에 의한 지역발전효과에 기여하지 못하여 지역의 주민과 갈등을 초래하는 원인이 되기도 한다.

민간주도형의 관광개발이 공익성의 확보와는 다소 다양한 형태로 변화하고, 관광재 또는 관광상품에 대한 수명주기life cycle가 점점 짧아지고 있는 것을 고려하면 관광개발에 있어서 민간부문의 역할은 중요하다고 하겠다.

3) 지역주민 공동주도형 관광개발제 3섹터 개발

지주공동주도형 관광개발방식은 개발대상지역의 토지를 소유한 지역주민을 중심으로 지역주민과 상가번영회, 지역의 관광협회 등이 공동으로 투자하기 위해 조합이나 협회를 구성하여 개발하는 방식을 의미한다. 이러한 개발방식은 개발에 참여하는 주민들이 자기 소유의 토지를 근간으로 민박, 상가, 또는 숙박시설 등과 같은 관광사업에 참여하기 때문에 관광개발에 따른 이익이 지역 내에 정착되는 장점을 갖고 있다. 특히 외부자본에 의존한 대부분의 관광개발사업은 개발의 이익이 재투자되어 지역 내에 정착되지 못하고 있는 것을 감안하면 주민이 개발의 주체가 되는 지주공동개발방식은 바람직한 방법이라고 할 수 있다.

그러나 도로, 주차장, 전기, 통신, 상·하수도 등과 같은 기반시설에 대한 투자도 지역주민이 부담을 하게 되어 지역주민의 영세한 자본과 재원조달의 어려움을 감안하면 지역주민들의 지속적인 노력과 협력이 없으면 성공하기 어려운 방법이라고 할 수 있다.

한편 지역주민 공동개발방식은 토지소유자인 지역주민들의 영세한 투자능력을 보완하기 위해 민간기업을 개발사업의 시행자로 선정하는 경우가 대부분이라고 할 수 있다. 이러한 개발방식은 주택건설을 위한 택지개발의 방식과 온천지역과 같이 특정 관광자원을 중심으로 한 개발에서 그 사례를 찾아 볼 수 있는 유형이라고 하겠다.

2 지역범위와 관광객 유치반경에 의한 유형

1) 鈴木忠義의 연구

1. A급-전국적 관광지
2. B급-광역관광대상지
3. C급-지역관광대상지
4. D급-주변관광대상지

2) Bukart & Medlik의 연구

❶ 지방5~10miles

❷ 준지역20~30miles

❸ 지역50miles

❹ 전국제한없음

3) 이장춘의 연구

❶ 전국단위의 관광계획수립national tourism planning

❷ 광역관광계획수립metropolitan tourism planning

❸ 지역관광계획수립regional tourism planning

❹ 지방국지 관광계획수립local tourism planning

❺ 지구관광계획area development

4) WTO의 연구

❶ 전국규모national

❷ 지역규모regional

❸ 지방규모local

❹ 지구규모area

3 개발기간에 의한 유형

이러한 시간적 구분은 절대적인 것이 아니며, 편의상 다음과 같이 네 가지의 유형으로 나눈다.

❶ 초장기계획 : 20년 이상의 개발계획

❷ 장기계획 : 10~20년 사이의 개발계획

③ 중기계획 : 5~10년 사이의 개발계획

④ 단기계획 : 1~5년 사이의 개발계획

4 관광자원 의존도에 의한 유형김성혁, 1997: 312-313

1) 자연관광자원 의존형

산악, 해양, 하천, 산림, 온천 등과 같은 어떤 특정한 자연관광자원의 가치가 다른 동일 종류의 자원에 비해 뛰어나면 이에 의존하여 개발하는 방법이다. 자연관광자원을 이용한 개발형태는 이와 같이 산악관광지를 비롯해 해안관광지와 온천관광지가 있으며, 이곳에서 관광객들은 자연의 감상, 피한, 피서, 스키, 해수욕 등의 관광활동을 즐기게 된다.

2) 인문관광자원 의존형

건축물과 같은 유형문화재와 무용 등의 무형문화재, 신앙 등의 민속자료, 유적과 경승지 등의 기념물 등에 의존하여 관광지를 개발하는 것이다. 특히 이 경우 개발을 추진하는 과정에서 자원의 가치가 상실되지 않도록 잘 보존하는 일이 중요하다.

3) 교통수단 의존형

위에 열거한 자연관광자원과 인문관광자원만으로는 관광개발이 성공할 수가 없고, 그 관광자원이 있는 곳까지 관광객 이동이 용이하도록 교통수단의 정비가 이루어져야 비로소 관광지의 활성화가 가능하다.

지역주민의 생활향상과 경제활동의 활성화를 주목적으로 교통수단이 정비되고 파생적으로 관광개발이 이루어지는 것이 일반적이다. 철도의 정차역과 고속도로 인터체인지 주변에는 그다지 가치가 뛰어난 관광자원이 존재하고 있지 않더라도 관광지개발이 이루어지는 경우가 많고, 국제관광분야에서 보더라도 이러한 형태에 속하는 것으로서 공항과 항만이 잘 정비된 지역에 관광지가 개발되어 있는 사례를 많이 찾아볼 수 있다.

4) 유명도 의존형

특정한 곳이 관광매력을 형성하는 높은 유명도를 가지고 있으면 그것을 활용하여 관광지를 개발할 수가 있다. 일반적으로 관광객이 어떤 장소를 특별히 찾는 것은 그곳에 있는 관광자원의 가치가 뛰어나는 것을 알고 있고 또 알게 되었기 때문이다. 비교우위성이 매우 높은 관광자원이라 할지라도 사람들이 그것을 알고 있지 못한다면 실제로 관광행동과는 결부되지 않는다.

5) 관광대상 창조형

관광개발은 관광자원, 교통조건, 유명도 등 어느 면에서나 특별히 뛰어난 것이 없을 경우에도 인위적으로 관광대상을 창조하는 데 크게 성공할 수 있다. 이러한 예로는 월트디즈니, 롯데월드, 에버랜드 등과 같이 인위적인 놀이시설을 창조하기도 하고, 프랑스의 랑독 루시용과 같이 인위적으로 개발저해요인을 제거시켜 관광개발을 하는 방법이 있다.

6) 시간적 추진형태에 의한 유형

(1) 동시개발

기본적으로 계획된 사업에 대한 개발이 동시에 착수될 수 있는 형태로 개발의 효율성이 높고 계획된 시설과 서비스가 개발 완료 시 동시에 제공될 수 있다는 장점이 있다. 그러나 시장의 요구나 환경 변화에 대응하기 쉽지 않고 이로 인해 개발의 위험성이 상대적으로 높다는 단점이 있다.

(2) 단계개발

기본적으로 막대한 투자비가 소요되는 개발사업에 적용되는 개발로서 계획된 사업에 대해 개발이 순차적으로 이루어지는 형태이다. 단계개발은 개발자에게 시장의 반응과 개발의 효과 등을 파악할 수 있는 시간을 제공하여 시장 및 환경 변화에 대한 탄력적 대응을 가능하게 한다. 또한 개발로 인해 발생하는 부정적인 효과들을 모니터링 하고 그 저감방안을 후속 개발단계에 적용하여 부정적인 효과를 최소화할 수 있다는 장점이 있다. 그러나 단점으로는 개발기간의 장기화와 개발의 비효율성 그리고 개발단계가 모두 완료될 때까지는 관광객에게 시설과 서비스를 제공할 수 없다.

7) 지역사회와의 통합형태에 의한 분류

(1) 통합형 개발

관광개발이 소규모로 개발이 이루어지며 기존 지역사회 경제에 통합되는 형태로 지역자본과 경영의 참여가 가능하다. 그에 다른 장점으로는 관광객과 지역민 모두 각종 시설과 서비스를 이용할 수 있어 관광개발의 혜택을 지역민이 함께 누릴 수 있다

(2) 고립형 개발

고립형 개발은 개발대상지가 물리적으로 기존 지역사회나 개발지로부터 떨어져 있어 관광객만의 커뮤니티를 구성하며 시설이 관광객 위주로 이용되는 특성이 있다. 따라서 특정한 기반시설이 지역주민과 지역사회에 혜택을 주기 위해 의도된 것이 아니다.

이러한 고립형 개발형태는 관광객과 지역민의 접촉을 최소화해 관광으로 인해 발생 할 수 있는 부정적인 사회문화적 영향을 방지할 수 있다는 장점이 있기는 하나 관광으로 인해 지역사회가 얻을 수 있는 혜택도 매우 제한적일 수 있다는 단점이 있다.

제7절

관광지 발전단계와 관광개발

한편, Butler는 관광지의 진화주기를 다음과 같이 구분하고 있다Butler, 1980: 5-12.

1. 개척exploration 단계
2. 수용involvement 단계
3. 개발devolvement 단계
4. 강화consolidation 단계
5. 정체stagnation 단계
6. 쇠퇴decline 또는 재도약rejuvenation 단계

[그림 6-1]은 관광지 진화단계에 따른 시간과 관광객 수를 나타내고 있다.

1) 개척기exploration

모험을 즐기고 제도화된 관광을 싫어하는 소수 관광객에 의해 어느 지역이 관광목적지로 발견되는 시기이다. 이들은 순수 관광객으로 자연경관이나 원주민 문화 등에 매력을 느끼며 지역주민과도 기꺼이 어울린다. 라틴아메리카의 미개발 지역이나 캐나다 북쪽의 북극인근 지방이 여기에 해당된다.

2) 수용기involvement

지역민들이 지역관광자원의 중요성을 깨닫고 관광객을 위한 최소한의 시설

을 갖추려고 하는 시기이다. 따라서 방문객의 수가 조금씩 증가하고 하부구조의 건설을 위해 공공부문의 개입 요구가 증가하며, 관광의 계절성과 관광시장이 형성되기 시작한다. 태평양과 카리브해에는 이러한 단계에 있는 섬나라들이 있다.

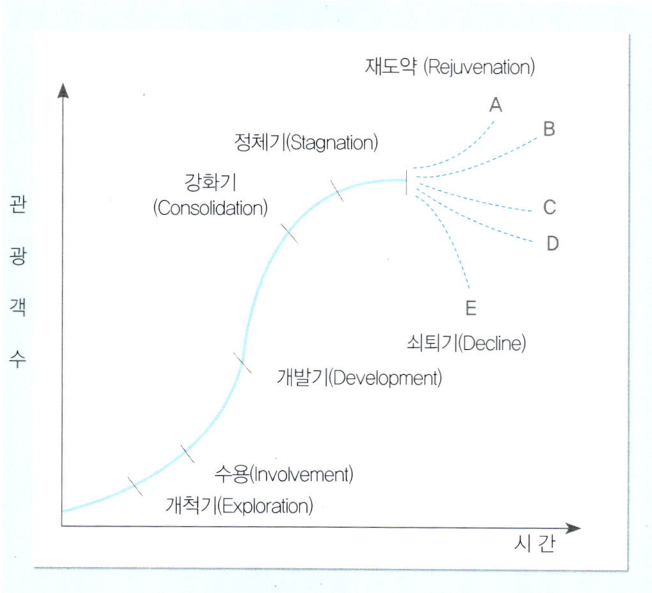

자료 : R. W. Butler, "The Concept of a Tourist Area Cycle of Resources", Canadian Geographer, vol. 24(1980), pp.5-12.

| 그림 6-1 | 관광지 진화 단계

3) 개발기development

많은 관광객이 도래하여 성수기에는 지역주민의 숫자와 같거나 오히려 더 많은 관광객이 오게 된다. 개발의 주체가 개발 초기에 주도했던 지역민의 손에서 관광행정기관으로 옮겨진다. 민간자본이 유입되어 시설 투자가 이루어져 관광지의 모습이 제대로 갖추어진다. 관광객의 대량 유입으로 시설의 과다 이용 및 노후화가 부분적으로 발생한다. 각종 문제의 해결 및 업체의 효과적 지원을 위해 전국적 또는 지역별 계획과 관리가 필요하게 된다. 멕시코와 북부아프리카, 서부아프리카의 일부 지역이 여기에 해당된다.

4) 강화기consolidation

전체 수요는 늘어나지만 증가 속도는 떨어지게 된다. 해당 관광지는 프랜차이즈 및 체인 형태의 관광산업으로 가득 차게 되고 관광지로서의 명성이 확고하게 된다. 카리브해 및 지중해의 많은 관광지가 여기에 해당된다.

5) 정체기stagnation

관광객의 도래가 최고조에 달하여 더 이상의 증가는 없는 상태이다. 반복 방문객이 차지하는 비중이 크며 이들의 방문을 계속 유치하기 위한 노력이 이루어진다. 이제 관광지는 여러 가지 경제, 사회, 환경적 문제를 노출하게 된다. 코스타 브라바Costa Brava가 전형적인 예이다.

6) 쇠퇴기decline

관광객들이 다른 새로운 관광지로 발을 돌리며, 당일 관광객이나 주말 관광객만 찾을 정도로 인기가 떨어지게 된다. 관광관련 시설은 다른 용도로 전환된다. 이 시기에 관광행정당국은 관광지를 재도약rejuvenate시키기 위한 조치를 고려하게 된다. 미국의 애틀랜틱 시티Atlantic city와 네덜란드의 슈베닌겐Schveninger이 그 예인데 카지노를 도입하여 새로운 관광지로의 변신을 도모하였다. 이외에도 해당 지역의 미개발 자원을 활용하여스키장 개발 기존의 지명도를 연장시키려고 한다. 또한 민간부문과 공공부문이 공동사업을 추진하기도 한다제3섹터라고 한다. 이러한 회생활동을 주기순환cycle/recycle pattern이라고 한다.

주기의 형태는 개발의 정도, 접근성, 정부정책, 경쟁지 등에 따라 다르며 이러한 요소들에 따라 단계가 빨라지기도 하고 느려지기도 한다. 재정 수입이 충분하게 보장될 경우 정상적인 과정을 밟게 되는 것이 보통이다. 멕시코의 칸쿤Cancun과 같이 급속하게 성장한 경우도 있는가 하면 영국의 스카버러Scarborough와 같이 탐험기에서 회생기까지 350년이 걸린 사례도 있다.

제8절

관광지 개발의 효과

다음은 관광개발이 가져올 효과를 서술하고 있다김성혁, 1997: 308.

1. 관광자원의 가치상실 또는 감소를 최대한 줄이고 관광자원 고유의 경관미를 보호·육성하게 된다.
2. 관광지 내의 사적, 고유문화재 및 천연기념물 등의 제 자원을 합리적이고 효과적인 방법에 의하여 학술적인 연구와 정서적 교육에 제공함으로써 문화의 발전과 국민정신의 순화를 하게 된다.
3. 숙박시설을 비롯하여 오락, 스포츠시설, 쇼핑, 교통기관 등에 필요한 제반 시설의 수용능력을 증대시키게 된다.
4. 계절에 구애받음이 없이 많은 외래관광객 및 내국인 방문객들을 유치하여 관광대상의 종류가 늘어나고 다양화를 추구하게 된다.
5. 관광의 경제적 효과를 통해 국민과 주민의 생활수준을 향상시키는 일종의 개념틀을 제공하게 된다.
6. 관광기반시설의 개발을 통해 방문자나 지역주민에게 동등한 레크리에이션 시설과 이익을 제공함으로써 국민의 보건향상과 정서함양을 하게 된다.

요 약

관광자원은 분류상 자연관광자원, 문화관광자원, 사회관광자원, 산업관광자원 및 위락관광자원으로 나눌 수 있는데, 자연관광자원은 다시 산악관광자원, 내수면관광자원, 온천관광자원, 동굴관광자원, 해안관광자원으로, 사회관광자원은 인정 · 풍속 · 행사, 예절과 제도 및 음식물, 예능과 스포츠 및 체육 · 사회 · 문화시설로, 위락관광자원은 주제공원, 카지노, 및 스포츠시설로 분류된다.

관광개발은 ① 지리적 조건, ② 자연적 조건, ③ 사회적 조건 등의 전제조건을 가지며, ① 개발주체에 의한 구분, ② 지역범위와 관광객 유치반경에 의한 구분, ③ 개발기간, ④ 관광자원 의존도, ⑤시간적 추진형태, ⑥지역사회와의 통합형태로 관광개발의 유형을 분류할 수 있다.

관광지는 ① 개척단계, ② 수용단계, ③ 개발단계, ④ 강화단계, ⑤ 정체단계 ⑥ 쇠퇴 또는 도약단계를 거치며, 각 단계에 맞는 관광개발이 이루어져야 한다.

연구문제

Q 1 맥킨토시와 건에 의한 관광자원분류를 설명하라.

Q 2 한국의 동굴관광자원을 설명하라.

Q 3 문화재보호법에 의해 문화재를 분류하라.

Q 4 사회관광자원을 분류하고, 이것이 21세기 관광과 어떻게 연결되는지 설명하라.

Q 5 21세기에서 위락관광자원의 영향력을 설명하라.

Q 6 관광개발의 목표를 서술하라.

Q 7 민간주도형 관광개발이 가지는 문제점을 서술하라.

Q 8 관광개발의 유형 중 관광자원 의존도에 의한 유형에서 유명도 의존형을 서술하라.

Q 9 관광지 발전단계 중 정체기의 관광개발전략을 서술하라.

Q 10 관광개발의 효과를 서술하라.

Q 11 경주관광개발의 문제점을 서술하라.

참고문헌

김성혁,「관광사업론」, 백산출판사, 1997.
김정옥,「관광자원관리론」, 대왕사, 1997.
김홍운,「관광지리학」, 일신사, 1994.
이석호 · 장호찬 · 허진 · 여경진,「관광학개론」, 한국방송통신대학교출판문화원, 2015
이장춘,「관광계획개발론」, 대왕사, 1989.
정익준,「관광학원론강의」, 시그마프레스, 1994.
조송빈,「신관광학개론」, 형설출판사, 1986.
______, 한국관광자원총람, 1985.
한국관광공사, 한국관광장기종합개발계획, 1979.

Bukart A.J. & Medlik, Tourism: Past, Present and Future(London: Heinemann, 1987).
Butler, R.W., "The Concept of a Tourist Area Cycle of Resources", Canadian Geographer, vol. 24(1980)
Boniface, Brian G. and Christopher P. Cooper, The Geography of Travel and Tourism(London, England, Heinemann Professional Publishing, 1987).
Chubb, Michael, "RECSYS-SYMAP-Michigan's Computerized Simulation Approach to Demand Distribution", in Predicting Recreation Demand(Technical Report No. 7, Michigan State University, 1966).
Gunn,, Clare A., tourism Planning(New York: Crane Russak, 1979).
Lazer, William, Marketing Management: A System Perspective(New York, John Wiley & Sons, 1971).
Leiper, N., "The Framework of Tourism", Annals of Tourism Research, vol. 6, no. 1., 1979.
Mately, Ian M., The Geography of International Tourism(Washington, DC, Assocation of American Geographers, Resource Paper no. 76-1, 1976).
McIntosh, Robert W., Charles R. Goeldner and J.R. Brent Ritchie Tourism: Principles, Practices, Philosophies, New York, John Wiley & Sons, 1995.

Mill, Robert Christie, The Tourism System: An Introductory Text(Englewood Cliffs, NJ, Prentice-Hall, 1992).

Plog, Stanley G., "Why Destination Areas Rise and Fall in Popularity", Cornell Hotel and Restaurante Administration Quarterly, November 1973.

Rogers, Everett M., Diffusion of Innovation(New York, Free Press of Glencoe, 1962).

Williams Anthony and Wilbur Zelinsky, "On Some Patterns in International Tourist Flows", Economic Geography, vol. 46, no. 4, 1970.

WTO, Integrated Tourism Planning(Madrid: 1978).

鈴木忠義,「현대관광론」, 有斐閣雙書, 1974.

MEMO

Chapter 07

관광과 환경

학습목표

- 관광과 환경과의 관계에 대한 일반적 이해
- 환경오염이 가져오는 구체적인 관광대상에 대한 이해
- 생태관광의 개념에 대한 이해
- 생태관광의 특성에 대한 이해
- 생태관광에 관련되는 국제기구에 대한 이해
- 생태관광의 개발 · 관리방안에 대한 이해

21세기의 기업은 환경을 우선시해야만 한다. 현재 관광은 세계에서 가장 거대한 산업이므로 관광 발전에도 환경은 가장 중요한 위치를 차지하고 있다. 관광은 강력한 경제력일 뿐만 아니라 물리적 환경의 요인이다. 미래에는 환경의 측면에서 바람직하지 않은 계획들은 실행되지 않을 것이다. 관광상품 중에서 환경은 가장 핵심적인 상품이다. 관광의 수익성은 관광객들이 보고 경험하기를 원하는 관광 인기 지역의 보전에 따라 좌우된다.

관광은 환경을 향상시키고, 환경보호기금을 마련하고, 문화와 역사를 보전하고, 실질적 이용 한계를 정하고, 자연관광지를 보호하는 힘을 가지고 있다. 관광은 또한 파괴력도 가지고 있다. 만일 관광이 제대로 계획되어 공급되지 않는다면 식물계를 파괴하고, 여행지역을 혼란하게 만들고, 해변을 오염시키고, 과잉 건축을 초래하고, 야외 공간을 없애고, 오수 문제를 유발하고, 주택 문제를 일으키고, 지역사회의 요구와 구조를 무시할 수 있다Mcintosh 등, 1995 : 368.

제1절

환경의 중요성

환경은 정서의 원천이다. 이 가설hypothesis은 아마도 환경이 지니고 있는 제반 특성을 잘 반영해 주고 있다고 하겠다. 환경의 특성을 그 물리적인 측면과 문화적 측면의 둘로 나눌 때 이것을 끊임없이 조화시키고 전자의 바탕 위에서 후자를 건설해 온 독립변수independent variation로서의 인간은 지구상에서 계속적으로 그 활동범주를 증가시켜 과거 1,000년에 2%의 증가율을 보이던 것이 현재에는 세계 전체를 기준으로 할 때 단 1년에 2%의 증가율을 나타내고 있는 것이다. 이와 같이 기하급수적인 증가를 보여주는 인간은 정서의 원천인 환경을 때로는 그 정서를 정서대로 받아들이는가 하면 때로는 그 정서를 받아들이지 못하고 이를 파괴하거나 혹은 보전할 기반조차 없애버리는 경우가 특히 20세기에 들어와서 증가하는 경향으로 나타나게 되었다[이장춘, 1997: 351].

관광을 떠난 환경의 중요성은 말할 필요도 없거니와 관광과 관련된 환경의 중요성은 관광 관련자들이 필히 알아야 한다. 즉, 관광은 새로운 환경에 접해서 적응하는 행위라고 할 수 있으며, 따라서 어떤 관광지의 환경이 나쁘게 되면 그 관광지를 찾아가는 관광객이 느끼는 관광지의 매력성은 감소하기 마련이다.

즉, 관광객들은 깨끗한 해변과 강을 선호하며, 산성비나 부적절한 재건축에 의해 훼손된 유적을 좋아하지 않는다. 따라서 환경에 나쁜 영향을 주는 관광사업자나 관광지는 기피대상이 되어 몰락하기 마련이다.

환경은 관광의 근간을 이루고 있는 관계로 미래의 관광은 환경을 중심으로 전개되어야 한다. 관광객이 유람 등의 소극적 관광을 하든, 하이킹, 트레킹, 수

상스포츠 등의 적극적이고 활동적인 관광을 하든 이러한 다양한 활동이 이루어지는 장소의 자연자원의 질에 좌우된다. 따라서 관광에 있어서 환경의 중요성은 새삼 강조할 필요가 없다 하겠다.

전 세계는 환경적으로 몸살을 앓고 있다. 즉, 유럽의 북해 · 지중해 · 흑해는 과거에 청정수역이었으나, 지금은 심각한 수질오염으로 관광객에 의한 해상관광은 불가능하고, 동남아 일대의 랑카위, 페낭, 푸껫 등의 해안휴양지 등을 포함하는 말라카해협과 태국의 파타야는 오염이 심해져서 과거의 세계적 관광지의 명성은 이미 사라졌고, 이 지역을 찾아온 유럽관광객들은 발을 돌리고 있다. 일본관광객들이 많이 방문하는 괌, 사이판, 발리, 호주 동부지역의 해안선과 연안들은 과거 청정수역이었으나, 그들로 인해 이미 혼탁해지고 있다한국관광공사, 1992: 46-47.

이에 따라 관광목적지를 가지고 있는 중앙 및 지방정부에서는 이러한 환경훼손을 방지하기 위하여 효과적인 조치를 취했으나, 불행히도 그러한 조치들이 시행상의 문제점으로 인하여 잘 수행되지 않았다. 결과적으로 관광지 매력물의 질적인 저하만 가져왔다. 예를 들어, 영국에서는 하드리안Hadrian의 로마성곽Roman Wall이 붕괴되고 있으며, 웨스트민스터 수도원도 낡아 부스러지고 있는데 이는 지나친 관광객의 행동에서 기인한 것이다. 비슷한 문제들이 중국의 만리장성과 요세미테Yosemite 국립공원, 그리고 아테네의 아크로폴리스, 파르테논 신전에서도 나타나고 있다.

관광객의 무책임한 행동을 통제하기 위하여 채택된 대부분의 조치들은 실패를 했다. 관광객의 숫자가 증가하고 생태적으로 민감한 지역에의 방문이 증가함에 따라 더욱 급진적인 보전책에 대한 요구가 필요하다. 다음 절에서 관광과 식물, 관광과 수질, 관광과 대기오염, 관광과 야생동물, 산악 등에 대하여 살펴보자.

제2절

관광현상과 환경문제

관광현상이 환경적으로 문제를 가져오는 분야로는 식물, 수질, 대기오염, 야생동물, 산악 등이 있다(이장춘, 1997: 356-359).

1) 관광과 식물

식물은 많은 관광지의 주요 관광자원이며, 다양한 관광객의 행동은 식물에 영향을 미친다. 이는 다음과 같은 활동과 영향을 포함한다.

1. 꽃, 화초, 버섯의 수집은 종구성의 변화를 낳는다.
2. 공원에서의 부주의한 화기류의 사용은 산림지역의 대화제를 야기한다.
3. 텐트 폴이나 장작용 나무의 절단은 어린 나무를 제거함으로써 식목의 연령 구조를 변화시킨다.
4. 과다한 쓰레기 누적은 토지의 영양상태를 변화시키고 공기와 햇빛을 차단하여 생태적으로 손상을 줄 수 있다.
5. 보도여행자나 차량은 식물에 직접적으로 영향을 미친다. 나무뿌리 밑동의 주위를 밟는 것은 뿌리를 손상시키고 버섯의 양을 감소시킨다.
6. 캠핑장의 건설은 식물을 제거한다.

2) 관광과 수질

수질오염은 해안리조트에 가장 큰 문제로 대두되고 있다. 수질오염은 많은 수의 오래된 관광리조트에서 현재 위기수위에 이른 것으로 보도되고 있다. 오염물질의 수중유입은 수자원중심의 관광리조트에 있어서 환경적인 손상이고, 결과적으로는 경제적인 손실을 가져온다.

3) 관광과 대기오염

도시 내의 자동차 매연은 부분적으로 레크리에이션을 위한 자동차나 관광버스 및 택시의 영향이다. 리조트에서는 관광용 승용차의 매연에 대한 책임은 절대적이다. 비록 대기오염에 대한 관광의 책임이 다른 형태의 인간 활동에 비해서 높지 않다 하더라도 이 문제를 전적으로 무시할 수는 없다.

4) 관광과 야생동물

야생의 관람과 사진촬영은 중요한 관광활동이 되고 있다. 가능한 한 자연을 배경으로 야생동물을 관람하려는 것은 충분한 야생동물을 보유한 소수의 제한된 지역으로 관광객이 집중되도록 한다.

야생동물에 대한 관광활동의 영향측정은 관광활동 도래 이전의 정확한 동물수에 대한 정보부족에 의해서 장애가 되고 있고, 정보수집에 있어서 외부에서 유입된 종과 사망률 사이에 구분을 지을 수 있는 통계수치의 부족으로 어려움이 있다.

환경과 관광생태계에 관련된 연구논문들에서 언급된 관광생태계 파괴영향은 다음과 같다.

첫째, 먹이와 생식의 분열이다. 그레이Gray는 관광객들이 사파리버스 안에서 20분 동안 치타가 먹이에 살며시 접근하는 것을 보고 먹이를 낚아채려는 정점에 채 이르기 직전에 사진을 찍기 위해서 버스지붕에 올라가는 소동을 일으키자 먹이인 산양이 놀라 도망가는 상황을 지적하였다.

둘째, 마이어Myers는 관광객의 사자에 대한 밀접접근은 많은 먹이를 놓치게 하고 많은 새끼사자들을 굶주려 죽게 하였다고 주장하였다.

셋째, 도로건설은 야생동물에게 큰 영향을 준다. 남아프리카의 크루거Kruger 국립공원에서 보면 제방처럼 쌓은 도로는 어린 동물에게 하나의 장벽으로 작용하며, 도로를 횡단하려고 하다가 죽거나 다치는 사례도 많다.

넷째, 자신이 사냥하는 동물에 대한 관심은 역으로 전체 생태계의 악영향을 끼칠 수 있으며, 낚시에 있어 이종의 고기를 한 지역의 생태계에 들여놓음으로써 호수나 강에 있던 기존의 생태계를 위협하는 사례가 많다.

다섯째, 관광객들은 그들이 보고자 하는 동물의 생활을 파괴할 수 있다. 북파타고니아의 자연보존지구인 푼토 톰보Punto Tombo에서는 가마우지king shags와 마젤란 펭귄의 번식지역에 관광객들이 들어옴으로써 갈매기에 의해 알을 잃고 있다. 사람들이 오면 가마우지는 둥지를 떠나서 사람들을 경계하고, 이 때 갈매기들이 알을 훔쳐간다.

여섯째, 관광객들이 동물의 영역을 침범함으로써 동종 내의 구역 메커니즘을 간섭하여 번식기를 놓친다든지, 번식구역을 떠나게 하는 결과를 초래한다. 관광객차량의 움직임으로 어린 새끼와 어미가 유대관계를 확인하는 중요한 기간을 놓치게 하여 그들 간의 유대를 약화시킨다. 따라서 어린 새끼의 성장에 악영향을 미친다.

5) 산악

고산지대는 농업, 임업, 저수지개발, 관광 · 레크리에이션의 목적을 가진 사람들에 의해 둘러싸여 있다. 산악지역으로 관광객이 몰려들게 됨에 따라 과도한 개발로 인한 자연생태계의 파괴와 자연환경의 손상, 자연환경을 파괴하는 파괴주의vandalism의 발생, 오물 및 쓰레기를 함부로 버리는 오염행위, 부주의로 인한 산불발생 등 산을 병들게 하는 반자연적 행위가 곳곳에서 발생하는 것을 목격할 수 있다.

한국의 경우 관광객들이 버린 쓰레기로 중병을 앓던 설악산, 치악산, 오대산 등 유명산들이 당국의 입산 · 취사금지조치 이후 점차 생기를 되찾고 있는 현상은 산악이용에 있어서 관리기능의 중요성을 예시하는 사례이다.

관광객 숙박시설, 스키리프트, 케이블카, 접근로, 전선, 하수처리시설의 설치 등 인가의 산악지대 개발은 동물의 생활공간을 더욱 축소시키고, 어떤 경우에는 일부 서식처를 파괴하기도 한다. 스키리프트와 산행로는 인간과 야생동물의 접촉가능성을 증대시켰고, 심지어는 가장 떨어진 오지의 산악지대 역시 인간의 영향권에 포함되게 하였다. 한편 인간 환경에 관한 리우선언에서는 환경보전의 기본원칙을 [그림 7-1]과 같이 분석하고 있다.

구분	수준	내용	인간환경선언	리우선언	환경보전 국가선언문
규범적 원칙		환경보호의 중요성 선언	선언 1, 2	전문	국가선언문
		개발과 환경의 조화	선언 6	원칙 1, 4	
		전인류 공동의 노력 강조	선언 7	원칙 7, 12	원칙 11
		공동체적 삶의 질 향상	선언 3	원칙 5	
		세계평화		원칙 25	
		차세대욕구의 존중		원칙 3	
기능적 원칙	국제수준	국가 간 협력체제의 구축 (자연보호활동 등)	원칙 11	원칙 18, 19	
		상호 주권 존중	원칙 21, 23, 24	원칙 2	
		선진국의 개도국 지원 (기술이전 등)	원칙 9, 10, 12, 20		
		개도국상황을 고려한 정책 실시	원칙 6		
		국제법 및 국제기관의 활동강화	원칙 22, 25	원칙 26, 27	
		전쟁억제 노력(핵무기의 파기 등)	원칙 26	원칙 24	
		유해폐기물의 수출입규제	원칙 14		
	국내수준	국가의 적극적 개입	원칙 17		
		억압정치의 불식과 민주정치 실시	원칙 1	원칙 23	
		환경행정체제의 구축(법규 등)	원칙 11, 13	원칙 3	
		예방조치의 강조(환경영향평가제도 등)	원칙 13, 17	원칙 2	
		생태계의 보호(생물종 다양성 등)	원칙 2, 4		
		경제 및 사회개발	원칙 8		
		환경교육의 강화	원칙 19	원칙 13	
		의식개혁 및 기업윤리의 공조	원칙 6, 12		
		소비문화 지양	원칙 8	원칙 10	
		시민참여의 확대	원칙 10, 20, 21, 22	원칙 5, 9	
		과학기술의 개발 및 이용	선언 4, 18	원칙 9	원칙 8
		인구억제	선언 5, 16		
		환경수용능력 내의 개발	원칙 6		
		산업구조 개편	원칙 7		
		자원관리의 종합성	원칙 13		
		국토이용 및 계획의 합리성	원칙 14, 15	원칙 4, 14	
		오염자부담원칙	원칙 16		
		효율적 자원이용	원칙 5		
		자원의 재활용	원칙 3		
		해양오염방지	원칙 7		

자료 : 김번웅 · 오영석, 「환경행정론」 (서울: 대영문화사, 1997: 430)

그림 7-1 인간 환경에 관한 리우선언-환경보전 기본원칙 분석표

제3절

생태관광

1 생태관광의 의의

최근의 대중관광mass tourism과 이와 관련된 방문목적국host nation에 대한 부정적인 영향에 대해 나타난 새로운 형태의 관광이 상당한 관심을 불러일으키고 있다. 일반적으로 대안관광alternative tourism이라 불리어온 이러한 새로운 형태는 소비자보호운동에 대한 강조와 대중관광으로 인한 폐단에 대한 반응으로서 생성되어 왔다. 환경윤리의 부활과 관련하여 대중관광은 그 현상을 지속시키면서 '하층민도 즐기는 관광'popular tourism으로 이행되는 부분도 있으며, 양자는 모두 20세기 후반기의 중요한 관광현상으로 이해되고 있다. 이러한 관광에 대한 우려는 하나의 새로운 대안적 형태의 관광, 즉 생태관광을 탄생시켰다Fennel and Smale, 1990: 21.

생태관광에 대한 정의는 다양하다. 그 중 한 가지 정의는 "환경을 보호하고 지역주민들의 복지를 유지하는 자연지역으로 책임 있는 여행을 하는 것"이다. 국제탐험International Expeditions이 제시한 것으로서, 보다 넓은 의미의 정의는 "문화 및 자연역사에 대한 이해를 도모하는 목적을 가지고 자연서식지를 여행하는 것이다. 이때 생태계의 본래 모습을 훼손하지 않으면서 물려받은 환경자원의 보존을 장려하는 지역주민과 정부에게 경제적 이익을 줄 수 있어야 한다는 것이 강조된다." 다이안 브로우스Dianne Brouse는 생태관광에 대한 정의를, 여행객이 자신의 행동이 여행지의 문화와 환경 모두에 끼칠 영향을 의식하고 이를 고려하는 책임 있는 여행으로 정의하고 있다.

미국 여행산업협회의 연구서인 「관광과 환경」에서는 생태관광에 대한 정의를 다음과 같이 내리고 있다.

- 생태관광이란 자연서식지와 고고학적으로 귀중한 보물들을 관찰하고 보존하는 것을 강조하는 환경상 유익한 관광이다.
- 생태관광은 보존수단이다.
- 생태관광은 생태학적으로 책임을 질 수 있는 관광이다.
- 세계야생동물보호기금World Wildlife Fund이 1990년에 발표한 생태관광에 대한 연구서에 의하면, "생태관광이란 천연자원을 보존하여 경제적 이익을 꾀할 목적으로 자연지역을 보호하는 관광이다. 자연을 대상으로 하는 관광은 모두 생태관광이다."
- 생태관광협회는 생태관광을 "환경의 문화 및 자연사를 이해하기 위하여 자연지역으로 떠나는 목적 여행으로서, 생태계의 본래 모습을 훼손하지 않으면서 지역주민에게 유익한 천연자원을 보존할 수 있도록 경제적 여건을 마련해준다"라고 정의하고 있다.
- 광범위하게 말해서, 생태관광은 보존 이상의 의미를 포함하고 있다. 생태 관광은 지역의 생태학적, 사회적, 그리고 경제적 욕구에 부응하는 여행의 한 형태이다. 생태관광은 또한 대중관광에 대한 대안을 마련해 준다. 그것은 항공기부터 호텔, 육상 교통, 관광업자에 이르는 여행의 모든 부문을 포함한다. 즉, 생태관광상품의 모든 요소는 환경에 민감하다.
- 여행의 한 형태로서, 생태관광은 주위의 문화 및 자연사의 이해를 도모하고, 생태계의 본래 모습을 육성하며, 경제적 여건과 보존 수익을 유발시킨다 Mcintosh 등, 1995: 369-370.

생태관광은 인간의 힘에 의해서 개발된 목적지에 의존하는 대량관광 · 대중관광과는 다르다. 왜냐하면 생태관광은 자원을 근간으로 하며, 이러한 자연적, 역사적, 문화적인 자원을 보호하는 것이 성공적인 생태유지적 생태관광을 위해 필수적이기 때문이다Var, 1992: 59.

생태관광의 개념적 구조를 나타내면 [그림 7-2]와 같다.

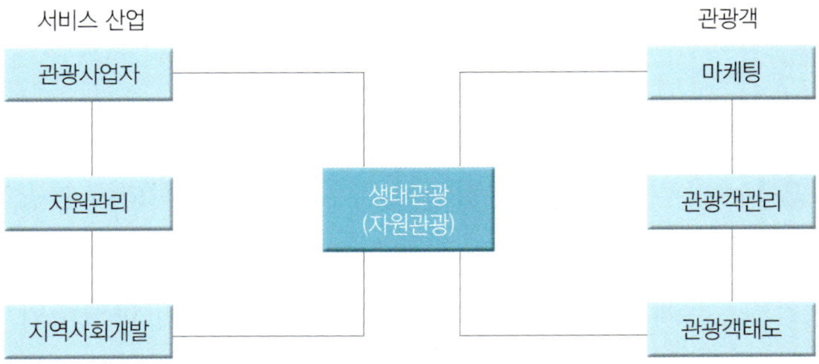

자료 : David A. Fennell & Paul F. Eagles, "Ecotourism in Costarica: A Conceptual Framework," Journal of Park and Recreation Administration. Vol. 8(1) (Spring 1990). p.27.

그림 7-2 생태관광의 개념적 구조

2 생태관광의 특성

생태관광은 다음과 같은 특성을 가진다이장춘, 1997: 364-366.

① 관광지 수요의 증가

최근 관광객들의 생태관광지에 대한 관심이 증가하고 있다.

② 환경 보전

생태관광은 자연보호 정책측면에서는 자연의 존귀함과 소중함을 인식시키고, 환경오염에 대한 경각심을 고양시킬 수 있는 환경에 대한 교육의 효과, 그리고 자연을 파괴하지 않고 자연자원을 이용하여 소득을 올릴 수 있는 경제적효과를 기대할 수 있다. 또한 관광산업 측면에서는 고객의 새로운 욕구충족과 자연환경보호를 통한 자연환경보호라는 환경 윤리적 역할수행을 함으로써 관광산업의 사회에 대한 이미지 개선 및 새로운 위상구현에 기여할 수 있다.

③ 경제적 효과

WWF World Wildlife Fund의 추정에 의하면 1988년 개발도상국에서 관광으로 벌어들인 소득은 550억 달러 중 20%가 넘는 120억 달러가 생태관광에 의한 것으로 추정 집계되고 있다.

④ 지역적 분포

생태관광지는 너무 멀거나 접근하기 어려운 것으로 인식되어 관광객들의 주목을 받지 못하였던 지역들인 경우가 많다. 대부분의 생태관광지는 남미, 네팔, 탄자니아, 인도, 푸에르토리코 등 원시림이 풍부한 열대와 아열대의 개발도상국에 집중되어 있다.

⑤ 소규모 개발로 부정적 영향 최소화

이밖에 사회 · 문화적 효과가 있다. 이것은 생태관광지 주위에 거주하는 주민이 사유림 벌채, 경작지 개간으로 국립공원을 장식하고 있고 자연보전을 위해 다른 곳으로 주민의 이주촉진책을 강구하고 있으나 주민농민의 전업이 어렵고 마찰을 야기하고 있는 관계로, 그 대안으로 생태관광을 이들에게 새로운 소득원으로 마련해주고 겸업, 전업을 유도해나가되 적극적 개발은 규제하고 있다. 멕시코 정부가 이 경우에 해당된다.

제4절

생태관광의 개발·관리방안

1 생태관광의 개발전략

생태관광의 개발전략은 다음과 같다한국관광공사, 1996: 286-300.

1) 자연자원의 장단기 개발전략의 공과

1980년대 서구 선진국들이 제창한 미래지향적 자원관리전략은 지속가능한 개발의 형태를 빌려 공동선언과 행동지침action programme으로 나타났다. 이러한 신사고를 실질적으로 뒷받침하고 있는 것을 1994년 개최된 지구정상회담리우 환경회담과 환경협약의 채택이다. 모든 형태의 개발에 앞서 환경보전, 보호를 최우선으로 고려하고, 공해유발요인을 최대한 억제하거나 예방할 수 있는 기술에 대한 R/D 투자를 확대하며 자원의 효율적 이용을 위해 현명한 방식과 수단을 널리 도입함으로써 오늘날 세대의 사람들과 다음 세대의 사람들에게 다같은 이익과 혜택을 주자는 것이다. 현명한 이용wise use은 생태학적 해석을 빌리면 "자연생태계의 지성을 유지하면서 동시에 인간에게 이익을 가져다 줄 수 있는 지속가능한 이용"을 말하며, 지속가능한 이용은 "미래세대의 기대와 욕구desire and needs에 대처할 수 있는 잠재력을 유지하면서 동시에 현세대에게는 가장 큰 이익을 줄 수 있는 이용방식"을 말한다. 이러한 해석은 자원의 현명한 이용을 기하면서 "세대 간 균형intergenerational equity을 고려해야 하고, 우리 세대는 우리들이 야기한 공해에 대하여 통제할 책임이 있으며 미래세대가 높은 삶의 질a high quality of life을 누릴 수 있도록 지구의 자원을 잘 관리하는 것이 지속성sustainability" 이라고 말할 수 있다. 따라서 "우리들이 오늘날 누리는 수준으로 물질적, 환경적 복지수준을 다음 세대에 제공"해야 한다.

2) 지속가능한 개발과 생태관광의 도입

이제는 단기적 이익을 극대화하는 개발투자는 더 이상 합리화할 수 없는 시대에 살고 있다. 자원개발에 있어서도 효용, 효과, 이익을 우선시하는 전통적 개발이론은 "자연을 절약하고 보전에 우선적 관심을 가지고 개발투자이익과 보전을 통한 기대이익이 균형을 유지하도록 노력하지 않으면 안 된다. 이용에 균형equity and balance을 유지할 때만 자원의 지속적 이용"이 보장되고 자원의 파괴도 최대한 줄여 나갈 수 있다. 자원에 대한 장단기 이용전략을 비교해 보면 자연보전을 통한 기대이익은 단기적으로는 적지만 장기적으로 높아지고 있음을 외국의 사례연구에서도 나타나고 있다.

표 7-1 생태관광 도입가능한 분야

분 야	생태관광의 유형
산 림	산림욕장, 휴양림, 식물원, 야생동식물 보호구역 정글 사파리아열대지역, 삼림, 희귀한 동식물 대상 자연관찰, 자연교육
습 지	호수, 저수지, 늪, 하천 전망대, 조류연구시설, 철새 도래지, 바닷가와 텃새 서식지 대상 탐조관광
초 원	피크닉, 야영장, 야생화 군락 대상 관광
농 업	환경농업저공해 고품질 농산물 및 생산지 대상 관광 전원관광green tourism, 공한지 활용공가, 폐고가, 휴경지
수산물	희귀어족자원, 해저 동식물의 관광자원화 수족관aquarium, seaquarium, 수중탐사
광 업	희귀 광물의 채굴유보, 보전, 연구용, 관광용 활용 지나친 채굴에 따른 삼림, 토양, 수질, 자연환경파괴 제한

자료 : 한국관광공사, 생태관광 개발방향과 전망, 1996, p.291.

한편 여가활동이 삶의 질 향상에 기여하고 있지만 여기에 추가하여 자연애호와 감상, 청정하고 푸른 자연 속의 생생한 체험과 자연교육을 통해 보람을 줄 수 있는 생태관광의 중요성을 재평가하고 있다. 자연을 소재로 한 보다 많은 교육적 프로그램을 개발하여 많은 사람이 이용할 수 있도록 홍보하고 보급할 것을 강조하고 있다. 자연자원을 일회용 목적으로 소비하는 것이 아니라 모든 사람이 '앞으로도 계속 온전하게 사용할 수 있는 성질의 관광'을 널리 보급해야 한다는 것을 APEC 합의사항에 포함시킨 것이다.

[표 7-1]은 생태관광이 도입 가능한 분야를 나타내고 있다.

3) 무가치한 자연자원의 가치 있는 자산으로 재평가

지금까지 자연에 대한 인간의 태도는 자연의 무한성, 영속성에 바탕을 둔 계획성이 결여된 자원활동이었고, 이는 나아가서 자원의 낭비로 이어지게 되었다. 유한한 자원의 낭비는 곧 고갈, 재생불능으로 나타나고 종국에는 자원이 가치가 높아지고 고가, 품귀하기 이전에 선점하려는 태도로 나타나게 되었다. 이제 무관심하게 버려두었던 무가치한 자연자원, 공간이 유용한 자산으로 재평가받는 시대에 살게 되었다. 황무지사막, 빙하, 갯벌, 바위산, 늪는 외관상으로 쓸모없이 보여왔으나 자연세계에서의 존재가치가 인정되면서 함부로 다루어서는 안 된다는 인식이 싹트게 되었다. 과학의 발달, 자원의 고갈, 더 이상의 프론티어나 신천지가 없다는 확신은 보다 더 적극적이고 긍정적 태도 변화를 가져오게 한 것이다. 자연질서의 오묘한 이치, 인간에게 베푸는 유형, 무형의 혜택의 많고 적음을 그 외형, 외관으로 판단하는 자세와 편견을 이제 버려야 할 때이다.

4) 환경농업의 보급과 관광자원화

한편 관광부문에 있어 농업에 연관을 두고 있는 관광농업, 농업관광, 생태관광, 환경농업 등 표현에 차이는 있지만 근본적으로는 환경친화적 접근과 응용방식은 같다. 선진국에서 처음 도입된 관광산업은 녹색관광green tourism의 형태로 발전하게 되었는데 도시에서 멀리 떨어진 산간벽지, 어촌, 농촌에 대하여 정부의 재정 지원하에 이상적인 전원관광지로 가꾸어 농가들로 하여금 관광객을 유치하고, 농업과 관광을 동시에 농민들이 가업으로 영위함으로써 생활안정을 도모하도록 하고 있다. 정부의 이와 같은 농업정책은 농촌에 관광업을 도입함으로써 농민들에게 실질적 이익을 주자는 데 있다. 그리고 농한기에는 각종 이벤트, 농산물 재배와 수확, 목장, 농장, 농산물 판매, 휴가여행자를 위한 민박을 관광자원화하고 있다. 도시인들의 농촌에서의 체류, 휴식, 관광은 실제 농사일을 체험함으로써 도농 간의 긴밀한 협력관계를 유지하는 데 도움을 준다. 생태계를 파괴하지 않고 환경보호에 참여하는 농어촌은 자연보전지구 밖의 생활공간이고 농산물 재배지역이다. 그러나 이 지역에서는 생태관광 대상인 희귀 야생동식물은 없으나 농산물 생산에 유해하지 않은 유기농법을 도입하기 때문에 광의로 본다면 청정한 농촌은 생태관광의 한 영역을 차지한다고도 볼 수 있을 것이다. 자연보전지구는 그 이용에 제한을 받고 있는 지역이므로 모든 사람이 찾아가서 보고, 즐길 수 없으나 이와 유사한 여건을 갖춘 공간농어촌, 산촌이라면 보전지구에 대신할 수 있으므로 대안관광alternative tourism으로 어느 정도 만족을 줄 수 있다.

2 습지보존 필요성

습지의 유용성이 과학적으로 입증되고 있어 각국은 습지보전에 관한 법령을 제정하고 습지보호에 힘쓰고 있다. 우리나라에는 서해안과 남해안에 갯벌 2,815km가 있고 내륙에는 늪지 111km가 있다. 해마다 각종 이유로 습지와 갯벌이 줄어들고 있어 생태계 위협, 어족자원 고갈을 초래하고 있다. 따라서 정부는 습지보전법, 연안관리법을 1999년 2월 8일 제정 · 공포하였다. 습지보전법에 의하면 갯벌을 습지보호지구, 습지주변관리지역, 습지개선지역으로 구분하여 보호지역은 훼손되지 않도록 철저히 관리하고, 사람들의 활동이나 개발이 필요한 지역에 대해서는 친환경적인 개방을 실시하게 되며, 개발에 의해 훼손이 심각한 지역에 대해서는 갯벌의 복원 또는 대체 갯벌생태계 등을 마련할 것이다. 또한 갯벌이 지니고 있는 자연생태계를 접할 수 있는 공간을 마련하는 것이 시급할 뿐만 아니라 지역주민들의 활동에 대한 보장과 지원 및 갯벌 생태관광단지 조성과 같은 지역발전과의 연계를 통해 보호지역 등의 문제를 해결할 것이다.

3 관광자원화와 상품화 방향

일반적 자연자원은 지금까지 관광자원으로 이용되고, 관광상품으로 개발되어 관광수요를 충족시켜 왔고 관광산업발전에 기여해 왔다. 그러나 보호대상이 되는 자연자원을 관광자원화하는 데 한계가 있다. 적절히 보호하지 않으면 취약한 상태에 있으므로 곧 소멸될 수 있는 속성을 가지고 있기 때문이다. 비록 관광상품화하더라도 "특정보호구역"을 지정, 관리하고 이곳을 대상으로 관찰, 관람하는 것으로 만족해야 한다. 희귀종은 이용보다도 보호가 더 중요한 일이므로 적극적 개방은 어렵다. 외국에서는 보호동물의 증식에 힘쓰고 또한 밀렵꾼에 의해 포획된 야생동물을 회수하여 보호하고 자연 속에서 적응하여 살아갈 수 있도록 재활rehabilitation 적응훈련을 시키고 있다. 이러한 재활센터와 프로그램이 관광자원이 되는 경우가 있다. 예컨대, 두루미, 독수리, 오랑우탄, 바다거북 등은 적응훈련을 시켜 자연으로 되돌려 보내는 장면이나 과정이 볼거리가 되고 있다.

그리고 희귀식물은 절대보전구역에서 관리하되 이중 일부의 종은 식물원에 옮겨 심어 번식을 시키고 전국으로 보급시키기도 하며, 보전구역에 가지 않더라도 식물원에서 직접 희귀식물을 관찰, 연구, 사진촬영, 감상할 수 있도록 홍보, 교육 프로그램을 작성하고, 관광대상으로 이용한다. 동남아국가의 야생난초공원, 선인장공원, 열대식물원은 종의 보전과 관광을 동시에 달성하는 좋은 사례들이다. 습지에 대한 홍보가 잘못되어 습지의 무용론을 주장하기도 하지만 실제 습지가 자연균형, 생태계 보호, 인간에게 베푸는 경제적, 문화적 혜택을 제대로 알지 못하고 있다. 습지에 서식하거나 찾아오는 수초, 곤충, 어류, 조류에 대한 교육, 연구 못지않게 습지의 중요성에 대한 교육과 홍보도 중요하다. 습지의 기여도는 홍수조절기능, 수질정화기능, 수원함양과 저수기능건기에는 수자원 공급기능, 야생동식물의 보호기능, 식량자원 공급기능민물고기, 약용식물, 철새 유인 및 서식지 제공, 생태관광자원 활용 등을 들 수 있다. 이러한 자연의 기능을 이해하도록 하는 많은 생태교육 프로그램과 관광 프로그램이 개발, 보급되면 습지보호와 습지에 기반을 둔 식물, 조류, 어류의 보호에도 큰 도움을 주게 될 것이다.

현재 우리나라에서는 생태관광을 취급하는 전문여행사가 없고 한국조류보호협회, 생태연구원, 녹색연합, 마창환경운동연합 등 환경단체와 고인돌, 두레생태기행, 여행자 클럽, 화이트 기획 등 생태문화기행단체가 겨울철새 모이주기, 탐조관광, 생태교육, 생태관광을 주선하고 있고 동시에 환경 감시업무를 수행한다. 그러나 해외 자연관광자연탐사, 사파리을 취급하는 여행사는 미주, 대양주, 동남아, 아프리카 대상으로 관광객을 모집하고 있다. 해외 생태관광을 알선하면서도 국내 생태관광을 보급하는 데 관심이 적다는 것은 잘못된 생각이다.

요약

오늘날 환경은 어느 분야를 막론하고 중요하며 관광도 예외가 아니다. 관광객들은 관광목적지를 방문함으로써 새로운 환경을 찾아가기 때문에, 그 환경이 악화되면 당연히 목적지를 기피하게 된다. 따라서 환경에 나쁜 영향을 주는 관광사업자나 관광지는 기피대상이 되어 몰락하기 마련이다.

따라서 과거 중앙 및 지방정부는 환경을 보전하기 위하여 여러 가지 조치를 취했으나, 효과를 보지 못하였다. 더군다나 관광객의 숫자가 증가하고 생태적으로 민감한 지역에의 방문이 증가함에 따라 더욱 점진적인 보전책이 필요하다고 하겠다.

환경이 영향을 미치는 관광대상은 식물, 수질, 대기, 야생동물 및 산악지대이며, 이러한 것들을 보전하는 관광이 생태관광이다. 이러한 생태관광은 ① 관광지 수요의 증가, ② 환경 보전, ③ 경제적 효과, ④ 지역적으로 집중되어 있고, ⑤ 소규모 개발로 부정적 영향을 최소화할 수 있으며, ⑥ 사회 · 문화적 효과가 존재한다. 따라서 생태관광의 개발 및 관리방안이 필요하다고 하겠다.

연구문제

Q 1 환경은 관광에 왜 중요한지 설명하라.

Q 2 환경오염이 야생동물에 미치는 영향을 설명하고, 이것이 다시 관광지 매력성에 기치는 영향을 설명하라.

Q 3 생태관광을 정의하라.

Q 4 한국에서의 생태관광지를 설명하라.

Q 5 생태관광에 대한 유럽공동체의 태도를 설명하라.

Q 6 한국에서 생태관광이 도입가능한 분야를 설명하라.

참고문헌

김번웅 · 오영석,「환경행정론」, 대영문화사, 1997.

서태양, 「관광자원론」, 대왕사, 2005.

이장춘,「최신 관광자원학」, 대왕사, 1997.

조재문 · 여호근, 「환경관광의 이해: 이론과 실제」, 백산출판사, 2006.

한국관광공사, "차세대관광으로서 생태관광", 관광정보(1992).

Fennel, David A. and Bryan J.A. Smale, "Ecotourism in Costarica: A Conceptual Framework", *Journal of Park and Recreation Administration,* vol. 8(1) (Spring 199).

McIntosh, Robert W., charles R. Goeldner and J.R. Brent Ritchie, Tourism: Principles, Practices, Philosophies, New York, John Wiley & sons, 1995.

Var, Turgut, "Ecotourism and Sustainable Tourism Development", 수도권 관광개발관련 국제 심포지엄(교통개발연구원, 1992. 9).

MEMO

Chapter 08

관광마케팅

학습목표

- 관광 마케팅 정의에 대한 이해
- 마케팅 개념의 변천과정에 대한 이해
- STP 전략에 대한 이해
- 마케팅 계획 수립 과정에 대한 이해
- 관광 마케팅 믹스에 대한 이해

제1절

관광마케팅의 정의

마케팅의 정의는 여러 학자들에 의해 규정된 바 있으며 관광서비스를 강조하는 관광마케팅에 관한 정의를 서술한 학자 역시 많이 발견된다. 그 중의 하나는 WTO[1975]가 정의한 것으로서, “관광마케팅은 최대의 편익을 추구하는 관광조직 목적에 부합되게끔 관광수요 측면에서 시장을 조사하고 예측하며 입지선정을 통해 자사의 관광제품/서비스가 여행시장에서 가장 좋은 위치에 자리 잡도록 하게 만든 경영철학”으로 서술되었는데, 이 정의는 다음 사항을 포함하고 있다.

첫째, 관광객의 욕구[관광수요]와 관광기업체 및 관광목적지간의 욕구를 균형 있게 만족시키려는 사고방식이고, 둘째, 최적 목표시장의 선택을 가능하게 만드는 관광시장조사를 강조하고 있다는 점으로서, 여기서는 시장세분화의 개념이 유용하다. 그리고 셋째, 상품수명주기 및 정위화[포지셔닝]의 개념은 관광시장에서 자사의 관광서비스가 보다 유리한 위치에 자리하는 데 유용할 뿐만 아니라 그러한 위치선정을 위해 필요한 마케팅계획의 수립과 마케팅전략의 제시에 유용하다는 점이다.

또 다른 마케팅의 정의는 시스템 어프로치의 필요성을 강조함과 동시에 그 단계적인 절차를 설명하고 있다[Morrison, 2002: 4]. 즉, “관광마케팅은 관광기업 경영자들이 기업목표의 달성과 소비자 요구와 욕구를 만족시키기 위해 계획의 수립, 조사, 실행, 통제 그리고 계획된 활동을 평가하는 일이다.”라는 것이다. 이 정의는 관광기업은 한시적이 아닌 지속적인 마케팅활동의 전개가 필요함을 지적하고 있으며 동시에 마케팅은 마케팅 부서에 한정되지 않고 기업조직에 의해 전사적으로 수행되어야 함을 암시하고 있다.

마케팅의 다섯 가지 핵심적인 기능은 계획, 조사, 실행, 통제 그리고 평가이다. 관광기업에서는 상호 의존성 또한 중시된다.

한편, Lewis 등1995은 마케팅을 "목표시장 고객들에게 그들이 기꺼이 지불하려는 가격으로 그들이 원하는 것을 원할 때, 원하는 장소에서 의사전달하여 제공하는 것"으로 서술하고 있으며, "이것을 행하는 기업은 고객 창조 및 유지할 수 있으며, 따라서 수익을 창조한다"고 하였다. 이 정의는 관광목적지나 관광조직체가 고객을 첫 번째로 방문하게 하는 것으로 충분하지 않으며 재방문하게 하는 것이 이에 못지않게 중요하다는 것을 강조하고 있다.

제2절

마케팅 개념의 변천과정

시장지향성은 고객욕구가 최우선 고려사항인 마케팅 개념의 채택을 의미한다. 시장지향적인 조직은 항상 장기적인 관점을 가지고 있다. 따라서 관광시장 지향성은 관광객 욕구가 최우선 고려사항인 관광마케팅 개념의 채택을 의미한다. 이 시장지향성 외에 다른 지향성도 존재하는데, 이것들의 효과는 의문시된다.

일부 관광목적지는 생산 혹은 제품지향성production or product orientation의 성격을 가지고 있는데, 제품지향성은 제공하는 서비스나 제품에 강조점을 둔다. 예를 들면, 어떤 관광목적지가 물리적, 역사적 및 문화적 자원을 가질 수 있는데, 특정한 관광목적지가 경쟁적 관광목적지보다 비교우위가 있는 자원을 가지고 있을 때, 보다 많은 관광객의 유입이 있을 수 있다고 생각하는 경우이다. 이러한 예는 다음에 나타나 있다.

사례

1960년대 말 영국 남부지방의 어느 마을의 관광담당기관은 영어로 브로슈어brochure를 개발하기를 결정하였다. 이 지역의 주요 잠재시장이 영국해협English Channal을 건너오는 프랑스 관광객이라는 것이 지적되었을 때 그 지방 관광담당기관의 응답은 프랑스 관광객이 이 지역을 방문하고 싶다면 영어를 배워야 한다는 것이었다Mill, 1992: 420-421.

앞의 사례에서 암시된 바와 같이 관광자원의 품질이 중요하다는 것이 부정되지는 않지만, 그것에 치중하다 보면 잠재관광객의 욕구를 생각하지 않게 된다. 이 제품지향성은 수요가 공급을 초과할 때만 성립하지 반대의 경우는 성립하지 않는다. 따라서 지역 및 국가 간에 관광객을 유치하기 위한 경쟁이 격화된 오늘날 이 제품지향성은 더 이상 수용될 수 없다. 더욱이 최근의 전문적인 여행도매업자tour wholesaler의 등장은 관광목적지 간의 경쟁을 더욱 격화시키고 있다.

이러한 추세를 파악하고 어떤 관광목적지나 관광조직체는 제품이나 생산을 강조하지 않고 판매를 강화시키는 데 역점을 두고 있다. 이러한 것을 판매지향성selling orientation이라고 하는데, 이것은 관광객의 욕구에 강조점이 주어지지 않고 판매 그 자체에 역점을 둔다. 따라서 이 지향성은 단기간에는 관광객에게 소구될 수 있으나, 장기적인 관점에서는 결국 경쟁에서 탈락된다.

이 판매지향성 다음에 생겨난 것이 마케팅지향성인데, 앞에서도 언급된 바와 같이, 이 지향성은 관광객의 욕구와 욕망을 우선 확인하고 이것들을 만족시키는 서비스를 제공한다. 예를 들어, 관광객이 원하는 시설을 세워주고, 관광객이 원하는 아침식사를 제공하며, 관광객이 원하는 종류의 경험을 제공한다.

그러나 마케팅지향성도 약간의 문제점을 가지고 있는바, 고객의 욕구와 욕망에 너무 맞추다 보면 고객이나 사회에 단기적 혹은 장기적으로 피해를 줄 수 있다. 다음의 예는 이러한 사회적 책임을 가지는 경우이다.

사례

패스트푸드fast-food 기업에서는 메뉴의 영양분을 개선하고혹은 최소한 영양분에 대한 정보를 제공하고, 포장에서 재생가능한 물질을 사용하는 사회적 책임을 부담하기 시작했다.

주류 음료 제조업자가 음주운전의 결과를 강조하는 광고를 개발함으로써 음주운전 방지 운동에 참가해왔다Mill, 1992: 421.

앞에서도 패스트푸드 기업과 주류 제공업자의 예를 들어 마케팅지향성의 문제점을 지적했는데, 관광목적지의 경우도 똑같이 적용될 수 있다. 어떤 관광목적지가 너무나 관광객의 욕구와 욕망 만족을 강조하다 보면, 예를 들어 지역사회의 문화재를 파괴시킬 수 있다. 이렇게 될 경우, 이 지역의 미래 잠재관광객은 이 지역의 문화재를 감상할 수 있는 기회를 잃어버리는 경우가 발생하며, 더군다나 이 문화재는 관광객뿐만 아니라 지역주민도 소유하고 있다는 관점에서 지역의 소중한 문화재를 다시 볼 수 없는 경우가 발생한다. 또한 문화재가 파괴되어 관광객이 더 이상 유입 안되지 않을 경우 미래의 지역주민이 가지게 될 경제적 손실도 발생한다.

사례

북미 및 유럽관광객들이 오랫동안 즐겨 찾는 캐리비안해의 관계당국자들은 관광이 매춘의 증가, 마약거래 및 AIDS의 만연 등과 같은 사회적 문제를 파생시킨다는 것을 알기 시작했다. 바베이도스 관광부The Barbados Board of tourism는 해변에서 마약을 권유하여 관광객들을 당황하게 하는 행위를 경고하는 TV광고를 냄으로써 이 문제에 대응하기 시작했다. 그리고 CTOThe Canbbean Tourism Organization는 "사회지향적 관광Socially Conscious Tourism"의 기치 아래 1989년 28개국 캐리비안 회의28-nation Cribbean conference를 조직했다. UNDPThe United Nations Development Programme는 캐리비안 관광과 관련되는 마약, 매춘 및 기타 지하경제에 관한 더 많은 연구를 준비하기 위해 CTO에 자금지원을 할 것으로 알려졌다Mill, 1992: 423.

앞에서 언급한 문화재 파괴의 문제를 해결하는 유일한 방법은 지역사회의 장기적 이익과 관광객의 욕구 및 욕망의 만족 간의 관계를 동시에 고려하면서 마케팅 접근방법을 개발하는 것인데, 이것을 사회지향적 마케팅 접근방법societal marketing approach이라고 한다. 최근에 각광을 받고 있는 생태관광도 이 접근방법의 한 유형이다. 다음 [그림 8-1]은 마케팅 개념의 변천과정을 나타낸 것이다.

생 산 지향성 → 제 품 지향성 → 판 매 지향성 → 마케팅 지향성 → 사 회 지향성

그림 8-1 마케팅 개념의 변천과정

제3절

STP 전략

STP전략은 최근 전략적 마케팅의 핵심이라고 할 수 있다. 이것은 시장서분화segmentation, 표적시장화targeting, 포지셔닝positioning을 일컫는다. 이 마케팅 전략의 세 단계를 간단히 설명하면 다음과 같다.

관광마케팅 활동을 수행하기 위해서는 관광목적지 및 조직체가 목표로 삼는 관광수요를 선별하여 그 세분시장에서 타 목적지 혹은 조직체에게 차별적인 제품과 서비스를 제공해야 하는데, 그 과정이 첫 번째 과정인 시장세분화이다. 두 번째 단계는 목표시장을 선정하는 것으로 각 세분시장 중에서 하나 혹은 그 이상을 선정하는 일이다. 마지막으로 각각의 목표시장에 관광기업이나 제공물을 경쟁력을 가질 수 있도록 위치시키는 것이다.

1 시장세분화

관광시장세분화는 제공제품과 서비스에 대한 전체 관광시장수요을 공통적인 특징을 가진 집단으로 나누는 것을 의미한다. 세분시장예를 들어, 서울에 살고 있는 사업관광객은 그것의 구성원이 공통적으로 무엇인가를 가지고 있는 전체시장 외의 확인되는 구성집단이다. 목표시장target market 이라는 용어가 사용될 때 마케팅 활동을 위해 관광목적지나 관광조직체가 선별한 세분시장을 의미한다. 시장세분화를 위해 다음과 같은 두 가지의 순서적인 과정이 필요하다.

1. 전체시장을 세분화 근거를 사용하여 공통의 특징을 가진 집단으로 나눈다.
2. 해당 관광목적지나 관광조직체가 세분화 기준을 사용하여 최고로 활동할 수 있는 세분시장목표시장을 선정한다.

이러한 과정을 시장세분화분석이라고 한다.

시장세분화를 사용하면 다음과 같은 혜택을 누릴 수 있다.

1. 더욱 효과적으로 예산을 사용할 수 있다.
2. 선정된 고객집단의 욕구와 욕망을 더욱 분명하게 이해할 수 있다.
3. 더욱 효과적인 포지셔닝을 할 수 있다.
4. 촉진도구를 선정하는 데 있어 더욱 정확성을 기할 수 있다.

그러나 시장세분화는 또한 단점을 가지고 있다. 그러한 것들은 다음과 같다.

1. 시장세분화를 하는 데 부가적인 비용이 든다.
2. 최상의 세분화 근거를 선정하는 것이 어렵다.
3. 적절한 크기로 시장을 세분화하였는지를 알기가 어렵다.
4. 세분화 뒤의 세분시장을 공략하기가 적절하지 않을 수 있다.

즉, 그 세분시장이 경제성이 없거나 혹은 경쟁 관광목적지나 관광조직체가 너무나 강력하여 적절한 마케팅 믹스를 제공하기가 어렵다.

적절한 세분시장을 확인하는 과정에서 특정세분시장이 생존력을 갖추어 있는가를 결정하기 위해서 이 세분시장이 갖추어야 할 다음과 같은 기준을 점검하는 것이 필요하다.

1 측정가능

이 세분시장 내의 잠재관광객 수가 합리적인 방법에 의해 믿을 만한 정도의 정확성을 가지고 추정되어야 한다.

2 수익성 가능

이 세분시장 안에 마케팅 활동을 보상할 충분한 잠재관광객들이 있어야 한다.

③ 접근가능

이러한 관광객들이 구체적인 촉진기법이나 매체를 사용하여 도달될 수 있어야 한다. 즉, 그들은 현재 또는 잠재적인 유통경로에 의해 도달되고 영향을 받을 수 있어야 한다.

④ 방어가능

이 세분시장의 특징이 개별적인 마케팅 활동과 경비를 정당화할 정도로 다른 세분시장과 충분히 달라야 한다.

⑤ 지속가능

시장이 발전됨에 따라 세분시장이 독특성을 유지하여야 한다.

⑥ 경쟁가능

이 세분시장에 활동하기 위하여 다른 세분시장에 비해 경쟁우위를 가지고 있어야 한다.

⑦ 동질적

해당 세분시장은 그 자체에서는 동질적이어야 하며, 다른 세분시장과는 이질적이어야 한다.

⑧ 양립가능

어떤 관광목적지나 관광조직체가 세분시장을 선정할 때 그것들이 이미 활동하고 있는 세분시장과 갈등을 일으키지 말아야 한다.

1) 시장세분화 방법

관광시장을 세분화할 때 사용되는 방법을 크게 두 가지로 나눌 수 있는데, 첫 번째는 선험적 방법priori method 혹은 forward segmentation이고, 두 번째는 효익세분화benefit segmentation or backward segmentation 방법이다. 다른 시장과 마찬가지로 관광시장도 자료를 획득하기가 쉬운 이유로 선험적 방법이 사용되어 왔다. 예를 들어, 국제관광에서는 목표시장으로 관광송출국의 국민을 세분화 기준으로 보통 사용하고 있다. 이외에 대부분의 관광실무자들은 목표시장을 둘로 나눌 때 사업 및 순수관광여행자로 구분하는데 이것도 선험적 방법에 속한다. 그러나 이 방식은 관광시장을 정확히 파악하기가 어렵기 때문에, 두 번째의 효익세분화 방법이 등장하였다.

효익세분화 방법은 관광객들이 추구하는 효익에 따라 시장을 세분화하는 방법인데, 대체적으로 요인 및 군집분석이라는 통계분석기법을 적용함으로써 추출되는 군집이나 세분시장을 이용한다. 다음의 사례는 효익세분화 방법을 사용하여 세분시장을 결정한 경우이다.

사례

Hsieh등1990의 연구에 의하면 홍콩지역주민이 선호하는 휴가활동을 기준으로 하여 5개의 여행세분시장으로 확인되었는데 그것들은 다음과 같다.

① 친구와 친척방문visiting friends and relatives
② 옥외스포츠 활동outdoor sports activity
③ 관광sightseeing
④ 유흥entertainment
⑤ 주로 집에서 머묾full-house activity

이 연구는 군집들 간의 이질성과 각 군집 내의 동질성을 최대화하기 위하여 요인분석을 사용하였다Mill, 1992: 425.

2) 시장세분화 근거

관광시장을 세분하는 데 많은 시장세분화 기준들이 사용되어 왔는데, 그러한 것들 중 가장 많이 사용되는 것들은 다음과 같다Mill, 1992: 425-430.

❶ 인구통계적 혹은 사회경제적demographic or socioeconomic 기준
❷ 제품관련product-relative 기준

3 심리적psychographic 기준

4 지리적geographic 기준

5 여행목적purpose-of-trip 기준

6 행동behavioral 기준

7 유통경로channel of distribution 기준

(1) 인구통계적 및 사회경제적 세분화

관광에서의 초기 세분화연구는 세분시장을 형성하는 근거로써 인구통계적 및 사회경제적 통계수치를 사용했다. 이러한 통계수치로 나이, 교육수준, 성별, 소득, 가족규모, 가족수명주기, 사회계층, 주택소유 여부, 별장소유 여부, 인종 및 직업 등이 있다. 이러한 사실은 오늘날에도 통용되고 있는데 그러한 이유르는

1 통계자료를 비교적 쉽게 얻을 수 있고,

2 인구통계조사 및 매체들이 만든 자료를 통한 정보와의 비교가능성이 크고,

3 자료를 이해 적용하기 쉽다는 것이다.

사실 나이와 소득은 레크리에이션 참가에 아주 성공적인 예측기준이다. 그러나 시장을 세분화하는 데 단지 인구통계적 자료를 사용하는 것은 비판받기 쉽다. 오늘날 같이 급변하는 사회성격은 마케팅 전략을 개발하는 수단으로 단지 이 자료에 의존하는 것을 불가능하게 만든다. 왜냐하면 단지 어떤 연령이나 소득집단 내의 세분시장 안에 소속되어 있는 구성원들이 유사한 휴가여행 선호도를 가지고 있다고는 말하기 어렵기 때문이다. 또한 사회경제적 정보도 특정 관광목적지 혹은 조직체를 시장에 적절하게 포지션하기 위한 선호 및 비선호에 관한 충분한 정보는 마케터에게 제공되지 않는다.

그러나 다수의 인구통계적 세분화기준을 사용하면 시장을 적절히 세분화할 수 있다. 예를 들어 신분상태는 소득, 학력 및 직업의 차원들을 포함하고 가족수명주기는 결혼상태, 나이 및 자녀들의 수와 나이의 복합체이다.

수명주기세분화Life-cycle segmentation는 관광 및 레크리에이션의 경우에 시장을 세분화하는 효과적인 방법으로 판명되었다. 아마도 인구통계를 기준으로 한 세분화는 계속 사용될 것이다. 비록 다른 세분화 근거가 관광서비스 측면에서

무엇을 제공할 것인가에 대한 전략적 의사결정을 위한 유용한 정보를 제공하지만 개별적 세분시장과 의사소통하는 것이 지속적으로 필요하다. 이것의 단점에도 불구하고 인구통계적 세분화는 구체적인 세분시장에 접근하는 데 최선의 방법을 제공한다.

(2) 제품관련 세분화

제품관련 변수로 세분화를 하는 데 있어 주요한 장점은 획득된 정보가 고려중인 관광서비스와 직접 관련된다는 것이다.

제품관련 변수로 레크리에이션 활동, 설비유형, 매출액, 상표충성도, 기대혜택, 체재일수, 교통수단, 선호경험 및 참가패턴 등이 있다. 보통 일부 연구에서의 단점은 정보가 일반적인 혜택에 관심이 있는 잠재관광객으로부터 정보가 얻어진다는 것이며 혹은 심리적 세분화에서는 정보가 구체적인 제품과 서비스의 경우보다 어떤 유형의 제품 혹은 서비스에 관한 일반적 태도로부터 얻어진다.

(3) 심리적 세분화psychographic segmentation

이 방법에 대해서는 많은 연구가 이루어졌다. 이 방법에 대한 변수로 개성특성, 라이프스타일, 태도, 이익 및 선택안 및 동기 등이 있다. 비록 이 방법은 시행하기에 어렵고 사용하기에 경비가 많이 들지만 세분시장을 서술하는 데 유용

사례

VALS[Vaues and Life Styles] 프로그램이 심리적 세분화를 가장 잘 나타내는 것으로 서술되고 있다. Shih[1986]의 펜실베니아 주에의 여행자들에 대한 1984년의 연구는 그들의 여행선정기준이 9개의 VALS 집단별로 다르다는 것을 나타내고 있다. 이밖에 Prizm Cluster System 등의 다양한 심리적 혹은 라이프스타일 세분화 방법이 존재하는데, Prizm은 40개의 라이프스타일 군집을 확인하고 있다. 그 중 하나인 'Gray Power' 군집은 유람선 휴가여행을 선호하는 것으로 나타났으며, 'Blue Blood Estates'는 레크리에이션 차량에 의한 여행을 좋아하지 않는 것으로 나타났다.

하다. 이 방식은 더욱 단순한 분석으로부터 얻어진 정보를 보충하기 위해 고도로 전문화되고 광범위하게 개발된 시장에서 사용될 수 있다.

인구통계적 자료는 골격에서 뼈에 해당되고 심리적 자료는 살에 해당된다. 뼈는 구조의 기초를 형성하나 외모가 인식되기 위해서는 살로써 기초를 덮어야 한다. 개인의 태도, 관심 및 의견attitudes, interests, and opinions : AIO에 관한 정보는 서술되는 세분시장에 대해 더 나은 이해를 제공한다.

(4) 지리적 세분화

지리적 고려는 관광에 아주 중요하다. 이러한 변수로 지역, 시장영역, 도시, 교외 및 시골, 도시규모 및 인구밀도 등이 있다. 예를 들어 관광목적지의 많은 부분의 매력성은 비교되는 문화, 기후 혹은 경관에 의거하고 있다. 이러한 사실은 출발지와 목적지 사이에 상당한 거리가 존재한다는 것을 나타낸다. 또한 관광목적지에의 관광객의 접근가능성은 관광에서 중대한 역할을 한다. 지금까지 관광목적지는 주요한 두 번째 및 세 번째 시장 등의 세분시장을 확인하기 위하여 지리에 근거한 연구를 사용하고 있다.

사례

미국에서 국가 및 주 관광사무국national and state tourist offices은 촉진노력의 범위를 결정하는 목적으로 지리적 세분화를 사용한다. 전 세계적으로 각 나라에서는 입국하는 관광객의 국가별 관광통계치를 사용하고 있으며 마케팅상의 우선 고려사항이 입국 총 관광객 수에 비례하여 주어진다.

지리적 세분화의 다른 중요한 측면은 인구통계적 변수와 마찬가지로 목표시장에 접근방식을 제공한다는 것이다. 마케팅에서는 잠재고객과 의사소통하기 위해서는 그들이 살고 있거나 일하는 장소를 아는 것이 필수적이다.

(5) 여행목적 세분화

일반적으로 관광에서는 여행목적을 크게 사업과 순수관광의 두 가지로 나눈다.

사례

여행목적 세분화에 대한 하나의 변형이 싱가포르에 위치한 한 호텔의 세분화 연구에 사용되었다. 이 연구에서는 2가지의 넓은 세분시장이 정의되었는데 그것들은 단체세분시장과 개인세분시장이었다. 단체세분시장은 단체투어group tour, 컨벤션, 기업회의 및 항공사 승무원으로 나눌 수 있다. 개인세분시장은 기업, 공표요금을 지불하는 개인 및 기타, 빈번한 여행자 및 GITsgroup inclusive tours로 나눌 수 있다. 이 연구의 결과는 여행목적이 국적이나 소득보다 시장을 세분화하는 더 나은 기준이라는 것을 제시하고 있다.

(6) 행동 세분화

행동 세분화는 고객을 사용률usage rate, 추구되는 혜택benefits sought, 사용경우use occasion, 사용상태 및 잠재성usage status and potential 및 상표충성도로 나눈다Kotler, 1988. 이 방법은 특히 관심이 여행 빈도가 잦은 관광객들에게 주어졌을 때인 1970년대와 1980년대의 관광산업에서 많이 사용되었다.

주요 구매 세분화heavy-half segmentation는 사용률 혹은 사용빈도 세분화의 하나의 예인데, 레크리에이션과 관광분야에서 이 세분화 근거를 사용하고 있다. 주요구매 세분화는 시장을 구매 혹은 소비량을 근거로 세분화하는 방식을 나타내는데, 다른 제품의 유형에서는 주요구매 세분화 방식이 적절하지 않은 것으로 나타났다. 이 세분화 방법이 가지고 있는 주요 문제로는 많은 경우에 주요 구매의 특징이 보통구매light half의 그것과 유사한 것으로 나타났다는 것이다. 한 연구는 스키를 많이 타는 사람과 적게 타는 사람들의 선호도와 사용패턴이 기술수준, 스키휴가의 이용, 장비의 소유 여부 및 슬로프slope의 질 등을 제외하고는 모든 속성들이 두 집단 사이에 비슷한 것으로 나타내고 있다. 상표충성도에 근거한 세분화에서도 이와 유사한 점이 발견되었다.

혜택 혹은 속성 세분화 방식은 레크리에이션과 관광분야에 자주 쓰이는 세분화 기준이다. 이 방식은 소비자가 제품을 구매한 후 실현되기를 기대하는 혜택에 할당된 상대적 중요성에 따라 시장을 세분화한다. 이 방식은 소비자에게 제품혜택의 상대적 중요성을 결정하는 과정과 같은 제품 혜택에 유사한 중요성을 부과하는 사람들에 대한 군집의 형성과정을 포함한다. 비록 이 방법의 결과가 신제품 개발과 광고메시지의 결정에 중요한 시사점을 가지지만 세분시장에 접근하기 위해서 군집에서 확인된 사람들의 인구통계적 프로파일profile을 개발하는 것이 필요하다.

사용상황 세분화 역시 관광분야에서 상당한 인기를 누리고 있다. 이 방법에 대한 최고의 예로 신혼부부를 유치하려고 하는 휴양지와 관광목적지들을 들 수 있다. 이 경우 사용상황은 신혼여행이 될 수 있다.

사례

일본 신혼부부들은 태평양 연안에 위치하고 있는 관광목적에 특별한 관심을 가지고 있다. 홍콩과 싱가폴 같은 관광목적지는 일본 신혼부부들을 유치하는 데 아주 성공하였다. 1988년 싱가폴에 입국한 총입국객수의 8.2%가 신혼부부였으며, 다른 나라의 경우는 겨우 1.8%를 기록하고 있었다.

(7) 유통경로 세분화

관광분야에서 유통경로상에 존재하는 중개기관intermediaries은 사업상 그것에 의존하는 관광조직체에 의하여 세분화 근거로 사용되고 있다. 중개기관은 주요 기능소매 및 도매여행 서비스, 여행서비스별 전문분야, 세분시장 혹은 관광목적지예를 들어, 유람선 담당 여행사, 기업 및 고유민족문화 담당 여행사, 규모 및 구조규모가 큰 프랜차이즈 가맹 여행사 및 규모가 작은 독립소매 여행사 및 지리적 위치에 따라 다르다.

유통경로의 세분화는 관광분야 연구자들로부터 많은 관심을 끌지 못했지만 관광에서 중개기관의 중요성은 증가하고 있다. 마케팅에서 여행 중개기관을 목표시장으로 하는 대부분의 조직체는 다음과 같은 두 가지 과정을 사용하고 있다.

1. 여행자의 목표시장 확인
2. 이러한 목표시장에 봉사하는 중개기관 선정

일단 세분시장이 확인되고 분석된 다음에 관광목적지나 조직체가 유치하고 봉사할 목표시장을 선정하는 것이 필요하다. 목표시장선정 의사결정은 어떤 세분시장이 가장 큰 혜택을 제공할 것인가에 대한 신중한 분석에 기인해야 한다. 이러한 분석은 다음과 같은 네 가지 고려사항을 포함한다.

① 수익잠재성

이 세분시장으로부터 현행 및 미래 수익잠재성은 얼마나 될까?

수익은 현행 및 잠재관광객 수 ×1인당 현행 및 잠재 소비금액이다.

② 경쟁

진출하고자 하는 세분시장에 경쟁이 얼마나 존재하는가?

경쟁자들과 비교하여 볼 때 우리의 경쟁우위는 얼마나 강한가?

③ 비용

얼마나 많은 투자가 이 세분시장을 유치하고 이것의 구성원과 의사소통하기 위한 서비스를 개발하기 위하여 필요한가?

④ 서비스 제공가능성

적절한 서비스를 설계하고 촉진하며 배분하여 이러한 서비스에 의하여 유치되는 세분시장을 만족스럽게 봉사하는 재무 및 경영능력을 우리들이 가지고 있는가?

선택되는 세분시장은 조직체의 목표시장이 된다. 이러한 목표시장의 욕구를 시스템에 부합시킬 마케팅 프로그램을 개발하는 것은 포지셔닝positioning으로 알려져 있는 기법으로 시작하여야 한다.

2 목표시장의 선정

관광시장세분화는 관광목적지나 관광조직체가 직면하고 있는 세분시장에서 사업기회를 발견할 수 있게 한다. 이제 관광목적지나 관광조직체는 여러 세분시장을 평가하고, 얼마나 많은 세분시장과 어떤 세분시장을 목표로 할 것인가를 결정해야 한다. 다음은 관광목적지나 관광조직체가 세분시장을 평가하고, 또한 목표세분시장을 선정하는 방법을 살펴보기로 한다.

1) 세분시장의 평가

여러 상이한 세분시장을 평가할 때에 관광목적지나 관광조직체는 다음 세 가지 요인, 즉 세분시장의 규모와 성장, 세분시장의 구조적 매력성 및 관광목적지나 관광조직체의 목표와 재원을 고래해야 한다.

2) 세분시장의 선정

상이한 여러 세분시장을 평가한 다음에 관광목적지나 관광조직체는 어떤 세분시장에서, 그리고 얼마나 많은 세분시장에서 활동할 것인가를 결정해야 한다. 이것이 바로 목표시장 선정이다. 목표시장이란 기업이 활동하기로 결정한 시장으로 공통적인 욕구나 특징을 공유하고 있는 구매자집단이다. 관광목적지나 관광조직체가 선택할 수 있는 세 가지 시장범위전략, 즉 비차별적 마케팅, 차별적 마케팅, 집중적 마케팅이 다음에 서술된다.

(1) 비차별적 마케팅

관광목적지나 관광조직체는 세분시장의 시장특성의 차이를 무시하여 한 가지 제품이나 서비스를 가지고 전체 시장에서 활동을 하기로 결정할 수도 있는데, 이러한 접근방법을 비차별적 마케팅undifferentiated marketing 전략이라고 한다. [그림 8-2]는 비차별적 마케팅을 그림으로 나타내었다.

그림 8-2 비차별적 마케팅

(2) 차별적 마케팅

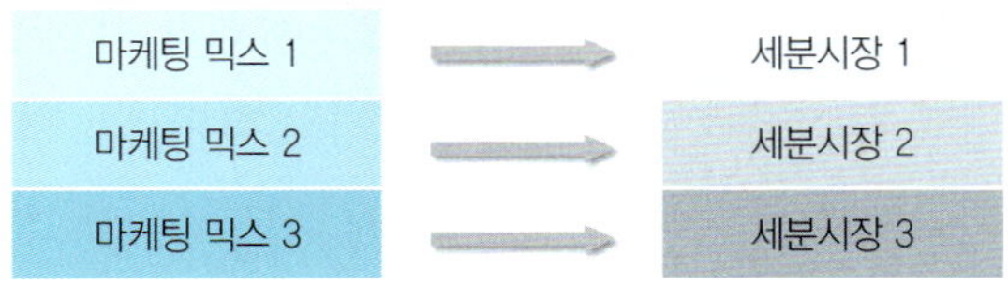

| 그림 8-3 | 차별적 마케팅

관광목적지나 관광조직체는 여러 세분시장을 목표시장으로 삼고, 이들 각각의 세분시장에 맞는 독특한 제품과 서비스를 설계하기도 하는데, 이러한 접근방법은 차별적 마케팅differentiated marketing이라고 한다. [그림 8-3]은 차별적 마케팅을 나타내고 있다.

(3) 집중적 마케팅

세 번째 시장범위 전략인 집중적 마케팅concentrated marketing은 큰 시장에서 낮은 점유율을 추구하기보다는 하나 혹은 몇 개의 하위 세분시장에서 높은 점유율을 추구 · 확보하려는 것이다. [그림 8-4]는 집중적 마케팅을 그림으로 나타내었다.

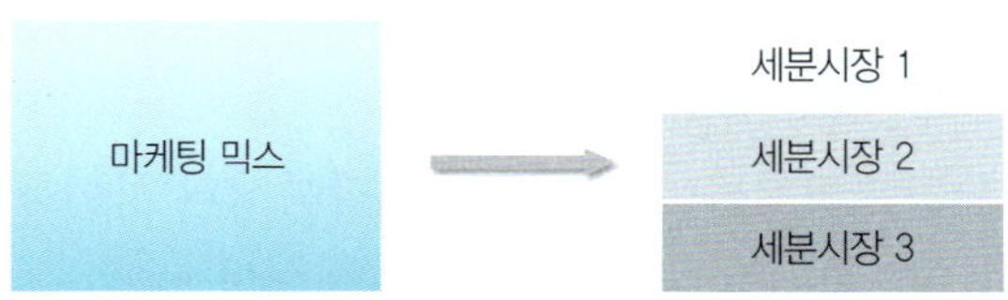

| 그림 8-4 | 집중적 마케팅

3 포지셔닝

일단 관광목적지나 관광조직체가 어떤 세분시장에 들어갈 것인가를 확정하면 그 세분시장에서 어떤 위치position를 확보할 것인가를 결정해야만 한다.

포지셔닝은 마케팅에서 비교적 새로운 개념이고 관광관련 관계문헌에서 그다지 주목을 받지 않고 있다. 포지셔닝의 기원은 1972년경으로 돌아가는데 광고회사 중진격인 Al Reis와 Jack Trout가 서술한 일련의 논문에서 출발한다. 이 논문은 후에 'Positioning The Battle for Your Mind'라는 책으로 발간되었는데 저자들의 정의에 의하면 포지셔닝은 "고객들의 마음에 당신이 행하는 것Ries and Trout, 1981"으로 서술되고 있다. 이 정의를 더욱 정교화한 Lewis와 Chambers1989는 포지셔닝을 어떤 제품에 대한 소비자의 정신적 지각인데 어떤 제품이나 상표의 실제적인 특징과 같을 수도 혹은 다를 수도 있다. 결론적으로 포지셔닝의 목적은 목표시장이 된 고객의 마음에 지각이나 이미지를 창조위치를 정립하는 것이다. 포지셔닝의 목적이 관광목적지나 조직체에 관해 개인 관광객의 지각을 형성시키는 데 있기 때문에 지각이라는 심리적 차원과 연결된다. 효과적인 포지셔닝은 경쟁하는 관광목적지와 조직체의 수가 증가함에 따라 중요성이 증가하고 있다.

포지셔닝을 사용하는 데 있어 제일 먼저 잠재방문객 마음에 자사가 위치를 가지고 있는가라는 질문으로부터 시작하며 만약 가지고 있다면 그 위치는 무엇인가? 이러한 질문들에 답하기 위해서는 마케팅 조사가 필요하다.

포지셔닝에서의 두 번째 단계는 관광객의 지각이나 이미지가 정립되거나 변화되며 혹은 강화될 필요가 있다는 것을 결정하는 것이다. 여기에서 두 가지 형태의 포지셔닝이 사용될 수 있는데 그것들은 첫째, 객관적 포지셔닝objective positioning 둘째, 주관적 포지셔닝subjective positioning이다. 객관적 포지셔닝에서는 관광목적이나 조직체는 선정된 목표시장의 욕구와 욕망을 그것들이 제공하는 서비스와 제품과 구체적으로 부합시키는 시도를 하여야 한다. 이것을 다른 말로 제품-시장일치product-market matching이라고 한다. 객관적 포지셔닝에서는 제공되는 서비스나 시설의 여러 객관적인 특징을 첨가하거나 수정하는 데 강조점이 주어진다. 예를 들어, 스쿠버 다이빙scuba diving 시장을 추구하기로 결정한 관광목적지는 다이브숍dive shop, 다이브 보트dive boat, 다이브 지도dive map, 다이빙 지도 및 강사diving guide-instructor 및 이 특별한 목표시장이 요구하는 기타 서비스를 첨가할 필요가 있다. 일단 객관적인 속성들이 목표시장에 맞추어 변경되면 이러한 변경된 요소들이 다이버 관련 소비자 및 여행중개기관 촉진을 통하여 잠재관광객들에게 전달된다.

주관적 포지셔닝은 관광목적지나 조직체가 제공하는 서비스나 제품의 물리적 특징을 변경시키지 않고 잠재방문객의 이미지를 형성하고 강화하며 혹은 변화시키려는 시도를 의미한다. 주관적 포지셔닝은 정상적으로 객관적 포지셔닝 뒤에 발생한다. 주관적 포지셔닝은 관광목적지나 관광조직체에 관한 오해가 있다고 연구결과가 나타내든가 부정적인 홍보 혹은 기타 이유 등으로 부정적인 이미지가 발생했을 때 자주 사용되며, 이것을 리포지셔닝repositioning이라고 부른다.

일단 객관적 혹은 주관적 또는 두 가지 포지셔닝을 다 사용하려는 의사결정이 이루어지면 다음 단계는 어떻게 이 포지셔닝이 잠재적 여행자 및 여행중개기관에 커뮤니케이션하는가를 결정하여야 한다. 최소한 6개의 넓은 의미의 포지셔닝 접근방식이 있는데 다음과 같다.

1. 구체적인 제품특성에 관한 포지셔닝
2. 효익benefits, 문제해결 혹은 욕구에 관한 포지셔닝
3. 구체적인 사용상황usage occasion의 포지셔닝
4. 사용자 범주를 위한 포지셔닝
5. 다른 제품에 대항하기 위한 포지셔닝
6. 제품계층 분리를 위한 포지셔닝

제4절

마케팅 계획수립 과정
marketing planning process

관광목적지 혹은 조직체는 가장 적절한 방법과 근거를 사용하여 시장을 세분해야 하고 목표시장을 선별해야 하며 해당 산업과 그것들의 제공물을 고려하여 목표잠재고객의 마음 안에 해당 제공물을 효과적으로 포지션하여야 한다. 이러한 의사결정을 한 뒤 가격결정, 서비스와 제품, 촉진 및 유통경로를 사용한 구체적인 마케팅 프로그램이 설계될 수 있다. 마케팅 믹스를 개발하는 데 사용되는 절차는 체계적이어야 하는데 마케팅 계획수립 과정으로 알려진 단계적 절차를 거쳐야 한다.

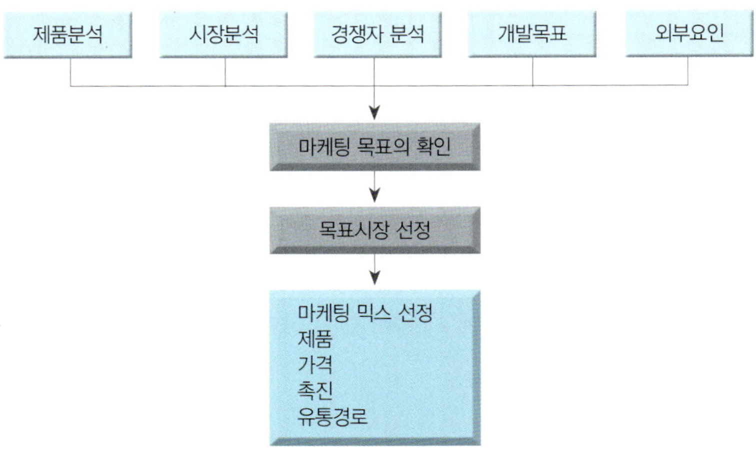

자료 : Robert Christie Mill, The Tourism System: An Introductory Text, Prentice-Hall, p.433.

그림 8-5 마케팅 계획수립 과정

마케팅 계획수립은 미래지향성을 함축해야 한다. 마케팅 계획은 적절한 마케팅 목표를 확인하고 이러한 목표를 성취하기 위하여 가장 적절한 마케팅 전략을 결정하는 것을 포함한다. 마케팅 계획수립은 미래 3년에서 5년까지 혹은 더 이상 기간을 취급하는 전략마케팅 계획수립strategic marketing planning과 내년 혹은 더 짧은 기간의 전술마케팅 계획수립tactical marketing planning의 두 가지 수준에서 이루어진다. 이 두 가지 계획수립은 서로 통합되어야 한다. 계획수립 과정의 모델은 [그림 8-5]에 제시되어 있다. 이 모델이 나타내는 바와 같이 마케팅 목표는 외부환경요인, 개발목표, 서비스나 제품, 시장 및 경쟁이라는 다섯 요인의 상호작용에 대해 분석이 이루어진 이후에 설정되어야 한다. 다음은 마케팅 계획수립 과정을 서술하고 있다Mill, 1992: 432-443.

1 외부환경요인

계획은 계속 변하나 마케팅 경영자가 거의 통제력이 없는 외부환경의 토대 내에 완성되어야 하는데, 외부환경요인의 영향을 확인하고 분석하는 기법은 환경탐색environmental scanning이라고 부른다. 환경탐색을 하는 기본적 이유는 어떤 사건이 발생하기 전에 변화를 예상하는 것이 경영관리상 더 낫기 때문이다. 다음과 같은 중요한 문제들에 대해 응답함으로써 계획이 완성될 수 있다.

1. 주요 추세로 어떠한 것들이 있는가?
2. 주요 추세가 자사에게 영향을 미치는지의 여부와 어떻게 영향을 미칠 것인가?
3. 주요 추세가 자사에게 얼마나 영향을 미칠 것인가?
4. 주요 추세가 자사의 가장 가까운 경쟁자에게 영향을 미칠 것인가?
5. 주요 추세와 이것의 영향에 대응하기 위하여 자사는 미래에 어떻게 경영자와 다르게 대응해야 하나?

탐색될 환경요인은 다음과 같은 것을 포함해야 한다.

1. 법 및 규칙

2 정치적 상황
3 사회문화적 특징
4 경제적 상황
5 기술
6 교통
7 거시 수준에서의 경쟁

외국에서 관광객을 유치하는 관광조직체나 관광목적지는 각각의 개인적인 관광객 송출국에 대해 환경탐색이 필요하다. 우선 첫 번째 고려될 환경요인은 법 및 규칙 환경이다. 과거의 어떤 국가에서는 자국민의 해외여행을 억제하는 법을 시행했었다. 이 환경하에서는 자국민이 마음대로 해외여행을 할 수 없거나 혹은 해외로 일정 금액 이상의 돈을 가지고 나갈 수 없다. 정치적인 요인 또한 고려되어야 한다. 송출국과 목적국 사이의 긴장과 적대감은 마케팅상의 성공에 영향을 미친다. 사회문화적 특징에서는 관광목적을 가진 국제관광객의 학력수준을 고려하는 것이 중요하다. 더욱 많은 국제관광이 더욱 높은 학력수준을 가진 나라와 더욱 문화적이라고 간주되는 사회 및 더욱 높은 산업화를 이룩한 나라로부터 이루어진다.

일반적으로 관광 및 사회 내의 기술변화의 속도는 매우 빠르다. 산업계는 새로운 기술의 직접 및 간접 영향의 결과로 급격한 변화를 맞이하고 있다. 예를 들어, 주요 항공회사에 의해 지배되고 있는 사업인 컴퓨터 예약시스템의 중요성이 급격히 성장하고 있는 것이 한 예가 된다. 현대 산업은 서류에 의거한 정보로부터 전자정보에 더욱 의존하는 형태로 움직이고 있다. 현대 산업에 중요한 영향을 미치는 기술들은 영상회의 및 위성기술video conferencing and satellite technology, 팩시밀리 전송facsimile transmission 및 홈-엔터테인먼트 시스템을 들 수 있다.

다른 중요한 요인들은 교통과 서류작업과 같은 접근성 측면의 기술적 고려이다. 관광목적지는 관광객의 관점에서 관광객의 송출국에서 접근이 쉬워야 한다. 또한 관광객 송출국의 현행 및 미래의 경제상황은 관광현상에서 크게 중요시 되는 요인이다. 그리고 어떤 나라가 여행을 할 수 있는 충분한 국민이 있어야 한다는 것도 중요하다. 예를 들어, 일본의 경제적 풍요성은 태평양 연안 및 기타 국가로부터 더욱 많은 관심을 증가시켜 왔다. 방문국과 송출국 사이의 환율의 차이는 중요한 경제적 고려사항인데, 과거부터 주요 외환율의 변동이 해당 국가 사이의 관광량에 직접적인 영향을 끼쳐왔다.

일반적으로 간과되는 현상이지만 관광목적지나 조직체의 거시경쟁macro-competition 측면이 분석되어야 한다. 거시경쟁은 직접 경쟁하는 경쟁자를 취급하지는 않지만 동일한 가처분소득에 대해 경쟁하고 있는 다양한 제품과 서비스를 취급한다. 예를 들어, 사람들은 휴가 해외여행 대신에 값비싼 홈-엔터테인먼트home-entertainment system를 구매할 지도 모른다. 새로운 승용차의 구입은 더욱 적고 짧은 휴가여행이라는 결과물을 산출할 지도 모른다. 여행에 대해 잠재적 대체재가 존재한다는 사실이 마케팅 계획에서 고려되어야 한다.

2 개발목표

마케팅 계획은 개인조직체의 전반적인 전략계획의 한 부분 및 관광목적지의 종합적인 계획의 한 요소가 되어야 한다. 관광은 개발의 한 전략이다. 즉, 관광은 정치적, 사회적, 및 경제적 원동력으로 사용될 수 있다. 다른 대안들로 가용하기 때문에 종합적인 관광계획은 해당 관광목적지의 전반적인 계획수립과 개발의 목적 및 전략과 일치되어야 한다.

3 시장, 서비스 혹은 제품 및 경쟁분석

많은 마케팅 전문가들은 이 단계를 상황분석이라고 한다. 그러한 분석의 주요 목표 중의 하나가 가장 가까운 경쟁자들과 비교하여 관광목적지나 조직체의 강점과 약점을 결정하는 것이다. 경쟁은 같은 목표시장 혹은 자사 조직체가 서비스를 제공하는 시장에 서비스를 제공하거나 제공하려고 노력하는 다른 관광서비스기업이나 관광목적지로 정의된다. 상황분석은 해당 조직의 서비스와 제품, 목표시장 및 경쟁을 고려한다.

상황분석이 끝나면 관광목적지는 가장 가까운 경쟁자들의 관광목적지 믹스와 비교하여 자사의 관광목적지 믹스와 비교하여야 한다. 이 비교과정은 다음의 다섯 가지 관광목적지 믹스 요소의 평가를 포함한다.

① 매력물

자연자원, 기후, 문화 및 역사자원, 민속매력물, 접근성, 인공매력물

② 시설

숙박시설, 식음료시설, 지원산업

③ 하부구조

신선한 물 공급, 하수 시스템, 커뮤니케이션 시스템, 도로 시스템, 건강시설, 에너지 시스템, 안전 시스템

④ 교통

공항, 철도 시스템, 크루즈 선 터미널, 버스 교통

⑤ 환대

환대 교육 · 훈련 프로그램, 지역주민의 친절도, 전반적인 서비스수준

경쟁 목적지나 조직체의 마케팅 프로그램, 포지셔닝 및 전반적인 경영을 분석하고 이 결과를 경쟁업체나 경쟁조직체의 그것들과 비교하는 것은 동시에 중요하다.

우리들의 잠재고객은 경쟁자들을 어떻게 생각하고 있을까? 그들의 마케팅 프로그램들은 얼마나 성공적이었는가? 그들의 가장 성공적인 마케팅 노력들은 어떠한 것이었는가? 그들은 핵심이 있고 경험적이며 마케팅지향적 경영팀을 가지고 있는가?

해당 목적지와 가장 가까운 경쟁 목적지 사이의 이러한 비교를 확대 · 비교하여 강점과 약점을 확인하여야 한다. 해당 목적지는 경쟁자보다 어떠한 점에서 나은가? 이 정보는 자체로써 중요하나 앞에서 언급된 마케팅지향성 관점을 가지고 이러한 지식을 현행 및 잠재 목표시장의 관점에서 적용시키는 것이 필요하다.

비록 마케팅은 과학이 아니며 마케팅상의 행동을 이끌 과학적인 법칙을 가지고 있지 않지만 이것의 행동을 이끄는 서너 개의 유용성 원리를 가지고 있다. 처음으로 마케팅 플랜을 개발하는 조직체나 목적지에 대한 하나의 원리는 이미 봉사하고 있는 고객과 유사한 사람들을 유치하는 것이다. 이러한 과정은 현행 목표시장을 정의하고 이러한 목표시장으로부터 유치한 방문객과 비슷한 특성을 가진 사람을 유인하는 것을 포함한다. 목표시장의 정의와 분석은 다음과 같은 질문을 포함한다.

1. 그들은 누구인가?
2. 그들의 숫자는 몇 명인가?
3. 그들의 사회경제적, 심리학적 및 행동적 특징은 무엇인가?
4. 그들은 어디로부터 오며 어디로 여행하는가?
5. 그들은 목적지에 그리고 목적지 내에서 어떻게 계획을 세우며 여행을 하는가?
6. 그들은 언제 그리고 얼마 동안 휴가여행을 하는가?
7. 그들은 언제 의사결정을 하는가?
8. 그들은 왜 휴가여행을 하는가?
9. 그들의 중요한 동기는 무엇인가?

가장 중요한 과업은 현 관광객의 상황을 파악하고, 출발국에서의 추세를 고려함으로써 현 상황을 미래에 투시하는 것이다. 두 번째 과업은 현 관광객의 상황을 분석하여 그 상황에 맞는 다른 시장을 발견하려고 함으로써 잠재시장을 발견하는 것이다. 예를 들어, 현 시장의 대부분 고객이 500마일 반경에서 온다면 잠재시장은 500마일 반경에서 아직 방문하지 않는 사람들로 구성되는 것이다.

4 관광마케팅 목적

앞에서 언급한 분석이 끝났을 때 관광조직체 및 관광목적지는 일련의 광의의 마케팅 목적을 준비하는 것이 권유된다. 이것은 뒤에 서술될 마케팅 목표처럼 구체적일 필요가 없다. 이것은 미래 마케팅 프로그램의 전반적 목적과 소망의 결과를 서술하여야 한다. 이것은 다음과 같은 유형의 관점에서 언급될 수 있다.

1. **창조될 이미지** 소수계층 혹은 대중시장
2. **관광객 프로파일** 많이 소비 혹은 적게 소비, 반복 혹은 새로운 고객 및 기타
3. **소득원천** 국제관광객 혹은 국내관광객
4. **소망된 개발** 고급 호텔 혹은 소규모 지역에 위치한 시설 혹은 외국자본유입 호텔

기록 작성시 이러한 목적들은 목표시장의 선정, 더욱 구체적 마케팅 목표의 확인, 마케팅 믹스의 개발에 대한 전반적인 지침을 개발하여야 한다.

1) 목표시장 선정

목표시장 선정 절차는 이 장의 전반부인 시장세분화 부분에서 언급되었다. 일단 목표시장이 선정되면 그 다음으로 포지셔닝, 그리고 이러한 목표시장의 욕구를 만족시킬 마케팅 믹스를 개발하여야 한다. 마케팅 믹스의 성격은 해당 관광조직체가 유치하기 원하는 계층이 누구며 아마도 우리가 유치하기 원하지 않는 계층이 누구인가를 잠재관광객들에게 알려주어야 한다. 예를 들어, 고소득 및 높은 사회적 지위의 목표시장이 선정된다면 시설과 서비스가 고소득 및 높은 사회적 지위의 관광객들을 위해 개발될 것이다. 이러한 경우 가격은 높게 설정될 것이며 촉진메시지는 사교댄스모임에 자주 나가는 나이가 지긋한 부부나 저녁 정찬에서 정장을 입고 있는 관광객을 보여줄 지도 모른다. 따라서 마케팅 믹스 요소의 선정은 단지 고소득 및 높은 사회적 지위의 관광객들이 방문할 수 있다는 기대감을 형성하게 한다.

세분시장은 앞에서 언급된 인구통계적, 제품관련요인, 심리, 지리, 여행목적 행동 및 유통경로의 7개의 세분화 근거 중 하나 이상을 사용하여 정의되어야 한다. 목표시장이 측정가능성measurable, 접근가능성accessible, 충분한 규모substantial, 방어성defensible 및 지구성durable 등의 기준에 적합하게 되면 세분시장은 선정된다. 시장의 규모는 관광객 수, 관광객 체재일수, 관광객 지출경비의 관점에서 측정될 수 있다. 비교적 큰 규모의 세분시장은 규모가 작은 세분시장보다 위험이 덜 하다. 앞에서도 언급이 되었지만 이밖에 고려되어야 할 사항은 잠

재목표시장과 관련된 잠재소득, 경쟁, 비용 및 서비스 제공가능성이다. 예를 들어, 해당 관광목적지나 조직체는 목표시장에 봉사하기 위해서 경쟁자에 대해 장점을 가지고 있어야 한다.

2) 포지셔닝

다음으로 선정된 목표시장에 대해서 관광목적지나 조직체의 포지셔닝이 개발되어야 한다. 포지셔닝은 다음의 언급사항을 해결하여야 한다.

1. 우리들은 잠재방문객의 마음에 포지션을 가지고 있는가?
2. 그렇다면 그 포지션혹은 이미지은 무엇인가?
3. 우리들은 포지셔닝이미지을 창조하고 변화하며 강화할 필요가 있는가?
4. 우리들이 바라는 포지셔닝을 만들기 위해 객관적 및혹은 주관적 포지셔닝을 어떻게 사용하여야 하는가?
5. 우리들은 어떤 포지셔닝 접근방법을 사용해야 하는가?

3) 마케팅 목표

외부환경요인, 개발목표, 서비스 및 제품, 경쟁 및 목표시장의 분석은 일련의 주요 강점, 약점, 기회 및 위협 혹은 문제점을 산출해 내어야 한다. 이러한 정보는 미래의 마케팅 목표를 정하는 기초를 제공한다. 환경탐색과 상황분석은 '우리들은 현재 어디에 있는가?'라는 질문을 던져준다. 마케팅 목표를 정하는 데 있어서 '우리들이 어디에 있기 원하는가?'라는 질문이 생긴다.

마케팅 목표는 다음의 네 가지 시험단계를 거쳐야 한다.

1. 마케팅 목표는 측정가능해야 한다.
2. 마케팅 목표는 구체적인 목표시장을 전달해야 한다.
3. 마케팅 목표는 환경탐색, 상황분석 혹은 개발목표에 직접적으로 연결될 수 있는 소망된 결과의 관점에서 언급되어야 한다.
4. 성과에 대한 구체적 마감일자가 언급되어야 한다. 실제적 결과에 대한 책임

이 목표가 성취될 수 있는 정도에 비교하여 측정되어야 한다.

4) 마케팅 믹스

포지셔닝과 마케팅 목표가 선정된 목표시장에 대해 개발되면 마케팅 믹스가 설계될 수 있다. 마케팅에의 전통적인 접근방법은 마케팅 믹스가 제품product, 가격price, 촉진promotion 및 유통경로place or distribution의 네 가지 요소로 구성되어 있다고 제시하고 있다. 이것들은 마케팅의 4p로 불려진다. 관광분야에서는 다양한 학자들이 4p 외에 추가적인 요소를 제시하고 있다. 관광마케팅의 독특한 성격 때문에 4p 이외에 패키징packaging, 프로그래밍programming, 종업원people 및 파트너십partnership의 추가 요소가 마케팅 믹스 요인으로 언급된다. 따라서 전통적인 4p이론이 8p이론으로 확대된다. 어떤 요소가 포함되든 간에 이 요소들이 선정된 목표시장 고객의 특별한 욕구와 기타 구체적 특성에 맞게 선정되는 것이 중요하다.

(1) 제품

앞에서도 언급이 되었지만 휴가여행은 교통 및 숙박으로부터 관광과 기념품까지의 수많은 다양한 서비스와 제품으로 구성되어 있다. 일반적으로 이러한 서비스와 제품은 다양한 관광조직체에 의해 제공된다. 각각의 관광조직체는 매력적이고 만족스러운 전반적인 휴가여행 경험을 제공하기 위해 다른 관광조직체에 의존한다. 마케팅지향 철학은 서비스와 제품이 고객의 욕구와 욕망을 부합시키기 위해 조심스럽게 설계되어야 된다고 제시하고 있다. 이외에 시장세분화 개념은 관광조직체가 모두 만족시키는 서비스와 제품을 제공할 수 없다는 가정에 의거하고 있다. 어떤 조직체든 목표시장을 선정해야 하고 목표고객의 욕구를 만족시킬 다양한 서비스와 제품을 제공해야 한다. 하나의 특별한 목표시장에 소구하기 위해 좁은 개인화된 서비스를 제공하는 것과 하나 이상의 목표시장에 매력적인 충분한 다양성을 제공하는 것 사이에 적절한 균형을 취하는 것은 관광마케팅 경영자에게 어려운 의사결정이다. 수요수준과 고객유형에서의 계절적 비균형성에 적합한 비교적 고정된 관광시설과 서비스의 공급은 관광마케팅 경영자의 과업을 더욱 어렵게 만든다.

크리시Crissy는 서비스 혹은 제품을 제공하려고 의사결정할 때 당면해야 할 서너 가지의 중요한 기준을 제시했다. 그것들은 첫째, 다른 세분시장으로부터 추가 사업의 가능성을 가지고 최소한 하나의 중요한 세분시장으로부터 서비스나 제품에 대한 수요가 비교적 많아야 한다. 제품은 주로 세분시장으로부터의 사업에서 손익분기점을 최소한 상회해야 하며 다른 세분시장으로부터의 사업에서 이익을 만들어야 한다. 물론 새로운 매력물이나 서비스의 판매가 손익분기점에 도달하기까지는 일정 기간이 필요할지 모른다.

두 번째, 신제품 및 서비스는 관광목적지나 조직체의 포지셔닝 혹은 이미지와 일치해야 하며 또한 신제품 및 서비스는 현행 제품 및 서비스를 보완하여야 한다. 그러나 이것은 관광목적지가 단지 하나의 세분시장의 욕구에 소구해야 하며 해당 관광목적지의 모든 서비스와 제품이 해당 세분시장의 욕구에 부합되어야 한다는 의미는 아니다. 분명히 대부분 관광목적지의 규모에 의존한다. 관광목적지의 한 부분은 젊은 독신 및 부부에게 매력이 있을지는 모르겠지만, 반면에 다른 부분은 노인층에 매력이 있을지 모른다.

그러나 관광목적지의 각각의 부분은 하나 이상의 선정된 목표시장에 부합하기 위해서 서비스, 제품 및 포지셔닝을 개발하는 것이 필요하다.

세 번째, 새로운 서비스와 제품은 인력, 자본, 경영전문기술 및 자연자원의 가용한 공급과 부합해야 한다. 비록 새로운 서비스와 제품이 확인된 경쟁우위에 의거해야 하지만 그것들은 인적 혹은 재무자원의 부족 때문에 없을지도 모른다. 예를 들어, 어떤 목적지는 스키장소로서 적절한 산악지형을 가졌을지도 모르지만 스키장 운영에 경험이 없을지도 모른다. 스키장이 개발되기 전에 경험이 있는 경영진이 상시적이든 혹은 임시적으로 고용되어야 한다. 또한 관광분야에서 어떠한 새로운 서비스나 제품이 사회문화적 혹은 환경적 이유에서 바람직하지 않을지도 모른다.

마지막으로 어떠한 새로운 서비스나 제품이 관광목적지나 조직체의 이익이나 성장에 공헌하는 것이 필요하다. 어떠한 경우에 제공 서비스나 제품이 이익을 창출시키지 않을지도 모르나 성장에는 공헌할 수 있다.

예를 들어, 호텔 수영장은 직접 수익을 창출시키지 않은 채로 비용만 부담시킬지도 모른다. 그러나 수영장의 건설은 호텔에게 객실수익을 증대시킬지도 모른다. 반면에 수영장을 폐쇄한다면 고객들이 다른 휴양지나 호텔을 이용할지 모른다. 이와 유사하게 해당 목적지는 수익을 창출시키는 사업이 아닌, 더욱 많은 방문객을 유치하는 전략의 한 부분으로 비행노선을 취항시킬지도 모른다.

(2) 가격

많은 요인들이 가격정책에 영향을 준다. 어떤 상황에서 부과되는 가격은 해당 상황에 적절하고 여러 가지 요인의 결합에 의하여 영향을 받는다. 그럼에도 불구하고 어떤 지침이 가격의사결정을 돕는 데 사용될 수 있다.

순수 경제용어로 가격은 공급과 수요의 결과에 의해서 발생한다. 공급이 수요를 초과할 때 가격은 하락하며, 그 반대의 경우는 가격이 상승한다. 더욱 중요한 것은 수요가 변함에 따라구매량으로 측정 가격이 변하는 정도인 수요의 탄력성이다. 가격에서의 5% 하락은 구매자 수에서의 10% 증가를 가져오며 총매출액에서의 증가를 가져올 수 있다. 이 경우에 있어서의 수요는 탄력적이다. 일반적으로 아주 사치품은 가격변화에 민감하지 않고, 따라서 비가격 탄력적이 된다. 일년의 제한된 기간 동안에 운영을 하는 목적지나 호텔은 공급제한으로 말미암아 일년 내내 운영을 하는 목적지보다 가격이 높다모든 것이 같은 조건이라면. 수요가 일년 내내 일정하지 않기 때문에 비수기 때보다 성수기 때 높은 가격을 받는 것은 당연한 현상이다.

제품수명주기의 예상수명과 제품수명주기상의 목적지나 조직체의 위치 역시 가격의사결정에 영향을 미친다. 예상수명주기가 짧은 유행제품은 비교적 짧은 기간 동안에 투자금액을 회수하기 위하여 높은 가격을 부과해야 한다. 예상 수명주기가 긴 제품은 가격을 더 낮출 수도 있다.

부과가격은 경쟁에 의하여 영향을 받는다. 어떤 목적지의 시설과 서비스가 경쟁자의 그것과 아주 유사하다면 그것의 가격이 경쟁자의 가격과 유사해야 한다. 해당 목적지의 기타 관광서비스가 독특한 정도는 경쟁자보다 요금을 많이 부담할 수 있는지에 영향을 미친다. 경쟁에 영향을 미치는 것으로 시장점유율에 관한 경영정책이 있다. 만약에 의사결정이 시장점유율을 증가시키기로 결정을 하였다면 서너 개의 세분시장으로부터 작은 수의 관광객들을 유치하기로 결정한 것보다 가격이 낮아질 것이다.

또한 가격정책은 선별된 목표시장의 욕구에 의하여 영향을 받는다. 만약 관광목적지나 조직체가 시장의 욕구와 욕망을 만족시키고 이러한 욕구와 욕망이 세분시장의 구성원에게 중요한 것으로 지각된다면 이러한 구성원들은 더욱 높은 가격을 지불하고자 할 것이다. 또한 부과가격은 지각되는 가치보다 시장에 의하여 작게 지각이 되어야 한다. 어떤 상황에서는 시장의 영향이 경제원칙과 방향을 달리하는 것 같다. 어떤 사치품의 경우는 가격이 인상함에 따라 수요가 증가한다. 이러한 현상은 시장의 입장에서 속물근성을 나타낸다. 즉, 가격이 인상되면 지각가치가 높아지고, 수요가 커진다는 느낌을 받는다. 그러나 구매자의 마음에 있는 실제 가치는 지급되는 가격과 같거나 초과한다.

이러한 변수들의 효과는 계량적으로 결정될 수는 없으며, 이 변수들의 상호작용 결과는 더욱 결정하기 어렵다. 그러나 앞에서 서술된 일반 지침들은 특별한 관광목적지나 조직체를 위한 가격의사결정에 도움을 줄 수 있다.

(3) 촉진

세 번째 마케팅 믹스 구성요인은 촉진promotion인데 촉진은 서비스나 제품 자체를 제외하곤 마케팅 믹스에서 가장 가시적인 부분이다. 많은 사람들이 마케팅과 촉진을 같은 것으로 간주하는 실수를 저지르고 있다. 즉, 마케팅은 촉진보다 훨씬 넓은 개념이다. 촉진믹스는 광고, 판매촉진, 머천다이징, 인적 판매, 대중관계 및 홍보를 포함하는 서너 요인으로 구성되는 마케팅 믹스의 구성요인이다. 모든 촉진믹스 요소는 잠재고객과 의사소통하는 수단을 포함한다.

(4) 장소와 유통place and distribution

관광 유통은 독특하다. 관광시스템에서는 물적 유통시스템이 존재하지 않고 독특한 일련의 유통경로와 여행중개상을 개발시켰다. 이러한 유통기관은 관광목적지와 조직체에 관한 고객의 선택에 영향을 주고 관광마케팅에 의한 개별적인 주의를 요구한다. 구체적인 유통경로와 중개상의 선택은 목표시장, 관광서비스 혹은 목적지 유형, 고객의 거주지와 관련된 서비스의 위치를 포함하는 여러 요인에 의하여 영향을 받는다.

(5) 패키징과 프로그래밍packaging and programming

패키징과 프로그래밍은 관광산업만의 독특한 마케팅 믹스 구성요인이다. 이것들은 관광제품 및 서비스의 특성인 서비스의 즉각적인 소멸성과 수요와 공급을 일치시키는 문제를 극복하도록 돕는 데 사용될 수 있기 때문에 특히 중요하다. 패키징 및 프로그래밍의 다른 중요 특징은 이것들이 서비스와 제품을 해당목표시장의 욕구와 일치시키는 수단을 제공한다는 것이다. 예를 들어, 관광산업은 모든 여러 특별관심단체special-interest group를 위한 다양한 패키지 상품을 제공한다.

패키징은 목적지 믹스의 많은 요소들을 묶고 여러 개의 관광조직체의 서비스와 제품을 결합한다는 측면에서 또한 중요하다. 패키지는 하나의 가격으로 여러 개의 서비스와 제품을 포함하는 관계로 고객에게 편리하다. 프로그래밍은 고객 소비를 증가시키거나 특정패키지나 관광서비스에 매력성을 첨가시키기 위해서 특별활동, 이벤트 혹은 다른 종류의 프로그램을 제공하는 것을 의미한다. 많은 휴가패키지는 에스코트 지상투어escorted ground tour, 스포츠 관련, 유흥 이벤트 등과 같은 일련의 프로그래밍을 포함한다.

(6) 종업원people

관광은 인적 사업이다. 어떠한 훌륭한 시설이나 수많은 시설도 종업원에 의한 나쁜 서비스를 보충할 수 없다. 관광마케터는 직원들이 구체적 기능에 대하여 적절하게 훈련을 받도록 하고, 이 산업의 종업원과 지역주민이 관광객에 대하여 호의성 있는 태도를 가지도록 확실시 하여야 한다.

(7) 파트너십-협조마케팅partnership-cooperative marketing

파트너십은 두 가지 이상의 관광목적지 혹은 조직체를 포함하는 협조마케팅 프로그램cooperative marketing program을 의미한다. 경쟁이 격화되고 있는 관광산업에서 다른 조직체와 함께 자원을 공유하는 것은 성공에 도움을 준다. 패키징은 두 개 이상의 조직체를 포함할 때 파트너십 개념의 하나의 중요한 적용을 나타낸다. 협조광고cooperative advertising는 두 번째 적용을 나타낸다. 예를 들어, 캐리비안제도의 섬들은 '작은 스위스little Switzerland' 개념을 광고하기 위해 힘을 합쳤다. 이 협조광고 캠페인은 각 목적지에서의 면세보석, 시계, 크리스털 제품 및 향수 등의 가용성을 촉진하고 있다.

요 약

관광마케팅은 서비스 마케팅은 한 분야이지만, 다른 서비스 산업과는 다른 독특한 특징을 가지고 있다. 현대의 관광마케팅은 시장지향성과 사회적 마케팅 접근방법을 지녀야 한다.

마케팅활동을 수행하기 위해서는 관광목적지 및 조직체가 목표로 삼는 관광수요를 선별하여 그 세분시장에서 타 목적지 혹은 조직체에게 차별적인 제품과 서비스를 제공해야 하는데, 그 첫 번째 과정이 시장세분화이며, 두 번째 과정이 목표시장화이고, 세 번째 과정이 포지셔닝이다.

이러한 의사결정을 한 뒤 가격결정, 서비스와 제품, 촉진 및 유통경로를 사용한 마케팅 프로그램이 설계될 수 있는데, 마케팅 계획과정으로 알려진 단계적 절차를 거쳐야 한다.

연구문제

Q 1 관광산업이 다른 서비스산업과 다른 특징들은 어떠한 것인가?

Q 2 시장지향성과 사회지향적 마케팅 접근방법은 어떻게 다른가?

Q 3 관광시장에서 가장 흔히 쓰이는 시장세분화 근거를 설명하라.

Q 4 넓은 의미의 포지셔닝 접근방식을 서술하라.

Q 5 비차별적 마케팅, 차별적 마케팅, 집중적 마케팅 간의 차이를 서술하라.

Q 6 마케팅 계획수립 과정을 이해하고 설명하라.

Q 7 마케팅 믹스의 개념을 설명하고 4P와 8P를 서술하라.

Q 8 8P 중 파트너십-협조마케팅(partnership-cooperative marketing)을 서술하라.

참고문헌

이석호 · 장호찬 · 허진 · 여경진, 「관광학개론」, 한국방송통신대학교출판문화원, 2015

Lewis, R.C. 등, Marketing Leadership in Hospitality, Van Nostrand Reinhold, 1995.

Mill, R.C., the Tourism System, Prentice-Hall, 1992.

Morrison, A.M., *Hospitality and Travel Marketing*, Delmar Publishers, 2002.

MEMO

Chapter 09

여행업의 이해

Principle of Tourism
관광학원론

학습목표

- 여행업 정의에 대한 이해
- 여행업 특성에 대한 이해
- 여행업 분류에 대한 이해
- 여행업의 기능과 역할에 대한 이해
- 여행사 경영조직에 대한 이해
- 여행 상품에 대한 이해

제1절

여행업의 의의와 업무내용

여행업은 제2차 세계대전 이후 종래의 일 중심의 사회에서 여행을 통해 휴식과 기분전환 및 재생산력을 창출하면서 국민의 생활 속에 정착하게 되었다.

1 여행업의 정의와 특성

1) 여행업의 정의

여행업에 관해서는 많은 학자나 기관들이 정의를 하고 있는데 [표 9-1]은 여행업에 대한 학자별 개념 정의를 나타내고 있다.

정찬종2000: 106은 이러한 여행업에 관한 제 정의를 종합하여 "여행업이란 여행자와 여행관련기관principal 사이에서 여행자에 대해 예약, 수배, 대리, 이용, 알선 등의 여행서비스를 제공하고 그 대가를 받는 사업"이라고 결론지었다.

여기서 프린시펄은 여행업자의 입장에서 지칭되는 것이며, 다른 말로 공급업자라고도 한다. 프린시펄은 유통업자로서의 여행업의 공급업자를 지칭하는 말이다. [그림 9-1]은 그러한 관계를 타나내고 있다.

초기 우리나라 여행사는 외래 관광객의 유치를 통한 외화획득의 목적으로 국

표 9-1 여행업에 대한 학자별 개념 정의

연구자	연 도	여행업의 개념
Lickotish	1958	여행자들의 여행상담과 교통기관이나 숙박기관을 예약하고 여행을 생산 · 창조하는 사업자
오카니와	1972	여행준비와 여행실시상의 업무를 통해 수수료를 받아 경영되는 사업
이선희 · 박영호	1979	여행자와 여행시설업자 사이에서 거래상의 불편을 덜어 주고 중개해줌으로써 그 대가를 받는 기업
와타나베	1981	여행자와 운수기관 · 숙박시설 사이에서 여행자에 대해 예약 · 수배 · 알선 등의 서비스를 제공하고 그 보수를 얻는 사업자
이나가키	1981	여행자와 교통 · 숙박업 등의 중간에서 각종 서비스의 대리 · 매개 · 알선 · 이용을 하고, 혹은 여행자에 대해 공항수속의 대행 · 상담 · 안내를 하는 업종
이영수	1983	여행자와 관광의 하부구조를 형성하는 교통운송기관이나 호텔 등의 중간에서의 매개자
김진섭	1986	여행자와 교통기관 · 숙박시설 등 여행과 관계를 맺고 있는 사업의 중간에서 여행자에 대하여 예약 · 수배 · 알선 등 여행서비스를 제공하고 일정한 대가를 받아 영업하는 사업자
윤대순	1986	여행자에게 관련시설업자principals를 알선하여 주고 수수료를 받거나, 여행관련기관의 이용권을 판매하여 수수료를 받아 운영하는 사업자
ASTA	1989	여행관련업자를 대신하여 제3자와 계약을 체결하고 이것을 취소 내지 변경할 수 있는 권한이 부여된 자
Metelka	1990	개인 · 단체 · 회사에게 여행상품을 판매하고, 교통 · 숙박 · 음식 · 관광 등에 대한 서비스를 제공하는 기업
McIntosh	1990	여행자를 위해 여행에 필요한 제반요소를 알선하고 정보를 제공함으로써 관련기관으로부터 수수료를 받는 중개업
정찬종	2000	여행자와 관련시설업자 사이에서 여행자에 대해 예약 · 수배 · 대리 · 이용 · 알선 등의 서비스를 제공하고 그 대가를 얻는 사업
관광 진흥법	2011	여행자 또는 운송시설 · 숙박시설, 그 밖에 여행에 딸리는 시설의 경영자 등을 위하여 그 시설이용의 알선이나 계약체결의 대리, 여행에 관한 안내, 그 밖의 여행편의를 제공하는 업

자료 : 이봉석 등, 『관광사업론』, 대왕사, 1998, p.104의 수정.

가의 지도를 받는 형태로 등장하여 오늘날에는 근로시간의 단축으로 인한 여가시간의 확대, 가처분소득 증가, 가치관의 변화, 교통의 발달 등의 변화로 여행사 고유의 상품을 생산 · 판매하는 단계까지 발전하였다.

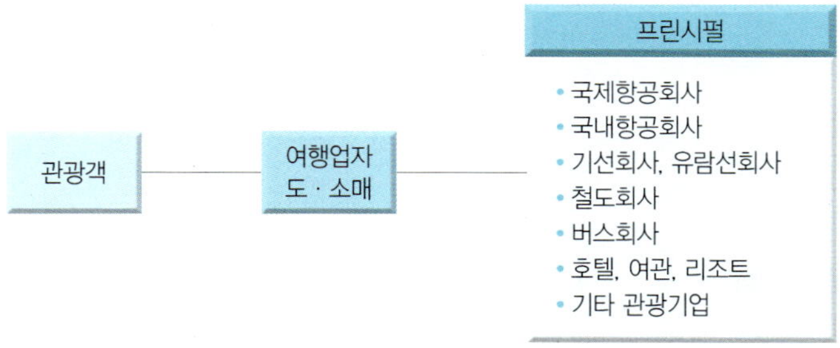

| 그림 9-1 | 유통업자로서의 여행업자

2) 여행업의 특성

여행업의 특성은 크게 경영적 특성과 산업적 특성으로 나누어서 설명할 수 있다.

(1) 경영적 특성

❶ 높은 인적자원의 의존성

여행을 위한 사전준비에서부터 여행이 종료되기까지 수반되는 모든 제반업무 즉, 고객과의 접촉, 여행상품의 기획 · 생산 · 판매, 항공예약 · 발권업무, 여행안내 등이 대부분 인적자원에 의해 이루어지며, 인적자원의 서비스 품질에 따라 여행상품의 질이 결정되기 때문에 여행사에서 인적자원은 매우 중요한자본이다. 따라서 여행관련 업무경험이 다양하게 축적된 유능한 전문 인력의 확보와 더불어 인적자원에 대한 정기적인 교육과 적절한 대우 등의 조치를 통해 다양해진 여행객의 욕구를 충족시켜 주도록 노력하는 것이 필요하다.

❷ 신용의 중요성

여행상품은 무형의 상품이기 때문에 무형성이라는 특성을 극복하기 위해 여행사에서 제공하는 여행일정표, 브로슈어, 팸플릿, 자사 홈페이지 등을 통해 상품을 구체화하는데 노력을 기울여야 함과 동시에 여행사의 신용을 높일 필요가 있다. 특히 여행객의 경우 실제 여행상품을 구매하여 체험하지 않은 상태에서 여행요금을 지불해야 하기 때문에 여행사에 대한 신용은 여행상품을 구매하는 결정적 역할을 한다. 따라서 여행사는 신용을 높이기 위해 고객과 약속한 여행조건을 충실히 이행하고 서비스 품질을 높이도록 해야 하며, 기업이미지와 상품의 브랜드 가치를 높일 수 있도록 꾸준히 노력해야 한다.

③ 계절성

2014년 처음으로 문화체육관광부에서 관광 활성화와 내수시장 확대, 여름철에 집중된 휴가 분산 등을 위해 봄과 가을에 일정한 시기를 정해 관광을 장려하는 제도를 시행하였는데 이러한 제도의 시행으로 계절과 요일 등의 요소에 좌우되는 여행을 분산시킨 것으로 나타났다. 이처럼 정부에서 노력하는 것과 같이 여행사에서도 여행상품의 가격과 여행조건의 차별화 등을 통해 수요의 탄력성에 적절하게 대처할 수 있는 여행상품 개발이 필요하다.

④ 높은 책임성

여행상품은 교통, 숙박, 식사, 현지관광 등 다양한 서비스가 복합적으로 구성되며 이러한 서비스는 각기 다른 공급자에 의해 제공된다. 따라서 하나의 여행상품은 서비스를 제공하는 주체에 따라 여행사가 원하는 수준으로 유지되는 것이 어려우며 예기치 못한 문제가 발생될 가능성을 가지고 있다. 여행사는 다른 여행서비스 공급자와는 달리 여행의 전 과정에 관여하기 때문에 여행 중에 발생하는 모든 문제에 1차적 책임을 진다. 따라서 여행사는 책임감 있고 신뢰가 높으며 역량이 충분한 공급자들을 중심으로 여행상품을 구성하고 서비스 품질을 유지하며 문제의 발생을 최소활 할 수 있도록 지속적인 노력이 필요하다.

⑤ 입지의 중요성

여행사는 일반적으로 대도시에 위치하여 고객이 찾기 쉽고 눈에 잘 뛰며 유동인구가 많은 곳에 위치하여 접근성을 높여 여행상품 구매를 용이하도록 위치한다. 이러한 접근성은 여행상품 구매에 매우 큰 결정 요인이기 때문이다. 예컨대 아웃바운드 투어업무를 주로 하는 여행사는 항공수요가 많은 기업체들이 밀집한 지역이나 항공발권이 용이한 지역 또는 비자발급이 용이하도록 대사관이 많은 위치에 소재하고 있다. 그러나 최근 인터넷의 발달로 온라인으로 여행상품을 구매하는 여행객이 증가하여 과거 오프라인 시대보다는 여행사 방문 고객이 감소하고 있는 실정이며 개별여행사의 특성 및 영업전략에 따라 영업장의 위치는 필수가 아닌 선택사항이 되는 추세이다.

⑥ 외부환경에 민감성

여행사는 외부환경에 민감한 영향을 받는다. 즉, 국내 · 외 정치 · 경제 · 사회 · 문화 · 기술 · 환경 요인 등에 직 · 간접적인 영향을 받고 테러 · 전쟁 · 전염병 · 천재지변 · 환율변동 등은 곧바로 여행객 감소로 이어져 여행사 경영에 큰 어려움을 겪을 수 있다.

(2) 산업적 특성

① 낮은 진입장벽

여행사를 창업할 때 법률로 규정한 자본금 규모는 일반여행업 2억원, 국외여행업 6천만원, 국내여행업 3천만원으로 항공업과 숙박업 등 타 업종에 비해 투자비용이 적게 든다. 또한 사무실 임대와 설치를 위한 집기 · 비품 · 사무기기 등을 갖추면 특별한 규제가 없어 비교적 간단한 절차에 의해 관할 관청에 등록한 후 영업을 시작할 수 있다. 따라서 소규모 자본으로도 회사설립이 가능하며, 비교적 위험부담이 적고, 전 · 폐업이 용이하다고 할 수 있다.

② 낮은 상품 차별성

여행상품의 차별성이 떨어지는 원인에는 먼저 여행상품은 지적재산권이 인정되지 않기 때문에 기존 여행상품을 모방하여 여행상품을 기획할 수 있다. 또한 해외여행 상품의 경우 도매업체해외여행 상품을 기획하는 업체나 지상수배여행사여행목적지 현재에서 행사를 진행하는 여행사의 수가 한정적이기 때문에 여행사 간에 상품의 차별성이 떨어질 수 있다. 이러한 문제는 결국 여행사 간에 요금경쟁을 유발하여 덤핑과 같은 문제점을 야기할 수 있어 여행사 존립과도 연결될 수 있다.

③ 영세성

2007년 기준 관광사업체 기초통계조사 보고서에 따르면 여행업 평균 매출액은 평균 3억 2,900만원에 불과해 관광진흥법상의 7개 관광사업 유형 중 가장 낮은 평균 매출액을 보이고 있다. 여행업의 매출액 규모를 살펴보면 1억 미만이 43.9%, 1억원 이상 ~ 5억 미만이 42.8%를 차지해 매출액 5억 미만의 여행사가 대부분을 차지하고 있다. 또한 종사자 규모의 경우 9명 이하의 종사자가 전체 여행사 88%를 차지해 관광사업 유형 중 9명 이하 종사자 비율이 가장 높은 것으로 나타났다. 이러한 조사결과를 분석해보면 여행업의 영세성으로 인해 대부분의 업체가 경쟁력이 떨어지며 환경의 변화나 외부충격에 매우 취약한 구조를 가지는 것으로 나타났다.

3) 여행업의 분류

여행업은 유통과정, 영업범위, 유통방식, 관광진흥법 등의 기준에 따라 분류되어질 수 있다. 그러나 이러한 분류는 두 개 이상의 기준이 합쳐질 수도 있다.

(1) 유통과정에 의한 분류

유통과정에 따른 분류에는 도매여행사, 소매여행사, 지상수배여행사 등으로 나누어서 설명되어질 수 있다.

① 도매여행사Wholesaler

도매여행사의 경우 주로 여행상품을 기획 · 개발하고 자체 상품 브랜드를 홍보하여 다수의 소매여행사와 대리점을 대상으로 여행상품을 판매하는 여행업을 말한다. 즉, 여행객에게 직접 판매하기 보다는 주로 소매여행사나 대리점을 통한 간접판매를 하기 때문에 자체 여행상품의 브랜드 가치와 인지도를 높이는 것이 필요하다.

② 소매여행사Travel Agency

도매여행사가 만든 여행상품을 제공받아 여행객에게 판매를 하는 여행사를 말한다. 여행상품의 판매는 특성 도매여행사의 여행상품만을 판매할 것이가 혹은 다수의 도매여행사의 여행상품을 판매할 것이가는 소매여행사가 선택할 수 있다. 이러한 소매여행사의 장점으로는 여행상품의 기획 · 수배 · 진행 등 복잡하고 어려운 여행업무를 하지 않고 도매여행사가 만들어 놓은 여행상품을 여행객에게 판매만 하기 때문에 여행업계에 진입하는 것이 비교적 용이한 장점이 있다. 반대로 단점으로는 도매여행사로부터 받는 일정한 수수료 외에는 별다른 수입이 없고, 실질적인 여행업무를 스스로 수행하기 어려운 한계를 가진다.

③ 지상수배여행사Tour Operator/Land Operator

여행사로부터 의뢰를 받아 내국인의 해외여행 시 여행목적지에서의 숙박, 식사, 교통, 안내 등의 수배와 예약을 전문적으로 하는 여행사를 말한다. 이러한 지상수배여행사는 여행상품의 소비자인 여행객 대신 여행사를 대상으로 영업을 한다. 일반적으로 항공편은 여행사가 수배하고, 현지에서는 지상수배여행사가 모든 수배 및 안내를 담당한다.

(2) 영업범위에 의한 분류

① 종합여행사

종합여행사의 경우 모든 여행업무를 취급하고 있으며 고객층 또한 다양하다.

② 전문여행사

특정 고객만을 대상으로 한정된 여행업무를 담당하고, 배낭여행, 성지순례 등의 특정 상품만을 담당하여 취급하는 여행사를 말한다.

(3) 유통방식에 의한 분류

유통방식에 의한 분류에는 크게 온라인 여행사와 오프라인 여행사가 있다.

① 온라인 여행사

인터넷의 보급과 발달로 인하여 인터넷을 통해 여행객을 모집하고 상품을 판매하는 여행사를 말한다. 기존 오프라인 여행사가 가지고 있는 영업의 한계를 극복하여 영업시간과 공간의 제약을 최소화하고 저비용으로 영업할 수 있는 장점이 있기 때문에 최근에 많은 발전을 거듭하고 있다. 그러나 업체수의 급증으로 인한 서비스 품질의 저하, 신뢰성 부족, 과당경쟁 등의 폐해가 발생되고 있다. 그러나 가격적인 측면과 고객과 쌍방향 · 실시간 정보교환의 원활함과 편리함으로 인해 앞으로도 발전가능성이 높다할 수 있다.

② 오프라인 여행사

여행객의 모집과 판매가 방문이나 전화 등 고객과 여행사 직원 간의 직접적인 접촉을 통해 이루어지는 전통적인 방식으로 상품을 판매하는 여행사를 말한다. 최근 온라인 여행사의 급속한 발전으로 오프라인 여행사는 위기에 처해있다.

(4) 관광진흥법에 의한 분류

관광진흥법상의 분류로는 일반여행업, 국외여행업, 국내여행업 등으로 구분된다.

① 일반여행업

국내 또는 국외를 여행하는 내국인과 외국인을 대상으로 하는 여행업으로 사증VISA을 발급받는 절차를 대행하는 행위를 포함하며 여행업 등록기준 중 자본금은 2억원 이상이다. 외국인의 국내여행Outbound Tour, 내국인의 국외여행Outbound Tour, 내국인의 국내여행Domestic Tour 등의 업무를 모두 취급할 수 있는 여행업을 말한다. 상세히 설명하자면 사업 범위는 외래 관광객의 유치 · 판매 · 수배 · 안내 업무와 내국인의 국외여행자를 대상으로 항공권 판매, 비자발급 수

속대행, 해외여행상품의 판매 · 수배 · 안내 업무 그리고 내국인 국내여행자를 대상으로 국내여행상품의 판매 · 수배 · 안내 업무 등 총괄적인 여행업무이다.

② 국외여행업

국외여행을 하는 내국인을 대상으로 하는 여행업으로 사증VISA을 발급받는 절차를 대행하는 행위를 포함하며 여행업 등록기준 중 자본금은 6천만원 이상이다. 해외여행 자유화의 시행으로 인하여 해외여행객이 급격하게 증가함에 따라 내국인의 국외여행업무Outbound Tour만 전담하고 있다. 2009년 11월에 개정된 관광진흥법 시행령은 여행업의 영업질서 유지에 지장이 없는 범위에서 등록기준을 낮춰 여행업의 진입규제를 완화한 만큼 여행사 개설이 용이해지고 소자본에 의한 운영 가능성, 관리의 용이성 등이 보장되면서 국외여행 업체수가 급속히 증가하고 있다.

③ 국내여행업

국내를 여행하는 내국인을 대상으로 하는 여행업이다. 여행업 등록기준 중 자본금은 3천만원 이상이다. 내국인의 국내여행만을 전담하도록 제한하고 있어 외국인을 대상으로 하거나 내국인의 국외여행을 취급할 수 없다. 국내선 항공권, 철도승차권, 특별행사의 입장권, 호텔 쿠폰 등을 판매하며 관광버스의 전세업무 등을 겸하는 업체도 있다.

2 여행업의 기능과 역할

1) 여행업의 기능

여행업의 기능은 크게 다섯가지로 구분될 수 있는데 상담기능, 수배기능, 수속대행기능, 판매대행기능, 여행안내기능 등이다. 여행객의 욕구가 다양해지면서 오늘날 여행사의 기능은 점차 확대되고 그 역할이 강조되고 있다.

① 상담 기능

상담기능이란 고객에게 정보를 제공하고 상담을 해주는 기능을 말한다. 여행사는 여행객 보다 여행과 관련한 정보와 지식이 많기 때문에 여행객에게 각종 정보를 제공하며 여행상담을 제공한다. 최근 인터넷의 발달로 여행객이 많은 여행정보를 습득하기 때문에 여행사에서는 정보의 우위를 확보하고 유지하기 위해 노력해야한다.

② 수배 기능

여행목적지의 교통수단 · 숙박 · 식사 · 관광지에서의 체험 · 기타 관광서비스 등 여행에 필요한 제반요소를 구매 · 확보하여 고객에게 서비스를 하는 기능을 말한다. 각종 예약 정보시스템의 발달로 여행을 위한 필수요소인 항공좌석이나 호텔객실 등의 확보가 원활해져 수배업무가 보다 용이해졌다.

③ 수속대행 기능

여행을 위해 반드시 필요한 제반수속 즉, 사증발급, 여행자보험 등을 여행사가 여행객을 대신해 수속해주는 기능을 말한다. 특히 사증발급은 해외여행의 필수이므로 여행사는 여행객의 편의를 제공하기 위해 수속을 대행하고 있다.

④ 판매대행 기능

항공권이나 철도권을 항공사나 철도회사 등을 대행하여 판매하는 기능을 말한다. 판매망을 구축하는 것보다 여행사를 통해 판매하는 것이 비용측면에서 효율적이기 때문에 항공사나 철도회사는 일정 수수료를 지급하고 판매를 대행해 왔다. 그러나 최근에는 인터넷 등을 통하여 소비자가 항공권이나 철도승차권을 구매하는 비율이 증가하면서 판매대행업무의 수요가 감소되고 있다.

⑤ 여행안내 기능

여행객의 기대를 최대한 만족시키기 위해 여행내용과 여행일정을 예정대로 원활하게 진행하고, 안내업무를 제공하는 기능을 말한다. 여행가이드나 국외여행인솔자 등이 여행안내업무를 담당한다.

2) 여행업의 역할

여행업은 서비스업이다. 여행업자는 여행 그 자체를 판매하는 것은 아니다. 일반적으로 탈 것에 타고, 잠자리에 자는 등 교통기관 내지 숙박시설을 이용함에 따라 '여행 한다'고 하는 '행위'로 나타나는 것이다. 즉, 여행은 인간의 행동을 수반하지 않으면 안 된다. 교통기관이나 숙박시설의 공간, 교통기관에 의한 이동운송 등에 어떤 서비스를 추가하여 이를 상품화하여 '여행'이 장사영업에 연결되는 것으로 그 서비스를 추가하는 역할을 담당하는 것이 바로 여행사이다.

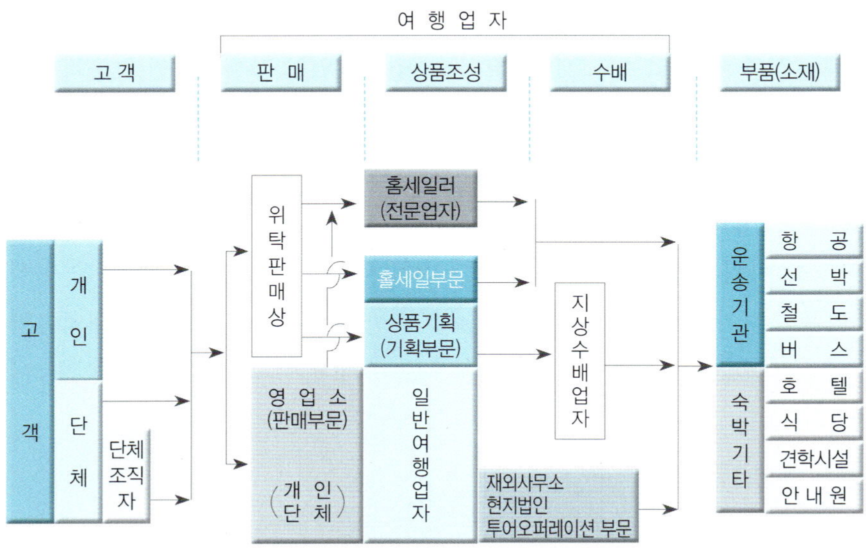

자료 : 정찬종, 「여행사경영원론」, 백산출판사, 2000, p.130.

그림 9-2 여행업의 역할

이처럼 여행사의 기본적 역할은 관광객의 뒷바라지support를 하는 일이다. 이들 여행에 부수되는 여러 가지 행위는 여행사를 통하지 않고도 실현 불가능한 것은 아니다. 그러나 현실적으로는 방대한 정보를 수집하여 여정itinerary을 작성하고 교통 · 숙박 등의 여행소재를 예약하는 일은 평시라면 몰라도 연휴나 주말 등 성수기에는 개인으로서는 곤란을 겪는 일이 많다. 관광객을 대신하여 이러한 불편을 해소시켜 주고 여행의 제반 어려움을 해결해 주는 것이 여행업의 역할이다.

여행업자는 고객에게 직접 서비스할 수 있는 구체적인 소재원료를 가지고 있지 않다. 또한 그들 공간이나 서비스를 고객에게 인도할 수도 없다. 따라서 고객과 소재 제공자로서의 교통기관철도, 선박, 버스, 항공기 등이나 숙박시설여관, 호텔, 식당, 박물관, 안내서비스 등의 중간에 서서 예약, 수배, 대리, 이용, 알선하는 것이 여행업자의 역할이라고 말해지고 있는 까닭이다. 이는 여행업이 수급유통을 하는 윤활유이며, 여행의 즐거움을 연출하는 연출가producer 역할을 하는 것으로 요약할 수 있다.

그러나 국내 · 외 모두 여행수요가 증대하고 고객이 추구하는 욕구도 다양화함에 따라 여행업자 자신의 필요에서도 위에 언급한 단순한 역할뿐만 아니라 보다 복잡한 종합적인 역할을 요구하게 되었다. 그것이 여행업이 기업으로서, 산업으로서 현재처럼 성장해 온 증거이기도 하다([그림 9-2] 참조).

제2절

여행사 경영조직과 여행상품

1 여행사 경영조직

여행업 경영조직의 경우 본사조직과 영업소조직으로 나누어지는데, 본사조직은 총무, 경리, 영업부문으로 영업소조직은 업무후방업무, 서무, 수배, 발권, 관리부문과 영업부문으로 나누어진다. [그림 9-3]는 본사와 영업소조직을 나타내고 있다.

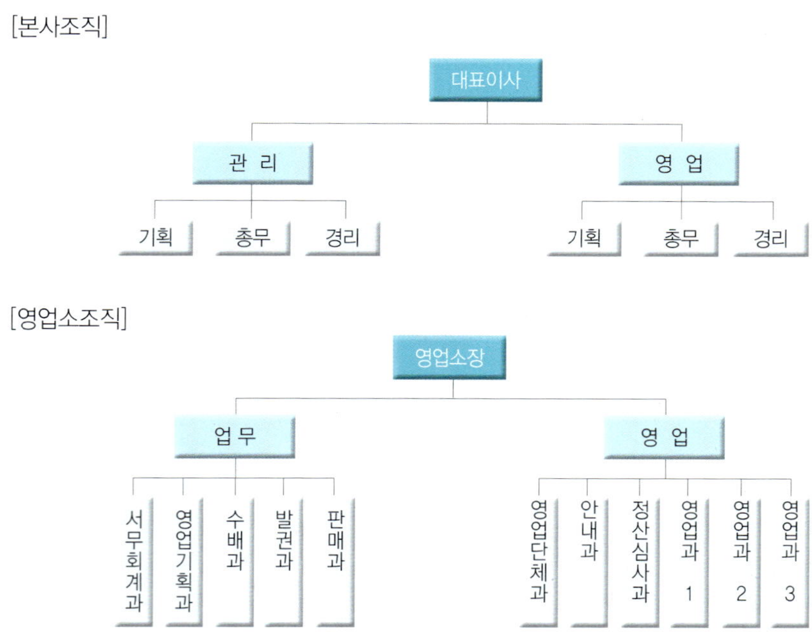

그림 9-3 본사와 영업소 조직

한편, [그림 9-4]는 국내 대형 여행사의 조직도를 나타내고 있다.

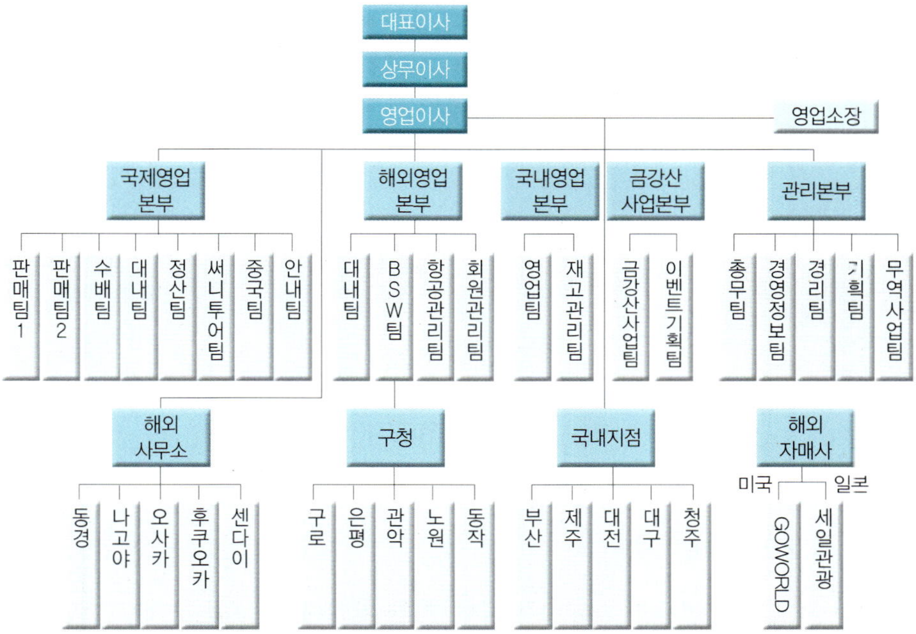

자료 : http://www.seiltour.co.kr.

그림 9-4 국내 대형 여행사의 조직도

이러한 여행사의 조직구조를 부문별 조직구조와 계층별 조직구조로 나누면 다음과 같다하헌국 등, 2000: 76~80.

1) 부문별 조직구조

기능을 별도로 분할한 것이 부문인데, 각 부문은 각각 특정기능에 전문화되어 있어 효율성은 좋으나 단점으로 부문 간의 협조가 잘 이루어지지 않을 수 있다. 일반적으로 부문별 조직을 기능별 조직, 라인 조직, 고객별 조직, 사업부 조직지역별 조직, 상품별 조직, 매트릭스 조직 등으로 구분하고 있다장혜숙 · 표성수, 1994: 123~126. 일반적인 여행사의 경영조직은 [그림 9-5]과 같은 형태이다.

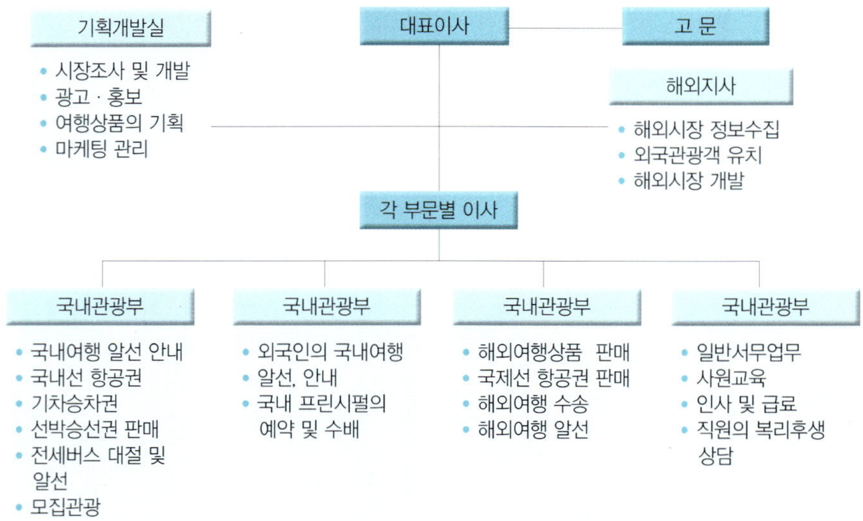

❙그림 9-5❙ 여행사 경영조직의 일반적 형태

(1) 기능별 조직구조

기능별 조직은 업무의 기능별 분류에 의한 것인데, 기능별 조직구조의 장점으로 기능별로 전문화함으로써 종사원들은 한 기능에 집중이 가능하고, 전문화와 표준화로 인해 조직의 효율성을 극대화시킬 수 있다. 우리나라의 경우 많은 중 · 대형의 여행사들이 기능별 조직구조를 택하고 있다이영관, 1999: 114~120.

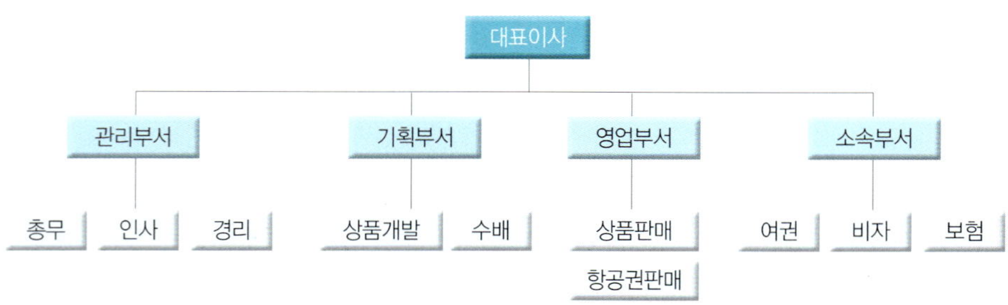

❙그림 9-6❙ 기능별 조직

(2) 라인 조직구조

이 조직구조는 중 · 대형 여행사가 아닌 소규모 여행사에 적합한 경영조직이다. 이 조직구조는 소규모 여행사가 기능을 분화하기 어렵기 때문에 이 조직구조에 적합하고, 지시계통의 일원화가 유지된다는 점에서 좋으나, 복잡 · 다양한 여행사기능의 전문화를 위한 폭넓은 업무처리기회가 제공되지 않는다는 점에서 단점이 존재한다.

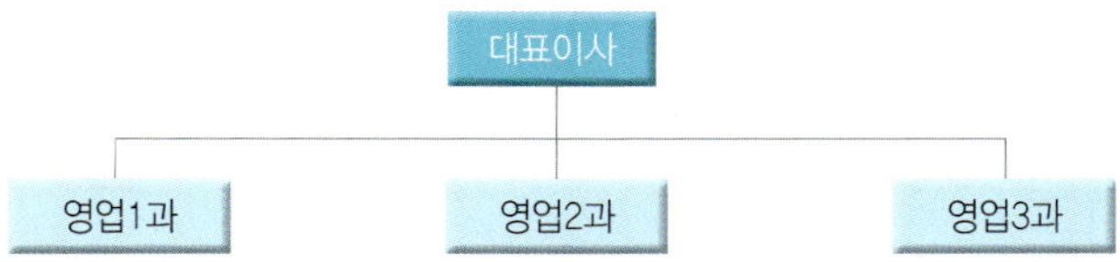

| 그림 9-7 | 라인 조직

(3) 고객별 조직구조

소비자인 여행사를 대상으로 분류한 조직형태이다.

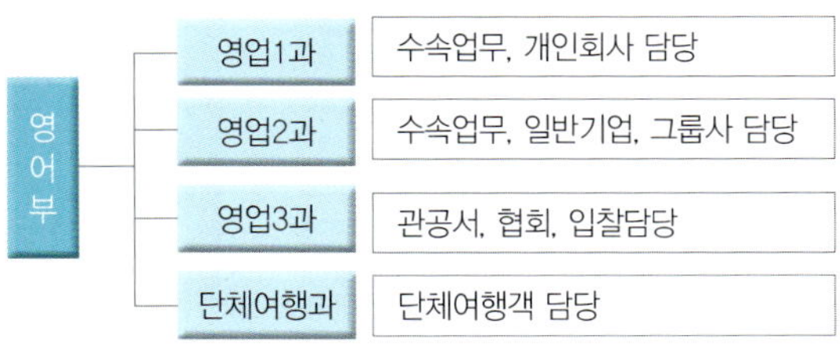

| 그림 9-8 | 고객별 조직

(4) 사업부 조직구조

사업부 조직구조는 최고경영자의 조정기능이 각 사업부 관리자에게 위임되어 어느 정도 분권화가 가능하며, 각 사업단위가 독립적이므로 사업부 관리자는 시장별 특성을 고려할 수 있어 적응성과 유연성을 높일 수 있다. 사업부 조직은 지역별과 상품별 조직구조로 나눌 수 있다.

❶ 지역별 조직구조

지역별로 책임자가 있는 조직구조로 해외여행부 · 국제여행부 · 국내여행부로 사업부가 나뉘며, 각 사업부별로 관리체계를 두는 구조이다.

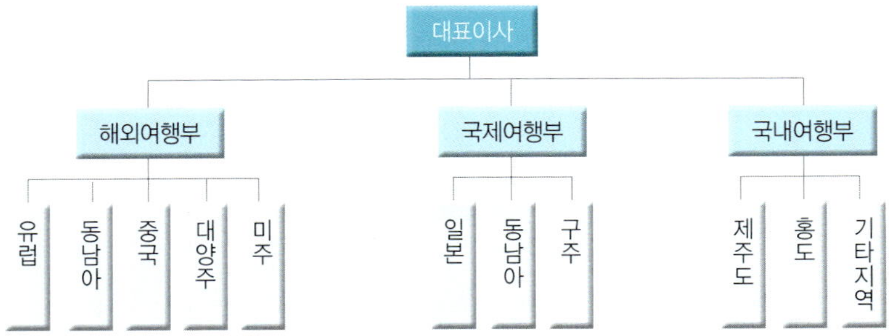

| 그림 9-9 | 지역별 조직

② 상품별 조직구조

이 조직구조는 여행상품의 종류에 따른 조직의 형태이다.

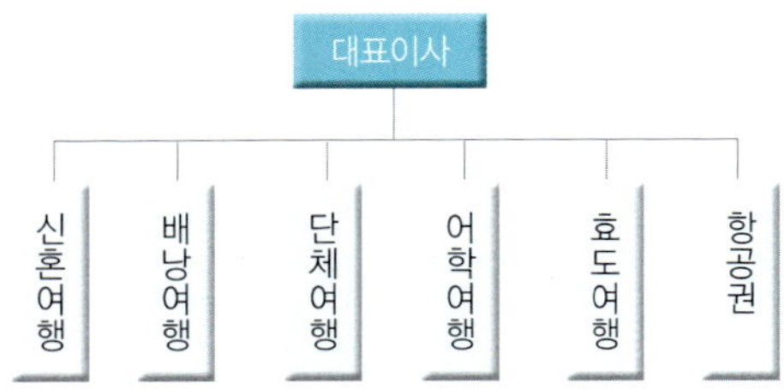

| 그림 9-10 | 상품별 조직

(5) 매트릭스 조직구조

| 그림 9-11 | 매트릭스 조직

매트릭스 조직구조는 기능별 조직구조의 효율성과 사업부 조직구조의 시장 적응성의 장점과 또한 이 조직구조들의 단점을 보완하기 위한 혼합형 조직구조이다.

2) 계층별 조직

계층별 조직이란 수직적, 즉 횡적인 구성으로 각 계층마다 상하의 관계를 가지고 역할에 차이를 두고 있다. 계층은 상하의 의사소통이 가능하도록 적을수록 좋다. 여행사는 서비스업으로 최고경영자가 고객의 목소리를 직접 들을 수 있도록 가능한 한 관리계층이 적은 것이 바람직하다.

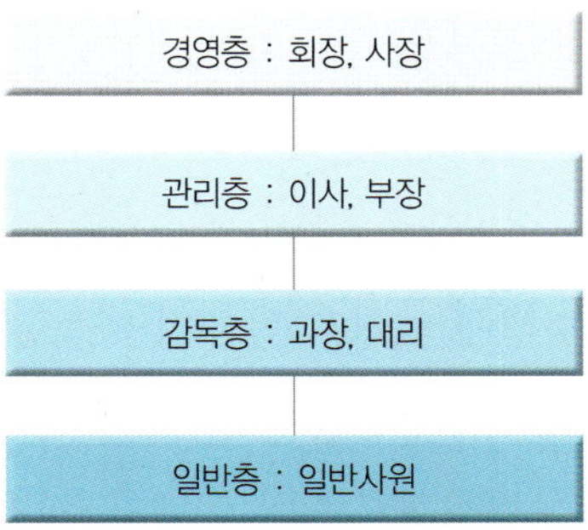

그림 9-12 계층별 조직

2 여행 상품

여행상품에 대한 정의는 다양하나, 우선 메드릭Medlik은 "여행자 마음 속의 이미지를 포함한 여행목적지로의 유인대상물attraction과, 숙박, 케이터링catering, 레크리에이션을 포함한 시설 및 목적지로의 접근성"으로 파악하고 있고, 와합Wahab은 "여행동태적 부분과 목적지에서의 체류반정태적 부분를 이루는 전체적인 결합에 상호 보완적 요소의 결합체로 파악하고 있다. WTO에서는 여행상품을 "여행목적지, 숙박, 교통수단, 보조서비스와 관광매력을 결합시킨 것"으로 정의하여 여행소재의 결합에 초점을 두고 있다.

이러한 여행상품의 특성은 다음과 같다정찬종, 2000: 151-153.

1) 무형성intangibility

여행이란 그 자체를 만질 수도 볼 수도 없으며 오로지 정신적으로 이해할 수 밖에 없는 측면이 있다.

2) 동시성simultaneity

여행상품은 생산과 소비 내지는 공급과 수요가 같은 장소에서 동시에 행해진다.

3) 이질성heterogeneity

이질성은 여행서비스 수행에 있어서 잠재적인 높은 변동가능성을 의미하는 것으로 여행소재 제공업자로부터 상품생산면에서 동일한 질의 서비스를 제공받기 어렵다. 즉, 이것은 여행소재제공자, 여행자, 시간 등의 변수에 따라 이와 같은 이질성을 극복하기 위해서는 여행서비스 수행의 일관성consistency을 유지하여 품질관리를 강화하여야 한다.

4) 계절성seasonality

여행은 계절성으로 자주 고통을 받는 상품으로 여행시장 또한 계절요인 또는 하루 중에도 시간에 따라 수요가 크게 변동한다.

5) 패키지성package

여행상품은 여행소재의 결합에 의해 생산되는 것으로 이는 곧 개별서비스가 패키지화되어 이루어짐을 의미한다.

6) 모방성parity

여행상품은 판매를 위해 상품내용을 공개해야 하고 여행상품 구성요소인 호텔, 교통기관, 식당 및 여행관련 시설 등은 여행사별 차별화가 곤란하기 때문에 타사에서 모방하기 쉽다.

7) 소멸성perishability

여행상품은 사용일이 예정되어 있는 상품으로서 사용일시가 경과하면 자연히 상품가치가 소멸되는 것을 의미한다.

3 여행상품의 구성요소

여행상품은 [그림 9-13]에서 나타난 바와 같이 여러 여행소재의 결합으로 이루어져 있음을 알 수 있으며, 이를 구체적으로 알아보면 다음과 같다정찬종, 2000: 156–157.

첫째, 교통수단이다. 교통수단에는 한 지점에서 다른 지점으로 이동시키는 모든 교통수단, 즉 대형승합차motorcoach, 소형승합차mini coach or van, 항공기airplane, 기차train, 여객선cruise ship, 마차, 인력거 등의 모든 이용가능한 교통수단을 포함한다.

둘째, 숙박기관이다. 호텔, 모텔, 유스호스텔youth hostel, 여관, 여인숙 등 잠을 잘 수 있는 모든 숙박기관을 포함한다.

셋째, 음식이다. 인간이 가진 여러 욕망 가운데 기본적인 욕구가 식욕인 것처럼 여행 중의 즐거움도 식사에 있을 만큼 식사요소는 그 비중이 매우 크다. 식사에는 동 · 서양식을 포함 모든 식사를 포함하며 식사와 곁들여 진행되는 각종 쇼show도 포함한다.

넷째, 쇼핑shopping이다. 여행의 즐거움 가운데 하나는 여행지에서의 상품구입이다. 그 지역의 토산품을 구입함으로써 오래도록 추억을 간직할 수 있다. 여기에는 농축산물, 어패류, 공산품, 민예품, 토산품, 특산물 등 모든 상품이 포함된다.

다섯째, 여행목적지이다. 여행목적지는 매력물attractions, 편의시설facilities, 하부구조infrastructure, 교통 · 수송transportation, 환대 · 접대hospitality 등을 포함하는 개념이다. 여행목적지는 그 지역의 문화, 역사, 제도, 관습, 풍속, 예술 및 스포츠를 포함한 여가활동leisure activities을 즐길 수 있는 장소를 포함한다.

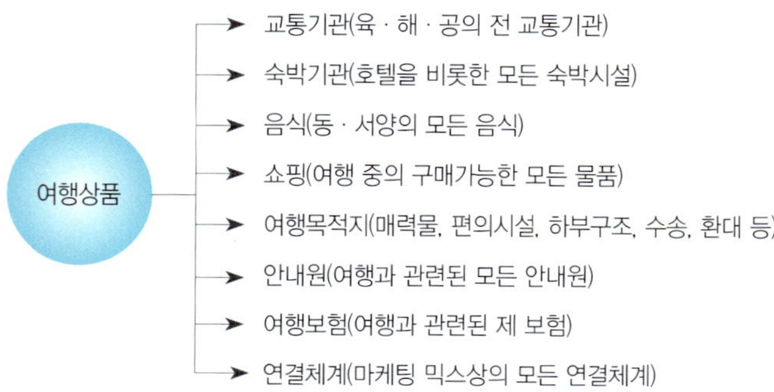

자료 : 정찬종, 「여행사경영원론」, 백산출판사, 2000, p.158.

| 그림 9-13 | 여행상품의 구성요소

여섯째, 여행안내원이다. 여행의 소프트적 요소로서의 안내원은 여행의 가치증진 상품으로서 존재한다. 안내원에는 전속안내원full time guide, 일용안내원part time guide, 특정지역 및 특정장소안내원local guide 및 여행관리자tour escort를 포함한다.

일곱째, 여행보험이다. 여행보험은 여행일정 중 우연히 발생할 수 있는 사고에 대한 안전장치이다.

여덟째, 연결체계link system이다. 연결체계는 여행대상과 여행대상 간의 연결attraction link, 상품과 상품 간의 연결product link, 의사소통의 연결communication link, 교통수단의 연결transportation link, 판매조직망의 연결sales organization link, 판매서비스 연결sales service link 등을 포함한다.

이상의 내용을 그림으로 제시하면 [그림 9-13]과 같다.

요 약

여행업이란 여행자와 여행관련기관 사이에서 여행자에 대해 예약, 수배, 대리, 이용, 알선 등의 여행서비스를 제공하고 그 대가를 받는 사업이다. 여행업의 특성은 크게 경영적 특성과 산업적 특성으로 나누어서 설명할 수 있다. 경영적 특성에는 ① 높은 인적자원의 의존성, ② 신용의 중요성, ③ 계절성, ④ 높은 책임성, ⑤ 입지의 중요성, ⑥ 외부환경에 민감성 등이 있고 산업적 특성에는 ① 낮은 진입장벽, ② 낮은 상품 차별성, ③ 영세성 등이 있다.

여행업의 분류로는 유통과정에 의한 분류, 영업범위에 의한 분류, 유통방식에 의한 분류, 마지막으로 관광진흥법에 의한 분류가 있다.

이러한 여행사가 취급하는 여행상품은 다른 관광상품과 마찬가지로 무형성, 동시성, 이질성, 계절성, 패키지성, 모방성 및 소멸성을 가지고 있다.

연구문제

Q 1 여행업 정의에 대하여 설명하라.

Q 2 여행업의 특성을 설명하라.

Q 3 여행업은 어떻게 분류되는지 설명하라.

Q 4 여행업자가 공급자(프린시펄)로부터 받는 수수료의 종류와 수수료율을 설명하라.

Q 5 여행업의 기능과 역할에 대하여 설명하라.

Q 6 여행사 경영조직을 설명하라.

Q 7 여행상품의 구성요소를 설명하라.

Q 8 한국 여행업의 미래 발전방향을 제시하라.

참고문헌

김병용, 「관광학원론」, 한올출판사, 2012
김성혁, 「관광사업론」, 백산출판사, 2001.
문화체육관광부, 관광진흥법, 2011.
박중환,"호텔기업의 유통경로에 관한 연구", 관광 · 레저연구, 1990.
이석호 · 지명원, 「여행사실무」, 한국방송통신대학교출판문화원, 2010
이영관 외, 여행사경영론, 백산출판사, 1999.
이휘영 · 윤문길,"발권수수료 축소 · 폐지에 따른 여행자 수익경영을 위한 전략 연구", 한국항공경영학회 춘계학술대회, 2009.
장혜숙 · 표성수, 「여행사경영론」, 형설출판사, 1994.
정익준, 「관광학원론강의」, 시그마프레스, 1994.
정찬종, 「여행사경영원론」, 백산출판사, 2000.
하헌국 · 조문식 · 김영규, 「여행사경영론」, 대왕사, 2000.

McIntosh, Robert W., Charle R. Goeldner & J.R. Brent Ritchie, *Tourism: Principles, Practices, Philosophies*, New York, John Wiley & Sons, 1995.
WTO, *1976 Research program*, Distribution Channels, Madrid, 1976.

Chapter 10

호텔과 외식산업

학습목표

- 호텔의 어원에 대한 이해
- 호텔의 정의에 대한 이해
- 호텔의 기능에 대한 이해
- 호텔의 분류에 대한 이해
- 호텔경영의 특성에 대한 이해
- 호텔 조직에 대한 이해
- 외식산업의 의의와 특성에 대한 이해
- 외식산업의 분류에 대한 이해
- 외식산업의 현황에 대한 이해
- 국내 외식산업의 문제점에 대한 이해
- 국내 외식산업의 문제점 해결방안에 대한 0 해
- 외식사업의 전망에 대한 이해

제1절

호텔산업

1 호텔의 어원

호텔의 어원은 여행자 · 나그네 · 타향인 · 손님들을 접대하는 주인을 의미하는 라틴어 Hospes, '융숭한 대접, 후대한다는 의미의 라틴어 Hospitalis의 변형어로 라틴어 Hospitale 에서 찾을 수 있다. 중세 이후 병원이라는 의미의 Hospital과 Hospital · Hostel로 사용되어지다가 근대 이후 Hotel로 정착되어 사용되어지고 있다.

2 호텔의 정의

호텔은 대부분 대른 사업과는 달리 친절하고 예의바른 종사원이 고객을 접대하고, 물적 · 인적 상품서비스을 동시에 제공하며, 고객을 위해 각종 편의를 제공하는 등 특수한 성격을 가진 사업이다.

호텔의 정의는 다양하게 정의되어질 수 있는데 우리나라 '관광진흥법'에서의 호텔의 정의는 "관광객의 숙박에 적합한 시설을 갖추어 이를 관광객에게 이용하게 하고 숙박에 부수되는 음식 · 운동 · 오락 · 휴양 · 공연 또는 연수에 적합한 시설 등을 함께 갖추어 이를 관광객에게 이용하게 하는 업"이라고 정의하고 있고, Webster's Dictionary의 호텔에 대한 정의는 "호텔은 일반대중을 위하여 숙식과 함께 식사를 제공하고 여러 가지 개인적인 서비스를 제공하기 위하여 만들어진 시설물"이라고 정의되고 있다. 또한 학자마다 조금씩 차이가 있지만 대동소이하게 호텔의 정의를 내리고 있다.

3 호텔의 기능

전통적인 개념에서의 호텔의 기능에는 첫째, 숙박의 기능, 둘째, 식음료의 기능, 셋째, 안전의 기능이 있을 수 있다. 최근 이용객의 국제화 · 대중화 · 다양화에 따라 전통적 기능을 포함한 확장된 현대적 기능이 나타났다. 이러한 현대적 기능을 살펴보면 오락 · 여가 기능여가활용 공간, 나이트클럽, 전자오락실, 게임룸, 바 등, 사교 · 집회 · 문화장소 기능사교공간 활용, 연회행사, 문화행사, 회의 · 컨벤션 행사 등, 레저 · 휘트니스센터 기능수영장, 볼링장, 인도어골프장, 탁구장, 당구장, 스쿼시 등, 건강 · 헬스관리기능사우나, 에어로빅, 헬스, 미용실, 마사지실 등, 쇼핑센터 기능면세점, 의상실, 기념품점, 베이커리 등, 비즈니스센터 기능전화수신 대행, 사무실 비서대행, 팩스 · 복사 · 프린터 활용, 소회의실 사용 등, 정보제공 기능관광안내, 시내안내, 행사안내 등이다.

4 호텔의 분류

호텔업의 유형은 호텔의 경영형태, 장소, 규모, 숙박목적, 숙박기간 등 여러 가지 기준에 따라 다양하게 분류되는데 호텔산업의 다양성과 복합성 때문에 학자들마다 그 분류방법에서도 서로 다른 양상을 보이고 있다. 기본적으로 일반적인 분류방법과 법규에 따른 분류방법이 있는데, 일반적인 분류방법에는 경영형태에 따른 분류, 호텔이 위치한 장소에 따른 분류, 시설규모에 따른 분류, 숙박목적에 따른 분류, 숙박기간에 따른 분류, 요금지불방식에 따른 분류, 등급에 따른 분류 등이 있다.

| 표 10-1 | 분류기준에 의한 호텔의 종류

분류기준	호텔의 종류	
경영형태	Independent Hotel(단독경영호텔)	Chain Hotel(체인호텔)
장소	Downtown Hotel(도시내 호텔) Suburban Hotel(교외호텔) Station Hotel(기차역호텔) Metropolitan Hotel(도심지호텔) Seaport Hotel(항구호텔)	Airport Hotel(공항호텔) Highway Hotel(고속도로호텔) Country Hotel(지방호텔) Terminal Hotel(터미널호텔)
시설규모	Small Hotel(소규모 호텔) Large Hotel(대규모 호텔) Average Hotel(보통규모 호텔)	
숙박목적	Commercial Hotel(상용호텔) Apartment Hotel(주거형 호텔) Resort Hotel(휴양지호텔)	Business Hotel(비즈니스호텔) Conventional Hotel(컨벤션호텔)
숙박기간	Transient Hotel(단기체재호텔) Permanent Hotel (주거형 호텔) Residential Hotel(장기체재호텔)	
요금지불 방식	American Plan Hotel Dual Plan Hotel Modified American Plan Hotel	Continental Plan Hotel European Plan Hotel Bermuda Plan Hotel
등급	1성급 3성급 5성급	2성급 4성급
관광진흥법	관광호텔업 한국전통호텔업 호스텔업 의료관광호텔업	수상관광호텔업 가족호텔업 소형호텔업
기타	Motel(모텔) Botel(보텔) Eurotel(유로텔) Inn(인) Flotel(프로텔) 민박	Lodge(로지) Yachtel(요텔) Pension(빵송) Youth Hostel(유스호스텔) Parador(파라도)

자료 : 호텔경영연구회(2009), 「호텔경영의 이해」, 대왕사, 2010. p.54에서 참고하여 수정.

1) 경영형태에 따른 분류

(1) 단독경영호텔

개인이나 법인이 호텔을 하나만 독립적으로 운영하는 호텔을 말한다. 규모가 작거나 지방에 있는 호텔들이 단독경영호텔로 운영되는 경우가 많다. 체인호텔과 달리 독자적인 경영기법 및 상호로 운영된다. 경영에 대해 간섭을 받지 않고 의사결정 등을 신속하게 처리할 수 있는 장점이 있지만 투자에 대한 위험부담이 크고, 호텔경영에 대한 노하우 부족과 해외마케팅에 한계가 있는 등의 단점이 있다.

(2) 체인호텔

단독경영호텔과 달리 호텔간 체인을 맺어 운영하는 호텔이다. 이러한 체인 경영방식에는 본사직영체인, 위탁경영체인, 프랜차이즈 체인, 리퍼럴 그룹, 임차경영, 합작투자경영, 업무제휴경영의 형태가 있다.

표 10-2 호텔의 경영형태와 체인의 유형

경영형태	유형
단독경영	단독(독립)경영 호텔(Independent Hotel)
체인경영	본사직영 체인(Regular, Ownership chain) 위탁경영협약 체인(Management Contact Chain) 프랜차이즈 체인(Franchise Cha in) 리퍼럴 그룹(Referral Group) 임차경영(Leased Chain) 합작투자경영(Joint Venture Chain) 업무제휴경영(Affiliation Chain)

자료 : 이석호 · 장호찬 · 허진 · 여경진, 「관광학개론」, 한국방송통신대학교출판문화원, 2015

❶ 본사직영 체인

본사직영체인은 체인의 모회사가 소유권에 대한 지분을 소유하거나 주주로부터 경영을 위임받아 운영하는 형태의 체인을 말한다. 체인호텔의 모호텔은 호텔경영 전반을 관장하며 통일성을 유지한다. 체인 호텔별로 전문경영인을 두고 책임경영을 하기도 하지만 독립성과 독창성을 유지하기에는 한계가 있다.

❷ 위탁경영협약체인

위탁경영협약 체인Management Contract Chain은 호텔 소유주 측이 호텔경영을 전문으로 하는 체인회사에 호텔의 전반적인 경영을 위탁하는 방식이다. 체인 본부에서는 위탁경영에 따른 수수료와 상표 및 특허권 사용, 마케팅 비용 등의 로열티Royalty를 받아서 위탁 호텔을 책임경영하게 된다. 위탁 호텔호텔 소유주측은 경영권 자체가 상실되며, 체인 본부에서 모든 권한을 위임받아 전문경영을 한다. 위탁경영수수료 계산방식은 계약된 호텔이 일정조건 및 매출목표를 달성했을 때 이익에 대한 일정비율의 대가Fee방식으로 지급한다. 따라서 단독경영 호텔보다 경영효율 및 경영기법에서 효과적이다

❸ 프랜차이즈 체인

프랜차이즈Franchise란 특별한 상호나 서비스 명칭을 가진 소유자가 타인에게 동일한 제품이나 서비스 명칭 등을 사용할 수 있도록 허용하는 특허권을 의미한다. 프랜차이즈 계약을 체결한 호텔은 프랜차이즈 본부에서 요구하는 운영상의 모든 계약조건과 시설요건만 갖추면 단독경영 호텔의 이점을 그대로 유지할 수 있다. 호텔의 경영권은 체인 본부의 간섭을 받지 않고 자본의 도입관계도 없다. 우리나라의 경우 쉐라톤워커힐호텔이 이 경우에 속한다.
프랜차이즈 체인의 장 · 단점이 있는데 먼저

장점으로는

- ⊙ 경영 노하우 도입이 용이하여 호텔사업의 진출이 쉽다.
- ⊙ 브랜드 및 표준시설 사용으로 초기에 사업신뢰성 확보가 가능하다.
- ⊙ 구매 · 인사 · 조리 · 서비스 등의 기술지원을 받을 수 있다.
- ⊙ 체인 예약망을 활용할 수가 있다.
- ⊙ 공동광고를 통해 원가를 절감할 수 있다.
- ⊙ 대량구매를 통해 구매원가절감이 가능하다.
- ⊙ 금융기관으로부터 자금조달이 용이하다.

등 7개가 있고

단점으로는

- 가입비Initial Franchise Fee와 사용수수료Royalties 부담이 크다.
- 지역 및 기업특성을 고려한 독자상품의 개발과 판매를 제한받는다.
- 본부로부터 과도한 요구와 통제를 받게 된다.
- 계약위반과 계약취소나 종료시 비용문제가 발생된다.
- 인접지역 내에 가맹점을 남발하는 경우 손실이 발생된다 등 5개가 있다.

④ 리퍼럴 그룹

리퍼럴referral이란 단독경영 호텔들이 각각의 호텔들 간의 경영의 독립성은 유지하면서 체인경영의 이점과 관련된 업무에 대하여 상호 협력 · 제휴하여 경영의 효율성을 높이는 형태를 말한다. 리퍼럴 그룹에 가맹Membership한 호텔들은 체인 호텔처럼 상호 협력하여 공동 구매 · 광고 · 판촉과 예약망 구축과 정보교환 등을 하고, 이에 대한 비용을 충당하기 위하며 회원사로부터 고정적으로 시설이나 회비를 징수한다. 회원 호텔로 가맹하기 위해서는 그룹이 요구하는 시설이나 서비스 등의 자격요건을 충족해야만 하며, 가맹 후에는 시설 및 서비스에 대해 정기점검을 받게 된다. 이러한 리퍼럴 그룹의 형태로 성공한 그룹을 보면 HRI, SRS, MRI Hotel 등이 있다.

⑤ 임차경영 체인

임차경영 체인Leased Chain 호텔이란 토지 및 건물의 투자에 대한 자금조달 능력을 갖추지 못한 호텔기업이 제3자의 건물을 임차하여 호텔사업을 운영하는 경우를 말한다. 건물의 내장 · 가구 · 비품에 대한 투자는 경영주체인 호텔기업이 부담하고 임차료는 사전에 결정된 일정액을 소유주에게 지불하는 것이 임대차계약의 기본적인 형태이다.

임차경영의 장 · 단점이 있는데 장점의 경우

- 건물소유주는 호텔경영 노하우 없이도 투자가 가능하다.

- ⊙ 건물소유주는 영업실적에 관계없이 고정된 임대료를 받을 수 있다.
- ⊙ 건물소유주는 내장 · 비품에 대한 투자를 하지 않아도 된다.
- ⊙ 임차경영주는 토지와 건물에 대한 투자 없이 체인망 확보가 가능하다.

등 4가지가 있고,

단점의 경우

- ⊙ 건물소유주는 자본조달능력이 있어야 된다.
- ⊙ 건물소유주는 경영통제권을 상실한다.
- ⊙ 임대동의서에서의 제한된 수익만 가능하다.
- ⊙ 임차경영주는 임대료를 포함한 재무적 위험부담을 안고 있다

등의 4가지가 있다.

⑥ 합작투자경영 체인

합작투자경영Joint Venture Vhain 호텔은 자본을 제휴하는 것으로 체인 본부 호텔과 체인을 체결하고자 하는 호텔이 일정비율의 자본을 상호 출자하여 운영하는 형태이다. 대부분의 합작투자 호텔은 자본과 경영을 동시에 체인화하고 있다.

⑦ 업무제휴경영

단독경영호텔이 호텔명 및 경영권의 독립성을 유지하면서 단지 호텔경영에 대한 노하우 또는 특정업무에 대하여 상호간에 제휴하는 형태를 업무제휴경영 체인Affiliation chair 이라고 한다. 우리나라의 경우 신라호텔과 일본 오꾸라 호텔간에 업무제휴를 맺고 객실 및 식음료매출액의 일정비율 수수료와 별도의 공동판촉비를 제공하고 있다.

2) 장소에 따른 분류

(1) 다운타운 호텔Downtown Hotel

도시중심지에 위치한 호텔이다. City Hotel과 같은 개념이며, 비즈니스와 관련된 고객들이 주로 이용하는 호텔이다.

(2) 메트로폴리탄 호텔Metropolitan Hotel

대도시에 대규모 객실을 보유하고 있는 호텔을 말한다. 컨벤션센터 등의 대규모 시설을 갖추고 있으며, 비즈니스와 관련된 모든 편의시설 · 설비 · 서비스가 완비되어 있다.

(3) 컨트리 호텔Country Hotel

시티호텔에 반대되는 개념의 호텔로서 교외라기보다 산지에 세워지는 마운틴 호텔Mountain Hotel이라고 부를 수 있으며, 지역특색에 어울리는 시설과 서비스를 구비한 호텔이다.

(4) 교외호텔Suburban Hotel

다운타운 호텔과는 달리 도시주변의 한가한 교외에 위치한 호텔이다. 고외호텔은 비교적 넓은 주차장을 확보하고 있으며, 공기가 맑고 경치가 좋은 곳에 위치하기 때문에 오너드라이브 여행객들이 편리하게 이용할 수 있다.

(5) 공항호텔Airport Hotel

에어텔Airtel이라고 칭하기도 한다. 공항부근에 건설된 호텔이며, 항공기의 승무원 및 항공여객들이 주로 이용한다. 인천공항에는 공항 내에도 호텔이 있다. 이 밖에도 항구호텔Seaport Hotel, 기차역호텔Station Hotel, 터미널호텔Terminal Hotel, 고속도로호텔Highway Hotel 등이 있다.

3) 시설 규모에 따른 분류

시설 규모에 따른 분류에는 크세 소규모, 보통규모, 대규모 호텔이 있다. 먼저 소규모 호텔의 경우 객실이 100실 미만인 호텔을 지징하는 것이 일반적이다. 보통규모 호텔의 경우 100실~ 300실 정도의 객실을 갖춘 호텔을 지칭하며, 대규모 호텔은 300실 이상의 객실을 갖춘 대형 호텔을 말한다.

4) 숙박목적에 따른 분류

(1) 커머셜 호텔Commercial Hotel

비즈니스 호텔Business Hotel이라고도 하며, 주로 도시중심가 또는 상업지역에 위치한 호텔이다. 비즈니스와 관련된 고객들이 주로 이용하는 호텔로서 비즈니스에 편리하도록 인터넷망이 연결되어 있고, 비즈니스 · 복사기 · 컴퓨터 · 프린터기 등의 사무기기를 갖추고 있고, 이를 활용하여 밖에서도 회사업무를 처리할 수 있도록 해 준다.

(2) 컨벤셔널 호텔Conventional Hotel

회의를 유치하기 위한 메머드 호텔로서 객실의 대형화는 물론 대회의장 및 주차장 시설이 완비되어야 하고 대규모 연회실과 전시장, 동시통역시설 · 전시시설 등이 확보되어 있다.

(3) 리조트 호텔Resort Hotel

상용 호텔과는 달리 휴양과 레크레이션의 목적으로 이용되는 호텔이다. 관광명소와 휴양지 등에 건립되어 있어서 수영장 · 테니스장 · 골프장 · 눈썰매장 · 온천 등의 부대시설을 갖추고 있고 관광명소 및 휴양지의 특성에 따라 특화된 부대시설도 갖추고 있다.

(4) 아파트먼트 호텔Apartment Hotel

주로 장기 체재객들이 이용하는 호텔이다. 6개월 이상의 장기출장 고객, 전문직 독신자, 정년퇴직노인 등이 편리하게 이용할 수 있도록 취사시설을 갖추고 있다. 일반주거형 아파트와 비슷한 형태의 호텔이다.

5) 숙박기간에 따른 분류

숙박기간에 따른 분류에는 크게 단기체재 호텔, 장기체재 호텔, 주거용 호텔이 있을 수 있다. 대부분의 호텔은 단기체재호텔Transient Hotel이며 보통 1~2일 정도의 단기 숙박객이 많이 이용한다. 장기체재호텔Residential Hotel은 주택형식의 호텔로서 적어도 1주일 이상~6개월까지의 장기 체재객을 대상으로 하며 장기 투숙객들이 체재하기 편리하도록 주방 및 세탁시설 등을 갖추고 있고, 응접실과 침실도 구분되어 있다. 주거용 호텔Permanent Hotel은 아파트 형식의 주거용 호텔로 생활에 필요한 취사시설은 물론 가구들까지 모두 갖추고 있다. 6개월 이상 체재하는 고객들이 주로 이요하는 호텔을 말한다.

6) 요금지불방식에 따른 분류

(1) American Plan Hotel

숙박요금에 아침 · 점심 · 저녁식사의 요금을 모두 포함하여 계산하는 제도로 'Bed and Board'라고도 말한다. 유럽에서는 'Full Pension'이라는 제도가 있는데, 이 역시 객실요금에 3식이 포함되어 있는 요금제도이다.

(2) European Plan Hotel

숙박요금과 식사요금을 분리하여 계산하는 방식의 호텔이다. 식사요금과 부대시설의 이용요금은 고객이 자유롭게 선택하여 이용했을 경우에만 요금이 부과된다. 세계 대부분의 호텔들이 이 제도를 도입하고 있으며, 우리나라 호텔들도 일부 리조트호텔을 제외하고는 거의 이 제도의 경영방식을 채택하고 있다.

(3) Dual Plan Hotel

혼합식 경영방식의 호텔로서 한 호텔 내에서 두가지 방식을 모두 적용하는 호텔이다. 즉, 미국식 혹은 유럽식 요금제도를 고객의 희망에 의해 적용하는 방식의 호텔이다.

(4) Continental Plan Hotel

숙박요금에 대륙식 아침식사Continental Breakfast 요금이 포함된 경영방식이다.

Continental Breakfast는 American Breakfast와 달리 계란요리는 제공되고 롤빵이나 토스트에 커피나 홍차 · 우유가 제공되는 간단한 아침식사이다.

(5) Modified American Plan Hotel

수정된 미국식 요금제도로써 미국식 요금제도의 장점만을 채택한 요금제도이다. 즉, 아침과 저녁식사만 요금에 포함시키고 점심식사는 요금 포함하지 않는 제도를 말하는 것으로 고객이 주간에는 관광이나 비즈니스 관계로 호텔 외부에서 식사를 하는 경우가 많으므로 이런 경우 매우 효율적인 제도라고 할 수 있다.

(6) Bermuda Plan Hotel

이 요금제도는 객실요금에 American Breakfast 1식을 포함하여 요금을 적용하는 제도를 말한다.

7) 관광진흥법에 따른 분류

관광진흥법에서는 관광숙박업을 호텔업과 휴양 콘도미니엄업으로 구분하고 있다.

(1) 호텔업

❶ 관광호텔업

관광객의 숙박에 적합한 시설을 갖추어 관광객에게 이용하게 하고 숙박에 딸린 음식 · 운동 · 오락 · 휴양 · 공연 또는 연수에 적합한 시설 등부대시설을 함께 갖추어 관광객에게 이용하게 하는 업業이다.

❷ 수상관광호텔업

수상에 구조물 또는 선박을 고정하거나 매어 놓고 관광객의 숙박에 적합한 시설을 갖추거나 부대시설을 함께 갖추어 관광객에게 이용하게 하는 업이다.

③ 한국전통호텔업

한국전통의 건축물에 관광객의 숙박에 적합한 시설을 갖추거나 부대시설을 함께 갖추어 관광객에게 이용하게 하는 업이다.

④ 가족호텔업

가족단위 관광객의 숙박에 적합한 시설 및 취사도구를 갖추어 관광객에게 이용하게 하거나 숙박에 딸린 음식 · 운동 · 휴양 또는 연수에 적합한 시설을 함께 갖추어 관광객에게 이용하게 하는 업이다.

⑤ 호스텔업

배낭여행객 등 개별 관광객의 숙박에 적합한 시설로서 샤워장, 취사장 등의 편의시설과 외국인 및 내국인 관광객을 위한 문화 · 정보 교류시설 등을 함께 갖추어 이용하게 하는 업이다.

⑥ 소형호텔업

관광객의 숙박에 적합한 시설을 소규모로 갖추고 숙박에 딸린 음식 · 운동 · 휴양 또는 연수에 적합한 시설을 함께 갖추어 관광객에게 이용하게 하는 업이다.

⑦ 의료관광호텔업

의료관광객의 숙박에 적합한 시설 및 취사도구를 갖추거나 숙박에 딸린 음식 · 운동 또는 휴양에 적합한 시설을 함께 갖추어 주로 외국인 관광객에게 이용하게 하는 업이다.

(2) 휴양 콘도미니엄업

관광객의 숙박과 취사에 적합한 시설을 갖추어 이를 그 시설의 회원이나 공유자, 그 밖의 관광객에게 제공하거나 숙박에 딸리는 음식 · 운동 · 오락 · 휴양 · 공연 또는 연수에 적합한 시설 등을 함께 갖추어 이를 이용하게 하는 업이다.

5 호텔경영의 특성

1) 서비스상의 특성

(1) 인적 서비스에 대한 높은 의존성

다른 기업의 상품은 주로 유형적인 상품으로 우선 상품의 제조과정에서 고도의 기술과 질 좋은 재료로 구성되어 만들어진다. 그러나 호텔상품은 무형의 서비스와 유형의 서비스가 복합이 되어 판매되는 것으로서 환대산업의 독특한 성질을 가지고 있다.

호텔 상품이란 환경과 시설, 식음료, 서비스 등을 뜻하며 유형적인 것에 무형적인 것이 추가되며, 상품을 이동 저장하여 판매할 수가 없으며 이 상품은 공익성과 수익성이 동시에 창조되어야 한다. 이와 같이 호텔상품은 유형, 무형의 것이 창조되어 하나의 가치를 이루게 된다.

객실의 분위기가 음식만이 아무리 좋다 하여도 이에 종사하는 종업원의 정성어린 서비스가 함께 동반하지 않으면 호텔상품은 판매가 불가능한 것이다.

호텔이 갖는 최대의 의의가 집을 떠난 여행자나 고객에게 정성어린 서비스로 맞이함으로써 그 지역사회 발전과 같은 운명으로 평가되는 데 찾아볼 수 있다. 불쾌한 서비스는 차라리 고객으로 하여금 찾아들지 아니한 것만 못하게 깊이 마음에 나쁜 인상을 심어 주게 되고, 그날의 대외적 활동에까지 곁들여 영향을 주게 마련인 것이다.

(2) 호텔 서비스의 다양성

호텔의 현대적 기능은 숙박과 음식을 제공하는 핵심적 서비스 기능 이외에 점차로 관광객의 욕구가 다양해짐에 따라 제2의 가정home away home의 역할로서 부족함이 없도록 청결, 위생과 안락을 위한 최상의 시설을 제공함과 동시에 비숙박객에게도 개방되는 준공공장소quasi public area로서 레저와 문화의 중심의 기능이 추가되어진다.

특히 호텔서비스 중에서 매출액의 90% 이상을 차지하는 객실과 식음료서비스의 소비자 유형을 보면 특급호텔 객실의 경우 70% 이상이 외국인인 데 반하여, 식음료산업은 반대의 현상이 나타나므로 호텔 마케팅 수행은 서비스의 유형에 따라 각기 다른 접근을 필요로 한다.

(3) 짧은 서비스 접촉시간

교육 서비스, 투자자문 서비스 및 은행 서비스 등은 소비자와 수주, 수개월 혹 수년에 걸친 기간 동안 소비자에게 제공된다. 그러나 호텔 서비스는 객실 서비스의 경우 우리나라를 방문한 관광객의 90% 이상이 3박4일 이하이며, 식음료 서비스의 경우는 수시간에 지나지 않는다.

2) 마케팅상의 특성

첫째, 호텔산업은 독점적 경쟁상황을 가지고 있다. 힐튼, 롯데, 조선, 프라자와 같은 체인들은 그 좋은 예이다. 이들 호텔들은 각자의 상호에 의하여 상품을 생산하고 제품을 차별화하고 있다. 호텔산업에 있어서 이들 호텔의 숙박시설은 서로 간에 훌륭한 대체품이며 그러므로 각각의 개별호텔들의 판매활동과 그들이 받고자 하는 가격 혹은 단일 판매자로서 독립성을 유지할 수 있다. 그러므로 과점하에서의 판매자는 서로 간에 상호 의존적이며 특히 이러한 유형의 호텔들은 상품을 생산하고 호텔 상호에 의하여 제품의 차별화를 시킨다.

둘째, 호텔의 공급곡선은 수직이다. 일반 제조비나 호텔산업에 있어 제품생산의 장단기 계획이 수립되고 있다. 그러나 24시간 연중무휴의 영업을 하고 있는 호텔산업에서는 수요가 갑자가 늘어난다고 하여 공급물량을 충족시키지 못하는 단점이 있다. 호텔을 하나 건립하는 데 동업계의 지표에 의하면 약 3년 이상 기간이 소요되므로 호텔의 공급곡선은 수직이다. 이런 상황에서는 공급범위 내에서 수요곡선만 상하로 이동된다는 원리이다.

셋째, 호텔의 가격곡선은 부분적으로 이미지 가격정책을 쓴다. 예를 들면 호텔의 헬스클럽, 키key클럽과 같은 업장은 고객의 수요를 제한시켜 놓고 회원제 운영을 하는데 이러한 예는 수요가 늘어난다고 하여 무한정 고객을 받는 것이 아니기 때문에 높은 가격을 책정한다.

3) 제품상의 특성

호텔기업은 주로 무형의 서비스를 판매한다는 점에서 볼 때 일반 제조기업에서 통용되고 있는 제품이라는 용어는 적절한 표현이라고 볼 수는 없지만 객실, 식음료, 인적 서비스, 기타 부대시설 서비스 등을 통칭하여 제품이라 부르고 있다. 이러한 무형의 제품이 갖는 특성을 살펴보면 다음과 같다.

첫째, 무형성이라는 점이다. 호텔의 인적 서비스는 그 자체는 무형체로서 일반제품과 같이 윤곽이 뚜렷하지 않기 때문에, 관리자의 주관이나 서비스 제공자의 융통성이 개입될 가능성이 많다. 호텔의 인적 서비스에 대한 고객의 평가는 종사원이 고객을 영접할 때부터 환송할 때까지의 전체 과정에서 이루어지므로 서비스 제공자나 서비스 기관의 명성이 고객의 서비스 지각에 큰 영향을 미칠 수 있다. 그러나 무형성을 지닌 인적 서비스는 상품의 가치를 결정짓는 데 가장 중요한 역할을 하는 반면에, 일반 생산 서비스와는 달리 기계화 내지 자동화가 곤란하다는 점이 경영의 효과성을 증대시키는 데 한계점을 가지고 있다.

둘째, 비저장성이다. 고객의 주문에 의하여 생산이 되고 판매기간 및 공간이 제한되고 무형성이라는 본질적인 특성 때문에 당일에 판매되지 못한 상품은 일반상품과 같은 재고상품으로서의 저장이 불가능하다.

셋째, 서비스의 생산과 소비과정에 고객의 참여를 필요로 한다. 호텔 서비스는 생산과 소비의 동시성으로 서비스 제공자와 고객이 함께 서비스 과정에 참여하는 상호작용에 의하여 서비스 생산과 소비가 이루어진다. 따라서 고객이 서비스 과정에 참여하여 만족을 갖도록 하기 위해서는 서비스 제공자, 상품, 시설, 시간, 공간 내의 다른 고객 등과 같은 제반 환경이 고객지향적 관점에서 관리되고 운영되어야 한다.

넷째, 노동집약적이다. 호텔서비스는 인적 서비스 의존도가 높은 노동집약적인 서비스 산업의 하나로 서비스 품질은 서비스 제공자에 의하여 크게 좌우되며 생산과정의 잠재적 변동성이 많아 서비스 생산의 일관성 유지가 어려우며 동일한 서비스 품질의 유지가 곤란하다. 즉, 호텔 서비스는 호텔의 입지조건, 등급, 시설, 경영형태와 성격, 소유형태, 서비스 제공자의 서비스 제공능력 등에 따라 각기 다른 형태로 고객에게 지각될 수 있기 때문에 호텔 서비스는 제품생산과 같이 규격화, 표준화, 단순화하는 데에 한계가 있다는 점이다.

다섯째, 품질에 대한 측정이 곤란하다. 호텔 서비스는 서비스 제공자로부터 서비스를 제공받기에는 유형적 재화보다 상대적으로 그 품질을 측정하기가 매우 곤란하다. 또한 동일한 서비스 제공자에 의해 생산되는 서비스 내용도 품질 표준의 일관성이 유지되기 어렵고 동일한 고객에게 똑같은 내용의 서비스가 제공된다고 할지라도 제공시점에 따라 고객은 자신의 주관적인 기준에 따라 서비스를 지각하기 때문에 서비스의 평가는 다르게 나타날 수 있다. 따라서 호텔 서비스를 계량적으로 측정한다는 것은 매우 어려운 일이다.

여섯째, 비이동성이다. 호텔이 제공하는 주된 상품인 객실, 식음료, 그밖에 시설을 통한 서비스는 고객이 반드시 호텔이 있는 곳으로 이동해 올 때만이 거래가 성립된다.

일곱째, 생산과 소비가 동시에 이루어진다. 호텔 서비스는 고객이 생산현장인 호텔에 와서 직접 주문을 하면 그 주문에 의해 생산이 되고 생산현장에서 즉시 소비가 이루어지는 상품이다. 따라서 호텔 서비스는 주문상품이 제공될 때까지의 소요시간이 적절하고 일관성 있게 유지 · 관리되어야 한다. 만약 고객 자신이 정서적, 주관적 판단의 기준에 따라 지각하는 시간 이상을 경과하여 서비스가 제공되면 호텔 서비스는 불만족스러운 것으로 인식될 수 있다.

마지막으로, 계절별로 수요의 변동이 크다는 점이다. 한국은 사계절이 뚜렷하게 구별되는 특성으로 인하여 호텔산업의 판매 성향은 성수기와 비수기가 명확하게 구분된다. 즉, 호텔 서비스는 계절, 요일, 하루 중의 시간에 따라 수요의 변화가 크기 때문에 성수기와 비수기에 따라 수요를 평준화하고 촉진시키는 방법으로 차등 요금을 적용시키거나 동시에 마케팅을 적용해야 한다.

6 호텔조직

아주 작은 호텔은 예외로 하고, 호텔은 한 사람이 개인적으로 모든 경영단계를 감독하는 것이 물리적으로 불가능하다는 점에서 다른 기업과 마찬가지이다. 따라서 경영자의 주요한 책임의 하나는 호텔경영에 도움을 주는 팀을 만드는 것이다. 이 논의의 목적을 위해 호텔직원을 4개의 주요한 범주로 나눈다.

1. 경영정책을 만들고 수행하는 팀으로서 총지배인과 그 휘하의 부서장
2. 부부서장副部署長, subdepartment head
3. 하부 부서장assistant department head
4. 일반 및 영업직원general staff and operating personnel

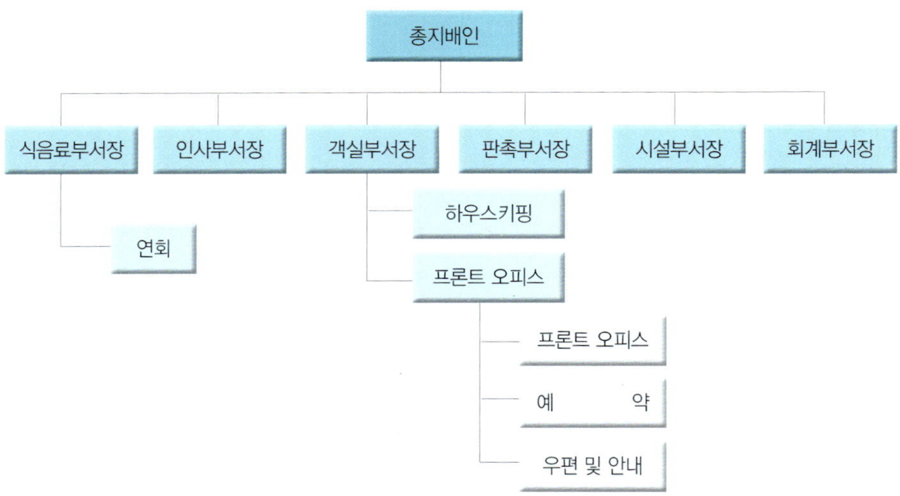

| 그림 10-1 | 호텔의 조직도

이 범주는 [그림 10-1]의 조직도에 가장 잘 나타나 있다. 이 조직도는 주요 부서장직접 총지배인에게 보고하는 사람들, 주요 부서장 밑의 부부서장副部署長, 하부 부서장 및 일반직원을 확인함으로써 명령계통을 도식화하고 있다. 부서에서 종업원의 수는 각 부서장의 등급과 상관이 없다는 것에 주의해야 한다. 하우스키퍼 부

서장은 감독할 가장 많은 직원을 보유하나 객실부서장에게 보고한다. 인사부서장은 가장 적은 직원을 가지나 총지배인에게 보고하고, 경영정책 수립팀에서 하나의 중요한 구성원이다.

[그림 10-1]은 일반적으로 받아들여지는 권한계통을 반영하고 있다. 이 권한계통은 어떤 주어진 정책이나 혹은 경영의 개념에 맞추기 위해 소유자, 조직화 혹은 총지배인에 의해 변경될 수 있다. 예를 들면, 총수익의 상당한 몫을 발생시키는 큰 연회시설을 가지는 일부 호텔의 경영자는 연회지배인의 위치를 격상시킨다. 이러한 현상은 식음료지배인의 통제로부터 이 부서를 분리시켜 연회지배인이 직접적으로 총지배인에게 보고하게 함으로써 성취할 수 있다. 결과적으로 이러한 현상은 경영팀의 다른 구성원을 창출한다.

총지배인의 책임영역을 논의하기 위해 조직도를 분석하여 주요 부서장의 의무를 강조 할 필요가 있다. 각 부서의 의무와 책임이 하나의 영역에 제한되기 때문에 의무와 책임이 각각 다르지만 그들 모두의 기능에서 고객이라는 하나의 공통분모를 가진다. 어떤 호텔도 고객 없이는 존재할 수 없기 때문에 직원 존재에 대한 단 하나의 이유는 고객에게 안락과 편의를 제공하는 것이다. 따라서 총지배인은 팀을 구성해야 할 뿐만 아니라, 일반적 목표인 고객만족의 창출을 위해, 함께 일할 수 있는 조정되고 협동하는 집단으로 직원들을 끌어들여야 한다.

[그림 10-1]에 의하면 호텔부서는 그림의 좌측으로부터 식음료부, 인사부, 객실부하우스키핑, 프론트 오피스 등으로 다시 나누어짐, 판촉부, 시설부, 회계부로 분류되는 것을 알 수 있다. 다음은 각각의 부서를 설명하고 있다.

1) 식음료부

호텔에 레스토랑, 연회장, 칵테일 라운지가 있다면 식음료의 준비와 서비스에 많은 운영요원이 필요할 것이다. 호텔종업원의 약 50% 이상이 이 부문에 종사한다.

2) 인사부

인사부문의 중요한 기능은 호텔 종업원의 인터뷰와 선발이다.

3) 객실부

(1) 프론트 오피스

프론트 오피스는 숙박업에서 가장 가시적인 직업이다.

종업원은 직접 고객과 접촉하고 예약, 객실배정, 우편, 수하물을 처리하고 호텔과 주변지역의 오락활동에 대한 정보를 제공한다. 잘 조직된 프론트 오피스는 숙박업의 경영에 필수적이다.

(2) 하우스키핑

고객의 안락함은 최우선이다. 대부분의 호텔은 객실 및 공공장소의 청결과 산뜻한 모습을 보이기 위해 다수의 하우스키핑 종업원을 고용한다.

4) 판촉부

판촉부서의 중요한 기능은 객실 및 식음료를 단체 및 컨벤션, 개인, 여행사 등에 판매하는 데 있다.

5) 시설부

시설영선부 종업원은 고객과 접촉이 전혀 없지만 호텔경영에 있어서 중요한 역할을 담당한다. 호텔 내의 모든 기계 및 전기장치의 유지, 수리, 보수에 책임을 진다.

6) 회계부

호텔에서 발생하는 모든 거래를 기록하고, 기록을 보존하며, 재무제표를 준비, 분석, 해석하고, 경영진에게 필요한 모든 정보를 제공하는 기능을 수행한다.

제2절

외식산업

IMF 이전 매출액에서 무서운 속도로 성장을 기록했던 외식업은 IMF로 잠시 주춤했지만, 현재 다시 IMF 이전에 기록했던 성장률을 되찾고 있다. 이러한 과정에서 경기침체에 빠져 있는 한국경제에 외식산업은 고용효과 측면에서 상당한 역할을 하고 있다.

1 외식산업의 의의와 특성

1) 외식산업의 의의

외식이란 과거의 개념으로 집밖에서 음식을 먹는 것을 의미한다. 즉, 가정의 식생활을 기준으로 구분하여 볼 때 가정 내에서의 식생활을 내식이라 하고, 가정 외의 식생활을 외식이라 한다정봉원, 2000: 25.

그러나 인스턴트식품, 레트로이트식품, 출장연회, 도시락판매 등 다양한 소비형태가 생겨남에 따라 현대적 의미의 외식은 가정 외 식생활과 가정 내에서의 외식적 내식까지 포함하며, 이러한 관점을 가지고 도이토시오土井利雄와 한국외식연구소는 외식을 정의하고 있다윤혁수 · 조문수, 1998: 15~16.

즉, 도이토시오와 한국외식연구소는 내식과 외식을 [표 10-3]과 같이 나누고 정의하고 있다.

표 10-3 내식과 외식에 관한 도이토시오와 한국외식연구소의 분류 및 내용

대구분	소구분	도이토시오의 내용	한국외식연구소의 내용	비 고
내식	내식적 내식	전통적 의미의 내식으로 가정 내 가공, 조리과정을 거친 식생활 중심	가정 내에서 원자재, 반가공식품, 또는 완전가공식품을 조리한 식사를 가정 내에서 하는 것	
	외식적 내식	가정 내 식사이나 제한적인 조리로 완전조리나 반 조리식품 중심	외부의 생산자에 의하여 조리되어진 것을 가정 내에서 하는 것배달음식, 출장음식	현대의 외식산업 도이토시오 · 한국외식연구소
외식	내식적 외식	일반적인 가정음식의 가정 외 식사 중심	가정에서 조리한 것을 외부에서 식사하는 것 도시락	현대의 외식산업 도이토시오
	외식적 외식	전문요리나 고급음식 등 외식 본래의 가정의 식사 중심	가정 밖에서 외부의 생산자에 의하여 조리되어진 것	현대의 외식산업 도이토시오 · 한국외식연구소

자료 : 윤혁수 · 조문수, 「외식사업경영론」, 1998. pp.15~16 정리.

이러한 도이토시오와 한국외식연구소의 외식에 관한 정의는 다음과 같은 문제점을 가지고 있다윤혁수 · 조문수, 1998: 17.

1. 가사노동에 대한 명확한 기준이 모호하다.
2. 단어 자체의 뜻만으로 내 · 외식을 이해하기에는 곤란하다.
3. 현대적 의미의 외식 범주에 완전조리식품까지 포함시키는 것은 무리가 있다. 즉, 완전조리식품은 식품제조업체에서 생산되는 공산품이기 때문이다.
4. 외식시장이 확대되고 있는 추세에 비추어 볼 때 단체급식과 출장연회에 관한 내용이 빠져 있다.
5. 음료주류 포함를 판매하는 요식업에 대한 설명이 제외되어 있다.
6. 음식제공에 필요한 서비스에 대한 설명이 미흡하다.
7. 전문요리와 고급요리에 대한 명확한 구분기준이 제시되어 있지 않다.

따라서 이러한 문제점을 고려하여 외식산업을 정의하는 것이 필요하다고 하겠다.

2) 외식산업의 기능

외식산업의 근본적인 기능은 가정 밖에서 생활하는 사람들에게 식·음료 서비스를 제공하는 데 있다. 이러한 외식산업의 기능을 자세히 살펴보면 다음과 같다.

(1) 식욕의 충족

식욕이 돋는 음식을 먹고 싶어하는 것은 인간의 기본적인 욕구이다. 인간은 식생활을 영위함으로써, 활동할 수 있는 에너지와 기력을 가지게 된다. 인간이 가정 밖에서 생활할 때 음식을 제공받음으로써, 건강한 생활을 유지하게 된다.

(2) 사교와 휴식의 제공

식·음료제공시설에서 여러 종류의 모임과 행사를 가짐으로써, 사교와 만남을 행하고 여행이나 이동 중에 식사를 함으로써 휴식을 취하게 된다.

(3) 시간절약

현대인들의 바쁜 생활은 외식을 필요불가결 하게 만들고 있다. 이러한 경우 외식은 시간절약이라는 기능을 제공하고 있고, 특히 패스트푸드가 이 경우에 해당된다.

(4) 과시욕구 충족

사람들은 대화 중에 어떤 레스토랑이 맛있거나 특별한 요리를 제공한다는 것을 소개함으로써, 자기 자신을 과시하고 싶은 욕구가 있다.

3) 외식산업의 특성

외식산업은 제조업, 소매업 및 서비스업의 특성을 모두 가지고 있다. 즉, 외식업은 음식과 음료를 만들거나 가공한다는 점에서는 제조업의 특성을, 일반 대중에게 직접판매를 한다는 점에서는 소매업의 특성을, 인적 서비스가 아주 중요하다는 점에서 서비스업의 특성을 가지고 있다. 다음은 외식사업의 특성을 자세히 나타내고 있다신재영 · 박기용, 1999: 37~39.

(1) 높은 인적 의존도

외식산업은 서비스산업의 대표적인 한 부분으로서 1인당 매출액이 타 산업에 비하여 낮은 편이고, 고객에 대한 서비스의 척도에 따라 성패가 좌우되는 만큼 인적 서비스의 의존도가 무엇보다 높은 산업이다.

일반적으로 제조산업이 기술 · 자본집약적인 데 비하여, 외식산업은 생산부문조리부문에서 자동화의 한계를 가지고 있고, 서비스부문에서 높은 인적 의존성이 필요한 노동집약적 산업이다. 따라서 사람의 손에 의존하는 부분이 많아 단품생산적인 요소가 강하고 인건비가 차지하는 비율이 높다.

(2) 생산 · 판매 · 소비의 동시성

제조산업은 일정한 유통경로를 통하여 상품이 고객에게 판매되지만, 외식산업은 일정한 유통경로 없이 상품의 구매를 위해서는 고객이 직접 일정장소를 방문해야 하고, 또한 음식이라는 상품도 일정장소에서 판매됨과 동시에 최종적으로 소비된다. 최근에는 배달을 위주로 하는 외식업소들이 많이 생겨 생산과 판매가 동시적으로 이루어지지 않기도 하지만, 대부분의 음식은 업소가 식자재를 구입하여 주방에서 조리된 후 곧바로 서비스를 통하여 고객에게 같은 장소에서 상품으로 판매되어 소비되는 것이 일반적이다.

(3) 시간적 제약과 수요예측의 불확실성

외식산업은 시간과 공간의 제약을 크게 받는다. 외식업소에서 영업을 할 수 있는 시간은 아침 · 점심 · 저녁시간으로 한정된 시간 내에서 대부분의 매출이 발생한다. 따라서 적절한 인력관리와 비어있는 시간 및 공간의 활용 등으로 여러 가지 운영의 어려움이 있다. 또한 사회 · 정치적 변동뿐만 아니라 각종 행사, 계절, 일기 등의 변화로 인해 정확하게 고객의 수를 예측하거나 또한 식자재의 적정구입량을 결정하기가 어렵다.

(4) 낮은 원자재 가격과 현금수익 창출의 용이성

외식산업의 원자재 가격은 타 산업의 원자재 가격보다 낮은 편으로 통상 식자재비는 매출액의 30~35% 정도를 평균으로 책정하고 있다. 한편 대부분의 고객이 상품구매시 현금으로 지불하는 경우가 많아 운영자금의 회전속도가 타 산업에 비하여 매우 빠른 편이다.

(5) 상품의 부패용이성

제조산업에서는 원자재의 구매 및 저장, 그리고 완성된 상품의 장기간 보존이 가능하다. 그러나 외식산업의 식자재와 상품은 보존방법 및 기간이 까다롭고 짧아서 관리를 소홀하게 하면 부패의 위험성이 매우 높아 비용지출이 따르고, 또한 부패한 식자재를 사용할 때 위생에 따른 문제도 발생한다.

(6) 높은 입지의존성

외식업소에 고객이 스스로 찾아와 구매를 하고, 같은 장소에서 음식을 생산하고 판매하기 때문에 입지여건에 따라 영업실적이 크게 차이가 난다. 따라서 외식업을 흔히 입지사업이라 부르기도 한다.

(7) 신규참여 용이성과 영세성

외식산업은 타 산업에 비하여 적은 자본과 특별한 기술적 노하우 없이 누구나 쉽게 참여할 수 있는 산업임에는 틀림없다. 그러나 투철한 사업정신 및 경영방법의 미숙, 그리고 대다수의 외식업소들이 영세하여 임대형식으로 운영을 하고 있기 때문에 안정성이 낮은 만큼 실패율이 비교적 높은 사업이기도 하다.

(8) 높은 이직률

얼마 전까지만 해도 외식산업이 3D업종으로 불리면서 근무하기 힘든 업종의 하나로 인식되어 사람들이 취업하기를 꺼려했었고, 또한 기존취업자들의 이직률도 타 산업에 비해 높은 편이었다. 그러나 자본력 있는 대기업들과 호텔들이 외식산업에 진출하기 시작하면서 외식산업에 대한 사회적 인식이 달라지고 있다.

그와 더불어 직원들의 임금과 복리후생 등이 개선됨에 따라 많은 고급인력들이 외식업을 안정되고 장래성이 있으며 전문직종으로 인정받을 수 있는 직업으로 인정하면서 외식산업에서의 근무를 선호하고 있다. 그러나 업무의 특성상 타 산업에 비하여 이직률은 비교적 높은 편이다.

2 외식사업의 분류

외식사업이라는 용어는 외식산업이라는 용어와 혼용해서 쓰이고 있으며, 거의 같은 용어라 해도 무방하다. 따라서 이 절에서는 외식사업의 분류를 외식산업의 분류로 적용하여 설명하고자 한다.

외식산업의 분류는 각 나라마다 음식문화가 다양하여 공통적인 사항이 있을 수 없기 때문에 본서에서는 우리나라와 미국 및 일본의 분류를 소개하고자 한다.

1) 미국 외식산업의 분류

미국의 외식산업을 분류하는 것은 여러 가지 기준 때문에 다양하게 전개될 수 있다. 이러한 다양한 분류기준들은 경영방법, 서비스수준, 생산성, 점포 유무, 메뉴구성, 입지 등이 포함될 수 있다.

본서에서는 미국 레스토랑협회NRA : National Restaurant Association의 분류를 중심으로 하여 소개하고자 한다. [그림 10-2]는 미국 레스토랑협회의 외식산업 분류를 나타내고 있다.

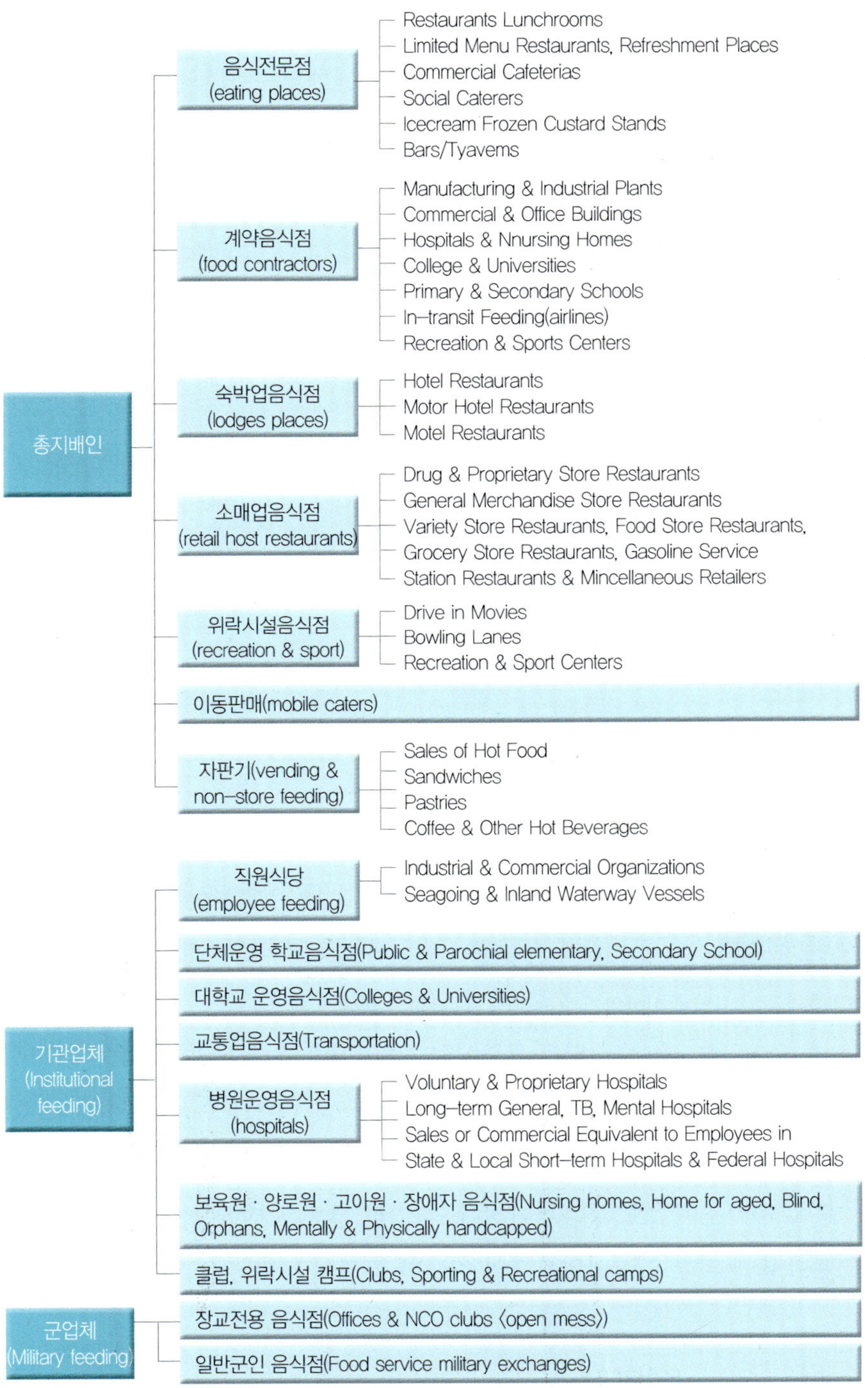

자료 : 홍기운, 「최신 외식산업개론」, 대왕사, 1999, p.34에서 재인용.

그림 10-2 미국 NRA에 의한 외식산업의 분류

[그림 10-2]에서 나타난 바와 같이 미국 레스토랑협회의 분류는 상당히 포괄적이다. 따라서 식 · 음료와 관련된 대부분의 업체가 포함된 것이 미국 레스토랑협회 분류의 특징이다.

2) 일본 외식산업의 분류

일본 외식산업은 미국의 외식산업과는 달리 비교적 단일 기준하에서 외식산업이 분류되고 있다. [그림 10-3]은 일본 통상산업성 표준산업분류에 의한 외식산업의 분류이다.

자료 : 홍기운, 「최신 외식산업개론」, 대왕사, 1999, p.45에서 재인용.

| 그림 10-3 | 일본 표준산업분류에 의한 외식산업의 분류

[그림 10-3]에서 나타난 바와 같이 일본의 외식산업은 일반 음식점, 기타 음식점, 및 음식료 소매업으로 나누어진다. 이러한 분류는 뒤에 서술될 한국의 표준산업분류표에 의한 외식산업분류와 비슷한 측면이 있다.

3) 한국 외식산업의 분류

한국의 외식산업분류는 한국표준산업분류표에 의하면 [표 10-4]과 같다. 한국표준산업분류표는 중분류55에 숙박 및 음식점업이 있고, 음식점업552은 일반 음식점업5521과 기타 음식점업5522으로 나누어진다. 본서에서는 음식점업을 외식산업으로 간주, 설명하고자 한다.

[표 10-4]에서 나타난 바와 같이 음식점업은 크게 4가지, 일반 음식점업, 기타 음식점업, 주점업 및 다과점으로 나누어지고 있다. 이러한 분류는 관광진흥법상의 외식산업과 유사하다고 하겠다. [표 10-4]는 관광진흥법에서 나타난 음식점을 나타낸 것으로, 외식산업을 구성하고 있는 모든 요소가 된다.

표 10-4 한국표준산업분류표의 음식점업

중분류	소분류	세분류	세세분류	항목별
55				숙박 및 음식점업
	552			음식점업
		5521		일반 음식점업
			55211	한식점업
			55212	중국음식점업
			55213	일본음식점업
			55214	서양음식점업
			55215	기관 구내 식당업 운영
			55219	기타 일반 음식점업
		5522		기타 음식점업
			55221	피자 및 햄버거 및 치킨
			55222	분식 및 김밥 전문점
			55223	이동 음식점업
			55229	그외 기타 음식점업
		5523		주점업
			55231	일반유흥 주점업
			55232	무도유흥 주점업
			55233	간이 주점업
		5524		다과점
			55241	제과점업
			55242	찻집

자료 : 통계청, 『2000 한국표준산업분류』.

표 10-5 관광진흥법상의 외식산업

음식점의 종류	관광진흥법 상의 업종	정 의	추가설명(지정기준)
		식품위생법령에 의한 유흥주점영업의 허가를 받은 자로서 관광객의 이용에 적합한 시설을 갖추어 이를 이용하는 자에게 주류 기타 음식을 제공하고 노래와 춤을 감상하게 하거나 춤을 추게 하는 업	문화체육관광부령이 정하는 바에 의하여 그 종류를 세분화함
1. 관광유흥음식점업	관광편의시설업	식품위생법령에 따른 유흥주점 영업의 허가를 받은 자가 관광객이 이용하기 적합한 한국 전통 분위기의 시설을 갖추어 그 시설을 이용하는 자에게 음식을 제공하고 노래와 춤을 감상하게 하거나 춤을 추게 하는 업	(1) 건물은 연면적이 특별시의 경우에는 330제곱미터 이상, 그 밖의 지역은 200제곱미터 이상으로 한국적 분위기를 풍기는 아담하고 우아한 건물일 것 (2) 관광객의 수용에 적합한 다양한 규모의 방을 두고 실내는 고유의 한국적 분위기를 풍길 수 있도록 서화 · 문갑 · 병풍 및 나전칠기 등으로 장식할 것 (3) 영업장 내부의 노랫소리 등이 외부에 들리지 아니하도록 방음장치를 할 것
2. 관광극장유흥업		식품위생법령에 따른 유흥주점 영업의 허가를 받은 자가 관광객이 이용하기 적합한 무도(舞蹈)시설을 갖추어 그 시설을 이용하는 자에게 음식을 제공하고 노래와 춤을 감상하게 하거나 춤을 추게 하는 업	(1) 건물 연면적은 1,000제곱미터 이상으로 하고, 홀면적(무대면적을 포함)은 500제곱미터 이상으로 할 것 (2) 관광객에게 민속과 가무를 감상하게 할 수 있도록 특수조명장치 및 배경을 설치한 50제곱미터 이상의 무대가 있을 것 (3) 영업장 내부의 노랫소리 등이 외부에 들리지 아니하도록 방음장치를 할 것

3. 외국인 전용유흥 음식점업	관광편의 시설업	식품위생법령에 따른 유흥주점영업의 허가를 받은 자가 외국인이 이용하기 적합한 시설을 갖추어 그 시설을 이용하는 자에게 주류나 그 밖의 음식을 제공하고 노래와 춤을 감상하게 하거나 춤을 추게 하는 업	(1) 홀면적(무대면적 포함)이 100제곱미터 이상으로 할 것 (2) 홀에는 노래와 춤 공연을 할 수 있도록 20제곱미터 이상의 무대를 설치하고, 특수조명시설 및 방음장치를 할 것
4. 관광 식당업		식품위생법령에 따른 일반음식점영업의 허가를 받은 자가 관광객이 이용하기 적합한 음식제공시설을 갖추고 관광객에게 특정 국가의 음식을 전문적으로 제공하는 업	1. 인적 요건 (1) 한국 전통음식을 제공하는 경우에는 국가기술자격법에 의한 해당 조리사자격증 소지자를 둘 것 (2) 특정 외국의 전문음식을 제공하는 경우에는 다음의 요건 중 1개 이상의 요건을 갖춘 자를 둘 것 (가) 당해 외국에서 전문조리사 자격을 취득한 자 (나) 국가기술자격법에 따른 해당 조리사자격증 소지자로서 해당분야에서의 조리경력이 3년 이상인 자 (다) 당해 외국에서 6개월 이상의 조리교육을 이수한 자 2. 위생설비 (1) 주방과 홀, 식자재 보관시설 및 식기의 위생상태를 양호하게 관리할 것 (2) 식기세척기와 손소독기를 보유할 것 (3) 주방근무자는 조리복 및 위생화를 착용하고, 홀 근무자는 위생적인 복장을 착용할 것 3. 최소 한 개 이상의 외국어로 음식의 이름과 관련 정보가 병기된 메뉴판을 갖추고 있을 것 4. 출입구가 각각 구분된 남·녀 화장실을 갖출 것

[표 10-5]에서 나타난 바와 같이 관광진흥법상의 외식산업은 관광유흥음식점업한국음식점업과 관광극장식당업으로 구성, 외국인전용 유흥음식점업, 관광식당업 및 관광토속주 판매업으로 구성된다. 이러한 구성은 한국표준산업분류표에 의한 외식산업의 구성요소와 비슷하다고 하겠다.

3 외식산업의 현황

외식산업은 국가별로 다른 양상을 보이기 마련인데, 이러한 이유는 각국의 식생활 문화가 다르기 때문이다.

1) 미국

미국의 외식산업은 수명주기상 성숙기에 위치하고 있다. 성숙기는 산업 전체의 관점에서 매출액에서 더 이상 성장이 없는 단계이다. 이에 따라 미국의 외식기업은 경제력을 배경으로 세계적인 다각적 다국적기업으로 변하고 있으며, 잠재성장률이 높은 국가로 프랜차이즈 계약을 통하여 진출하고 있다.

[그림 10-4]는 미국 · 한국 · 일본의 외식산업에서의 수명주기를 나타내고 있다.

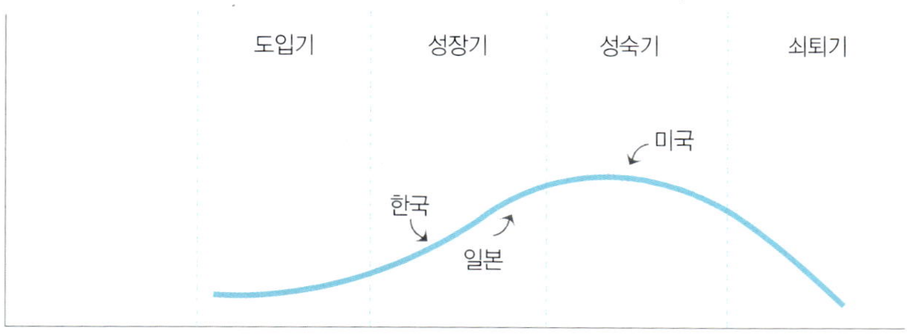

(특징)

매 출	낮다	급속성장	최대판매	감소
고객 1인당 비용	높다	평균	낮다	낮다
이 익	적자	증대	높다	감소
고 객	혁신층	조기수용층	중간다수층	최후수용층
경쟁업자	약간	점차 증대	점차 감소	감소

그림 10-4 미국 · 한국 · 일본 외식산업의 수명주기

1999년을 기준으로 미국 외국시장은 패스트푸드와 패밀리 레스토랑이 상당한 부분을 점유하고 있는데, 패스트푸드는 외식전체시장의 약 30% 이상을 점유하고 있다. 이러한 패스트푸드의 매출 상위 10개사의 구성을 살펴보면, 햄버거가 주력상품인 회사가 4개, 피자가 2개, 멕시칸요리·치킨·샌드위치·아이스크림이 각각 1개사를 기록하고 있다.

미국 레스토랑협회NRA : National Restautrant Assosiation에서는 매년 미국 조리사협회ACF : American Culinary Federation에 소속된 1,600여명의 전문 셰프들에게 설문조사를 실시해 해마다 이슈가 되는 외식 트렌드를 조명하고 있다. 메뉴군별 톱5, 전체 외식 트렌드 톱20 등 레스토랑 실무자들의 의견을 엿볼 수 있는 유용한 자료로 사용되고 있다. 또한 미국 샌프란시스코에 있는 Andrew Freeman & Co. of San Francisco의 컨설턴트인 프리만Andrew Freeman은 2010년 미국 외식시장의 트렌드를 다음과 같이 소개하고 있다web.c2.cyworld.com.

1. 경제상황으로 인한 새로운 소규모 레스토랑 확대
2. 한 가지 재료로 승부를 거는 레스토랑의 등장
3. Mini Plate
4. 다양한 목적으로 활용될 수 있는 공간을 갖춘 레스토랑
5. 최소화된 메뉴
6. 거친 식감의 메뉴 등장
7. 건강식 메뉴
8. 핫도그와 소시지 판매점의 증가
9. 야채fried 야채 포함 판매량 증가
10. 햄버거 같은 정크 푸드가 House Made 형식으로 판매
11. 빵에 대한 강화

음료 · 주류의 최고 핫 트렌드를 묻는 질문에는 전문조주사가 만든 칵테일이 33%, 항산화 순식물성 등 건강기능성 칵테일 26%, 음식과 어울리는 혹은 궁합을 이루는 주류가 23%로 각가 1·2·3위를 차지했다. 레스토랑 주방의 핫 트렌드를 묻는 질문에는 41%가 친환경기기와 매뉴얼, 생산성·효율성 향상이 26%로 1·2위를 차지했다. 한편 미국 식품전문지 『푸드 비즈니스 뉴스』Food Business

News는 최근 외식 컨설팅업체 테크노믹Technomic과 글로벌 마케팅 리서치 전문 업체 민텔Mintel International Group의 조사를 바탕으로 '2010년 미국 외식시장 트렌드'를 발표했다http://cafe.naver.com/myrestaurant/3750.

『푸드 비즈니스 뉴스』는 올해 미국 외식시장 주요 트렌드로 '집밥처럼 편안한 음식', '에스닉 푸드의 진화', '지역에서 나는 제철 식재료'를 꼽고, 그 외에 외식 메뉴의 소매판매가 증가하고 아침식사 메뉴의 전일 제공이 확대될 것으로 전망했다. 이 같은 경향들은 미국 외식산업이 지속가능한 성장을 위해 '과거로의 회귀'에 중점을 두고 있는 것으로 분석된다. 이러한 전망과 일치되게 2010년에는 '집밥처럼 편안한 음식'comfot food을 메뉴로 내놓은 업체가 늘어났다. 식재료의 가지수는 줄이고 단순하게 구성한 메뉴가 재부상하고, 친숙한 음식들도 신선함을 높이고 프리미엄-고품질로 재단장해 선보이는 등 기본으로 돌아간 고전적이고 단순한 음식들이 고객들에게도 사랑받았다. 더불어 베이컨과 새우, 우유와 쿠키, 구멍 뚫린 도넛 같은 추억이 어린 메뉴들이 다시 사랑받았다.

2004년 이후로 미국 외식시장에서 꾸준히 사랑받아 온 에스닉 푸드는 진화를 거듭해 그동안 유행했던 멕시칸 푸드는 주류로 자리를 잡고, 2010년에는 한국식 바비큐와 한국 스타일 타코 등을 포함한 한국음식이 대중화되었다. 그 외에 서남아시아 음식에 대한 관심이 높아지고, 더 특별한 메뉴를 제공하고자 하는 레스토랑들은 브라질이나 모로코 같은 지역으로 눈을 돌릴 것으로 전망한다.

백악관 정원에서 초등학생들과 텃밭을 가꾸며 '로컬 푸드'local food와 제철 식단을 장려해 온 미쉘 오바마의 영향으로 '텃밭 가꾸기' 유행은 2009년에 이어 2010년에도 계속되었다. 이에 따라 '로컬 푸드'에 대한 일반 소비자들의 관심도 커져 외식업에 종사하는 요리사들도 지역에서 나는 식재료 사용을 늘리고 더 나은 음식을 제공하기 위해 노력할 것으로 전망한다.

그 외에 외식 메뉴의 유통판매가 확대되었다. 경제악화로 미국인 중 절반이 외식에 쓰는 시간을 줄이고 있어 이제는 레스토랑이 그들을 찾아 갈 때가 온 것이다. 버거킹 및 캘리포니아 피자 키친과 스타벅스 커피 같은 회사들은 이미 이런 추세에 참여하고 있으며 안방으로 찾아가는 외식 메뉴가 더 늘어날 것으로 전망된다. 그 외에 패스트푸드점들은 저렴한 아침식사용 샌드위치나 랩 등의 메뉴를 확장 및 업그레이드하고, 풀서비스 레스토랑들은 푸짐한 브런치 뷔페를 주말 오후까지 제공하고 있다.

2) 일본

일본의 전체 외식시장 규모는 증가율이 그렇게 크지는 않으나 현재까지 계속 증가하여 왔다. 1999년을 기준으로 일본 외식시장 매출상위 10개사를 살펴보면, 주력상품이 햄버거인 회사가 2개사, 기타 8개사로 구성되어 있다.

표 10-6 1999년도 일본 외식업 기업체의 순위표

순 서	회사명	분양(업종)	1999년도 (백만엔)	전년도대비 증가율(%)	점포수	본 사
1(1)	일본 맥도날드	햄버거	39,436	4.4	3,258	동경
2(3)	스카이락	양식관련업종	195,981	-	1,447	동경
3(2)	후카후카中총본부	주먹밥/ 테이크아웃 도시락	173,995	0.8	3,297	동경
4(4)	일본 켄터키 치킨+피자헛+菱膳	후라이드 치킨	131,565	-0.4	1,290	동경
5(6)	더스킨미스터도넛츠	도너츠	130,830	2.9	1,234	오오사카
6(5)	모스푸드모스버거	햄버거	130,000	1.9	1,567	동경
7(8)	혼케가마도야	주먹밥/ 테이크아웃 도시락	121,646	2.3	2,588	효오고현
8(7)	로얄	양식 전분야	119,816	-1.7	537	후쿠오카
9(10)	몬케로사 시로끼야/우오타미	이자카야대중주점	112,470	11.7	682	동경
10(9)	데니즈재팬	양식 전분야	102,483	1.4	527	동경
11(11)	서양푸드시스템	양식 전분야	92,028	-7.1	782	동경
12(14)	요시노야 T & C	소고기덮밥류	91,000	8.6	735	동경
13(13)	요로노타기	이자카야대중주점	84,062	0.2	1,834	동경
14(12)	小僧스시本部	스시패스트푸드	76,726	-10.9	1,699	동경
15(15)	프린스 호텔	호텔	62,990	-4.7		동경
16(17)	도토루 커피	커피류	62,831	8.1	978	동경
17(16)	쯔보하찌	이자카야대중주점	59,364	1	553	동경
18(18)	王푸드서비스 만두왕장군	중화만두중심	59,085	3.7	452	교토
19(19)	시닥스 푸드서비스	집단급식	58,000	6.8	2,128	동경
20(-)	롯데리아	햄버거	56,800	-	621	동경

주 : 1. 점포의 연매출은 음식기업의 경우는 음식부분의 직영점과 체인점의 점포매출의 총합계
2. 호텔의 경우는 레스토랑 · 연회 등의 음식부분의 합계로 체인점은 포함하고 있지 않음.
3. 순위표의 ( )의 경우는 전년도 1998년의 순위이다.
4. -의 표시는 무응답 또는 결산기의 변동으로 전년도와 비교표가 성립되지 않은 경우이다.
5. 합병 또는 분사 등의 형태와 양도 · 양수의 경우가 있는 경우는 증가율이 -로 표시된 상태임.

자료 : www.foodguide.co.kr/www.chef.co.kr/www.gourmet.co.kr.

일본의 패스트푸드 시장에서 양식 패스트푸드 시장은 계속하여 약간씩 증가하고 있다. 이러한 이유로는 양식 패스트푸드의 주 고객인 14세 이하의 인구가 계속 증가하고 있는 사실에 기인하는 것으로 보고 있다. 한편 일본의 패밀리 레스토랑 시장은 수명주기상 성장단계에 있는데, 우리나라의 경우 성장 초기단계에 있는 것과 비교하여 약 15년 정도 차이가 난다.

[표 10-6]는 1999년도 1위에서 20위까지의 일본 외식업기업체의 순위표를 나타내고 있다.

한편 일본의 외식과 관련된 트렌드는 다음과 같다http://blog.naver.com/foodcoordi/3089.

(1) 외식시장 트렌드

지금의 일본의 경기침체로 인한 어려움을 겪고 있기는 하지만 '외식산업의 전망'은 밝아 보인다. 먼저 여성의 사회진출의 계속적인 증가로 외식에 대한 수요 또한 더욱 높아질 것으로 예상된다. 실제로 일본 전체 취업자 중 여성이 차지하는 비율은 40.7%이며, 주부의 50% 이상이 취업을 한 상태다.

고령화사회의 도래는 외식업계에도 새로운 가능성을 던져 주고 있다. 현재 추세대로라면 2015년에는 65세 이상의 노령인구가 전국민의 25.2%를 차지할 것으로 예상된다. 이 실버세대는 독립된 생활을 영위하게 될 것이며, 새로운 외식시장을 형성하게 될 것이다.

건강과 안전을 최우선시하는 일본국민의 의식변화 또한 외식산업의 발전가능성을 한층 높여주는 요인이다. 안전한 식재조달과 영양가의 균형을 고려한 건강메뉴 제공, 철저한 위생관리가 뒷받침된 조리기술을 수행하는 전문가집단은 외식업체밖에 없기 때문이다.

또한 무엇보다 여가시간의 증가는 외식산업의 발전에 가장 큰 발전요소가 될 것이다. 일본에서의 여가시장은 총 85조 570억엔, 이 중 22.2%인 18조 8천 460억엔을 외식산업이 차지하고 있다. 따라서 여가에 대한 중요성이 더욱 높아지고 생활의 질적 향상을 추구하는 문화가 형성됨에 따라 여가문화를 중심으로 외식산업은 더욱 발전해 나갈 수 있을 것으로 기대된다.

2008년에 시작된 금융위기의 여파가 2009년에 본격적으로 나타나 전에 없던 치열한 생존경쟁에서 음식점들이 살아남기 위해서 변화하고 있는 소비 트렌드를 정확히 파악하고 이에 대응할 수 있는 대책을 세웠다.

2009년도 외식업계에 있어 생존을 위한 키워드는 '외식의 프로다움'이라고 일본 최고의 외식전문지 『닛케이 레스토랑』에 따르면 경기상황이 좋지 않을수록 소비자들은 뚜렷한 목적을 가지고 소비하려는 경향이 강해지는 것으로 분석되고 있다. 즉, 가치소비경향이 분명해진다는 뜻이다. 아무리 어려워도 가치가 있다고 판단될 때 소비자는 지갑을 연다는 것이다.

최근 일본의 소비자들은 음식점을 선택할 때 실패하지 않기 위해 검증된 음식점이나 메뉴를 선택하는 경향이 나타나고 있다. 경기가 나쁘면 소비자들은 제일 먼저 외식비를 줄이기 때문에 저가의 음식점들이 많이 생겨나는 것은 당연하다. 그러나 그렇다고 해서 무조건 저렴한 가격으로 승부하려는 전략은 잘못된 판단이라고 일본 외식전문가들을 지적한다. 평소에는 저렴하면서도 일상적으로 찾는 메뉴로 검소한 외식을 하지만, 가끔은 호화로운 곳에서 다소 사치스러운 외식을 즐기려는 고객들이 점차 증가하는 등 소비 트렌드가 변하고 있기 때문이라는 것이 그 이유다. 예전에는 일주일에 3,000엔 정보의 비용이 드는 외식을 3회했다면 지금은 한번에 5,000엔 정도를 쓰는 외식을 주 1회한다는 분석이다. 일주일 중 나머지 날들은 절약에 또 절약이다. 따라서 그 점포에서만 맛볼 수 있는 자기만의 음식을 개발하고 맛과 식재료 등에서 남들과 비교되는 차별화로 승부하는 것만이 경쟁에서 살아남을 수 있는 비결이라고 전문가들을 조언한다. 소비자의 니즈가 양극화됨에 따라 이도저도 아닌 콘셉트가 불분명한 음식점은 자연도태될 것임은 불을 보듯 뻔한 것이다. 이와 함께 건강과 안전안심에 관한 관심을 올해도 외식업계에서는 빼놓을 수 없는 키워드로 꼽히고 있다.

2009년은 음식점들의 '존재가치'가 부각되는 해가 될 것이라는 전망이 나오면서 이럴 때일수록 사회공헌에 관심을 가져야 한다는 목소리가 높아지고 있다. 이는 외식업계에 뚜렷이 나타나고 있는 '가치소비'성향과도 무관하지 않다. 반면 사회공헌을 할 만한 경제적 · 정신적 여유가 없다는 경영주들의 볼멘소리도 적지 않은 것이 현실이다. 그러나 사회공헌활동은 반드시 돈만으로 하는 것이 아니며, 소비자들에게 신뢰를 얻을 수 있는 기회가 됨으로써 오히려 가장 효율적인 마케팅 효과도 기대할 수 있다는 것이 전문가들의 지적이다.

동경 하라주쿠에 위치한 'FUJIMAMAS'는 사회공헌활동을 적극적으로 실현하는 음식점으로 알려져 있다. 이곳에서는 NGO단체들이 모금을 위한 파티를 가질 경우 특별할인가격으로 장소를 제공하는 것을 비롯해 보호시설에 주 1회씩 25인 식사를 지속적으로 배달하는 등 음식점만이 할 수 있는 형태로 봉사활동을 꾸준히 실행하고 있다. 'FUJIMAMAS' 대표는 "사회공헌활동에 연간 약 100만엔 정도가 들어가는데, 입소문 덕분에 그만큼의 단체주문이 들어오고 있어 좋은 일 하면서 광고효과도 톡톡히 보고 있다."고 말했다.

한편 사회공헌활동을 열심히 함으로써 직원들의 이직률을 거의 제로로 만든 음식점의 경우도 있다. 삿포로시에 있는 'Be Happy'는 2007년부터 봉사활동을 정기적으로 실시하고 있다. 양로원 등 시설을 방문해 식사를 제공하는 것은 물론, 직원들이 준비한 프로그램으로 즐거운 시간을 마련하고 있다. 2008년부터는 또 '일본의 식량자급률을 높이는 데 일조하겠다'는 취지하에 자체농장을 만들어 직원들이 돌아가면서 시간을 내 야채를 생산하기 시작했다. 이 음식점 대표는 "요즘 젊은 사람들은 돈만으로 움직이지 않는다. 뭔가 사회에 보탬이 되고 보람을 느낄 때 가장 기뻐한다"며 "이웃과 더불어 함께 하는 사회공헌활동은 내가 운영하는 음식점을 더욱 가치있게 만들기 위해 앞으로도 더 주력해야 할 확실한 투자방법"이라고 덧붙였다.

(2) 소비 트렌드

❶ 건강 및 환경지향 : 로하스

건강에 대한 관심이 높아지고 있는 가운데 지난해부터는 건강과 환경을 함께 생각한다는 뜻의 '로하스lohas'라는 단어가 주목받고 있다. 백화점을 비롯한 음식점 이름에 로하스를 넣는 사례가 늘어나는가 하면, 각종 비즈니스에도 건강과 환경을 중요시하는 로하스의 개념이 이미 폭넓게 쓰여지고 있다.

그러나 지난해까지는 친환경식재를 사용하는 레스토랑과 유기농식품 등 주로 먹거리 중심의 로하스였으나, 이제부터는 보여지는 것과 행동이 키워드가 될 전망이다. 운동이나 온천·요가시설이 곁들여진 외식점포 등이 여기에 속한다. 또한 지난해 9월 농지법이 개정됨에 따라 일반회사가 농업에 참여하기가 쉬워짐으로써 생산자와 음식점이 직접 연결되는 경우가 늘고 있다. 더 나아가서는 외식업체가 농원을 직접 운영하거나 원산지 농가와 함께 새로운 야채를 개발하는 사례도 등장하고 있다.

지난해 일본의 대표적인 외식업체 와타미가 오픈한 '수제주방'은 홀 전체가 금연을 실시함으로써 업계 처음으로 '금연 이자카야'를 선보여 화제가 되었다.

② 지역밀착지향 : 지역 마켓에 맞는 스타일로 고객만족

전체인구가 점차 감소하는 추세를 보이고 있는 가운데 고령화와 전후세대의 퇴직 등으로 소비자들의 대부분이 지역을 선호하는 경향이 높아지고 있다. 이에 따라 '지역밀착'이 중요한 테마로 떠오르고 있다. 지역 마켓에 맞는 스타일을 추구하고 부가가치를 제공할 수 있는 외식점포가 점차 늘어나고 있으며, 이들 레스토랑의 관건은 어떻게 하면 지역주민들의 일상생활 속에 파고 들어 가는가에 모든 마케팅의 초첨을 맞추고 있다.

일상생활에서 외식빈도를 높이기 위해서는 음식을 제공하는 것 외에 다른 기능을 함께 갖추는 콘셉트도 중요하다. 특히 딜리버리 서비스는 고령화가 진행되는 현대사회에서 수요가 늘어날 수밖에 없다는 것을 고려하여 최근에는 테이크아웃을 대표하는 중식中食전문점과 편의점 등에서 노인이나 환자들에게 음식을 배달하는 서비스를 시작하고 있는 것으로 나타났다.

대표적인 예로 일본의 외식업체 스카이락에서는 현재 도시락배달 서비스를 전국의 720개 점포에서 실시하여 전체매출의 약 3%대를 차지할 정도로 그 비중이 점차 커지고 있는 것으로 알려졌다.

③ 고품질 · 가치소비지향 : 가격보다 품질우선

가격에 상관없이 확실한 품질의 상품을 원하는 이른바 '고품질지향'의 소비자가 경기회복을 틈타 점차 늘어나고 있다. 미국산 쇠고기 수입금지를 계기로 한동안 브랜드 돈육이 일본을 강타한 데 이어 이제는 브랜드 양고기가 등장하는 등 일상적이지 않고 특별한 요리를 원하는 고객을 중심으로 양고기나 말고기 및 브랜드 쇠고기 소비량이 크게 늘고 있다. 아울러 소비가 늘어남에 따라 고급 메뉴로 새벽 2시나 3시까지, 또는 24시간 운영하는 점포들이 속속 등장하고 있는 것도 외식업계에서는 새로운 트렌드라고 하기에 충분하다.

2005년 1월 동경에 선보인 레스토랑 아자부하우스Azabu Haus는 24시간 고객이 원하는 시간에 원하는 요리를 제공하는 것으로 인기를 끌고 있다. 각 시간대별로 찾아오는 고객의 니즈를 만족시킴으로써 25석을 갖춘 작은 규모의 이곳에서는 월 2천 300만엔의 매출을 올릴 정도로 입소문을 타고 있다.

한편 역사적인 건물을 리뉴얼해서 레스토랑으로 살리는 작업은 문화재 활용과 도시미관을 확보하는 데 중요한 역할을 한다는 차원에서 서구에서는 이미 10~20년 전부터 주목받고 있는 사업으로 일본에서도 최근 들어 점차 눈을 뜨고 있는 분야라고 할 수 있다. 1953년도에 지어진 일본의 대표적인 가정집을 리뉴얼한 우나기장어요리전문점 '다마누'가 대표적으로, 이곳은 내부의 소품도 예전 것을 그대로 사용하거나 재현함으로써 역사를 느끼게 하는 분위기를 연출하고 있다. 오픈 초기에는 노년층이 주로 이용하는 점포였으나 최근에는 젊은 층에서도 인기를 모으고 있다.

(3) 메뉴 트렌드

❶ 스페인풍 바Bar : 새로움 · 신선함으로 눈길

스페인풍의 바가 최근 주목받고 있는 이유는 '새로운 바bar형태의 신선함'이라고 말할 수 있다. 프랑스와 이태리 요리의 뒤를 이어 스페인요리 자체가 지금까지 흔히 경험하지 못한 새로운 맛으로 고객들의 호기심을 자극하고 있을 뿐 아니라, 자유로운 분위기에서 술을 마실 수 있는 바형태의 풍경도 신선함을 제공하기에 충분하다.

스페인풍 바의 주류판매비율은 보통 35~45%로 유명 이자카야보다도 높다는 것이 성공요인 중 하나로 꼽히고 있다. 이와 함께 편안하고 세련된 분위기로 인해 여성고객을 중심으로 한 1~3명 정도의 소단위 고객이 부담 없이 찾을 수 있다는 점, 또 객단가와 내점시간이 그 어느 이자카야보다 폭이 넓다는 것이 장점으로 부각되고 있다. 스페인풍의 바가 인기를 끌 수 있는 요인으로는 식재와 조리상의 특징도 들 수 있다.

스페인 요리의 주식재료는 어패류와 쌀, 그리고 조미료는 소금과 올리브 오일이다. 이는 일본요리의 기본식재와 비슷한 점이 많기 때문에 일본인들이 쉽게 적응될 수 있다는 것이다. 또 바형태는 서빙하는 종업원의 수가 많지 않아도 운영이 가능하므로 인건비 절감에 있어서도 효과적이라고 할 수 있다. 그러나 한편으로는 이러한 바형태의 레스토랑이 어느 정도 시장을 확대할 수 있을지는 아직 찬반논란이 있는 것이 현실이다.

② 오뎅 : 품격높은 오뎅으로 업그레이드

최근 수년간 외식업계에 뚜렷이 나타나고 있는 트렌드 중의 하나가 오래된 업태의 리모델링이다. 다시 말해 지금까지 오랫동안 일본인들이 먹어 온 익숙한 음식을 시대에 맞게 한 단계 업그레이드시켜 고객에게 다가가는 것이다. 대표적인 메뉴가 '오뎅'이다. 오뎅의 주재료는 생선을 비롯해 야채 · 해조류 등으로 최근 건강지향의 소비 트렌드와도 일치되는 부분이 있다. 또 오뎅은 점포가 오픈하기 전에 어느 정도 준비가 가능한 메뉴이므로 조리방법이 간단하고 제공시간이 짧아 인건비 절감과 식재 로스율이 낮을 뿐만 아니라 회전율에도 효과적이라는 면에서 창업종목으로도 각광받고 있다.

한편 최근에 오픈한 오뎅전문점들은 오뎅의 품격을 높이고 색다른 오뎅요리를 선보이는 데 주력하는 경향이 있다. 주메뉴는 오뎅이지만 인테리어를 고급스럽게 한다든지 오뎅의 주재료를 색다른 식재를 사용해 만들어 맛을 차별화하는 등의 특징을 보이고 있다. 한편 오뎅은 오래 전부터 일반화된 메뉴로 고객들이 맛의 품질을 가려내기가 쉽기 때문에 재료선택이 그만큼 어렵다는 것과 조리법과 식재조달이 쉬워 창업경쟁이 심하다는 것, 또 여름에는 매출이 떨어진다는 몇 가지 단점이 있다는 것을 염두에 두어야 한다. 오뎅전문점은 오뎅이 가지고 있는 기본장점을 잘 살리면서도 어떻게 새로운 변화를 추구하느냐에 성패가 달려 있다고 볼 수 있다.

③ 건강음식 : 식재안전과 안심지향 심리 반영

'건강' · '친환경'이 모든 분야의 화두로 떠오르고 있는 가운데 외식업계도 예외는 아니다. 건강식이냐 아니냐가 외식점포를 고르는 기준이 되고 있다고 말해도 과언이 아닐 것이다. 최근 몇 년 사이 일어난 광우병사건을 비롯해 조류 인플루엔자 등은 소비자들이 식재의 '안전과 안심'부분에 더 예민해지도록 하는 데 큰 역할을 담당했다. 이러한 분위기에서 소비자들이 건강에 관심을 가지는 것은 당연한 일이며, 이는 가치소비지향의 원인으로 작용하고 있다.

건강지향적인 분위기는 유기농에 대한 관심을 불러일으킴과 동시에, 산지식재에 대한 소비자들의 인지도를 크게 높이고 있는 가운데 산지와 직접 연계해 토산품이나 유기농식재만을 사용한 요리를 제공하는 뷔페나 반찬전문점 프랜차이즈가 급증하고 있다. 이런 점포들은 내부에서 사용하는 용기들도 모두 친환경소재를 사용해 건강과 환경을 함께 배려하는 로하스lohas 개념을 실천해 차별화를 선언하고 있다. 유기농이나 저농약 등 친환경식재에 대한 고객들의 니즈는 앞으로도 계속 증가할 것으로 보이며, 이런 소비자의 니즈를 만족시키는 외식점포만이 살아남을 것이다.

④ 서서 먹는 음식점 : 저렴한 가격과 가벼운 분위기 관건

2005년부터 붐을 일으키고 있는 '서서 먹는 음식점'은 각종 매스컴에 오르내리며 화제가 됨에 따라 그동안 이곳을 이용하지 않았던 젊은 층과 여성고객들이 증가해 고객층이 더 넓어지면서 시장이 점차 커지고 있다. 서서 먹는 음식점의 오픈취지는 퇴근길에 가볍게 한 잔하고 집으로 돌아가기였으나, 최근 이들 점포에 고객들이 머무는 시간이 갈수록 길어지는 현상을 보이고 있다.

2005년 8월에 오픈한 동경의 중심 에비야에 오픈한 Q는 프랑스풍의 비스트로 요리가 주메뉴라서 특히 여성고객들로부터 인기를 모으고 있다. 서서 먹는 음식점이라고 대충 먹는 곳이라고 생각하면 오산이다. 보통 100여 가지의 다양한 메뉴를 준비하고 있으며, 거의 모든 메뉴는 점포에서 직접 만들어 제공하기 때문에 이자카야나 일반음식점과 비교해 손색이 없다는 것이 인기비결의 원인으로 분석되고 있다. 최근에는 서빙하는 종업원을 모두 20대 젊은 여성들로만 구성해 좀 더 밝고 명랑한 이미지를 연출하는 등 차별화에 주력하고 있는 모습이다. 그러나 가격이 저렴해야 하는 것과 가볍게 먹고 마실 수 있는 분위기 연출은 서서 먹는 음식점이 가져야 할 기본조건이라는 것을 잊지 말아야 한다.

⑤ 카레 : 오래된 메뉴의 리뉴얼 바람타고 주목

카레는 일본인의 '국민식'이라고 할 정도로 빼놓을 수 없는 음식 중 하나이다. 최근에는 홋카이도에서 개발된 수프 카레가 동경을 비롯한 도심부로 진출해 성공을 거두는가 하면, 프랑스요리 주방장이 백화점 지하에 카레전문점을 오픈해 인기를 끄는 등 카레업계에 새로운 바람이 불고 있다.

스페인풍 바 '바뉴레스'는 밤에는 스페인요리와 와인을 서서 마시는 콘셉트의 레스토랑이다. 낮에는 독특한 향의 스페인풍 카레를 점심 메뉴로 제공해 고객을 끌어 모으고 있다. '매일 먹어도 질리지 않는 카레맛'을 추구하고 있는 동경 긴자에 위치한 카레전문점 '에스토'는 기본 카레를 비롯해 다양한 맛의 카레를 선보이며 성업 중이다. 카레는 야채를 많이 사용하고 건강식이라는 이미지가 강해 특히 여성고객들의 사랑을 받고 있으며, 오래된 메뉴의 리뉴얼 바람을 타고 주목받고 있다.

⑥ 창작 일본요리전문점 : 저렴한 가격과 고급 이미지로 차별화

지금까지 일본요리전문점의 객단가는 1만엔을 넘으면 특별한 음식으로 인식되어 일반인들이 쉽게 찾을 수 없는 업태 중 하나였다. 그러나 1~2년 사이 저단가의 일본요리전문점이 생겨나기 시작하면서 최근에는 창작 일본요리전문 고급 이자카야형태의 신종업태로도 자리잡아 가고 있다. 코스로 제공되는 요리의 객단가는 5천엔 정도로 주류까지 포함해서 1만엔이 넘지 않는다는 것이 요즘 일본인들의 관심을 모으고 있는 창작 일본요리전문점의 특징이다. 이 음식점들의 식재료비율은 대략 40%선을 넘기지 않는다. 요리는 양은 적으나 가짓수가 많아서 우리의 한정식과 같이 푸짐하고, 가격도 정통 일본요리와는 달리 저렴한 편이라 20~30대의 젊은이들을 비롯해 고객층이 두텁다.

창작 일본요리전문점은 정통일본요리를 기본으로 하고 있기 때문에 가격은 비교적 정통요리점보다 저렴한 편이나 아직 고급음식점이라는 이미지를 잃지 않고 있으며, 또 이것이 일본요리를 전문으로 하는 이자카야와 차별화되는 점이기도 하다.

⑦ 칭기즈칸 : 미국 쇠고기 대체식품으로 소비확산

쇠고기 · 돼지고기 · 닭고기에 이어 소비자들로부터 호응을 얻고 있는 식재는 양고기다. 특히 몇 년 사이 요리방법으로 크게 인기를 끌고 있는 칭기즈칸은 양고기의 인지도를 높이는 데 한 몫을 했다고 볼 수 있다. 체지방을 태우는 역할을 하는 카로니틴 성분을 다량 함유한 양고기를 각종 야채와 더불어 요리하는 칭기즈칸은 건강식의 대표주자로 인식되어지고 있다.

최근에는 유통기술의 발달로 냉동으로만 먹을 수 있었던 양고기를 냉장육으로 구입할 수 있게 됨으로써 양고기 소비를 촉진시키는 또 하나의 원인이 되고 있다는 분석이다. 이러한 가운데 양고기를 주재료로 하는 칭기즈칸 요리전문점이 동경을 비롯해 전국적으로 급격히 늘어나고 있다. 최근에 광우병으로 인해 미국산 쇠고기의 수입이 원활하지 않았던 틈을 타 대체식품으로도 주목을 받고 있는 양고기 시장은 이번 일을 계기로 더욱 확대될 것으로 전망되고 있다.

3) 한국

한국의 외식과 관련된 트렌드는 다음과 같다http://blog.naver.com/winter21/80025230534.

(1) 외식시장 트렌드

외식시장의 양극화는 2010년에도 계속되었다. 2010년도 역시 잘 되는 외식업체는 꾸준히 성장가도를 달리는가 하면 그렇지 못한 업체는 매출하락에 허덕이거나 폐점, 혹은 업종전환을 하는 등 어려움이 가중되고 있다. 불황이 장기화되고 경쟁업소의 출현이 심화될수록 고객들은 업소를 선택함에 있어 까다롭기 마련이다. 여러 업소를 꼼꼼히 비교해 가며 선택하기 때문에 경쟁력이 없는 업체는 도태되고 마는 것이다. 변화와 혁신을 통해 위기관리능력을 갖추지 못한 업체는 양극화가 심화될수록 더욱더 빈곤상태로 치닫게 된다. 이러한 양극화현상이 극에 달하면 나타나는 현상이 바로 M&A이다. 즉, 건실한 업체가 부실한 업체를 인수하며, 또 규모의 경쟁을 하려는 대기업이 자본력이 달리는 중소업체를 사들이는 현상이 나타나고 있다. 국내 역시 많은 외식업체가 M&A를 위한 물밑작업을 활발히 진행하고 있다.

① 신사업 찾는 대기업 : 외식사업 진출 가속화

대기업들의 외식사업 진출이 더욱 가속화되고 있다. 1990년대 초 외식업은 현금회전이 좋다는 메리트로 거대자본과 조직력을 앞세워 대기업들이 외식시장에 뛰어들면서 현재 국내 외식업계는 이들의 활동이 더욱 거세지고 있다. 초기에는 주로 제조업이나 건설업을 하던 기업체들의 외식업 진출이 많았으나, 최근에는 유통업 · 에너지사업 · 의류업 등으로 확대되고 있다. 올 초 (주)한화유통은 빈즈앤베리즈로 커피사업에 진출했으며, 삼양그룹은 최근 세븐스프링스를 인수했다. 이밖에 많은 대기업이 새로운 해외 브랜드 도입을 추진하거나 로컬 브랜드 런칭을 계획하고 있다.

대기업들의 참여로 국내 외식업계는 영세성에서 벗어나 규모의 경제를 이루고 있지만, 이 같은 현상이 비단 긍정적인 면만 있는 것은 아니다. 외식업에 대한 노하우 없이 자본력만을 앞세워 진출하다 보니 얼마가지 못해 백기를 드는가 하면, 기존사업에 비해 매출규모가 작다는 이유로 별 재미를 느끼지 못해 사업을 접는 경우도 비일비재하다.

그럼에도 불구하고 대기업들의 외식업 진출은 끊임없이 진행되고 있으며, 점점 다양한 산업군의 대기업들이 외식업 진출을 적극 검토 중인 것으로 나타났다. 수익구조의 다양화를 위한 신사업의 일환으로 호시탐탐 외식시장을 노크하는 이들의 행보에 업계의 관심이 집중되고 있다.

② 글로벌이 대세 : 세계로, 세계로

외식업체들의 글로벌화가 거세다. 국내 시장에서 벗어나 해외로 영업망을 넓히려는 업체들의 행보가 발빠르게 이뤄지고 있다. 특히 지난 2004년 말 중국 유통시장이 전면 개방됨에 따라 중국진출을 모색하는 업체들이 증가하고 있으며 이외에도 일본 · 미국 · 동남아 등 세계 각지로 그 영역을 넓혀 가고 있다.

이러한 글로벌현상은 비단 기업형 외식업체들만의 일이 아니다. 모 양곱창전문점과 육류전문점은 올해 중국진출을 계획하고 있으며, 부산에서 성공적인 영업력을 펼치고 있는 고깃집 역시 미국 LA에 점포 오픈을 준비 중에 있는 등 알려지지 않은 많은 개인외식업소가 해외진출을 위한 시장조사에 열을 올리고 있다.

기업형 외식업체로는 지난 해 중국 오도구점 오픈에 이어 올해 홍콩과 중국내 매장을 확대할 예정인 시젠을 비롯해 한국, 카페소반, 카후니빌북경, 미스터 피자미국, 삼깁 등 많은 기업형 외식업체들이 지난해에 이어 올해 역시 세계무대 진출을 준비 중에 있다. 한편 지난 3월 토다이의 국내 진출에 이어 미나토 등 해외에서 성공한 우리 외식인들의 국내 역진출도 새롭게 진행되고 있다.

③ 문어발 경영 : 다브랜드

최근 외식업체들의 경영전략 중 두드러지는 것이 바로 다브랜드전략이다. 하나의 브랜드를 운영하는 한 우물 파기에서 벗어나 제2 · 제3의 브랜드를 운영하며 시너지효과를 얻는가 하면, 또 다른 수익 모델을 구축하고 있다. 대표적인 예가 CJ푸드빌(주)로 스카이락으로 시작해 현재 9개 브랜드를 운영하고 있으며, 올해 역시 씨푸드 레스토랑과 태국음식점 등의 신규 브랜드를 런칭할 예정이다. 이에 따라 계열사인 뚜레주르까지 포함하면 CJ는 베이커리에서 다이닝 레스토랑에 이르기까지 다양한 콘셉트의 외식 브랜드를 운영하고 있는 셈이다. 이외에도 썬앳푸드 · 아모제 · 놀부 · 제너시스 · 태창가족 등 대부분의 업체들이 최소 2개 이상의 브랜드를 운영하고 있다.

이처럼 외식업체들이 다브랜드를 펼치는 이유는 수익 모델의 다각화와 함께 변화하는 외식 트렌드에 대응하기 위함이다. 고객들의 욕구와 트렌드가 빠르게 변화하면서 기존 브랜드만으로는 수익을 내기에 한계가 있다 보니 보다 다양한 콘셉트의 브랜드 운영을 통해 수익구조를 맞추고 있는 것이다. 이러한 다브랜드전략은 프랜차이즈 전략과 함께 외식산업이 성장할수록 더욱 강해질 것으로 전망된다.

(2) 소비 트렌드

① 가치소비 : 나만의 '가치'에 올인

가치소비의 바람은 올해 역시 핵심 트렌드로 자리잡고 있다. 좀 더 고급스러운 제품을 어떻게 하면 최대한 저렴하게 구입할 수 있을까 하는 모순된 소비욕구인 가치소비는 매스티지와도 일맥상통한다. 중저가 샤브샤브전문점, 1~2만원대의 씨푸드 뷔페 등이 대표적인 가치소비제품이라 할 수 있다. 이제는 더 이상 한 잔에 4~5천원하는 테이크아웃 커피를 마시며 '가치'를 느끼지 못한다. 비슷한 급들의 커피전문점들이 산재해 있기 때문에 더 이상 튀는 문화가 아닌 보편재가 되었기 때문이다.

이처럼 해가 거듭할수록 고객이 느끼는 '가치'의 기준이 빠르게 변하며, 이에 따라 가치의 수명 역시 짧아지고 있다. 가치소비는 반드시 고가시장뿐 아니라 2~3천원 대의 분식전문점에서 나름의 가치를 느끼고자 한다.

이제 '맛과 서비스 · 가격 · 분위기 중 택일'이 아닌 '맛과 서비스 · 가격 · 분위기에 푸드 스타일링 및 감성까지 전부'인 시대로 접어든 것이다. 본인이 세운 가치의 잣대를 기준으로 평가하고 판단하는 것이 바로 최근 소비자의 소비 트렌드라 할 수 있다.

② 소득의 양극화가 소비의 양극화로 연결

소비 트렌드 역시 2005년에 이어 양극화현상이 지속되고 있다. 최근 고급 한우전문점이 수입산 쇠고기에 맞서 고객몰이를 하는가 하면, 여전히 1인분에 3~4천원하는 저가 고기전문점들이 주택가를 중심으로 영업을 하고 있다. 이 밖에 패스트푸드의 버거와 고급 핸드메이드 버거, 1천원 김밥과 1만원대의 고급롤, 9천 900원 하는 회와 고급일식집 회 등은 소비의 양극화를 나타내는 대표적인 예이다.

경기불황으로 인한 소득의 양극화에서 비롯되는 이러한 소비의 양극화는 올해 역시 경기회복에 대한 뚜렷한 전망이 없는 가운데 여전히 외식시장을 대변하는 트렌드로 이어지고 있다.

③ 웰빙의 롱런과 로하스

최근 2~3년 동안 대표적인 소비 키워드로 롱런하고 있는 웰빙이 올해도 지속될 것으로 보인다. 일부에서는 올해 들어 웰빙바람이 어느 정도 주춤하면서 로하스, 즉 환경을 생각하는 광의의 로하스가 웰빙을 치고 올라 올 것으로 예상했지만, 로하스는 아직까지 기대만큼의 위력은 발휘하지 못하고 있다.

그러나 일부 외식업체를 중심으로 단순히 몸에 좋은 웰빙 먹거리 제공만이 아니라 폐식용유를 재활용하거나 음식물쓰레기를 줄이는 등 환경보존차원의 활동도 추진하고 있어 조만간 로하스 트렌드가 더욱 짙어질 것으로 전망된다. 웰빙 역시 이전보다 더욱 진보한 형태를 나타낼 것으로 보인다. 단순히 유기농 야채 등을 사용하는 차원에서 벗어나 알뿌리채소 · 구황작물 등 파워 푸드의 활용률이 높아질 것이며, 조리법 역시 생으로 먹거나 찜 · 탕 · 구이 등 기름을 사용하지 않는 조리법이 확대될 것으로 보인다.

④ 자기중심적 소비

모든 생활의 주체는 '나', 즉 '우리의 것'이 아닌 '나만의 것'을 원하는 자기중심적 소비가 확산되고 있다. 커피나 샌드위치 · 파스타 · 피자 등 대부분의 메뉴가 동일한 맛으로 제공되기보다는 먹는 사람의 입맛에 맞게 맞춤 메뉴로 제공된다. 자신이 원하는 커피의 플래버와 시럽의 종류 및 피자 토핑 등을 선택해 마실 수 있으며, 파스타의 종류 및 소스, 피자 토핑, 샌드위치 빵 등도 개인이 선택할 수 있다. 그야말로 가정이 아닌 밖에서 먹는 외식도 개개인의 입맛을 반영한 자기중심적 식단화가 이뤄지고 있는 것이다.

이러한 추세는 비단 눈에 보이는 식재의 선택뿐 아니라 조리법 · 제공방법 · 담음새 등에 이르기까지 개인맞춤 시스템의 범위가 더욱 넓어질 것이다. 또한 여럿이 함께 먹기보다는 1인용 메뉴, 1인용 기물 및 식기 등의 확산도 이러한 자기중심적 소비성향의 예라 할 수 있다.

(3) 메뉴 트렌드

① 씨푸드 : 웰빙의 롱런으로 급부상

웰빙붐과 함께 최근 2~3년 동안 씨푸드의 강세가 계속되고 있다. 그동안 시장을 선점해 오던 외식 아이템이 육류중심에서 일부분 씨푸드로 바뀌고 있는 것이다. 굳이 씨푸드전문점이 아니라도 대부분의 레스토랑에서 씨푸드 메뉴의 비중을 늘리는가 하면, 아예 씨푸드전문점을 표방하고 나선 브랜드도 많다. 특히 최근에는 한두 가지 해산물을 전문으로 하는 형태가 아닌 다양한 씨푸드를 맛볼 수 있는 씨푸드 뷔페 형태가 시장을 넓혀 가고 있다. 바이킹스와 무스쿠스, 그리고 지난 달 오픈한 미국 브랜드 토다이가 대표적이며, CJ푸드빌 역시 곧 씨푸드전문점을 런칭하여 시장에 합류할 예정이다. 업계의 관계자들은 씨푸드전문점 운영의 핵심은 씨푸드에 대한 원가관리와 품질관리에 있다고 말한다.

② 에스닉 푸드 : 이국적 감성 메리트로 확산 예고

외국음식에 대한 체험과 아울러 이국적 감성의 소비를 자극하는 에스닉 푸드 ethnic food 전문점이 인기를 끌 것으로 예상된다. 2000년도를 전후해 잠시 붐을 조성했던 에스닉 푸드는 이후 쌀국수전문점에 가려 몇몇 업체만이 그 명맥을 유지해 오고 있었으나 최근 다시 한번 에스닉 푸드전문점들이 미식가들을 중심으로 자리를 잡고 있다.

인도음식점인 강가와 인디아게이트, 태국음식전문점 애프터 더 레인이 대표적인 에스닉 푸드전문점으로 마니아층을 형성하고 있으며, CJ푸드빌은 이 달 중 기존 애프터 더 레인보다 대중적인 태국음식전문점을 런칭할 계획이다. 물론 국내 외식시장에서 에스닉 푸드는 아직 초기단계라 할 수 있으나 올해 더욱 확산될 것으로 예상된다. 일부에서는 이러한 에스닉 푸드전문점은 기존의 패밀리 레스토랑을 위협하는 존재로 부각될 가능성이 크다고 말한다.

③ 뷔페 : 다회성 메리트로 닫힌 소비심리 공략

경기불황이 지속되면서 뷔페 레스토랑이 각광받고 있다. 일정금액을 내고 원하는 만큼 음식을 먹을 수 있는 뷔페는 소비에 민감해져 쉽게 주머니를 열지 않는 소비자들의 심리적 부담을 일부분 해소해 주는 아이템인 셈이다. 특히 기존에 뷔페라 하면 호텔이나 각종 행사를 유치하는 연회장 개념의 뷔페를 먼저 떠올렸지만, 최근의 뷔페는 인테리어는 물론, 오픈주방형태로 미리 만들어진 음식이 아닌 즉석에서 만든 신선한 음식임을 강조하고 있다.

메뉴 역시 한 · 중 · 일 · 양식을 넘나드는 종합 레스토랑이 아닌 씨푸드 · 스시 · 고기 · 보리밥 등으로 전문화된 것이 특징이다. 시설 · 메뉴 · 시스템 등에 있어 주기적인 업그레이드 전략을 진행한다면 뷔페는 롱런하는 외식 아이콘으로 자리잡을 수 있을 것으로 보인다.

④ 한우전문점 : 수입산에 맞선 '고급' 이미지 부각

지난 2003년 불어 닥친 미국산 광우병사건은 국내 쇠고기전문점 시장에 큰 변화를 몰고 왔다. 미국산 쇠고기의 수입금지로 호주 · 뉴질랜드 등의 쇠고기소비량이 급증했으며, 이와 함께 한우에 대한 소비량도 증가했다. 특히 지난해 말부터 한우전문점이 증가하면서 한우에 대한 관심이 증폭되고 있다.

그동안 국내에 들어와 있던 미국산 쇠고기의 유통기한이 지난해 하반기로 끝나고, 또 잠시 수입재개의 움직임을 보였던 미국산 쇠고기에서 또 다시 광우병이 발생하여 수입재개에 차질이 생길 것으로 나타나면서 한우전문점의 확산을 더욱 부추기고 있다. 게다가 오는 2007년부터 쇠고기 원산지표시제를 시행함에 따라 고객들이 이전보다 '수입산'보다는 '국내산 한우'를 선호하는 분위기가 더욱 짙어져 한우전문점의 확산을 부추기고 있다.

업계의 관계자는 "원산지표시제가 도입되어 수입산과 국내산을 명확히 표시하기 때문에 예전처럼 값이 싸다고 수입산을 선택하는 비중은 줄어들었다"며 "수입산은 이미지 제고에, 그리고 한우전문점은 사육량 증가 등을 통한 물량확보로 가격저항감을 없애는 것이 중요하다"고 말한다.

⑤ 오므라이스 : 소스 · 토핑 등 다양화한 퓨전으로 승부

일반적으로 불황기에는 '밥'메뉴가 유행한다. 그래서인지 지난해부터 라이스 메뉴가 외식 아이템의 한 축을 이루는 가운데 가장 대표적인 라이스 메뉴로 오므라이스가 자리매김하고 있다. 볶음밥에 계란지단을 덮고 위에 빨간 케첩을 뿌린 오므라이스는 어릴 적 누구나 먹어 보고 좋아 했던 추억의 메뉴로, 이를 현대적으로 재해석한 것이 최근의 오므라이스다.

녹차밥 등 밥에도 웰빙을 첨가했으며, 적당히 두툼한 계란지단에 인스턴트 케첩이 아닌 자체개발한 다양한 맛의 소스와 새우 · 브로콜리 · 치킨 등의 사이드 메뉴로 퓨전 오므라이스를 제공하고 있다. 푸짐한 양과 부담 없는 가격 및 색다른 맛으로 승부하는 오므라이스는 당분간 주요 외식 아이템으로 인기를 끌 것으로 보인다.

⑥ HMR : 라이프스타일 변화로 잠재시장 무궁무진

HMR 시장은 매년 히트 아이템으로 선정됨에도 불구하고 기대만큼의 성장은 나타내지 못하고 있다. 그럼에도 불구하고 해마다 많은 업체들이 HMR 시장에 뛰어들고 있다. 이유는 단 하나이다. 바로 HMR 시장의 성장잠재력이다.

현재 국내 HMR 시장은 주로 백화점이나 할인점 내 식당가를 중심으로 운영되고 있다. 일부 업체는 로드숍도 오픈했으나 시기상조라는 판단에 '작전상 후퇴'를 하기도 했다. 이는 아직까지 HMR 전문점을 이용하는 고객층의 대부분이 주부 및 여성고객이라는 특수성 때문이지만, 주 5일근무제의 확산, 싱글족 및 딩크족의 증가, 다양한 직업의 출현으로 인한 업무시간 내의 다양화 등 라이프 사이클이 변화함에 따라 국내 역시 HMR 시장이 더욱 확대되리라는 전망이다.

그러나 현재 국내 HMR 전문점의 경우 다양하지 못한 메뉴구성과 높은 가격 등이 한계점으로 지적되고 있다. 현재 일본의 경우 HMR 콘셉트의 중식시장이 외식시장에서 큰 비중을 차지하며 빠르게 성장하고 있다.

⑦ 델리 카페 : 유러피언 스타일로 젊은 층 공략

베이커리전문점의 고급화에 따라 나타난 것이 바로 델리 카페이다. 단순히 베이커리만 파는 것이 아니라 베이커리와 각종 음료에 샌드위치 · 파스타 · 피자 등 간단한 메뉴를 함께 판매하는 델리 카페는 젊은 층들의 라이프스타일을 그대로 반영해 주로 대학가나 오피스가 및 번화가 등을 중심으로 매장을 운영하고 있다.

따라서 기존 베이커리전문점들도 신규매장에 대해 델리 카페의 형태로 콘셉트를 조정하고 있으며, 아예 별도의 브랜드를 런칭해 사업을 전개하기도 한다. 현재 델리 카페들은 대부분이 호텔이나 기업형 외식베이커리업체에서 운영하고 있는 상황으로 향후 개인 브랜드의 베이커리전문점과 기업형의 델리 카페로 양분될 가능성도 점쳐지고 있다.

다음의 사례는 외식업계의 2010년도 메뉴 트렌드를 나타내고 있다.

> 최근 일본대중식이 국내 외식시장에서 빠르게 트렌드를 형성하고 있는 것은 소비자에게는 정갈하고 깔끔한 1인식 기준으로 1만원 미만의 가격대로 현지에서 즐겼던 일식 메뉴를 즐길 수 있다는 점이, 경영주에게는 패스트푸드처럼 신속한 메뉴제공과 간편한 조리로 인해 소규모 매장운영이 가능하다는 점이 메리트로 자리잡고 있다.

자료 : 월간식당, 2010. 12.

(4) 마케팅 트렌드

요즘과 같은 불황에 창의적인 마케팅은 필수다. 뭔가 남과 다르게 튀어야 하고, 앞서가야 고객들에게 선택을 받을 수 있다. 마케팅전략은 대기업부터 골목식당까지 꼭 필요하다. 2010년 마케팅의 키워드는 전통적인 PPL 마케팅과 함께 소셜미디어 마케팅이 주목받았다월간식당, 2010. 12.

❶ 브랜드 노출에 최적 : PPL 마케팅

PPL은 Product in Placement의 약자로 영상산업의 규모가 커지면서 영화 · 드라마 등에 자사의 특정제품을 등장시켜 홍보하는 것을 의미한다. 외식업계에도 몇 년 전부터 PPL 마케팅을 도입해 브랜드인지도를 높이거나 제품 판매를 극대화하고 있지만, 역으로 영화나 드라마의 스토리와 자연스럽게 어울리지 못하는 경우 소비자들에게 거부감을 주는 단점도 있다.

최근 외식업계에서는 단순 매장노출뿐만 아니라 스토리에 자연스럽게 녹아들 수 있는 전략을 사용하고 있어 PPL에 대한 시청자들의 거부감을 줄이는 데 주력하고 있다.

PPL에 가장 적극적인 외식기업은 본아이에프다. '꽃보다 남자' 등 성공에 힘입어 SBS 주말 드라마 '이웃집 웬수'의 PPL도 진행했다. 이 드라마에서 본죽은 매장노출뿐만 아니라 본사가 주인공들이 다니는 직장으로 묘사해 확실한 PPL 효과를 누렸다.

종영된 주말 드라마 '수상한 삼형제'에서는 ㈜원앤원의 '원할머니 보쌈'이 '모녀보쌈'이라는 브랜드로 등장했으나 유니폼 · 배달오토바이 · 소품과 브랜드 상징인 노란색 배경 등을 통해 '원할머니보쌈' 브랜드를 인지시켰다. 카페베네는 '지붕뚫고 하이킥', '커피하우스'를 통한 브랜드 노출로 대중적인 인지도를 공고히 했다. 이 밖에 SBS 아침 드라마 '당돌한 여자'에 샤브샤브전문점 '채선당', '오마이 레이디'에서는 '채선당'과 '채선당의 돈부리' 매장이 촬영배경이 되기도 했다.

업계 담당자들은 PPL 진행시 관여도에 따라 차이는 있지만 10~15회 기준 약 2억~2억 5,000만원이 소요된다고 밝혔다.

② 파격적인 할인가격으로 공략 : 원어데이 마케팅

'하루에 한 음식점만 할인'을 한다는 원어데이one a day 마케팅은 음식 · 공연과 같은 서비스상품을 파격적인 할인가격으로 구매할 수 있는 소셜커머스social commerce다. 미국의 그루폰이 원조격으로 국내에서는 포켓몬스터, 데일리픽, 쿠팡, 딜즈온, 쇼킹온 등이 대표적인 업체로 손꼽히고 있다.

소셜커머스는 공동구매를 통해 메뉴 등을 적게는 50%에서 많게는 80%까지 할인받을 수 있는 것이 가장 큰 장점이다.

외식업체의 경우 원어데이 마케팅을 통해 하루 동안 수많은 잠재고객에게 자신의 업소를 홍보할 수 있는 기회를 가질 수 있다. 특히 개인이 운영하는 레스토랑이나 신규 오픈 레스토랑의 경우 업소를 알릴 수 있는 효과적인 마케팅수단으로 한 몫을 담당하기도 한다.

고객의 입장에는 평소 가격적인 부담 때문에 방문하기 힘들었던 외식업소에서 부담 없이 메뉴를 즐길 수 있어 호응도가 폭발적이다. 실제 퀄리티 높은 레스토랑의 경우 사이트에 올리자마자 매진되고 있다.

그러나 부작용도 만만치 않다. 업체입장에서는 50% 이상 가격할인에 따른 원가부담과 판매수수료를 제하고 나면 손실의 위험이 매우 높고, 자칫 소비자가 트위터 등 온라인을 통해 컴플레인을 제기할 경우 이미지 실추에 대한 위험성도 내포하고 있다. 소비자도 자신이 원하는 날짜에 예약하기 힘들다거나 할인티켓 고객에 대한 서비스 품질 저하에 따른 불만을 자주 제기하고 있다.

③ 스마트폰의 폭발적인 성장 : 애플리케이션Application 마케팅

최근 국민적인 이슈는 바로 '스마트폰'이다. 스마트폰시장이 폭발적인 확장을 하면서 외식기업들도 스마트폰을 활용한 모바일 마케팅에 전력을 기울이고 있다.

관련업계에 따르면 2011년까지 스마트폰 가입자 수는 1,700만명에 달할 것으로 분석하고 있다. 스마트폰을 활용한 애플리케이션Application, 어플, 앱 마케팅은 시간과 장소에 구애받지 않고 개인의 성향에 맞는 서비스를 제공할 수 있다는 점에서 타깃 고객의 참여를 보다 쉽게 유도할 수 있다. 또한 트위터 · 페이스북 · 아고라 등 SNS의 발전으로 '소통' · '공감'이 중요한 키워드로 부각하고 있는 가운데 일방적인 메시지를 전달받는 것이 아닌 쌍방향 커뮤니케이션 기능을 수행하는 데 가장 적절한 마케팅 툴로 모바일이 자리를 잡아가고 있다.

외식업계에서 애플리케이션 마케팅에 가장 적극적인 기업은 'CJ푸드빌'이다. 현재 '투썸플레이스'·'콜드스톤'·'빕스' 3개 브랜드의 애플리케이션을 론칭하고 다양한 정보 및 이벤트 등을 제공하고 있다.

이밖에 '애슐리'와 '불고기브라더스'·'도미노피자' 등도 활발한 앱 마케팅을 펼치고 있다. 외식업체들의 어플을 활용한 모바일광고 캠페인과 마케팅이 점차 늘어날 전망이다.

④ 유니클로의 럭키라인 캠페인

소셜미디어 마케팅에 있어 일본의 '유니클로의 소셜미디어 마케팅'을 빼놓을 수 없다. QR Quick Response 코드에서부터 트위터·페이스북까지 유니클로는 뉴미디어 마케팅에 상당한 노력을 기울이고 있다. 유니클로의 소셜미디어 마케팅에서 가장 성공적인 사례는 '럭키라인 캠페인'이다. 캠페인 내용은 정말 간단하다. 트위터를 통해 참여하면 트위터와 연동된 플랫폼에 아바타가 줄을 서고, 매 26번째 줄을 선 사람에게 1만엔의 상품권을 주는 방식이다.

유니클로의 창립 26주년을 기념하는 프로모션이라서 26번째 참가자에게 상품권을 제공했다고 한다. 이 행사에는 이틀 동안 무려 6만명 이상이 참여했다고 한다.

⑤ '2% 부족할 때', 스마트폰 컬러 태그 이벤트

'2% 부족할 때'는 주타깃층인 20대 초반의 사랑이야기를 담은 TV 광고 후 '풀스토리는 제품에 있는 스마트폰 컬러 태그를 확인하라'는 메시지를 전달해 제품에 붙어 있는 QR 코드를 스캔하면 이벤트 페이지로 이동해 풀 버전 광고를 감상할 수 있고, 트위터로 전송해 연계할 수 있도록 했다. 실제 TV광고를 본 사람보다 QR 코드나 트위터의 RT 리트윗로 광고를 접한 사람이 더 많을 정도로 연계 마케팅을 통해 시너지 효과를 창출한 대표적인 성공사례라고 한다.

(5) 패밀리 레스토랑과 패스트푸드 트렌드

한국의 외식업에서 가장 많은 비중을 차지하고 있는 패밀리 레스토랑과 패스트푸드의 2010 트렌드는 다음과 같다http://cafe.naver.com/myrestaurant/3707.

2009년 외식업계는 업체 간 희비가 엇갈렸다. 패밀리 레스토랑 업체들이 2008년에 이어 고전을 면치 못한 반면, 패스트푸드 업체들은 불황을 '기회'로 만들었다. 다양한 기업들이 외식사업에 새로이 진출했고, 한편에서는 외식업의 '쓴맛'을 보고 철수하는 브랜드도 나왔다. 신종플루는 외식업체들이 매장위생뿐만 아니라 식품위생 전반을 더욱 철저히 하는 계기가 되었다.

① 패스트푸드

패스트푸드 업체들은 경기침체와 신종플루라는 악재에도 선전해 성장세를 이어갔다. 불황에 비교적 저렴하게 한 끼를 해결할 수 있는 버거 메뉴와 더불어 커피 메뉴 판매도 늘어 매출성장에 이바지했다. 롯데리아 · 맥도날드 · 버거킹 등은 작년 초반 경쟁적으로 2,000원 내외의 저가 버거를 출시해 소비자들의 가벼워진 지갑을 공략했다. 또한 맥도날드가 1월 '맥카페'를 출시한 것에 이어 다른 업체들도 커피 메뉴를 다양화 · 고급화해 커피경쟁이 뜨거웠다. 한편 작년 한 해는 웰빙 · 건강식 식자재 사용을 늘려 '패스트푸드는 정크푸드'라는 이미지 탈피의 발판을 마련하기도 했다.

2008년 10월에 창립 30주년을 맞은 롯데리아대표 조영진는 그 기념으로 4월부터 기념팩을, 9월에는 '불새버거'를 출시했다. 또한 홍대점을 기념매장으로 꾸며 소비자들과 함께 축하하는 장을 마련했다. 규모면에서는 매장수를 797개로 늘려 시장점유율 45% 이상을 차지했다. 매출은 2008년 2,982억원보다 20% 이상 증가한 것으로 나타났다. 롯데리아는 2008년 한 해 식품위생에 중점을 두고 위생 매뉴얼을 강화하는 한편, 고객들을 대상으로 '안전먹거리 체험단'을 4회에 걸쳐 실시하며 주방과 협력사의 위생시설을 공개했다.

맥도날드대표 레이 프롤리는 2008년 커피전문점 · 편의점과의 경쟁에 돌입했다. 1개월에 론칭한 '맥카페'는 이탈리아 라바짜사 커피원두에 합리적인 가격으르 고객들에게 좋은 반응을 얻었다. 또한 3월에는 오후시간대에 커피와 함께 즐길 수 있는 간식 메뉴 출시, 11월에는 '맥투나잇' 캠페인을 진행해 2007년 '맥모닝' 캠페인을 시작으로 한 '24시간 영업전략'을 완성했다. 또한 전체 239개 매장 중 73%인 175개 매장을 24시간 운영으로 전환해 이를 뒷받침했다. 한편 여름에는 '빅맥 런치 3,000원' 프로모션으로 불황에도 실속있게 점심을 해결하려는 소비자들을 끌어모았다.

버거킹에스알에스코리아(주) 대표 유지상은 국가고객만족도NCSI 패스트푸드부문에서 6년 연속 1위를 차지한데 이어 한국서비스품질지수KS-SQI에서도 1위에 올랐다. 매출은 2008년 대비 11.3%가 증가하여 매장수는 12월 기준 2008년보다 8개가 늘어난 102개를 운영 중이다. 버거킹은 꾸준한 사랑을 받고 있는 대표 메뉴 와퍼와 더불어 작년에 '앵그리 와퍼', '어니언링 와퍼' 등 와퍼신제품을 출시해 프리미엄 버거제품을 강화했다. 4월에는 간식으로 즐길 수 있는 22가지 스낵 제품을 선보여 다양한 시간대에 고객방문을 유도했다.

KFC에스알에스 코리아(주) 대표 유지상는 매장에서 직접 구워 제공하는 타르트제품으로 디저트시장을 잡는 데 총력을 다했다. 업계 공략시장인 커피 메뉴를 강화하기 위해 커피와 어울리는 에그타르트를 시작으로 유자 타르트, 고구마 타르트 등을 선보였다. 또한 소비자들에게 보다 친근하게 다가가기 위해 두산 베어스와 백넘버 광고 계약을 체결하는 한편 최고의 주가를 올린 김현수 선수와 광고 모델계약을 맺는 등 적극적인 베이스볼 마케팅을 펼쳤다.

❷ 패밀리 레스토랑

패밀리 레스토랑이하 FR 업체들은 불황의 여파로 2008년에 이어 주변정리와 내실 다지기를 지속했다. 매출규모에 대해 각 업체들은 정확한 액수를 밝히기보다 2008년과 비슷한 수준을 유지하거나 소폭 상승한 것으로 2008년도 성장보다는 '현상유지'에 머무른 것으로 보인다. 빕스나 베니건스의 경우 매장수는 줄었으나 전년과 비슷한 매출규모를 유지한 것은 부실 점포정리와 마케팅부문의 성과로 풀이된다.

● 아웃백스테이크하우스

아웃백스테이크하우스이하 아웃백, 대표 최세철는 2월에 제주점을 오픈해 전국 8

도에 모두 진입하는 데 성공했다. 총 102개 매장을 운영하며 외식업계가 즐비한 가운데에서도 2008년 대비 소폭 성장하여 1위 자리를 고수했다. 안정세를 유지한 요인으로 아웃백측은 한정 메뉴 · 포장 메뉴의 인기와 선데이 패밀리 프로그램과 지역밀착형 마케팅 등을 꼽았다. 특히 2008년에는 총 5번의 한정메뉴를 선보여 '아웃백=한정메뉴'라는 공식을 소비자들에게 심어주었다. 또한 '재료부터 다릅니다' 캠페인을 시작해 주요 식재료의 우수성 · 안전성 등을 알리는 데 노력했다.

2010년에는 '구다이! 아웃백G'day Outback'이란 슬로건 아래 더욱 활기차게 모험이 가득한 외식공간을 만들어 갔으며, 2012년까지 매장수를 150개로 확대한다는 의지를 밝히고 있다.

● TGI 프라이데이스

TGI 프라이데이스이하 TGIF, 대표 조영진는 롯데백화점 광복점에 신규점포를 열어 매장수를 총 31개로 늘렸다. 2008년까지 심각한 적자상태로 위기에 처했던 TGIF는 4월 30일자로 롯데리아(주)에 흡수 · 합병되었다. 이후 견고해진 재무안전성을 바탕으로 활발한 마케팅과 특화 메뉴개발에 노력해 2008년 대비 2.9% 성장했다고 TGIF측은 밝혔다. 2008년 총매출은 800억원 정도였다. 9월에는 국가고객만족도NCSI 우수기업에 선정되는 쾌거를 이뤄내기도 했다. 2010년은 안전하고 위생적인 음식제공 및 고객 감동의 서비스로 다가간다는 'Happy 365'의 모토를 실현하고자 한다. 또한 지역특색과 이용고객층에 맞춘 맞춤형 매장을 도입해 '옛 영광'을 되찾기 위해 심기일전한다는 계획이다.

● 빕스

FR Big 4 중 유일한 토종 브랜드인 빕스CJ푸드빌 대표 김일천는 2008년 80개 매장을 운영하던 것에서 74개로 매장수를 축소했다. 이는 운영을 맡고 있는 CJ푸드빌이 2008년 226억원이 넘는 경영적자에 영업손실까지 기록함에 따라 부실매장을 대대적으로 정리한 것으로 보인다.

한편 빕스는 2008년에 의욕적으로 TV광고를 선보였다. 7월 18일 첫 전파를 탄 광고에는 박예진 · 이윤지 · 이연희 · 신세경 · 박신혜 등 20대 여배우 5명을 기용해 젊고 신선하며 활기찬 이미지를 알리는 데 중점을 뒀다. 또한 3월에는 CJ푸드빌 9개 브랜드에서 모두 사용할 수 있는 패밀리 멤버십카드를 선보였다. 2010년에도 샐러드바를 한층 고급화하고 다양한 스테이크 신메뉴를 출시해 고객만족도를 높이는 데 주력하였다.

● **베니건스**

베니건스라이즈온 대표 이화경는 이대, 목동, 홍대, 강남점을 정리해 26개로 매장을 줄였다. 최근 몇 해 마이너스를 이어오던 경영상태는 적자점포 정리와 본사의 일부 인력구조조정, 미국 프랜차이즈사와 재계약을 통해 브랜드 로열티를 50% 이상 절감하는 등으로 개선되었을 것으로 추정된다.

1스토어 2브랜드 콘셉트의 베니건스 앤드 마켓오 매장은 2009년을 통해 안정적으로 자리를 잡았다. 두 개 브랜드가 가진 차별성을 유지하면서 마켓오 브랜드를 소비자들에게 정착시켰다고 베니건스는 자평했다. 마켓오는 외식 트렌드에 맞춘 식자재 위주의 웰빙 마케팅과 함께 젊은 층을 타깃으로 한 공동 프로모션을 꾸준히 진행해 인지도 높이기에 힘썼다. 2010년은 안정적인 성장기반을 다지는 것을 목표로 공연 · 전시 · 여행 등 문화 콘텐츠와 연계한 마케팅을 전개해 소비자를 공략하였다.

❸ 외식사업 진출 러시

2009년에는 그 어느 해보다 외식사업 진출이 활발히 이뤄졌다. 진입장벽이 비교적 낮은데다 '먹는 장사는 망하지 않는다.'는 외식사업에 기존 식품기업은 물론 식품과 관련없는 대기업의 진출도 줄을 이었다.

LG패션 자회사인 LF푸드는 4월 '하꼬야씨푸드' 1호점을, 5월에는 농심이 카레전문점 '코코이찌방'을 보라매 본사에 오픈했고, 11월에는 대상이 자회사 와이즈앤피를 통해 아시아요리 레스토랑 '터치 오브 스파이스'로 외식업에 뛰어들었다. 한국야쿠르트도 디저트 카페 '코코브루니'를 강남구 신사동에 열어 외식사업에 동참했다. 2007년 인도 레스토랑 '달'로 한 발 앞서 외식업을 시작한 매일유업은 3월 다국적 외식업체인 '크리스탈 제이드'를 인수한 것에 이어 9월에는 신세계백화점 강남점에 '커피스테이션 풀 바셋'을 열어 외식사업을 강화했다. 그러나 CJ푸드빌은 한때 16개에 달했던 외식 브랜드를 9개로 줄였고, 신세계푸드는 4월에 외식 트렌드의 변화와 경기침체에 10년 넘게 운영해 온 육류뷔페 '까르네스테이션'을 완전히 접었다.

④ 2010년 성과와 이후 전망

2010년 우리나라 경제성장률은 6.2%, 2011년은 4.3%로 삼성경제연구소는 전망하고 있다. 이러한 경제성장으로 외식수요 또한 2011년 이후에도 증대될 것으로 업계는 예상하고 있다.

● 어린이 식생활특별법

2009년 외식업계의 큰 관심사 중 하나는 '어린이 식생활안전관리 특별법'의 본격 시행이다. 100개 이상의 매장을 가진 업체는 영양성분표시를 의무화하고 고열량 · 저영양 식품의 TV광고시간도 제한해 업계는 변화를 피할 수 없게 되었다. 본격 시행 첫해이니만큼 논란과 시행착오도 벌어졌지만, 그동안 계속되어 온 식품안전에 대한 업계의 노력과 관련법령이 어우러져 제도와 현실이 공진화共進化하고 소비자들에게는 확고한 신뢰를 심어 줄 수 있는 한 해가 된 것으로 업계는 평가하고 있다.

● 대기업 외식진출 가속

2009년에 이어 2010년에도 대기업의 외식사업 진출은 계속 이어졌다. 기존 기업들과 2009년에 1~2곳의 레스토랑을 오픈해 발을 담근 기업들도 계속해서 사업을 확대해 나갈 것으로 예측되고 있다. 롯데리아를 중심으로 헤쳐 모인 롯데 외식부문은 외식사업 전반을 아우르는 거대 종합외식기업으로 거듭나는 한 해가 될 것이다. 또한 2009년에 엔터테인먼트 계열사를 모두 정리하고 외식사업에 집중하기로 한 오리온의 행보에도 귀추가 주목된다.

● 패스트푸드점 + 카페

패스트푸드업계의 '커피사랑'은 2010년에도 이어져 커피메뉴를 더 고급화하고 커피와 함께 즐기는 디저트 메뉴군도 계속 강화되었다. 기존 다른 제품들도 프리미엄화해서 패스트푸드점에 대한 인식이 '퀵서비스 레스토랑'으로 변화하는 한 해가 된 것으로 업계는 평가하고 있다.

● **에스닉 푸드 열풍**

전 세계적으로 불고 있는 에스닉 푸드 열풍이 한국에도 상륙하였다. 2009년에 외식업에 진출한 기업들도 대부분 에스닉 푸드를 중심으로 한 메뉴를 선보인 바 있다. 태국 · 베트남 · 인도 요리 등에 한국에서는 건강식으로 알려진 일본 라면까지 더해 에스닉 푸드 아이템이 우리 외식문화 깊숙이 자리잡는 한 해가 되었으며, 이 트렌드는 소비자의 다양성 추구로 인해 계속될 전망이다.

● **풍성한 스포츠 행사**

마지막으로 2010년 밴쿠버 동계올림픽, 남아프리카공화국 월드컵, 광저우 아시안게임 등 굵직한 국제 스포츠행사가 연이어 열렸다. 또한 한국에서 F1 그랑프리가 한국 최초로 개최된 만큼 외식업계의 '스포츠 마케팅'이 치열하게 펼쳐진 한 해였고 그후 계속될 전망이다.

4 국내 외식산업의 문제점

국내 외식산업은 현재 급속도로 성장하고 있지만, 여러 가지 문제점을 가지고 있다. 다음은 국내 외식산업의 문제점을 나타내고 있다김정옥 · 박승훈, 2000: 50~54.

1) 신아이템 개발의 문제

소비자의 소비형태가 다양화 · 개성화되고 있어 종래의 아이템만으로는 소비자의 욕구를 충족시킬 수 없다. 성공한 기업들의 대부분은 독특한 경영기법이나 시기적인 적합성 등의 이유도 있지만 가장 중요한 것은 끊임없이 새로운 아이템을 개발했다는 점에 있다. 소비자가 원하는 상품을 타사보다 먼저 개발하여 영업을 진행시켜 나가야 하며 향후 수년간의 미래까지 예측할 수 있는 안목을 키워야 한다.

2) 외식종사원 복지정착의 문제

인적 서비스를 생명으로 하는 외식기업이 종사원의 복지에 대해 무관심할 경우 반드시 도태한다는 것은 상식에 속하는 일이다. 종업원에 대한 선진적인 복지대책은 그 외식업체의 전통과 명성을 초래하는 첩경으로 경제 · 문화 · 여가 보장적인 측면에서의 종사원의 복지문제는 반드시 정착되어야 한다.

3) 로열티의 지출과다 문제

최근 일부기업에서는 실질적인 노하우의 도입은 거의 없이 브랜드만 도입하는 경우도 있고, 국내에서 생산가능한 품목까지도 수입하려는 경향이 있는데, 이러한 것은 국민 경제적인 측면에서도 간과할 수 없는 문제로 제기된다.

이러한 경우 지급되는 로열티는 금액의 과다 여부에 관계없이 낭비성을 가지는 것이 된다. 더구나 일부 업체는 외국의 프랜차이저franchisor에게 너무나 과다한 로열티를 제공함으로써 문제가 되고 있다.

4) 프랜차이즈 본부의 능력부족 문제

많은 외식업체들이 경영에 필요한 체계적이고 과학적인 마케팅의 도입없이 전통적인 경영기법에 의존하고 있어 많은 문제가 따르고 있다. 즉, 프랜차이즈 체인본부의 관리능력 및 기능 부실로 인하여 프랜차이즈 본부의 노하우나 인력 확보도 없이 무작정 확장함에 따라 시장기능이 저하되고 있다.

5) 한국전통음식 관광상품화의 문제

시장개방에 의한 외국브랜드의 증가에 효율적으로 대처하고 대외경쟁력을 갖추기 위해서는 전통음식을 산업화시키고 관광상품화시켜 나가야 한다. 관광은 전통음식을 수단으로 우리 고유의 전통문화를 세계에 내보이는 데 이바지할 뿐만 아니라 관광외화를 획득함으로써 지역경제의 발전에도 커다란 기여를 할 수 있는 일석이조의 효과를 갖고 있다.

6) 국민건강을 외면하는 외식기업의 문제

앞으로 외식기업은 영업의 활성화 방안 이외에도 음식의 영양학적 분석을 통해 판매하고 있는 음식의 우수성을 과학적으로 입증하여 알리는 등 명실공히 소비자와 공존하는 기업으로서의 역할을 해 나가야 한다.

7) 외식문화의 미성숙 문제

우리나라의 외식산업시장은 현재 도입기를 지나 성장기에 들어서고 있다. 그럼에도 고객 측면에서의 외식문화의 정착은 요원한 실정이다. 외식문화의 정착은 종사자들만의 몫은 아니다. 고객은 고객으로서 지켜야 할 예절과 품위 · 매너 이외에도 공중도덕심과 위생상 상호 협조를 위해 노력해야 한다. 경영자나 종업원을 무시하는 그릇된 행동은 고객의 정당한 대우를 거부하는 것이다.

8) 관련법규 및 행정제도의 문제

오늘날 외식산업은 레저의 한 패턴으로 문화적 욕구를 충족시켜 주는 문화적 개념으로 의미가 변해가고 있으나, 아직도 외식산업을 향락산업으로 규정하고 각종 규제 위주의 제도로 일관하여 새로운 업태의 탄생을 어렵게 만들고 있다. 국제화 추세에 맞춰 행정규제를 개선하여 업계발전을 유도하고 대외경쟁력을 제고시킬 수 있는 방안이 마련되어야 한다.

5 국내 외식산업의 문제점 해결방안

앞에서 언급한 국내 외식산업의 문제점들을 해결하기 위해서는 다음과 같은 것들이 제시되어야 할 것으로 본다.

1) 규모의 경제

규모가 작은 외식업체가 단독으로 해외브랜드 외식업체에 경쟁하여 우의를 확보한다는 것은 대단히 어렵다. 따라서 어떠한 연합체, 예를 들어 연합회나 리퍼럴referal조직을 구성해 공동광고나 공동구매를 하는 방식을 채택하면 규모경제를 이룩할 수 있다.

2) 종사원 교육 · 훈련의 강화

서비스업에서는 종사원 교육 · 훈련이 종사원의 생산성을 좌우할 수 있다. 이러한 교육 · 훈련은 기업 내부에서 행하여질 수 있고, 기업 외부에서 행하여질 수 있다. 이러한 교육 · 훈련에 종사원을 참가시킴으로써 그들에게 직무와 관련된 전문기술과 직무만족도를 증가시킬 수 있다.

3) 자사브랜드의 개발

브랜드는 기업이 가지고 있는 자산을 총체적으로 나타낸다. 브랜드가 확립이 되어 있지 않은 기업의 경우에는 외국브랜드와의 프랜차이즈 사업이 유리할 수가 있다. 그러나 궁극적으로 자사브랜드를 개발하여 국내뿐만 아니라 해외에서도 명성을 확립하도록 하여야 한다. 이러한 브랜드 명성의 확립은 짧은 시간에 이루어지는 것이 아니라 장기간의 역사를 요한다.

4) 전통음식의 개발

이제 음식은 단순히 식욕 욕구를 충족시키기 위해서만 존재하는 것이 아니고 문화수출의 한 방안이 되고 있다. 따라서 국내 외식업체는 한국인의 입맛에 맞는 전통음식을 개발하여 소비자의 욕구와 욕망을 만족시키고, 이것을 관광상품화하여 외국인의 기호에 적극 부응하며 이와 동시에 한국의 문화수출을 할 수 있는 기회도 획득할 수 있다.

이러한 방식은 자사의 브랜드를 해외에 확립할 수 있는 기회도 제공한다.

5) 주변산업의 육성

외식산업의 발전배경에는 기술의 발달이 있었다. 예를 들어 패스트푸드 산업의 발전 뒤에는 전자레인지의 개발이 있었다. 따라서 외식산업과 관련된 기술의 개발, 예를 들어 주방기기산업의 발달은 외식산업의 발전에 필수적이라고 할 수 있다.

6 외식사업의 전망

앞으로의 외식사업은 다음과 같은 방식으로 전개될 것으로 전망된다김상무 등, 2001: 268~269.

1) 양극화 현상

미래의 식당은 오늘날 패스트푸드가 지향하는 빠르고 간편함을 지속적으로 추구하는 '속도' 중심의 기능적 편익을 중시하는 식당과 인간성 회복을 추구하면서 '보다 더 질 높은 인적 서비스'를 추구하는 '인간'을 바탕으로 하는 정서적 편익을 중시하는 식당으로 양극화가 일어나게 될 것이다.

2) 개인식의 증가현상

고객의 욕구는 계속 세분화되고 있다. 오늘날의 마케팅은 고객 1인 각각의 욕구와 욕망을 충족시키는 1:1 마케팅이 행하여지고 있다. 이와 마찬가지로 개인별로 요구되는 식사가 증가하고 있으며, 개인의 감정이나 감성이 개입되어 음식을 선택하게 된다. 예를 들어 어린이 혼자, 1일 5식, 독신 미혼세대, 단신 노인세대, 단신임부 직장인들의 단독식사가 증가하고 있다. [표 10-7]은 고객욕구의 세분화에 의한 새로운 외식유형을 나타내고 있다.

표 10-7 외식행태의 새로운 유형

외식유형	외식행태의 내용
사교형	• 식사 목적성보다는 대화, 만남, 여가의 장소로 활용 • 사교와 친교의 장소로 변화
건강추구형	• 환자식 · 노인식 · 소아식 등 대상에 따른 메뉴 및 업태를 선택 • 기능성 · 건강성 · 다이어트성 외식선호 추이
식도락형	• 미식가형으로 식사목적 자체를 만끽하거나 예술적으로 수용 • 시간적 · 경제적 여유에 의한 즐기는 식사가 중심
민속민족요리 지향형	• 일명 에스닉 요리로 전통음식을 선호
레저추구형	• 식사의 개식화(個食化) 추이 • 식사 자체를 즐기는 레저차원에서 접근하여 교외, 관광지 형태의 외식추구
고급화지향성	• 중산층의 다량발생으로 인해 고급전문음식을 지향(식도락) • 요리를 포함한 토털서비스의 기대심리로 고품격업태를 선호
서비스 및 분위기 지향형	• 음식의 맛보다는 분위기, 접객서비스 위생 및 청결 등의 업태를 지향 • 특히 편의시설과 인적 서비스가 우수한 업태를 선호
테마형	• 특정 테마스타일의 업태를 선호 · 유행적 · 패션적인 감각으로 새로움을 추구
절충지향형	• 음식의 절충(한식+양식+중식+일식 등) 및 접객서비스의 차별지향 • 건축양식의 절충(고전+현대, 목재+철근+시멘트, 동양+서양)
자연 및 천연 지향형	• 기능성 음식, 지역별 향토음식, 자연 및 천연음식지향 • 교외의 전원스타일의 업태를 선호

자료 : 홍기운, 「최신외식산업개론」, 1999, 김상무 등, 「관광사업경영론」, 2001, p.269에서 재인용

3) 편식 및 유사식 형태의 증가

현대는 성에 관계없이 날씬한 신체를 요구하고 있다. 따라서 이에 맞는 다이어트성 편식이나 식사를 대체할 수 있는 유사식의 증가가 예상된다. 예를 들어 우주항공식과 같은 유사식이 일반화될 것으로 예상된다.

요 약

호텔의 어원은 여행자 · 나그네 · 타향인 · 손님들을 접대하는 주인을 의미하는 라틴어 Hospes, '융숭한 대접, 후대한다는 의미의 라틴어 Hospitalis의 변형어로 라틴어 Hospitale 에서 찾을 수 있다. 중세 이후 병원이라는 의미의 Hospital과 Hospital · Hostel로 사용되어지다가 근대 이후 Hotel로 정착되어 사용되어지고 있다.

호텔의 정의는 다양하게 정의되어질 수 있는데 우리나라 '관광진흥법'에서의 호텔의 정의는 "관광객의 숙박에 적합한 시설을 갖추어 이를 관광객에게 이용하게 하고 숙박에 부수되는 음식 · 운동 · 오락 · 휴양 · 공연 또는 연수에 적합한 시설 등을 함께 갖추어 이를 관광객에게 이용하게 하는 업"이라고 정의할 수 있다.

호텔의 기능은 첫째, 숙박의 기능, 둘째, 식음료의 기능, 셋째, 안전의 기능이 있을 수 있다. 이러한 전통적 기능에 추가적으로 현대적 기능을 살펴보면 오락 · 여가 기능, 사교 · 집회 · 문화장소 기능, 레저 · 휘트니스센터 기능, 건강 · 헬스관리기능, 쇼핑센터 기능, 비즈니스센터 기능, 정보제공 기능 등이 있다.

호텔의 분류는 기본적으로 일반적인 분류방법과 법규에 따른 분류방법이 있는데, 일반적인 분류방법에는 경영형태에 따른 분류, 호텔이 위치한 장소에 따른 분류, 시설규모에 따른 분류, 숙박목적에 따른 분류, 숙박기간에 따른 분류, 요금지불방식에 따른 분류, 등급에 따른 분류 등이 있다.

호텔경영의 특성은 ① 서비스상의 특성, ② 마케팅상의 특성, ③ 제품상의 특성으로 분류할 수 있으며, 조직구조는 수직적으로 ① 경영정책을 만들고 수행하는 팀으로서 총지배인과 그 휘하의 부서장, ② 부부서장(副部署長), ③ 하부부서장, ④ 일반 및 영업직원으로 나눌 수 있으며, 기능적으로 총지배인 밑에 식음료부, 인사부, 객실부(프론트오피스와 하우스키핑), 판촉부, 시설부, 회계부 등이 있다.

외식산업은 우리나라에서 성장률이 가장 높은 산업 중의 하나로서, 가정 외 식생활과 가정 내에서의 외식적 내식까지 포함한다. 이러한 외식산업은 ① 식욕의 충족, ② 사교와 휴식의 제공, ③ 시간절약, ④ 과시욕구 충족의 기능을 담당하며, 이것의 특성은 ① 높은 인적 의존도, ② 생산 · 판매 · 소비의 동시성, ④ 낮은 원자재 가격과 현금수익 창출의 용이성, ⑤ 상품의 부패용이성, ⑥ 높은 입지의존성, ⑦ 신규 참여 용이성과 영세성, ⑧ 높은 이직률 등이다. 외식사업의 분류는 각 나라마다 음식문화가 다양하여 공통적인 사항이 존재할 수 없으며, 산업수명주기상 미국은 성숙단계, 한국 및 일본은 성장단계에 있다. 한국에서는 성장성을 배경으로 해외브랜드 도입과 국내 대기업이 많이 진출하고 있다. 그럼에도 불구하고 국내 외식산업은 많은 문제점을 가지고 있으며, 이에 따른 다양한 문제해결방안이 제시된다. 앞으로의 외식사업은 다양한 방식으로 발전될 것으로 사료된다.

연구문제

Q 1 단기 체재 호텔과 장기 체재 호텔의 차이는 무엇인가?

Q 2 미국에서 중 · 소도시 호텔의 대부분이 망한 이유를 설명하라.

Q 3 휴양지 호텔과 도시 호텔이 직접 경쟁할 수 있는 측면을 설명하라.

Q 4 모텔의 탄생배경을 설명하라.

Q 5 모텔의 시설/서비스와 경기와의 관계를 서술하라.

Q 6 호텔경영의 마케팅상의 특성을 서술하라.

Q 7 호텔의 경영계층을 4계층으로 나누어 그것들을 각각 설명하라.

Q 8 우리나라 호텔의 외식사업 진출현황을 설명하라.

Q 9 미국 레스토랑협회에서 규정한 외식산업의 분류를 설명하라.

Q 10 우리나라의 관광진흥법에서 규정한 외식사업의 분류를 설명하라.

Q 11 우리나라 외식사업의 문제점을 설명하라.

Q 12 우리나라 외식산업 문제점에 대한 해결방안을 설명하라.

참고문헌

「관광진흥법」, 문화체육관광부, (시행 2016, 2. 3)
김상무 등, 「관광사업경영론」, 백산출판사, 2001.
김정옥 · 박승훈, 「외식산업관리론」, 대왕사, 2000.
김혜영 · 남진선, 「신년특집: 외식업계 결산 및 전망, 월간 호텔 · 레스토랑」, 2003. 1.
머니투데이, 2006. 7. 20.
박정식, 「현대재무관리」, 다산출판사, 1994.
세계호텔동향, 월간 호텔 · 레스토랑, 2003. 7.
신재용 · 박기용, 「외식산업개론」, 대왕사, 1999.
월간 식당, "2010년 외식산업 총정리", 2010. 12.
윤혁수 · 조문수, 「외식사업경영론」, 기문사, 1998.
이명우, 「체인경영과 외식산업」, 세림, 1999.
이석호 · 장호찬 · 허진 · 여경진, 「관광학개론」, 한국방송통신대학교출판문화원, 2015
최종환, 「미국 외식산업 동향, 월간 호텔 · 레스토랑」, 2003. 1.
통계청, 한국표준산업분류, 2000.
호텔경영연구회, 「호텔경영의 이해」, 대왕사, 2010.
홍기운, 「최신 외식산업개론」, 대왕사, 1999.
「2000년 한국표준산업분류」, 통계청.

Gray, William S. and Salvatore C. Liguori, Hotel and Motel Management and Operation, Prentice Hall, Englewood Cliffs, 1990.
http://blog.naver.com/foodcoor야/3089.
http://blog.naver.com/winter21/80025230534.
http://cafe.naver.com/myrestaurant/3707.
www.foodguide.co.kr/www.chef.co.kr/www.gourmet.co.kr.

Chapter 11

국제회의·이벤트 산업

학습목표

- 국제회의산업의 정의, 국제회의의 기준, 분류 및 효과어 대한 이해
- 국제회의의 구성요소에 대한 이해
- 회의기획가에 대한 이해
- 무역쇼, 전시회 및 박람회에 대한 이해
- 이벤트 정의에 대한 이해
- 이벤트 분류에 대한 이해
- 이벤트의 관광적 효과에 대한 이해
- 이벤트산업의 활성화 방안에 대한 이해

제1절

국제회의산업

1 국제회의산업의 개요

1) 국제회의산업의 정의

국제회의란 통상적으로 공인된 단체가 정기 또는 부정기적으로 주최하며 각국에서 대표가 참가하는 회의를 의미한다. 국제회의는 성격에 따라 국가 간의 이해조정을 위한 교섭회의, 전문 학술회의, 참가자 간의 우호증진을 목적으로 하는 친선회의, 국제기구의 사업결정을 위한 총회나 이사회 등 그 종류가 매우 다양하다. 회의 개최지는 일반적으로 각국의 유치경쟁, 관례적 순번 등에 의해 결정되나, 정치적 · 지리적 이유 등이 개최국 선정에 변수로 작용하게 되는 경우도 있다.

국제회의 분야가 하나의 "산업"으로 가장 먼저 정착한 곳은 유럽지역이다. 국제기구 본부의 65%가 소재하고 있는 유럽은 전 세계 국제회의의 약 58%를 개최하는 등 세계 컨벤션 산업의 중심지가 되어왔다. 그러나 최근 컨벤션 산업이 고부가가치의 신종 산업으로 부상함에 따라 세계 각국은 홍보활동을 강화하고 컨벤션 센터를 건립하는 등, 자국으로의 국제회의 유치에 총력을 기울이고 있으며, 특히 아시아 지역 국가들은 국제회의뿐만 아니라 MICE Meeting, Incentive, Convention, Exhibition 라 하여 같은 범주에 속하는 각국단체나 외국기업들의 해외개최 회의, 인센티브 관광, 전시 · 박람회 등의 유치에도 전력을 기울이고 있어,

새로운 컨벤션 개최지역으로 급격히 부상하고 있다.

우리나라도 국력신장 및 국제화에 따른 여러 국가들과 각 분야에서 교류가 확대됨에 따라 국제회의를 비롯한 전시회, 이벤트 등 국제행사 개최건수가 해마다 증가추세를 보이고 있다. 게다가 2000년 아시아 · 유럽 정상회의를 개최한 뒤에 국제회의산업에 대한 관심이 증대되고 있어, 서울을 비롯하여 전국적으로 컨벤션 센터가 설립되었다. 특히 지난 '96년 말에는 국제회의의 유치 촉진과 원활한 개최지원, 국제회의 시설확충으로 국제회의 개최기반 마련과 이를 통한 관광산업의 발전과 국민경제의 향상을 목표로 '국제회의산업 육성에 관한 법률'이 제정됨으로써 우리나라 국제회의산업 육성을 위한 제도적인 발판이 마련되기도 하였다(한국관광공사, 1997: 5).

우리나라의 관광진흥법에서도 국제회의산업에 관련된 관광사업에 국제회의업이 있는데, 이것은 '대규모 관광수요를 유발하는 국제회의(세미나, 토론회, 전시회 등을 포함)를 개최할 수 있는 시설을 설치 · 운영하거나 국제회의의 계획 · 준비 · 진행 등의 업무를 위탁받아 대행하는 업'으로 정의되고 있다(관광진흥법, 2011).

이러한 국제회의업은 국제회의시설업과 국제회의기획업으로 나눌 수 있는데, 그것들의 정의는 다음과 같다(관광진흥법 시행령 제2조, 2011).

① 국제회의시설업

대규모 관광수요를 유발하는 국제회의를 개최할 수 있는 시설을 설치 · 운영하는 업이다.

② 국제회의기획업

대규모 관광수요를 유발하는 국제회의의 계획 · 준비 · 진행 등의 업무를 위탁받아 대행하는 업이다.

2) 국제회의의 기준

국가 또는 국제기구마다 국제회의에 대한 기준을 달리하고 있는데, 대표적인 국제회의 전문 국제기구들이 채택하고 있는 국제회의 기준은 다음과 같다(한국관광공사, 1997: 5–6).

(1) 국제협회연합Union of International Associations, UIA

국제협회연합이 정한 국제회의의 기준은 다음과 같다.

1. 국제기구가 주최하거나 후원하는 회의
2. 국내 단체가 주최하는 회의 가운데 다음 조건을 모두 만족하는 회의
   - A. 전체 참가자수가 300명 이상
   - B. 참가자 중 외국인이 40% 이상
   - C. 참가국수 5개국 이상
   - D. 회의기간이 3일 이상

단, 순수 내국인 회의 및 종교적, 교육적, 정치적, 상업적, 스포츠 성격의 회의와 위원회, 전문가 단체 등과 같이 회의 참가자가 엄격히 제한된 정부 단위의 회의로서 대규모 범정부 간 국제기구 본부가 소재한 뉴욕, 제네바 등에서 개최되는 회의는 제외한다.

(2) 세계국제회의 전문협회International Congress and Convention Association, ICCA

세계국제회의 전문협회는 국제회의의 기준을 '정기적인 회의로서 최소 4개국 이상을 순회하면서 개최되고, 참가자가 100명 이상인 회의'로 규정하고 있다.

(3) 아시아 컨벤션 뷰로 협회Asian Association of Convention and Visitor Bureaus, AACVB

아시아 컨벤션 뷰로 협회는 국제회의의 기준을 다음과 같이 규정하고 있다. 즉, 국제회의란 공인된 단체나 법인이 주최하는 단체회의, 학술심포지엄, 기업회의, 전시 · 박람회, 인센티브 관광 등 다양한 형태의 모임 가운데 전체 참가자 중 외국인이 10% 이상이고 방문객이 1박 이상을 상업적 숙박시설을 이용해야 한다. 국제회의는 다시 2개 대륙 이상에서 참가하는 국제행사, 동일 대륙에서 2개국 이상이 참가하는 지역행사, 참가자 전원이 자국이 아닌 다른 나라로 가서 행사를 개최하는 국외행사로 구분한다.

(4) 우리나라 국제회의 육성법

우리나라 국제회의 육성법과 국제회의의 기준은 다음과 같이 규정하고 있다.

① 국제기구 또는 국제기구에 가입한 기관 또는 법인, 단체가 회의를 주최할 때 다음의 요건을 갖추어야 한다.

Ⓐ 5개국 이상의 외국인이 참가하고

Ⓑ 회의 참가자가 300인 이상이고, 그 중 외국인이 100명 이상이며

Ⓒ 3일 이상 진행되는 회의일 것

② 국제기구에 가입하지 아니한 기관 또는 법인, 단체가 주최할 때에는 다음 각 호의 요건을 갖추어야 한다.

Ⓐ 회의 참가자 중 외국인이 150명 이상이고

Ⓑ 2일 이상 진행되는 회의일 것

3) 국제회의의 분류

국제회의 종류는 규모에 따른 분류, 형태에 따른 분류, 주최자 및 목적 등에 따라 분류할 수 있다.

(1) 규모에 따른 분류

회의 참가자의 규모에 따라 분류하는 것으로 15~150명이 참가하는 소규모 회의, 150~500명이 참가하는 중규모 회의, 500~1,500명이 참가하는 대규모 회의, 1,500~3,000명이 참가하는 극초대형 회의 그리고 3,000~20,000명이 참가하는 극초대형 회의로 분류한다Castex, 2001.

(2) 형태에 따른 분류

회의의 모든 유형에 대해 미팅meeting이라는 용어가 사용되어지나 미팅은 컨벤션, 콘퍼런스, 콩그레스, 포럼, 심포지엄, 패널토의, 워크숍 등으로 다시 분류할 수 있다. 이러한 분류는 참석자의 수, 프레젠테이션의 유형, 참가청중의 수,

회의의 형식(형식적 또는 비형식적)에 의거한다김성혁, 1995: 23-25; 한국관광공사, 1997: 8.

① 회의Meeting

모든 종류의 모임을 총칭하는 가장 포괄적인 용어이다.

② 컨벤션Convention

회의 분야에서 가장 일반적으로 쓰이는 용어로서, 정보전달을 주 목적으로 하는 정기집회에 많이 사용되며, 전시회를 수반하는 경우가 많다. 각 기구나 단체에서 개최하는 연차총회Annual Meeting의 의미로 쓰였으나, 요즘에는 총회, 휴회기간 중 개최되는 각종 소규모 회의, 위원회 회의 등을 포괄적으로 의미하는 용어로 사용된다.

③ 콘퍼런스Conference

컨벤션과 거의 같은 의미를 가진 용어로서, 통상적으로 컨벤션에 비해 회의 진행상 토론회가 많이 열리고 회의 참가자들에게 토론 참여 기회도 많이 주어진다. 또한, 컨벤션은 다수의 주제를 다루는 업계의 정기회의에 자주 사용되는 반면, 콘퍼런스는 주로 과학, 기술, 학문 분야의 새로운 지식 습득 및 특정 문제점 연구를 위한 회의에 사용된다.

④ 콩그레스Congress

컨벤션과 같은 의미를 가진 용어로서, 유럽지역에서 빈번히 사용되며, 주로 국제 규모의 회의를 의미한다. 컨벤션이나 콩그레스는 본 회의와 사교행사 그리고 관광행사 등의 다양한 프로그램으로 편성되며 참가인원은 보통 수천 명에 이르기도 한다.

⑤ 포럼Forum

제시된 한 가지의 주제에 대해 상반된 견해를 가진 동일 분야의 전문가들이 사회자의 주도하에 청중 앞에서 벌이는 공개 토론회로서, 청중이 자유롭게 질의에 참여할 수 있으며, 사회자가 의견을 종합한다.

⑥ 심포지엄Symposium

제시된 안건에 대해 전문가들이 다수의 청중 앞에서 벌이는 공개토론회로서, 포럼에 비해 다소의 형식을 갖추며, 청중의 질의 기회는 적게 주어진다.

⑦ 패널토의Panel Discussion

청중이 모인 가운데 2~8명의 연사가 사회자의 주도하에 서로 다른 분야에서의 전문가적 견해를 발표하는 공개 토론회로서, 청중도 자신의 의견을 발표할 수 있다.

⑧ 워크숍Workshop

콘퍼런스, 컨벤션 또는 기타 회의의 한 부분으로 개최되는 짧은 교육 프로그램으로, 30~35명 정도의 인원이 특정 문제나 과제에 관한 새로운 지식, 기술, 아이디어 등을 서로 교환한다.

⑨ 클리닉Clinic

클리닉은 소그룹을 위해 특별한 기술을 훈련하고 교육하는 모임이다. 항공예약 담당자를 예로 들면 CRS컴퓨터예약시스템를 어떻게 운용할 것인가를 여기에서 배운다. 워크숍과 클리닉은 여러 날 계속되기도 한다.

⑩ 전시회Exhibition

전시회는 벤더Vendor: 판매자에 의해 제공된 상품과 서비스의 전시모임을 말한다. 무역 · 산업 · 교육 분야 또는 상품 및 서비스 판매업자들의 대규모 전시회는 회의를 수반하는 경우도 있으며, 이와는 반대로 전시회가 컨벤션이나 콘퍼런스의 한 부분으로 열리는 경우도 많다. 엑스포지션Exposition은 주로 유럽에서 전시회를 말할 때 사용되는 용어이다.

⑪ 무역박람회Trade Show 또는 Trade Fair

무역박람회교역전는 부스를 이용하여 여러 판매자가 자사의 상품을 전시하는 형태의 행사를 말한다. 전시회와 매우 유사하나 다른 점은 컨벤션의 일부가 아닌 독립된 행사로 열린다는 것이다. 여러 날 지속되는 대형 박람회에는 참가자

수가 최고 50만명을 넘는 경우도 있다.

⑫ **인센티브 관광**Incentive Travel

기업에서 주어진 목적이나 목표달성을 위해 종업원특히 판매원, 거래상대리점업자, 거액 구매고객들에게 관광이라는 형태로 동기유발을 시키거나, 보상함으로써 생산효율성을 증대하고, 고객을 대상으로 광고효과를 유발하는 하나의 경영 도구이다.

(3) 주최자에 따른 분류

주최자에 따른 분류를 살펴보면 정부주관회의, 협회 · 학회회의, 기업회의, 비영리단체회의 등으로 구분할 수 있다. [표 11-1]은 주최자별 참석자와 회의주제를 나타내고 있다.

표 11-1 주최자별 분류

회의분류	주최자	참가자	주제	비고
정부 주관 회의	정부 산하 기관	정부, 준정부기관 대표	국제, 정치, 사회, 경제문제 등	ASEM, OECD국제포럼, APEC관광장관회의, 아태지역 노동장관회의, 세계국회의원연맹 총회 등
협 · 학회 회의	협회 및 학회	협회, 학회 회원	학술적, 사회적 문제 등	무역 · 전문가협회, 친목 · 봉사단체, 과학 · 의료단체, 교육자단체, 인종단체, 종교단체, 노동조합 등의 회의
기업회의	기업 관련 조직	기업 내부 직원, 국내 외 관련 업계 인사	회사경영에 관한 문제 등	판매회의, 경영자회의, 교육훈련 세미나, 신제품 발표회, 전문기술회의, 인센티브 · 여행회의, 주주회의, 유통업자회의 등
비영리 단체 회의	비영리 기관, 조직 등	회원 및 관련 단체 인사	팬클럽, 인터넷 동호회, 종교 향우회, 친목회 등	친목 · 봉사단체회의, 과학 · 의료단체회의, 교육자단체 회의, 인종단체회의, 노동조합단체회의 등

자료 : 이석호 · 장호찬 · 허진 · 여경진, 「관광학개론」, 한국방송통신대학교출판문화원, 2015

4) 국제회의의 효과

국제회의는 주최자와 개최도시/국가에게 여러 가지 효과를 가져오는데, 그것들은 다음과 같다한국관광공사, 1997: 8-9.

(1) 주최자의 입장

국제회의를 개최하는 주최 측은 정신적으로 육체적으로 대단한 부담을 가지게 된다. 그러나 주최 측이 많은 희생을 치르면서 회의를 개최하고자 하는 것은 다음과 같은 효과를 기대할 수 있기 때문이다.

① 정보교환 촉진

시시각각 변화하는 사회와 첨단기술의 발전 속도에 대응하기 위해서는 새로운 기술과 정보의 습득이 필요하다. 회의는 국내외 관계자들이 각자의 지식, 정보, 연구결과를 가지고 모여 이를 발표하고, 다른 사람들의 의견을 구할 수 있는 기회를 제공하므로 궁극적으로는 주최국의 학술 진흥, 산업 발전에 기여하게 된다.

② 주최자의 입지 강화

국내 · 외 관계자에게 관련 분야 내에서 주최자의 존재의 중요성 및 공헌도 등을 보여줄 수 있는 계기가 되므로 이를 통해 주최자의 입지를 강화할 수 있다.

③ 인적 교류 증진

회의의 각종 프로그램, 특히 사교행사를 통해 참가자 간의 인적 교류가 증진된다.

(2) 개최 도시/국가의 입장

① 경제적 효과

국제회의산업은 종합적인 서비스산업으로 회의장, 숙박시설, 음식점, 운송업체, 관광업체 등을 비롯한 사회 각 산업 분야에 미치는 경제적 파급효과가 매우 크다. 즉, 국제회의는 개최국가 및 개최도시의 소득증대와 서비스업 등 광범위한 인구고용으로 인한 고용증대, 관련 산업 발전에 따른 세수증대를 가져다주어 경제 전반의 활성화에 기여하게 된다. 그 밖에도 회의 참가자들이 직접 대면하게 되므로 상호 이해부족에서 올 수 있는 통상마찰 등을 피할 수 있게 될 뿐만 아니라 선진국의 노하우를 직접 수용함으로써 관련 분야의 국제 경쟁력을 강화하는 등 산업 발전에도 중요한 역할을 한다.

② 사회 · 문화적 효과

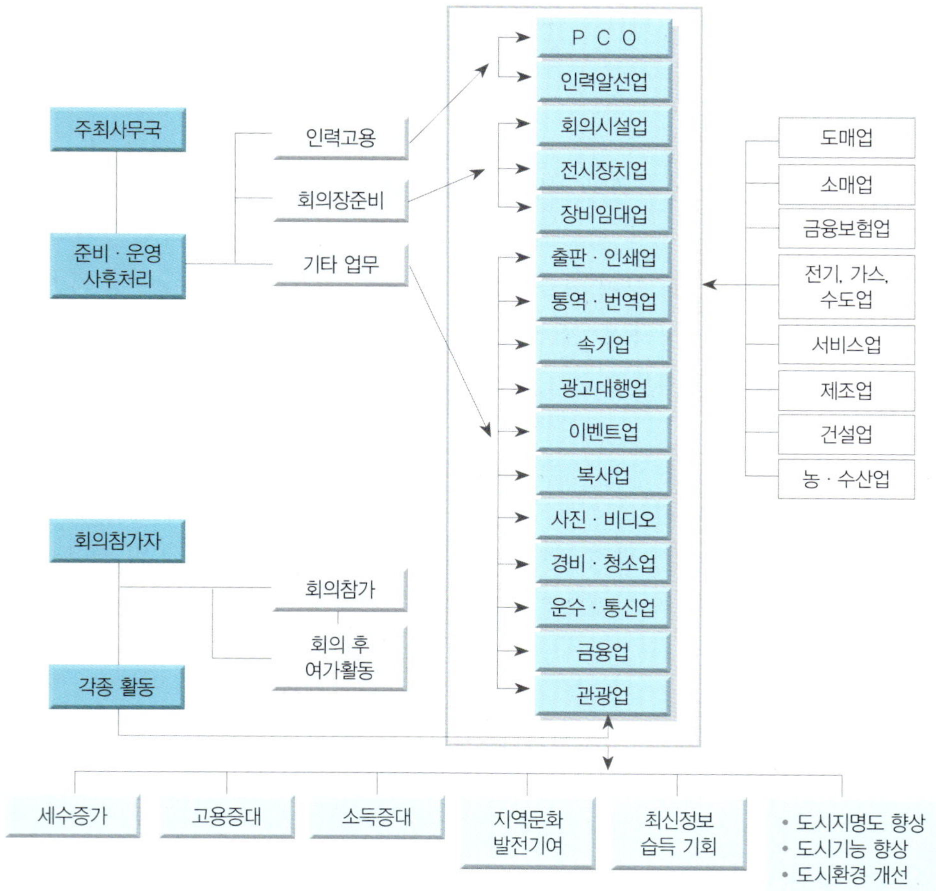

자료 : 한국관광공사, 한국국제회의 산업현황, 1997, p.10.

그림 11-1 국제회의의 파급효과

국제회의는 외국인과의 직접적인 교류를 통한 개최국 국민의 국제감각 함양 등 국제화의 중요한 수단이 된다. 또한 국제회의의 유치, 기획, 운영의 반복은 개최지의 기반시설을 확충시키고 다양한 기능을 향상시킬 뿐만 아니라 개최국의 이미지를 높여 국제무대에서의 위상을 제고하는 데에도 이바지한다. 또한 지방으로의 국제회의 분산 개최는 지방의 국제화 촉진과 지역의 균형발전에도 큰 몫을 하게 된다.

이와 같은 효과가 기대되기 때문에 각 국가와 도시는 국제회의 전담기관 Convention & Visitors Bureau을 설치하여 국제회의 유치증대 활동과 회의 주최자 및 단체에 대한 각종 지원활동을 강화하고 있다. [그림 11-1]은 국제회의의 파급효과를 나타내고 있다.

2 컨벤션 산업 구성요소

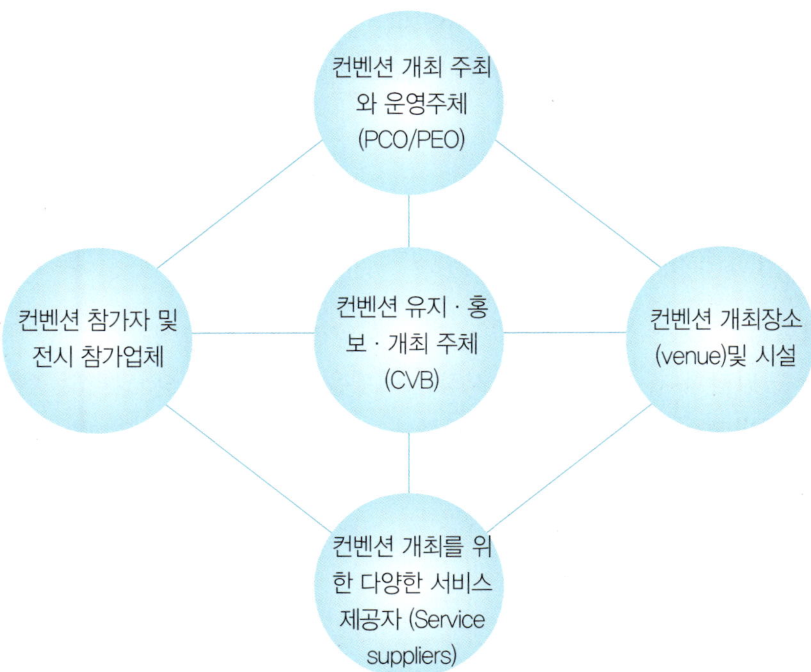

그림 11-2 컨벤션산업 구성요소

컨벤션산업을 구성하는 구성요소로는 컨벤션을 개최 및 운영하는 주체, 컨벤션 개최장소와 시설, 컨벤션 개최를 지원하는 서비스 제공자, 컨벤션 참가자 및 전시 참가업체, 컨벤션 유치 및 홍보의 지원조직인 CVB convention and visitors bureau가 있다황희곤 · 김성섭, 2002. 컨벤션은 호텔업체, 회의 기획업체 및 운영서비스업체, 교통서비스업체, 전시업체, 여행업체, 식음료서비스업체, 영상음향업체, 관련 시설업 및 관련 단체 등이 서로 연관되어 있는 규모가 큰 사업이다 McCabe, et al, 2000. 관련된 산업들은 상호 연관되어 보다 원활하게 회의가 진행되고 의사소통할 수 있도록 도와준다.

3 회의기획가

회의시장이 확대되고 세련되며 전문화된 결과, 회의기획가meeting planner라는 회의의 준비와 연출의 모든 단계를 책임지는 전문적인 의사결정자가 탄생했다. 미국에서는 회의를 계획하는 사람들이 대략 10만명에 달한다고 한다.

1) 회의기획가의 유형

(1) 기업회의기획가

기업회의기획가corporate meeting planner는 다양한 범위의 조직고객organizational customer을 담당한다. 미국에서 이 시장은 여행을 포함해서 215억달러의 총경비와 함께 매년 700,000개의 회의를 개최한다. 그 중 개인기업회의individual corporate meetings는 미국에서 1992년 평균 96달러와 평균 60개의 호텔객실을 필요로 하는 비교적 작은 부분을 구성하고 있다.

(2) 협회중역진

협회중역진association executives은 특정협회에서 고용된 전문적인 정식 간부직원으로 연례적 컨벤션과 소규모 협회회의의 계획 · 설계 · 코디네이팅 · 실행 ·

촉진활동에 책임을 진다. 협회중역진은 회의장소 선택에 중요한 의사결정자로서 이 협회중역진 5,000명 이상이 미국협회중역진회ASAE에 소속되어 있다.

(3) 독립회의기획가

여러 가지 사정으로 협회나 기업은 자유계약제에 의해 독립적인 컨설턴트를 고용한다. 이들을 독립회의기획가라고 부르며, 프리랜서로서의 일을 하고 있다.

2) 회의기획가의 임무

회의기획가의 기본임무는 회의를 성공적으로 치르는 데 있다. 그들의 기본적인 임무는 다음과 같다.

1. 회의목적 설정
2. 회의장소 결정
3. 회의 협의사항 계획
4. 공급자와 요금결정
5. 예산설정과 비용통제
6. 항공 · 육상 교통망 수배
7. 시청각 및 기술적 세부사항 계획

3) 회의기획가의 회의장소 선택

회의기획가의 회의장소 선택은 회의목적지 선택요인과 회의시설 선택요인으로 나누어 연구될 필요가 있다(노용호, 1998: 457~458).

(1) 회의목적지 선택요인

회의목적지의 특성을 항목별로 서술해 보면

1. 국제회의 개최지역에로의 접근성과 매력성에 관한 것이다. 회의기획가가 특정지역에 회의 및 컨벤션을 개최하려는 결정은 복잡한 결정이며, 여러 가지 영향요인을 고려해야 한다. 회의기획가와 회의기관의 공통적인 관심과

목표는 최대한으로 참가자수의 극대화를 추구하는 데 있으며, 보통 회의기획가는 적절한 회의시설과 숙박시설 선정에 있어서 접근성과 매력성을 갖춘 지역을 선정하게 된다. 이때 회의기획가뿐만 아니라 회의에 참가하는 참가자의 의사결정도 목적지의 접근성과 매력성의 양자 간 작용에 따르게 된다. 즉, 거리와 비용 및 시간의 가치로 보아 가능하면 더 매력적인 도시로 가고자 희망하며, 또 같은 매력성을 지닌 회의지역이라면 상대적 비용인 여행거리로 참가결정을 하게 되는 상호작용의 특징을 갖는다. 결국 기획가는 여러 유용한 정보를 토대로 하여 회의지역을 구성하는 더 매력적인 요인에 대해 광범위한 견해를 가져야 하고, 참가자 각각의 의사결정요소를 파악해야 한다.

② 회의개최에 중요한 목적지 특성요인으로는 회의장을 비롯한 회의시설과 회의에 필요한 장비를 들 수 있다. 과거에는 호텔과 회의장 및 전시장인 국제회의 세 가지 회의시설이 지역적으로 흩어져 있는 편이었으나, 요즘 신설되는 호텔은 국제회의산업의 중요성을 인식하여 이 세 가지 시설을 한 곳에 모아 놓음으로써 국제회의 유치경쟁력을 높이고, 더 나아가 국제회의 유치 활성화를 위해서도 우선적으로 국제회의시설이 정비되어야 한다.

기업회의기획가들의 목적지 선택요인에 대한 연구를 살펴보면, Var 등은 회의에 필요한 시설과 거리의 순으로 나타났으며, 이미지 · 기후 · 교통수단 · 여가시설 등의 중요도는 낮은 것으로 나타났다.

(2) 회의시설 선택요인

회의시설은 서비스보다도 더 유형적이기 때문에 회의시설 관련속성은 다른 경쟁호텔들과 차별화시킬 수 있는 변수이다. 그 중 호텔 회의실의 디자인이 중요하게 간주되는 곳은 특별회의를 위한 컨벤션센터로서 이것은 회의시장의 수익성 증대를 위한 목적으로 만들어졌기 때문에 회의실 디자인에 상당한 주의를 요한다.

한편 회의시설 선택에 있어 회의기획담당자가 고려하는 속성들을 중요성에서 순서대로 살펴보면, 음식의 질, 회의실 규모, 객실수 · 크기, 요금지불방법 및 입숙 · 퇴숙의 편리성 등의 순으로 나타났으며, 목적지 선정의 경우와는 달리 접근성 및 이용의 편리성 등은 중요성에서 낮게 나타났다.

Simpson과 Wilkerson의 연구는 회원수가 100명에서 1,000명까지인 협회나 조직체 48개를 선정하여 회의기획자를 대상으로 7가지 선택요인에 관해 전화로 설문조사한 결과, 회의장소 선정시 회의장 규모를 가장 중요하게 인지하고 있었고, 회의실의 수와 회의목적지의 매력 정도를 그 다음으로 중요하게 여기고 있었다. 이 밖에도 여행거리의 쇼핑 및 야간위락활동night life은 중요도가 낮은 것으로 나타났으며, 서비스의 질, 호텔 내 전문회의담당자 유무, 물가수준, 양질의 음식도 적은 응답자이지만 고려요인으로 지적되었다.

4 무역쇼Trade Show, 전시회Exhibition 및 박람회Exposition

무역쇼, 전시회 및 박람회는 회의시장의 또 하나의 중요한 세분시장segment이다김성혁, 2001: 171-173.

1) 무역쇼Trade Show

무역쇼는 컨벤션과는 무관한 자유 벤더업자의 전시 이벤트로, 무역박람회Trade Fair라고도 불리며, 이것의 주요 목적은 상품을 판매하는 데 있다. 무역쇼는 넓은 공간을 필요로 하며, 무역쇼를 개최하게끔 장소를 제공하는 사업자측은 공간, 상품을 반입할 수 있도록 접근성의 용이, 상품을 전시하기 위한 전기 등의 시설을 제공해야 한다. 이러한 사실은 상당량의 작업을 요구하며, 예를 들어 호텔의 경우 다른 고객에게 불편을 끼칠 수 있다.

무역쇼가 개최되는 시기에 호텔에서는 전全 시설이 2~3일 동안 임대된다. 일반적으로 무역쇼기획가Trade Show Planner가 객실을 확보하지만, 예약은 참가자에 의해서 개인적으로 이루어진다.

2) 전시회

전시회는 컨벤션에 속한다는 면에서 무역쇼와 다르며, 전시자들에게 컨벤션

내에 상품을 전시하게 하고 돈을 받음으로써, 특히, 협회가 회의장소 수배의 비용을 거기에서 상쇄할 수 있다.

전시자들은 디스플레이와 부스에서 단순한 것에서부터, 비록 무역쇼만큼 정교하지는 않지만 정교한 것을 내놓는다. 전시자들은 상품을 인지시키고 되도록이면 휴식장소 근처에 전시할 수 있도록 하기 위해서 커피 브레이크나 식사를 컨벤션 기간 동안에 제공하기도 한다.

전시회는 일반인에게는 공개되지 않으며, 참가자수가 컨벤션 참가자수에 의하여 좌우된다. 국제전시협회IEA : International Exhibitors Association는 전시회 분야의 주요 조직이다.

3) 박람회

박람회는 농업, 상업, 공업 등에 관한 온갖 풍물을 한 곳에 모아놓고 일반인에게 관람시키며 판매, 선전, 우열심사를 해서 생산물의 개량 · 발전 및 산업의 진흥을 도모하기 위하여 개최하며, 여기에는 지방박람회, 내국박람회, 만국박람회 등이 있다.

박람회는 엑스포지션Exposition의 앞음절을 딴 엑스포EXPO를 번역한 것으로 국제박람회기구BIE협약은 '일반대중의 교육과 계몽을 목적으로 하고, 인류노력에 의해 한 시대가 달성한 성과를 확인하고 미래를 전망하는 무대'로 규정하고 있다.

따라서 엑스포는 단순 상거래 차원의 상품전시회를 뜻하는 무역전시회와는 다르며, 근대적 의미의 엑스포는 영국 빅토리아 여왕의 남편 앨버트공이 주도한 1851년 런던 엑스포로부터 시작된다. 우리나라는 1893년 시카고엑스포 때 참가하여 첫 인연을 맺었고 1993년 한국에서 대전 엑스포를 개최하였다.

5 국제회의 전담기관 및 업계현황

관광분야에서 국제회의산업의 중요성이 널리 인식됨에 따라 구미 선진국은 물론 아시아 각국의 관광관련 기관에서는 국제회의 전담기관을 설치하여 각종 국제회의 유치, 홍보, 개최 지원 등의 활발한 활동을 전개하고 있다.

1965년 아시아 국가로는 처음으로 일본이 국제회의 전담기관인 컨벤션 뷰로를 발족한 이후, 1970년대에는 말레이시아, 싱가포르, 필리핀, 홍콩이 각기 국제회의 전담기관을 설립했다. 우리나라는 1979년 PATA 총회를 계기로 한국관광공사 내에 국제회의부현 국제협력처가 설립되어 컨벤션 뷰로로서 기능을 수행하고 있다.

다음은 국제회의 전담기관 및 시설현황을 나타내고 있다한국관광공사, 1997: 11-14

1) 한국관광공사

현재 우리나라에서 유일한 컨벤션 뷰로로서 조사, 홍보, 선전, 출판, 자문 등 고유기능을 수행하고 있다.

주요 업무는 국제회의 시장조사 및 대업계 정보제공, 국제회의 국내 유치활동 전개, 국내개최 국제회의 운영지원, 국제회의 관련 홍보물 제작, 컨벤션 전문인력 양성, 컨벤션 설명회 개최 등 국제회의산업 육성을 위한 활동을 하고 있다.

2) 국제회의 단체

우리나라에는 1997년 현재 861개 단체가 국제회의의 공급원이라 할 수 있는 1,293여개의 국제기구에 가입, 활동하고 있다. 국력과 경제규모가 확대되고 정부 및 민간 부문에서 국제교류가 증대됨에 따라 국제기구 가입 국내단체는 계속 증가 추세에 있다.

3) 국제회의기획업Professional Convention/Congress Organizer

국제회의 등은 준비과정이나 운영 등 여러 가지 면에서 다양성과 전문성이 필요하며, 따라서 국제회의에 관한 종합적 식견을 지닌 전문인력이 필요하다.

이러한 국제회의산업의 전문성과 다양성으로 인해 국제회의기획업이 생겨났다. 따라서 국제회의기획업은 국제회의의 기획 · 준비 · 진행 등 필요한 업무를 행사주최자로부터 위탁받아 대행하는 영리업체인데, 여러 형태의 회의에 대한 풍부한 경험과 회의장 · 숙박시설 · 여행사 등의 회의관련업체와 평소 긴밀한 관계를 유지하여 모든 업무를 종합적으로 조정 · 운영할 수 있을 뿐만 아니라 국제회의 개최 준비사무국의 시간과 경비를 상당히 절감해 준다.

국제회의업은 '국제회의용역업'이라는 명칭으로 1986년에 관광진흥법상의 관광사업으로 신설되었는데, 이를 관광사업으로 포함시킨 배경은 첫째, 국제사회의 발달에 따른 활발한 인적 교류로 점차 국제회의의 규모가 확대되어 가고 있는 추세로 국제회의를 관광과 연계하여 발전시키며 둘째, '86아시안게임과 '88서울올림픽 양대회를 계기로 준비된 관광수용시설을 최대한 활용하고 보다 많은 대규모 관광객을 유치하여 관광수입을 증대하기 위해서 국제회의를 적극 유치하고 셋째, 국제회의업무를 효율적으로 수행하기 위하여 회의의 계획 · 준비 · 진행 등 제반 관련업무에 관한 전문적 지식을 가진 전문용역업체의 육성이 절실하다는 점 등을 들 수 있다문화체육관광부, 2002: 152.

1996년에 '국제회의산업 육성에 관한 법률'이 제정됨으로써 우리나라의 국제회의산업이 비약적인 발전을 이룩할 것으로 기대되는데, 그에 따라 국제회의업의 역할도 크게 늘어날 것으로 예상된다.

1998년에 관광진흥법을 개정하여 종전의 '국제회의용역업'을 '국제회의기획업'으로 명칭을 변경하고 '국제회의시설업'을 추가하여 '국제회의업'으로 확대되었다.

2011년 기준으로 국제회의기획업PCO은 295개, 국제회의시설업은 11개 업체가 등록되어 있다.

국제회의산업의 다양성이나 전문성은 국제회의 전문용역업체들의 설립과 발전을 초래했으며, 국제회의산업 선진국에서는 국제회의 전문용역업체들이 대부분의 국제회의 · 전시회 등의 준비 · 운영업무를 주최측으로부터 위임받아 회의개최에 따른 인력 및 예산을 효율적으로 관리함으로써 시간과 자금을 절약하면서 세련된 회의진행의 효과를 거두고 있다한국관광공사, 1989: 133~139. 따라서 국제회의기획업은 국제회의산업에서 큰 공헌을 하고 있으며, 국제회의산업 발전을 위한 기본적 역할을 수행한다고 볼 수 있다.

이러한 국제회의기획업의 주요 업무는 다음과 같다김성혁, 2001: 178~179.

1. 회의구성에 관한 전반적인 책임
2. 주최측 및 참가자와의 연락관계 유지
3. 주요 위원회 회의의 준비 및 참가
4. 회의장 및 서비스홀의 준비 및 임차
5. 회의와 관련된 자료발송실시사전 프로그램, 등록서 등
6. 참가자 등록업무
7. 호텔예약
8. 사교행사에 관한 행정사항
9. 각종 문서의 준비
10. 전시장 및 전시회 참가자와의 연락관계 유지
11. 기술부문 행사의 협조서류, 필름, 전시 등
12. 홍보업무
13. 정식인원 및 임시고용원에 대한 통제
14. 회계업무
15. 수송 및 관광업

표 11-2 국제회의기획업의 업무처리내용

단 계	내 용
제1단계	회의준비 초기 단계로서 PCO와의 계약체결, 소요예산 산정, 기본 프로그램 구성 및 예상 참가자들 대상의 발송 명부 작성 등의 업무가 진행되는 시기이다.
제2단계	회의준비의 구체적 도입단계로 회의 일정 결정 및 초청 프로그램 작성, 배포와 연사 선정 등의 기본 작업이 이루어지는 시기이다.
제3단계	회의참가자의 등록접수, 문의, 요청사항 등에 대한 처리 및 회의기간 중 전시회가 병행될 경우, 이에 대한 프로그램 확정 등의 제반 업무 추진단계이다.
제4단계	회의장 제반 시설 점검, 각종 소요물 제작 및 회의준비위원회 내의 최종 준비 완료시기이다.
제5단계	모든 단계를 거친 후, 회의 개최부터 폐회 및 사후처리까지의 업무로서, 회의 참가자들의 이후 등록, 제반 진행, 관광 및 행사요원 관리, 그리고 사후처리 및 평가까지 마무리하는 최종단계이다.

자료 : 이석호 · 장호찬 · 허진 · 여경진, 「관광학개론」, 한국방송통신대학교출판문화원, 2015

이상의 주요 업무 이외에 통역기재 렌탈과 회의 전후의 여행알선 등 폭넓은 업무를 담당하고 있다. 이러한 국제회의기획업은 국제회의를 보다 효율적으로 운영하기 위하여 전문회의기획가 · 통역사 · 속기사 등 국제회의 또는 전시회 행사와 관련된 각종 전문서비스를 제공하는 역할을 한다. 각종 규모의 국제회의 개최준비 및 운영과정에서 국제회의기획업의 서비스를 원할 경우 회의준비 사무국 · 국제회의기획업 · 회의참가자 · 외부관련인 사이에 이루어지는 업무처리내용을 5단계로 간략히 나타내면 [표 11-2]과 같다.

국제회의기획업의 성격상 국제회의기획업과 직 · 간접으로 연결을 맺는 조직체가 존재하는데 [그림 11-2]는 그러한 조직체를 나타내고 있다.

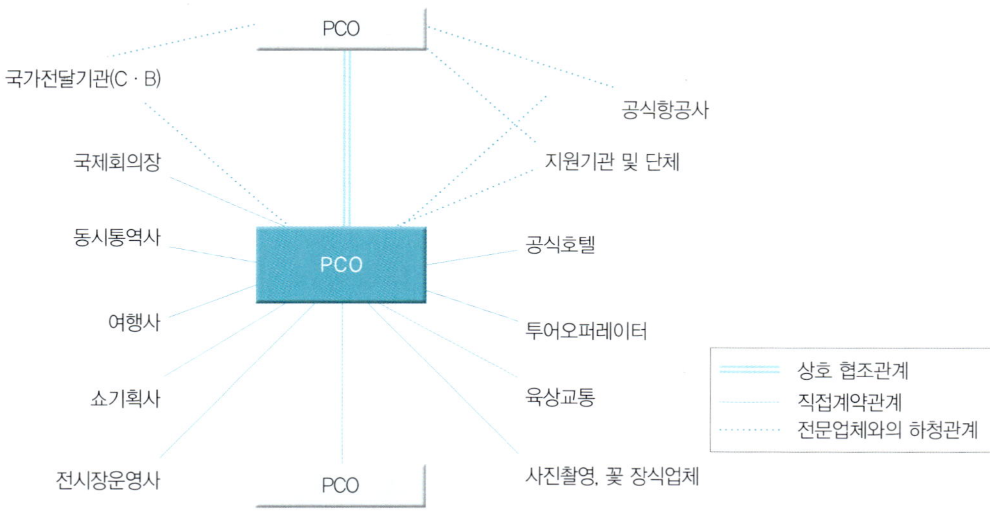

자료 : C.B : Convention Bureau의 약자

그림 11-2 중심의 관련조직 연계도

6 우리나라 국제회의산업 육성계획

전자통신, 화상회의 등 통신기술 발달로 인해 특정 장소에서 참가자들이 서로 대면하여 만나는 국제회의가 향후 다소 위축될 것이라는 일부의 우려에도 불

구하고, 세계 국제회의시장은 세계 경기회복과 국제교류 증대에 힘입어 꾸준한 증가세를 보이고 있다. 특히 아시아 지역은 국가적인 컨벤션 지원강화정책으로 국제회의시장 점유율이 지속적으로 증가추세를 보이고 있으며, 단체회의 및 기업 해외 인센티브 여행, 전시회 개최도 증가 일로에 있다.

국내적으로는 지난 1996년 말 「국제회의산업 육성을 위한 특별법」 제정으로 우리나라 국제회의산업 발전을 위한 제도적인 기반이 마련되었다. 이로써 국제회의 유치 및 개최지원, 국제회의 전문인력 양성, 국제회의시설 건립시 관광진흥개발기금의 우선 지원은 물론, 관련 인 · 허가의 생략 등 행정 간소화가 이루어졌다. 뿐만 아니라 일정요건을 갖춘 도시를 국제회의 도시로 지정하여 전담조직을 구성하는 등 지방의 국제회의산업 발전을 위한 근거가 마련되었다.

표 11-3 국제회의시설 현황 (단위 : 개소, 석)

구 분	시 설	수용인원(대회의장)
컨벤션센터	9	28,100석
호텔회의장	131	96,946석
준회의장	43	43,577석
계	183	168,623석

자료 : 한국관광공사, 2011년 기준

표 11-4 전문 국제회의장 건립과 건립 추진현황 (2002. 6월 기준)

지 역	센터명	개관일	면 적	
			전 시	회 의
수도권	aT센터	2002.11	7,422	1,075
	SETEC	1999. 5	7,948	839
	COEX	1988.9/2000.5	36,007	11,123
	KINTEX	2005. 9	108,049	13,303
	송도 컨벤시아	2008.11	8,416	4,020
충청권	DCC	2008. 4	2,520	4,064
	KOTREX	1995. 5	4,200	-
호남권	KDJ Cenetr	2005. 9	9,072	2,308
대경권	EXCO	2001. 4	11,616	4,067
동남권	BEXCO	2001. 9	26,508	6,841
	CECO	2005. 9	7,827	2,784
제주권	ICC Jeju	2003. 5	2,394	7,009

자료 : 한국관광공사(2012년 5월)

또한 1996년 7월에는 민자유치촉진법이 개정되어 국제회의시설이 제2종 사회간접자본시설에 포함됨으로써, 국제회의시설 건립시 금융지원, 조세감면, 각종 부담금 감면, 재정지원, 기타 토지확보 지원 등의 혜택을 받는 등 국제회의산업 발전을 위한 제도적인 장치가 마련됨에 따라 향후 국제회의시설 건립이 활기를 띨 것으로 예상된다. 특히 2000년 ASEM회의, 2002년 월드컵 등 대규모 국제행사 유치와 개최를 계기로 지방에서도 국제회의산업에 대한 관심 증대와 함께 자발적인 컨벤션센터 건립이 활성화되고 있다. [표 11-3]와 [표 11-4]은 각각 2011년 현재 국제회의시설 현황과 전문 국제회의장 건립 추진현황을 나타내고 있다.

그러나 중국, 일본, 동남아 등 대규모 컨벤션센터를 보유하고 있는 인근 경쟁국가들과의 국제회의 및 대형 이벤트 유치경쟁은 나날이 심화되고 있는 반면, 국내의 국제회의시설 및 전문인력, 숙박, 교통시설 등의 수용태세는 상대적으로 미흡한 편이며, 호텔요금 상승으로 국제회의 참가비용이 늘어 국제경쟁력이 약한 것이 우리나라 국제회의산업의 현실이다. 따라서 우리나라 국제회의산업 육성을 위해서는 보다 체계적인 컨벤션 유치활동과 유치기반 조성 및 수용태세 확립이 절실하다고 할 수 있다.

한국관광공사는 ASEM회의 및 월드컵 개최를 우리나라 컨벤션산업 중흥을 위한 계기로 삼아 향후 컨벤션산업 활성화를 통한 관광객 유치증진을 중점 과제로 추진할 계획이다. 국제회의 유치대상 또한 기존의 회의 위주에서 회의뿐만 아니라 인센티브 · 컨벤션 · 전시회 · 이벤트 등으로 다변화시키고 있다.

한국관광공사는 효율적인 국제회의 유치활동을 위해서 25개 해외조직망과 컨벤션 전문기구를 통해 현지의 마케팅 정보수집을 체계화하고, 컨벤션센터 개관과 연계하여 대규모 컨벤션유치 캠페인을 전개할 계획이다. 수용태세의 개선을 위해서는

1. 대국민 컨벤션 인식제고와 함께 업계, 지방자치단체와의 협력체제를 강화할 계획이다.
2. 컨벤션시설 및 기반시설의 확충유도
3. 전문인력 양성
4. 지방 컨벤션산업의 활성화 도모 등을 단계적으로 추진할 방침이다.

제2절

이벤트 산업

1 이벤트의 정의 및 분류

우리들은 과거와는 달리 '86아시안게임과 '88올림픽게임 및 2002 한일월드컵경기를 치루면서 이벤트를 일상생활의 주변에서 쉽게 접하게 되었으며, 이에 대한 일반인들의 관심도 점점 높아지고 있다. 또한 텔레비전 등 영상매체의 급속한 발달로 안방에서 여러 지역에서 전개되는 다양한 이벤트를 즐길 수 있게 되었다.

오늘날 세계 각국은 관광과 이벤트를 접목시켜 여러 가지 관광효과를 노리는 관광진흥전략으로서 새로운 이벤트를 개발하거나 기존의 이벤트를 적절하게 관광상품화하는 데 적극적으로 노력하고 있다. 그 일례로 1987년 뉴질랜드 관광선전부New Zealand Tourist and Publicity Department는 "이벤트관광은 국제관광의 가장 중요한 부문으로서 최근 급성장하고 있지만, 뉴질랜드에서는 거의 개발이 안 된 분야"라고 지적하고 잠재력을 가지고 있는 이벤트관광에 대하여 의욕적인 프로그램을 수립, 시행하는 적극성을 보였다. 이러한 취지에서 세계 각국이 세계적 박람회나 올림픽과 같은 대형 이벤트를 유치하기 위해 치열한 경쟁을 벌이고 있다한국관광공사, 1994: 7.

이러한 이유로 이벤트가 가져오는 경제력이 주원인이 되며, 특히 한국에서의 지방화 시대가 열리면서 지역의 체력에 영향을 주는 요인이 바로 '경제력'과 더불어 '문화'이고 그 경제력을 배가시킬 수 있는 것이 '지역문화의 이벤트'라는 점을 들 때 이벤트는 더욱 중요한 의미를 갖게 된다안경모, 1994: 5.

1) 이벤트의 정의

주로 공공의 축하행사로서 급속한 성장을 하고 있는 이벤트는 사전적 개념으로는 "사건", "행사", "중요사건", "시합", "경기"라는 매우 다양한 의미를 지니고 있음을 알 수 있다한국관광공사, 1994: 8–10.

이벤트에도 "사건"이라는 사전적 개념이 있기는 하지만 일반적으로 사건affair이나 사고accident는 갑자기 일어나는 "나쁜 일"을 의미하는 반면, 이벤트는 "예정된 중요한 일"을 나타내고 있다. 조금 더 구체적으로 실례를 들자면 지진이나 화재, 싸움, 교통사고 등은 이벤트라 지칭하지 않지만 야유회, 운동회, 학교 축제, 야구대회, 경마 등은 모두 이벤트라 부를 수 있다. 나아가 아침마다 전철을 타고 출근하는 것과 우연히 길거리에서 친구를 만나는 행위는 이벤트가 아니지만 약속시간에 약속장소에서 남녀가 만나 데이트하는 것은 이벤트의 범주에 들어가게 되는 것이다.

표 11–5 이벤트인 것과 아닌 것

이벤트인 것	이벤트가 아닌 것		
	부정적 요소	자연발생적 요소	일상적 요소
야유회, 학교축제, 운동경기, 데이트, 제례	화재, 싸움, 교통사고, 전쟁	홍수, 지진, 우연한 만남	출퇴근, 일상적 식사

이벤트에 관해서는 수많은 개념 정의가 있을 수 있겠지만 이러한 개념 정의들을 대략적으로 나누어보면 세 가지 큰 줄기로 정리할 수 있다.

첫째, 이벤트 제례론祭禮論으로 자연의 예기치 않은 현상, 즉 초자연적인 현상들을 일상생활 속에 끌어들이는 행위인 제례나 전통행사 같은 것으로 보는 견해다.

둘째, 이벤트 미디어론으로 이벤트에는 참여자에게 강한 인상을 주는 직접적인 효과와 동시에 정보의 발신지가 되어 미디어에 파급시키는 간접효과가 있어서 미디어 자체를 이벤트화한다고 보는 논리에서 비롯된 정의이다.

셋째, 이벤트를 일종의 총체적 예술작품이라는 시각에서 접근하는 개념 정의가 있다. 이것은 분열과 소외가 지배하는 세계 속에서 조화와 통일 그리고 참여를 체험할 수 있는 세계인의 축제를 만든다는 차원에서 이벤트를 하나의 예술로 간주하는 견해이다.

이벤트의 정의를 보다 짧게 압축하는 일은 용이하지 않다. 그래서 많은 나라들이 굳이 통일적 정의를 내리지 않고 이 용어를 사용하고 있는 것이 사실이다. 다만, 우리나라보다 앞서 이벤트 열풍이 몰아닥친 일본의 경우 산발적으로나마 단적인 개념 정의의 시도가 있었던 바, 일본에서 창간된 "월간 이벤트 리포트"에서는 "이벤트란 광역의 의미로 기한과 장소 그리고 대상을 제한하여 공통의 목적으로 인도해 나가기 위한 모든 행사를 뜻한다."라고 정의를 내렸으며, 1986년 일본 통상산업성 산하에 구성된 이벤트 연구회에서는 "이벤트란 어떠한 목적을 달성하기 위한 수단으로서 행하는 행사"라고 정의하고, 여기서 목적이란 지역 진흥, 산업 진흥, 국제 교류 등을 주로 고려한 것이며 상업적으로 행해지는 문화활동예 : 상업 연극 등은 대상에서 제외한다고 보았다.

국내에서는 이벤트에 대한 정의를 주어진 기간동안 정해진 장소에 사람을 모이게 하여 사회 · 문화적 경험을 제공하는 행사 또는 의식으로서 긍정적 참여를 위해 비일상적으로 특별히 계획된 활동이라고 정의하였다이경모, 2003.

이상에서의 여러 가지 시각과 개념 정의들을 종합하여 볼 때, 이벤트는 첫째 "기획성", 둘째 "연출력", 셋째 "사회적 의의"의 세 요소를 갖춘 행사들을 지칭하는 것으로서 한마디로 말하면 이 중 세 번째 요소를 강조하여 "사회적, 시대적으로 의의를 부여할 수 있는 행사"라고 정의하는 것이 바람직하다고 본다.

이러한 이벤트 중에서도 1회에 한하는 반복되지 않는 이벤트나, 자주 시행되지 않는 이벤트는 스페셜 이벤트special event라고 한다. 소비자들의 입장에서 보면 일상생활의 경험 범주를 벗어나 여가 또는 사회적 · 문화적 활동을 즐길 수 있는 기회를 가질 수 있는 이벤트들로서 주로 토너먼트, 게임, 올림픽 같은 스포츠이벤트 등 스포츠 및 레크리에이션을 즐기는 형태가 많다.

또한 스페셜 이벤트와 흔히 혼동되는 개념으로 페스티벌축제이 있다. 페스티벌은 "일종의 행사로서 사람들이 누리는 모든 문화에서 발견되는 사회적 현상"

이고 "주제가 있는 공공의 기념행사"로서 모든 페스티벌은 스페셜 이벤트가 될 수 있지만, 모든 스페셜 이벤트를 페스티벌이라고 부를 수는 없다. 페스티벌 및 스페셜 이벤트의 주요한 특징을 들면 다음과 같다.

1. 공공에 개방되어 있다.
2. 특별한 주제를 기념하거나 표현하는 것을 주된 목적으로 한다.
3. 일년에 한 번 또는 덜 정기적으로 열린다.
4. 시작하는 날과 끝나는 날이 미리 예정되어 있다.
5. 행사 자체를 위한 영구적 구조물이 없다.
6. 행사의 모든 활동이 주로 같은 지역과 장소에서 진행된다.

스페셜 이벤트 중에서도 규모가 매우 큰 이벤트를 "메가 이벤트"라고 부른다. 캐나다 학자들의 정의에 의하면 메가 이벤트는 방문객수가 백만명 이상이고 전체 경비가 5백만달러캐나다 달러 이상 소요되고, 반드시 경험해야 하는 이벤트로 명성을 얻는 이벤트만이 메가 이벤트라고 할 수가 있다고 한다. 경우에 따라 메가 이벤트는 소요경비나 규모, 이미지보다는 경제적 효과를 중요시하는 해석을 따르기도 하고 그 외에도 메가 이벤트란 반드시 세계적으로 널리 알려져 있는 것이어야 한다는 견해도 있다.

[표 11-6]는 스페셜 이벤트, 메가 이벤트, 및 홀마크 이벤트를 설명하고 있다.

표 11-6 이벤트 종류

종 류	내 용
스페셜 이벤트	일회성의 이벤트로 자주 시행되지 않는 이벤트
메가 이벤트	스페셜 이벤트 중 규모가 매우 큰 이벤트로 세계적으로 널리 알려져 있는 이벤트
홀마크 이벤트 hallmark event	개최지의 인지도, 매력, 수익창출을 향상시키기 위하여 제한된 기간 동안 일회 또는 수회 개최되는 이벤트

2) 우리나라 이벤트의 발달과정

현대적 의미의 우리나라 이벤트는 1960년대 들어 시작되었다고 할 수 있으나, 최초의 근대이벤트로 1926년 한국 최초로 조선박람회가 경복궁에서 개최된 것으로 나타나 있다. 우리나라의 현대적 개념의 발달과정을 살펴보면 다음의 표와 같다.

표 11-7 우리나라 이벤트의 단계별 발달과정

단계별	해당시기	주요 이벤트 및 발달과정
이벤트 태동	1960~1970년대	수출 · 경제부흥 중심의 이벤트 전문전시회 또는 산업박람회 형태 종합전시장 개장과 국제규모 전시회수용
이벤트 초기	1980년대 전반	경제부흥 · 문화 · 국제회의 이벤트 중심 정부주도형 정치 · 문화이벤트 '國風 81' 개최 국제회의의 유치와 국제이벤트 개최노력
이벤트 발전	1980년대 후반	'86 아시안게임, '88 서울 올림픽 개최 국제이벤트 개최 기반조성 스포츠 · 문화이벤트의 증가
이벤트 활성화	1990년대 전반	'93 대전엑스포 개최로 이벤트참여 증가 '94 한국방문의 해 이벤트로 외래관광객 유치 국제이벤트 활성화와 개최 자신감형성
이벤트 다양화	1990년대 후반	홍보 · 경제 활성화 목적의 지역축제 확대 이벤트소재 및 지역의 다양화 양적 확대에 따른 질적 개선 필요

자료 : 이경모, 「이벤트학원론」, 백산출판사, 2003. p.60

(1) 이벤트 태동단계 1960~1970년대

1960년대와 1970년대는 국가의 최우선 정책이 경제부흥에 초점을 맞추었던 시기로 정부주도로 경제부흥을 실현하기 위해 총력을 기울이는 시기였다. 이 시기에는 스포츠 · 문화이벤트를 시행할 환경이 조성되지 못하였기 때문에 공산품 중심의 산업전시회 정도의 이벤트가 행해졌다. 1962년에는 국가재건과 경제부흥을 도모하기 위한 산업박람회가 개최되었고, 공산품 제조업중심의 전문

전시회 또는 산업박람회 형태의 행사가 개최되었다. 1979년 3월 한국종합전시장이 개관되어 국제규모의 전시회를 수용할 수 있는 능력을 갖추게 되었으며, 이를 바탕으로 우리나라에서도 각 산업부문의 국제전시회가 한국종합전시장을 중심으로 개최되기 시작했다.

(2) 이벤트개최의 초기단계 1980년대 전반

우리나라는 1980년대 들어 정부의 경제부흥 정책에 따라 경제적으로 안정 기반을 확보하였으나 정치적으로는 불안정한 상태였다. 이러한 정치적 불안정을 타개하고자 정부는 일반국민을 대상으로 우리나라 최초의 정부주도형 정치·문화이벤트인 '國風 81'을 개최하게 된다. 이 이벤트는 일반국민의 정부에 대한 긍정적 정서를 형성시키는 목적을 갖고 행해진 이벤트임과 동시에 국민을 대상으로 실시된 전국규모의 첫 번째 문화이벤트로서의 의미를 갖기도 한다.

1970년대 말에 이어 1980년대에 들어서면서도 SITRA'82서울 국제무역박람회와 같이 무역부문에 초점을 맞춘 산업전시회는 계속 이어졌으며, 문화이벤트 개최 및 국제회의의 유치 등에도 꾸준히 노력을 기울여 우리나라도 국제이벤트를 개최하는 초기단계로 접어들게 되었다

(3) 국제이벤트 개최의 발전단계 1980년대 후반

1980년대 후반은 메가이벤트인 아시안게임과 올림픽게임이 개최되었기 때문에 우리나라 이벤트 발달과정에서 매우 중요한 의미를 갖는다고 할 수 있다. 메가이벤트 개최에 따른 국가이미지 제고와 성공적 수행에 따라 우리나라도 대규모의 국제이벤트를 개최할 수 있다는 자신감과 개최기반이 조성된 시기라고 할 수 있다. 그러므로 이를 바탕으로 이벤트산업 전반에 걸친 발전의 계기가 형성되었다. 이시기에는 스포츠·문화이벤트의 증가현상이 뚜렷이 나타났으며, 기업에서 행하는 각종 이벤트와 정부·지방자치단체 주도의 공공이벤트의 개최가 증가하고, 이벤트 내용이 발전되는 모습을 보이게 되어 1980년대 말은 이벤트 산업의 다양한 분야에 걸친 발전은 물론 우리나라에서 개최될 메가이벤트의 전기를 마련한 시기라고 할 수 있다.

(4) 이벤트의 활성화 단계 1990년대 전반

1990년대에 들어 스포츠이벤트 이외의 분야에서 외국인을 대상으로 하는 국제규모의 이벤트를 개최하게 된다. 1993년에는 '새로운 도약에의 길The Challenge a New Road to Development'이라는 주제로 대전엑스포가 개최되어 국내 관람자의 이벤트참여를 촉진시키고, 스포츠이벤트 이외의 분야에서 평가를 받을 수 있는 기회를 마련하였다. 또한 1994년에는 한국관광공사가 추진한 '한국 방문의 해'가 이어져 정부는 국민이 적극적으로 참여할 수 있도록 대국민 홍보활동을 강화하였으며, 다양한 이벤트가 국가의 관광사업과 연결되어 우리나라를 세계에 알리고, 외국인 관광객을 유치하는 수단으로 활용되었다. 그 이외에도 1995년 광주 비엔날레가 개최되어 문화부문에서도 우리나라에 국제이벤트시대가 도래하면서 국제이벤트 개최에 대한 자신감과 함께 이벤트가 활성화되는 계기가 되었다.

(5) 이벤트의 다양화 및 지역 확대 단계 1990년대 후반

1990년대 들어 이벤트산업의 활성화와 지방자치제 실시로 인하여 정부주도 또는 전국규모의 대규모이벤트에서 지방자치단체가 주최하는 지역이벤트가 발전하기 시작했다. 지역이벤트는 주로 지역홍보와 지역경제 활성화를 목적으로 한 지역축제가 중심이 되었으며, 개최지역의 특성을 갖고 다양한 소재를 중심으로 한 축제가 개최되기 시작하였다. 그러나 지역별 다양한 이벤트의 개최와 양적인 증가는 긍정적이라 평가할 수 있으나 반면에 지역축제의 프로그램 구성이 개최지역마다 유사하여 축제의 주제를 나타내는 프로그램이 취약하다는 비판도 함께 나타났다. 따라서 축제참가자에 대한 서비스의 질적인 개선과 지역의 특성에 맞는 축제 프로그램의 차별화가 요구되고 있다.

3) 이벤트의 분류

이벤트의 정의와 마찬가지로 이벤트를 고정된 틀로 정확히 분류하는 것도 어려움이 뒤따르게 되는데, 그 중요한 이유는 아직도 업계에서뿐만 아니라 학계에서도 의견이 분분하고, 또한 이벤트 자체를 보더라도 종류가 무한하며, 이 순간에도 새로운 이벤트가 계속 창출되어 현장에 나타나기 때문에 그 분류기준을 정하기 어렵기 때문이다.

그러나 기존의 연구를 참고하여 이벤트를 분류하여 보면 다음과 같다(이종은, 2000: 23~25).

(1) 일반적 분류

이벤트는 개최하는 주체에 따라 다양하게 전개되며, 그 목적과 성격에 의해 종류가 많다. 이벤트에 관한 기존의 한 연구에 의하면, [표 11-8]에서 보는 바와 같이 사회 이벤트, 촉진 이벤트, 및 PR 이벤트의 3종류로 크게 분류하고 있다.

사회 이벤트(social event)는 기업의 이익과 무관한 순수한 공익, 사회예술 차원의 사회 문화 행사를 포함하여, 촉진 이벤트(promotion event)와 피 · 알 이벤트(P. R. event)는 기업의 판매촉진이나 이미지 제고를 목적으로 하는 행사를 포함한다. 특히 촉진 이벤트는 기업이나 단체의 직접적인 판촉활동과 결부된 행사를 뜻하며, 피·알 이벤트는 기업이익의 사회환원, 이해자집단의 호감도 제고를 목적으로 하는 사회적 ·공간적인 행사로서 기업 홍보와 결부되는 행사를 뜻한다.

표 11-8 이벤트 분류

분 류	종 류
사회 이벤트 social event	개인적 이벤트, 기념 이벤트, 음악 이벤트, 스포츠 이벤트, 문화 이벤트, 예술 이벤트, 사찰의 제례, 제사, 각종 기념식, 파티, 축제 퍼레이드, 일반 행사 등
촉진 이벤트 promotion event	전시 공연, 콘테스트, 시식회, 강좌, 회원제, 박람회, 패션쇼, 설명회, 프리미엄, 문화행사, 각종 프리미엄 세일, 특매, 창립기념세일, 야시장, 전시판매, 신차발표회, 시식회, trade show, opening show, open house, 자선바자 등
피 · 알 이벤트 P. R. event	사회, 공공서비스 행사, 소비자 캠페인, 문화, 교육, 복지행사, 강연회, 연주회, 전시회, 박람회, 미인 테스트, 스포츠 경기, 콘테스트 게임, 심포지엄, 캠페인, 신제품 전시회, 문화예술 전시회, 콘서트, 패션쇼, 연극, 파티, 시낭송회, 시음 · 시식회, 방송 이벤트 등

그러나 예를 들어 패션쇼나 박람회 등은 판매와 직접 관련되느냐 않느냐에 따라 촉진 이벤트에 분류되기도 하고 또는 피 · 알 이벤트에 분류되기도 한다. 이와 같이 이벤트는 주최에 따라, 목적에 따라, 대상에 따라 또는 보는 관점에 따라 다양한 분류가 이루어질 수 있으므로 정확하게 분류하기가 쉬운 것은 아니다.

(2) 주최에 따른 분류

이벤트의 종류를 그 행사 주최에 따라 분류해 보면 [표 11-9]에서 보는 바와 같이 크게 정부나 공공기관이 주관하는 공공 이벤트, 기업이 주가 되는 기업 이벤트, 개인이나 단체가 주관하는 사회 이벤트로 구분하여 볼 수 있다.

| 표 11-9 | 주최에 따른 이벤트의 분류

구 분	공공 이벤트	기업 이벤트	사회 이벤트
주 체	정부, 공공기관	기업	개인 또는 단체
종 류	1) 무료 행정청 세무, 기부금 2) 유료 경영형 채산세 도입	1) PR형 대 · 내외 2) SP형	1) 정치 이벤트 2) 종교 이벤트 3) 컨벤션 4) 엔터테인먼트 5) 스포츠 6) 문화 이벤트
비 고	국가 이벤트 지역 이벤트	문화 공공형 판매 촉진형	개인 이벤트

(3) 형식에 따른 분류

| 표 11-10 | 형식에 따른 이벤트의 분류

형 식	이벤트의 종류
1. 전시	각종 전시회, 박람회
2. 공연	연극, 무용, 음악, 영화, 패션쇼
3. 컨벤션	회의, 세미나, 워크숍, 컨벤션
4. 축제	페스티벌, 체육대회, 경연대회, 가장행렬
5. 판촉수단	가두 캠페인, 쿠폰, 샘플, 경품

형식에 따른 분류는 [표 11-10]에서 보듯이 전시, 공연, 컨벤션, 축제, 판촉수단의 5가지로 나눌 수 있는데, 전시나 공연, 축제, 판촉수단은 일반 대중을 위한 이벤트이고, 컨벤션은 거의 특정 다수에게 필요한 이벤트이다.

(4) 기업 이벤트의 목적에 따른 분류

기업에서 실시하는 이벤트는 그 목적에 따라 PR 이벤트와 세일즈 프로모션 이벤트로 나누어 볼 수 있다. 여기서 PR 이벤트는 이벤트 참가자로부터 기업의 호감을 얻기 위한 이벤트이며, 세일즈 프로모션 이벤트는 기업이 만들어 내는 상품이나 서비스의 판매를 증가시키기 위한 목적으로 실시하는 이벤트이다. 그 분류는 [표 11-11]와 같다.

표 11-11 기업 이벤트의 목적에 따른 분류

구 분	PR 이벤트	세일즈 프로모션 이벤트
대상과 이벤트의 형태	1. 소비자 : 공연, 예술활동, 전시 등 공공의 이익 문화예술의 형태 2. 업계/판매요원 : 초청행사, 교육, 레크리에이션 등으로 친숙한 분위기 연출 3. 종업원 : 창립 기념축제 등 애사심으로 고취하는 분위기 유도 4. 언론, 사회단체 : 기자회견 등 호감을 얻기 위한 접촉을 통한 이벤트 개최	1. 소비자consumer promotion : 프리미엄, 현상, 퀴즈, 공모 특별시장 형성-야시장 2. 업계rade promotion : 초청행사-특별혜택 3. 판매요원dealer promotion : 콘테스트 초청행사-특별행사

참고로 현재 미국, 캐나다 등 미주지역에서 보편적으로 통용되고 있는 이벤트 분류방법은 다음과 같다한국관광공사, 1994: 14~15.

(5) 주최자 관점에 의한 분류

① 공공기관에 의한 이벤트

각종 이벤트를 운영하는 공원 및 레크리에이션 시설 사무국 등이 운영하는

이벤트

② **자원봉사에 의한 지역사회 축제**

자원봉사대의 스태프 또는 무급無給의 스태프가 운영하는 이벤트

③ **상업용 이벤트**

상업적 이윤을 목적으로 기업이 운영하는 오락, 스포츠, 주제공원의 이벤트

④ **사기업 이벤트**

기업의 홍보나 상품선전, 세일즈 목적의 이벤트

(6) 개최 목적에 의한 분류

① 관광 이벤트
② 비즈니스 이벤트
③ 스포츠 이벤트
④ 교육 이벤트
⑤ 종교 이벤트
⑥ 정치 이벤트
⑦ 지역사회의 이벤트

이상의 분류를 볼 때, 미주지역에서는 주최자가 누구냐, 개최 목적이 무엇이냐 하는 두 가지 가장 기본적인 사실에 의거하여 이벤트를 분류하고 있음을 알 수 있다.

한편 관광 차원에 있어 이벤트의 가장 궁극적인 목적은 관광매력물을 창조하는 것으로서 이벤트는 일단 방문객의 요구를 만족시켜 관광 수요를 창출해야 한다. 따라서 다양한 관광객의 요구 및 취향을 만족시키기 위해 여러 가지 형태의 이벤트가 기획되고 있는바, 고정固定관광시설물을 이용한 이벤트도 전 세계적으로 큰 흐름의 하나가 되고 있다. 이러한 분류방법이 통상적인 것은 아니지만, 구미지역에서는 사용되는 고정관광시설물의 유형을 기준으로 이벤트를 다음과 같이 분류하기도 한다한국관광공사, 1994: 16.

1. 주제공원의 이벤트
2. 옥외공원의 이벤트
3. 전시회, 박람회장 이벤트
4. 유적지 이벤트
5. 문화시설장소의 이벤트
6. 시민광장, 거리, 기타 공공장소의 이벤트
7. 컨벤션센터의 이벤트
8. 스포츠나 레크리에이션 시설의 이벤트
9. 교육시설의 이벤트
10. 절 등의 성지의 이벤트

2 이벤트의 관광적 효과

1) 관광산업에 기여하는 이벤트의 역할

페스티벌을 포함한 이벤트는 관광에 있어서도 수많은 역할을 수행하고 있다. 무엇보다도 중요한 것은 점차적으로 "대안관광Alternative Tourism"이라는 새로운 건전관광의 형태로 자리잡고 있다는 것이다. 대안관광은 그동안 누적되어 왔던 관광의 부정적 폐해를 최소화하고 자연과 환경의 보전 개발에 기여하는 관광을 말한다.

이벤트는 이밖에도 다음과 같은 여러 측면에서 관광산업 발전에 기여하는 중요한 역할을 하고 있다(한국관광공사, 1994: 29-36).

(1) 관광목적지의 매력도 제고

각 관광지의 볼거리와 즐길거리를 다양화하여 매력도를 높이게 된다.

(2) 관광 비수기의 극복

각 나라의 많은 지역에서 관광산업이 당면하게 되는 가장 큰 문제의 하나가 계절성 극복에 관한 것으로 이벤트는 관광 성수기를 연장하거나 새로운 관광시즌을 창출하는 방법이 되고 있다.

기온이 낮은 북반구 지역에서는 겨울 카니발이나 스키 이벤트 등의 겨울 스포츠를 활용하고, 무더운 남반구에서는 문화 이벤트를 활용하여 관광객을 유치하는 등 계절적 어려움을 극복할 수 있기 때문에, 관광지의 지역주민들은 그들의 고유 축제를 비수기에 개최하기를 원하고 있고, 관광객들도 고유의 특색을 가지는 이벤트를 자주 접하게 되는 이점을 누리게 되는 것이다. 이러한 전략이 결실을 거두게 되면 관광 비수기의 위기는 관광산업의 호재로 그 모습을 달리하게 된다.

캐나다 퀘벡의 유명한 겨울 축제는 계절적 변수를 극복한 훌륭한 예로, 1954년 이 도시의 비즈니스 단체들이 현대적 형태의 이벤트를 처음 시작하면서 전통적인 관광 비수기가 연중 최고의 성수기로 탈바꿈하게 되었으며 스코틀랜드 카브리지의 고원 지역은 지역 전래의 전통성이 깃든 음악 축제를 개최함으로써 관광 성수기를 9월까지 성공적으로 연장하면서 지역 경제에 실질적인 이익을 가져다 주었다.

(3) 관광의 지역적 확대

뉴질랜드 같은 나라는 외래관광객이 전통적으로 몇몇의 주요 관광지에 집중하는 경향을 보이기 때문에, 각 지방 고유의 이벤트를 개발하여 그 지방 밖으로부터의 관광수요 확대를 도모하고 있다. 비록 외래관광객을 불러들일 수 있는 큰 규모의 이벤트가 아닐지라도 지방 개최 이벤트들도 국가관광 홍보 및 투어 패키지에 그 지방을 포함시킬 수 있는 중요한 수단으로 작용한다.

미국의 사우스 캐롤라이나 주와 캐나다 온타리오 주의 경우 지방자치단체가 주관하는 각종 페스티벌에 주변 도시로부터 많은 방문객들이 찾아오고 있다.

특히 온타리오 주는 다양한 페스티벌을 전개하여 작은 도시들임에도 불구하고 외래관광객들이 몰려오는 성공을 거두었다. 결국 이벤트는 관광객의 도시 집중화 현상을 주변 지역으로 확산시킴에 있어서 적지 않은 역할을 수행한다는 사실을 알 수 있다.

(4) 관광시설의 활성화

리조트, 박물관, 사적지, 레크리에이션 시설, 고고학 유적지, 시장, 쇼핑센터, 스포츠시설, 컨벤션센터, 그리고 주제공원의 프로그램에 스페셜 이벤트를 포함시키는 추세가 증가하고 있다. 이로 인한 잠재적인 혜택은 다음 4가지로 나타나고 있다.

- 역사적 재연과 문화 이벤트를 통하여 공연장 및 관광시설을 활성화시킨다.
- 일생에 한 번 방문으로 충분하다는 관광지에 재방문을 유도한다.
- 단순히 친구, 친지를 방문하는 사람들을 관광객으로 유치한다.
- 이벤트 개최로 관광지와 시설물에 대한 홍보 영향력을 강화한다.

각 관광시설의 유형별로 그 활성화에 기여하는 이벤트의 역할을 살펴본다.

① 리조트

여행 및 레저 잡지에 나와 있는 이벤트 캘린더를 보면 이벤트가 리조트에 얼마나 중요한지 알 수 있다. 미국의 스노우 컨트리 잡지를 살펴보면 아이다호 주 Sun Valley 리조트의 아이스쇼Ice Show, 캘리포니아 주의 Lake Tahoe 리조트의 에어쇼Air Show, 몬타나 주의 Whitefish 리조트의 재즈음악 페스티벌을 비롯하여 수많은 리조트에서 열리는 각기 특색 있는 이벤트 목록이 수록되어 있다.

일반적으로 스키로 유명한 겨울철 리조트는 점차적으로 사계절관광지로 변모하려는 시도를 꾸준히 하고 있다. 여름철이나 겨울 성수기를 전후한 시기에 홍보 효과를 얻고 숙박시설의 객실 점유율을 높이며 리조트의 이미지를 고양시킬 수 있는 방법을 다각도로 강구하고 있는 것이다. 위와 같은 목적을 달성하기 위하여 콜로라도 주의 애스펜 리조트는 대중예술제를 개최하여 큰 성공을 거두게 되었다.

② 역사 및 문화유적지

역사 및 문화유적지를 방문하였을 때 갖게 되는 정적인 경험과 재미없는 통역 안내자의 일방적 설명은 수학여행방문단에게는 잠재적으로 큰 영향력을 미치겠지만, 일반적으로 통상의 관람객들에게는 이러한 관광지를 다시 방문하지 않겠다는 생각을 갖게 한다.

따라서 선진 각국의 역사 · 문화유적지의 운영을 전담하는 전문가들은 단순하고 고정적인 전시 또는 배열 방법의 한계를 벗어나 상호작용하는 관광매력물로 변모시키기 위해 "생생한 역사"를 가미한 페스티벌과 이벤트를 도입하고 있다.

유럽지역에서는 유적지들을 공연장 또는 극장의 무대장치로 활용하는 다양한 이벤트를 실시하여 많은 외국인 관광객들을 유치한 성과가 있다. 그 대표적인 예로 노르망디 상륙작전의 무대였던 노르망디는 역사의 한 페이지를 장식했던 치열한 전투장면을 행사화하여 실제 전투에 참가하였던 역전의 용사들과 내외국인 관광객들의 시선을 끌었다.

③ 주제공원

주제공원은 재방문객들을 겨냥하여 새로운 매력물을 추가하는 마케팅 전략을 구사하는데, 페스티벌이나 이벤트를 통해서도 이와 유사한 효과를 거둘 수 있기 때문에, 대규모의 옥내 및 옥외 공연을 할 수 있는 시설과 소규모 공연시 필요한 관람석 등을 건축할 당시부터 반드시 설계에 포함시키고 있다.

미국 플로리다 주의 엡콧 센터는 제자리에서 보는 프로그램과 움직이면서 보는 프로그램의 관람과 중앙 호수주변의 대규모의 행사를 관람할 때 생기는 사람들의 이동을 극대화한 세계박람회식 접근방식으로 설계되었다. 특히 어두운 저녁에 레이져 쇼와 폭죽을 터트리는 쇼는 일생에 한 번 체험할 수 있을 정도의 놀라움을 관광객에게 선사한다. 이곳에는 독자적으로 사업을 추진하는 특수 마케팅부가 있어서 주요 시장고객의 거점이 되는 플로리다 주를 공략할 뿐만 아니라 졸업생의 날, 장년의 날과 같은 이벤트를 개발하여 고객들을 세분화하여 공략하는 전략을 세울 정도로 쇼 비즈니스 연출자로서 그 역할을 다하고 있다.

주제공원에서 열리는 대부분의 이벤트는 새로운 탈 것 등의 오락시설과 결합되어 주제공원이라는 제품의 수명을 연장해주는 것이다.

④ 컨벤션 및 박람회 시설

모든 컨벤션과 박람회 행사들은 방문객이 바라보는 시각에서는 일종의 이벤트로, 여러 가지 부대행사와 관광을 체험하면서 축제 분위기를 더욱 느끼게 된다. 컨벤션에 참가하는 사람들은 행사 참석 전에 컨벤션 유치지역의 오락이나 레크리에이션에 많은 관심을 가지며, 또한 행사를 개최하는 측도 이 점을 염두에 두어 개최장소를 적절히 선택하는 것이다. 북미에서 가장 큰 규모의 축제옥토버페스트가 열리는 캐나다의 키치너, 워털루에서는 연중 내내 열리는 컨벤션과 각종 국제적 모임의 일정 속에 소규모의 옥토버페스트를 포함시켜 컨벤션의 즐거움을 높이고 그 자체를 선전하는 부대효과도 도모한다. 페스티벌이 열리는 시기에 컨벤션이나 각종 국제모임을 주관하는 관계자들을 대상으로 실시하는 초청관광행사는 컨벤션 및 국제모임을 유치하는 성공적인 전략의 일환이다.

국제총회 등을 비롯하여 각종 회의가 개최되지 않을 경우, 값비싼 컨벤션시설을 다양한 페스티벌과 이벤트의 장소로 활용할 수도 있다.

⑤ 박물관 및 아트 갤러리

빠듯한 예산과 방문객 저조로 인하여 운영에 어려움을 겪는 대부분의 박물관 및 아트 갤러리는 타개책의 일환으로 관광전시회 및 이벤트의 유치에 적극 나서고 있다. 이러한 시설을 활용한 이벤트를 계획할 경우 가장 어려운 점은 제한된 공간과 시설을 고려하여 어떻게 많은 사람들을 최대한 유치하느냐는 것이다. 이외에도 전시물들이 특수내부시설에 소장되거나 대규모의 주제로 된 이벤트의 부분으로 전시되는 상황이 아니라면 축제분위기를 연출하는 일은 더욱 어려워진다.

1989년 하계기간 중 몬트리올에서 열렸던 잉카 제국과 페루 유적 전시회는 몬트리올 시 중앙에 있는 플레이스 데 아트라는 문화시설에서 열렸고 각종 문화활동과 요리축제를 포함하여 45일간에 걸친 이벤트로 연장 실시되었다. 특히 이 행사는 정부의 대대적인 지원과 기업들의 스폰서 지원으로 큰 성공을 거두게 되었다.

(5) 잠재적 관광지로의 이미지 조성

이벤트는 이를 유치한 지역사회의 이미지를 형성하여 잠재적인 관광목적지로 인식시키는 데 중요한 역할을 한다. 비교적 짧은 기간일지라도 행사를 유치한 도시에 전 세계 미디어의 관심이 집중되어 홍보면에서 무한한 가치를 가지므로 비교적 많은 경비가 들어감에도 불구하고 많은 도시들이 이벤트 유치에 열을 올리고 있는 실정이다. 사우스 캐롤라이나 주에 있는 찰스턴 지역의 스포레토Spoleto 축제의 경우와 같이 경제적 수지 타산은 크지 않지만 바람직한 지역 이미지를 계속 유지하기 위해 매년 행사를 개최하는 경우도 있다.

또한 세계적으로 널리 미디어의 주의를 끌어들일 수 있는 메가 이벤트와는 달리, 대부분의 축제와 이벤트는 범세계적인 미디어의 관심을 불러일으키지 못하지만 국가 및 지역 내에서 좋은 홍보 효과를 거두고 있으며, 매년 미디어에 표출됨으로써 잠재적 관광지로서 이미지 조성에 큰 영향을 미친다.

(6) 관광시설 확충 등 도시 개발 및 재개발 촉진

세계박람회나 올림픽과 같은 메가 이벤트는 부분적으로 정부의 지원을 받으므로 주요 재개발계획의 촉매제 역할을 담당한다. 그 중에서도 관광기반시설의 개발이 가장 활발히 촉진됨은 관광적으로 매우 고무적인 일이 아닐 수 없다. 크녹스빌 세계박람회는 이미지 고양과 더불어 하부구조시설의 개선, 회의시설의 구비, 개인적 투자물 등의 구축과 같은 도시 개발 효과를 가져왔다.

볼티모어 시 박람회는 60년대에 처음으로 개최되어 도시 재개발과 인구이동을 촉진시켰다. 향토축제, 농산물 시장, 음악회, 어린이들을 위한 다채로운 프로그램들이 도시 전역에 새로이 완공된 공공장소에서 이루어졌다. 이후 볼티모어 시내와 항구 지역은 축제와 박람회, 레스토랑, 수족관, 컨벤션 및 무역 박람회 시설물, 화랑, 과학센터, 호텔 등이 주요한 관광명소로 탈바꿈하게 되었으며 기타 이벤트용 시설물들이 추가로 완공되었다. 볼티모어 시 관광진흥국은 항구개발과 관련된 기업들과 협력하여 내국인 및 외래관광객을 유치할 만한 특별한 이벤트를 마련하였다. 그 결과 1980년에 이루어진 관광객 설문조사에서는 거의 절반에 가까운 관광객이 축제를 보기 위해 왔고, 볼티모어를 축제의 도시로 믿고 있다는 결과가 나왔다.

(7) 관광수입 증대

무역박람회나 전시회, 컨벤션은 상업적 이벤트로서 구매자와 판매자가 만나 비즈니스를 논의하는 장을 제공하기도 한다.

비즈니스 이벤트를 연구한 각종 보고서에 의하면, 이러한 종류의 이벤트는 참가자들의 높은 소비지출로 인하여 지역사회에 큰 경제적 이익을 가져다 준다고 하며, 이러한 혜택은 여러 가지 다른 요인들과 맞물려 주요 도시에 다용도의 컨벤션센터를 많이 건립하게 하는 요인이 되었다고 한다.

예를 들어 싱가포르는 1995년을 "Meet In Singapore '95"로 지정하고 대규모 국제회의 유치를 도모하면서, 창이국제공항에서 20분 정도 떨어진 "선테크 시티"를 건설 중이다. 이곳은 1만 2천명을 수용하는 컨벤션 전용 홀을 중심으로 오피스 빌딩 및 오락시설 등을 완비한 종합 비즈니스가로 각종 국제회의, 견본시, 전시회, 국제기업의 지역회의와 넓게는 국제스포츠대회 및 스포츠관련 회의 등 광범위한 분야에 걸쳐 활용될 것이다. 싱가포르 컨벤션 진흥국 측은 컨벤션 산업이 1S$약550원 투자당 8.9배의 파급효과가 있다고 내세우며 컨벤션에 더욱 총력을 기울일 예정이라고 한다.

세계박람회나 메가 이벤트는 전통적으로 전문가들의 총회나 모임을 비즈니스와 결합시켜 왔고, 행사조직위는 종종 이벤트를 상품으로 연결시켜, 미디어의 관심과 영향력 있는 인사들의 개인적 방문을 유도하면서 경제적 상승효과를 누려왔다. 또한 메가 이벤트에 수반되는 거대한 자본의 투자와 하부구조시설의 개선으로 인하여 일반 경제에 활성화를 가져다 주기도 한다. 캐나다의 브리티시 콜롬비아주 정부는 주州경제 슬럼프를 극복하기 위해 일자리와 투자를 유발할 수 있는 밴쿠버 엑스포 '86을 유치하여 상당한 효과를 보았다.

(8) 자연자원의 보존

자연 경관물들과 깨끗하고 안전한 자연환경이 관광객들을 유치하고 만족시키는 데 중요한 역할을 한다는 것을 보더라도 관광과 자연보존은 논리적으로 동반자적 관계라고 볼 수 있다.

축제와 이벤트는 공원과 자연보존지역의 중요성을 홍보하고, 보존지역 내에서의 활동 제한과 자연보존을 하기 위한 재정 충당의 역할을 가지고 있다.

소위 자연관광과 에코투어리즘은 관광분야에서 급속히 성장하고 있으며, 이벤트는 관광매력물들의 중심이 될 수 있다. 자연보존에 무관심한 관광객들을 원거리 지역으로 보내는 패키지 상품의 경우에는 특히 자연보전을 위한 이벤트의 활용이 중요하다. 여기에서 이벤트는 자연환경을 먼저 경험하게 하면서 그 속에서 학습경험도 가지게 하는 목적을 지녀야 된다. 즉, 야생 및 자연 서식지를 계획적으로 기념행사화하는 것은 잠재적으로 파괴적이며, 통제가 불가능한 다른 접근방법에 대해 대안이 될 수 있다.

2) 관광 이벤트의 수와 규모

국제사회에서 '관광 이벤트'라 하면 일반적으로 외래관광객 유치를 목적으로 기획된 행사나 외래관광객의 관심을 끌 만한 관광적 매력이 많아 외래관광객의 참여율이 높은 행사를 말한다.

우리나라가 그동안 개최하였던 관광 이벤트로는 '86아시안게임, '88올림픽, 국제요리축제 등을 들 수 있으며, 그 밖에 처음부터 관광적 목적이나 성격과 관련된 이벤트로 '94한국방문의 해 기간 중에 실시된 행사들을 들 수 있지만, 이들은 연륜이 극히 짧은 행사가 대부분이기 때문에 아직까지는 우리나라에서 연간 개최되는 관광 이벤트들의 수를 논하기 어렵고, 주로 이벤트가 활성화된 선진국들을 중심으로 그 수적 규모를 간략히 살펴본다.

1983년 캐나다 정부기관이 실시한 조사보고서와 1988년에 발간된 관광 캐나다 목록에 따르면, 1983년 캐나다에는 거의 1,000여개에 달하는 축제가 있었으나, 그 중 대부분은 관광과 별로 연관이 없는 것으로 밝혀졌다고 한다. 그러나 1988년에는 캐나다의 경우는 163개, 그리고 미국의 경우에는 345개의 이벤트가 외국인관광객에게 관광적 매력을 주는 이벤트인 것으로 파악하게 되었다고 한다. 북미의 이벤트가 대부분 규모가 큰 도시에서 개최되고, 절반 이상의 이벤트가 문화적인 주제를 채택하고 있다고 지적하고 있다. 또한 스페인은 3,000여 개의 축제가, 핀란드는 1,500여개의 축제가 국제관광시장을 겨냥한 행사들이라고 한다.

한편 관광 이벤트의 규모면에 있어서는 수많은 관광 이벤트들이 행사 규모와 관람객 규모 및 경제효과 규모의 면에서 괄목할 만한 성장을 하고 있는 것이 자명하지만, 안타깝게도 관광 이벤트의 대다수가 이에 관한 정확한 계산의 추정을 하지 못하고 있다. 이는 이벤트가 개방적인 분위기에서 실시되는 경우가 많고, 산정할 수 있는 의도를 가지고 부풀려 발표하는 경우가 많기 때문이다. 또 다른 이유로는 많은 이벤트들이 비교적 새로운 것들이기 때문에 몇 년에 걸친 경향분석이 어렵거나 원천적으로 불가능한 데에도 있다.

3 이벤트산업의 활성화 방안

1) 조직 및 네트워크 전략 방안

1. 관광공사 내 이벤트 전략사업팀 신설 및 기존 부서 보완
2. 지역 이벤트 육성 자문단 운영
3. 이벤트 관련 국내외 업체, 기관 협력 및 네트워크 사업 전개

2) 이벤트 콘텐츠 및 프로그램 개발

1. 이벤트 콘텐츠 산업화 방안 조성
2. 이벤트 상품 및 프로그램 개발 : 지역이벤트 공동 프로모션 사업 진행
3. 이벤트관련 컨벤션 및 전시 상품 개발
4. 특화 이벤트 콘텐츠 개발
5. 분야별 우수 이벤트 선정 및 개발 지원

3) 인력 육성 전략 방안

1. 이벤트 상품 콘텐츠 개발 아카데미 운영
2. 메가 이벤트 국내 유치 전문가 육성 프로그램 운영

③ 이벤트 종사원 양성 교육 프로그램 운영 및 지원

4) 이벤트 산업 업무 효율성 극대화 전략 방안

① 이벤트 개최 효과 및 성과지표 개발 분석을 통한 모니터링 활성화
② 이벤트 업체 업무 프로세스 표준화 제시
③ 이벤트 업체 선정 가이드라인 개발
④ 이벤트 운영 및 서비스 제공 매뉴얼 개발

5) 국내 이벤트 관련 DB 구축 방안

① 이벤트 방문객 만족도 조사 및 욕구 분석
② 전국 이벤트 개최 건수 및 방문객 자료 수집

6) 이벤트 개최 장소 활성화 방안

① 이벤트 개최 장소 경쟁력 증진 노력
② 복합 이벤트 개최 센터 건립 방안 모색
③ 지역 이벤트 육성 순회 포럼 개최

요 약

국제회의란 통상적으로 공인된 단체가 정기 또는 부정기적으로 주최하여 각국에서 대표가 참가하는 회의를 의미하며 국제회의의 기준에 관한 국제기구들의 정의는 각각 다르다. 이러한 국제회의의 종류는 회의, 컨벤션, 콘퍼런스, 콩그레스, 포럼, 심포지엄, 패널토의, 워크숍, 클리닉, 전시회, 무역박람회 그리고 인센티브 관광 등이 있다. 이러한 국제회의의 효과는 주최자와 개최도시/국가가 동시에 받는다.

이러한 국제회의를 전담하고 있는 기관으로 (1) 한국관광공사, (2) 국제회의단체, (3) 국제회의기획업 등이 있다.

이벤트는 우리나라에서 과거와는 달리 각종 국제 스포츠 대회 등을 치르면서 우리들이 쉽게 접하게 되었으며, 세계 각국은 관광과 이벤트를 접목시켜 관광상품화하는 데 적극적으로 노력하고 있다. 이러한 이벤트는 (1) 공공단체 주체의 이벤트의 분류, (2) 이벤트달력 기준의 분류, (3) 판매촉진의 역할에 의한 분류, (4) 실시 패턴에 의한 분류, (5) 기업이벤트의 기획의도에 의한 분류, (6) 판매촉진 체계 안에서의 위치 및 분류, (7) 특징별 분류 등이 있으나, 보편적으로 통용이 되고 있는 이벤트 분류방법은 주최자 관점에 의한 분류와 개최 목적에 의한 분류가 있다.

관광산업에 기여하는 이벤트의 역할은 (1) 관광목적지의 매력도 제고, (2) 관광 비수기의 극복, (3) 관광의 지역적 확대, (4) 관광시설의 활성화, (5) 잠재적 관광지로의 이미지 조성, (6) 관광시설 확충 등 도시 개발 및 재개발 촉진, (7) 관광수입 증대, (8) 자연자원의 보존 등이다.

이처럼 중요성을 더해가고 있는 우리나라 이벤트산업의 활성화 방안으로 다양한 소재 및 아이디어 발론 등 여러 가지가 있다.

연구문제

Q 1 국제회의산업을 정의하라.

Q 2 대표적인 국제회의 전문국제기구들이 채택하고 있는 국제회의 기준을 설명하라.

Q 3 국제회의의 종류 중 무역박람회를 설명하라.

Q 4 국제회의의 효과 중 개최도시/국가의 입장에서 설명하라.

Q 5 국제회의 기획업체의 역할과 기능을 서술하라.

Q 6 무역쇼, 전시회 및 박람회의 차이를 서술하라.

Q 7 스페셜 이벤트에 대해 정의하라.

Q 8 이벤트를 공공단체 주최에 의해 분류하라.

Q 9 특징에 의해 이벤트를 분류하라.

Q 10 고정관광시설물의 유형을 기준으로 이벤트를 분류하라.

Q 11 관광산업에 기여하는 이벤트의 역할을 서술하라.

Q 12 한국의 이벤트산업의 활성화 방안을 서술하라.

참고문헌

고재윤, "우리나라 국제회의 용역업의 진흥방안에 관한 연구", 관광학연구 제22권 제2호, 1998, pp.450-456.

김성혁, 「관광사업론」, 백산출판사, 1997.

김성혁, 「관광학원론」, 형설출판사, 2001.

김성혁, 「국제회의산업론」, 대왕사, 1995.

노용호, "회의기획자의 회의장소 선택 특징", 관광학연구 제22권 제2호, 1998.

문화체육관광부, 「2009년 관광동향에 관한 연차보고서」, 2010.

안경모, "지역 이벤트의 관광자원화 개발 전략 : '97 고양 세계 꽃 박람회를 중심으로", 관광학연구 제22권 제2호, 1998.

이경모, 「이벤트학원론」, 백산출판사, 2003.

이석호 · 장호찬 · 허진 · 여경진, 「관광학개론」, 한국방송통신대학교출판문화원, 2015

채용식, "통일 한반도 컨벤션 산업 육성방안을 위한 제안", 제2회 한국관광정책학회 학술세미나, 한국관광정책학회, 1996, pp.22-25.

한국관광개발연구원, 「97년도 한국관광년감」, 1998.

한국관광공사, 「이벤트산업 활성화 방안」, 1994.

한국관광공사, 「이벤트 산업 활성화 방안 연구」, 2012.

한국관광공사, 「한국국제회의 산업현황」, 1997.

황희곤 · 김성섭, 「컨벤션 마케팅과 실무」, 백산출판사, 2002.

Castex, J. (2001). "Management of PCO Office and a Congerss". 2nd IAPCO, AACVB Joint Seminar on Professional Congerss Organization, Thailand.

McCabe, V., Poole, B., Weeks, P., & Leiper, N.(2000). The business and management of conbentions. John Wiley & Sons.

MEMO

Chapter 12

카지노 사업

학습목표

- 카지노의 개념과 역사 이해
- 카지노 사업의 기능과 효과 이해
- 한국 카지노 사업의 현황 이해
- 카지노업의 게임 이해
- 카지노업의 경영 이해

제1절

카지노의 개요

1 카지노의 개념

카지노는 카사casa라는 용어에서 유래되었는데, 카사는 도박, 음악, 쇼, 댄스 등 여러 가지의 오락시설을 갖춘 연회장이라는 의미에서, 귀족이 소유하고 있었던 사교, 오락용의 별장을 뜻하였으나, 지금은 해변, 온천, 휴양지 등에 있는 일반 실내 도박장을 의미하게 되었다원갑연 등, 2001: 13.

『웹스터사전Webster's College Dictionary』에 의하면, 카지노란 회의meeting, 춤dancing, 특히 전문 갬블링professional Gambling을 위해 사용되는 건물이나 넓은 장소, 또는 도박시설이 있는 오락장으로 정의되고 있다. 『브리태니커 세계대백과사전』에는 댄스, 음악 등의 설비가 있는 오락장 또는 도박장으로서 처음에는 음악과 댄스를 위한 대중적인 사교장으로 19세기 초반부터 설립되기 시작하였으나, 19세기 중반 이후부터는 도박시설이 밀집되어 있는 전문적인 도박장을 지칭하는 말로 통용되었다고 기록되어 있다.

우리나라 카지노업은 1994년에 관광진흥법이 개정됨으로써 관광사업의 한 종류가 되었다. 관광진흥법에서는 카지노업을 "전용영업장을 갖추고 주사위, 트럼프, 슬롯머신 등 특정한 기구 등을 이용하여 우연의 결과에 따라 특정인에게 재산상의 이익을 주고 다른 참가자에게 손실을 주는 행위 등을 하는 업"으로 규정하고 있으며, 여기에 입장하는 자는 외국인해외이주법 제2조의 규정에 의한 해외이주자를 포함에 한하도록 규정되어 있다. 그러나 "폐광지역개발지원에 관한 특별법"에 의해 태백 · 정선지역에 설립된 강원랜드 카지노는 내국인의 출입이 가능하다.

관광학의 한 연구대상으로서 카지노는 관광산업의 한 영역을 차지하는 산업으로 또는 관광객이 관광과정에서 즐기는 여가활동으로 인식할 때, 이것을 단순한 도박만으로 해석하는 것은 잘못된 것이다. 카지노는 하나의 여가선용을 위한 건전한 위락형 게이밍gaming산업으로 인식되어져야 한다.

따라서 카지노의 개념은 여러 가지 시설을 갖추어 놓고 사교나 여가선용을 위해 게임game을 하는 공간이라고 볼 수 있다. 게이밍이라는 용어는 과거 카지노 도박이 가진 퇴폐적이고 불법적인 개념으로부터 합법적인 위락활동으로 구별지으려는 시도인 것이다. 또한 게이밍이라는 단어는 스포츠의 한 영역으로 인식되어지며, 도박이 가지고 있는 커다란 위험의 부정적인 관념을 최소화시키는 것이다. 그러나 중요한 것은 게이밍의 세계적인 산업화 추세에 따라 게이밍에 대한 일반대중의 시각이 단순한 도박행위에서 삶의 기회적 요소를 개발하는 행위로 바뀌어가고 있다는 것이다.

2 카지노의 역사

'작은 집'을 뜻하는 카사casa에서 유래하여 르네상스 시대에는 귀족이 소유하였던 사교용 · 오락용 별장을 의미하였고, 그 이후 음악, 무도 등 오락시설을 갖춘 공공公共집회소가 되었다이봉석 등, 1998.

18~19세기에는 프랑스와 독일에서 전성기를 맞이하였으나, 대부분의 나라에서는 도박의 문제로 인하여 금지하였다. 그러나 19세기에는 회원제 카지노가 유럽 각국에서 번창하면서 전 세계에 확산되기 시작했으며, 제2차 세계대전 후에는 공공자금 조달을 목적으로 해변 · 온천관광지 등을 중심으로 공인하는 나라가 점차 늘어나게 되었다. 20세기 초까지는 중부유럽지역에서 성행하였으나, 미국 네바다주에서 경제대공황을 극복하기 위하여 카지노 사업을 상업적 사업으로 발전시킨 결과 미국이 카지노 사업의 중심지가 되었다.

또한 카지노 사업의 세계적인 확산추세가 가속화된 것은 1980년대 이후부터이다. 따라서 오늘날 대부분의 주요 국가들은 카지노 사업을 합법화하여 첨단 관광사업으로 장려함으로써 외화유출 방지, 세수확보, 경제활성화를 주목적으로 하고 있다. 이제 카지노는 과거 도박이라는 의미는 점점 희석되어가고, 관광사업 중 주요 전략산업인 고부가가치사업으로 자리잡아 가고 있다.

3 카지노 사업의 기능과 효과

1) 카지노 사업의 기능

카지노의 기능은 소비자 행동론 측면에서 보면 다음과 같다원갑연 등, 2001: 171~174.

1. 새로운 것에 대한 경험과 레크리에이션 오락을 즐길 수 있다.
2. 사교의 장소로 다양한 사람들을 만날 수 있다.
3. 경제적 이익을 얻을 수 있다.
4. 호기심과 명소로서의 가치가 있다.
5. 다양한 부대시설을 제공받을 수 있다.

2) 카지노 사업의 긍정적 효과

1. 높은 고용효과가 있다.
2. 외래관광객으로 하여금 1인당 소비액을 증가시키고 체재기간을 연장시킨다.
3. 중앙 및 지방자치단체에게 재정수입을 창출시킨다.
4. 호텔사업이 카지노 사업을 경영할 때는 영업에 대한 높은 시너지효과를 가진다.
5. 자연관광자원이 없거나 빈약한 지역이 이용할 수 있다.

3) 카지노 사업의 부정적 효과

카지노 사업은 앞에서 언급된 바와 같이 긍정적 측면을 가지고 있지만 다음과 같은 부정적 측면도 가지고 있다.

1. 도박에 대한 중독증에 걸리게 한다.
2. 도박에 의해 재산을 탕진하여 도산이 발생하고, 궁극적으로는 가정파탄으로 연결된다.
3. 사회가 노력에 의하지 않는 '한탕주의'에 빠질 수 있다.

제2절

국내 카지노 사업 현황

1 카지노 사업의 발전과정

국내 카지노 사업은 1960년대부터 시작했다고 할 수 있으며, 연대별로 살펴보면 다음과 같다.

1) 1960년대

- 1961년 11월에 '복표발행현상 기타 사행행위 단속법' 제정으로 카지노 설립의 법적 근거를 마련함.
- 1962년 9월 동법의 개정된 사항에 외국인을 상대로 하는 오락시설로서 외화획득에 기여할 수 있다고 인정될 때에는 이를 허가할 수 있게 함으로써 설립근거를 마련함.
- 1967년 인천 올림포스호텔 카지노를 최초로 개설함.
- 1968년 주한외국인과 외래관광객 전용 레크리에이션 시설로서 서울에 워커힐호텔 카지노를 개장함.
- 1969년 6월 동법의 개정으로 카지노의 내국인 출입을 허용하였던 것을 외국인만을 대상으로 영업을 하게 함.

2) 1970년대

- 1970년대에 카지노 사업을 주요 관광지에 확산함.
- 1971년 속리산 관광호텔 카지노를 개장함.
- 1975년 제주 칼호텔 카지노를 개장함.
- 1978년 파라다이스비치호텔 카지노를 개장함.
- 1979년 코오롱관광호텔 카지노를 개장함.

3) 1980년대

- 1980년 설악 파크호텔 카지노를 개장함.
- 1985년 제주 하얏트호텔 카지노를 개장함.
- 1990년, 1991년에 제주 그랜드호텔 카지노를 개장함.
- 제주 남서울호텔 카지노, 제주 서귀포 칼호텔 카지노, 제주 오리엔탈호텔 카지노, 제주 신라호텔 카지노 순으로 개장함.

4) 1990년대

- 1991년 3월 동법이 '사행행위 등 규제법'으로 개정됨.
- 1994년 8월 관광진흥법에 의한 관광사업의 한 종류로 됨.
- 1991년 5월 경찰법법률 제4369호 제정으로 카지노의 허가 등 관련업무는 시 · 도지사에서 지방경찰청장으로, 2개 이상의 시 · 도에 걸친 영업 등에 대해서는 내무부장관에서 경찰청장으로 이관됨.
- 1994년 말 행정개편으로 관광주무부서가 건설교통부에서 문화체육부현 문화체육관광부로 이관됨에 따라, 카지노업은 문화체육부 관광국에서 허가 · 운영 · 지도 · 감독 등을 맡게 됨카지노관광협회, 1995: 12~14.
- 1998년 3월 행정개편으로 문화체육부에서 문화관광부로 이관됨.
- 1999년 외국인에게 영업허가권이 부여될 수 있었고, 국제회의업시설의 부대시설 안에서 카지노업을 하고자 할 경우 허용되었으며, 카지노영업준칙에서 카지노영업세칙으로 변경됨원갑연 등, 2001: 22.

5) 2000년대

- 2000년 10월 28일 태백 · 정선지역에 특별법에 의해 내국인도 출입할 수 있는 스몰카지노 개장
- 외국인 투자를 통하여 관광인프라를 구축하고 카지노 리조트를 육성하기 위해 관련법의 재 · 개정을 통하여 카지노업 허가특례규정 마련
- 2003년 3월 : 강원랜드의 스몰카지노 폐장 및 강원랜드 메인 카지노 개장
- 2004년 1월 : 제주국제자유도시특별법2004년 1월 28일 제55조의 제2항 신설-제주지역 관광사업에 5억달러 이상 투자하는 경우 외국인 카지노 허가 특례
- 2005년 1월 : 한국관광공사 자회사에 3개 카지노 신규허가서울 2, 부산 1
- 2005년 5월 : 기업도시개발특별법법률 제7310호, 2005. 5. 1 시행 제30조 개정 관광레저형 기업도시의 실시계획에 반영되고 있고 관광사업에 5,000억원 이상을 투자하는 사업-사행자에게 외국인전용 카지노업 허가 특례
- 2006년 7월 : 제주지역 카지노 인허가권 제주특별자치도에 이양
- 2007년 9월 : 카지노 등 사행산업을 통합 · 관리 · 감독하는 사행산업 통합감독위원회 출범

2 카지노 사업의 현황

1) 카지노업체의 현황

한국카지노관광협회에 의하면, 2009년 12월 말 현재 등록된 카지노업체수는 전국에서 17개 업체를 기록하고 있는데, 제주지역이 8개 업체로 가장 많이 몰려 있고, 다른 지역에는 골고루 퍼져 있다.

우리나라의 카지노 운영형태는 소유직영방식과 임대방식으로 나눌 수 있는데, 직영형태는 호텔이 직접 운영하는 형태이고, 임대형태는 다른 사업체가 호텔로부터 카지노장을 임대하는 형태이다. 전자의 경우는 인천 올림포스호텔 카지노, 부산 파라다이스비치호텔 카지노, 오리엔탈호텔 카지노, 홀리데이인호

| 표 12-1 | 우리나라 카지노업체 현황

시·도	업소명(법인명)	허가일	운영형태(등급)	대표자	전용영업장 면적(m²)
서울	파라다이스워커힐카지노 [(주)파라다이스]	1968. 3. 5	임대 (특1)	추호석	3,178.4
	세븐럭카지노 서울강남점 [그랜드코리아레저(주)]	2005. 1. 28	임대 (컨벤션)	권오남	6,059.8
	세븐럭카지노 힐튼호텔점 [그랜드코리아레저(주)]	2005. 1. 28	임대 (특1)	권오남	2,811.9
부산	파라다이스카지노 부산 [(주)파라다이스글로벌]	1978. 10. 29	직영 (특1)	추호석	2,283.5
	세븐럭카지노 부산롯데호텔점 [그랜드코리아레저(주)]	2005. 1. 28	임대 (특1)	권오남	2,234.3
인천	골든게이트카지노 [(주)파라다이스인천]	1967. 8. 10	임대 (특1)	추호석	1,311.57
강원	에스엠 카지노 [(주)코자나]	1980. 12. 9	직영 (특2)	심양보	547.9
대구	호텔인터불고대구카지노 [(주)골드크라운]	1979. 4. 11	임대 (특1)	김영철	3,473.37
제주	라마다프라자카지노 [(주)에이스통상]	1975. 10. 15	임대 (특1)	박성호	2,359.1
	파라다이스그랜드카지노 [(주)파라다이스제주]	1990. 9. 1	임대 (특1)	추호석	2,756.7
	신라호텔카지노 [벨루카(주)]	1991. 7. 31	임대 (특1)	정덕일	1,953.6
	로얄팔레스카지노 [(주)풍화]	1990. 11. 6	임대 (특1)	윤 온	1,353.18
	롯데호텔제주카지노 [(주)두성]	1985. 4. 11	임대 (특1)	추호석	1,205.4
	엘베가스카지노 [티엘씨레저(주)]	1990. 9. 1	직영 (특1)	황용환	1,026.6
	하얏트호텔카지노 [유니콘(주)]	1990. 9. 1	임대 (특1)	백명철	803.3
	골든비치카지노 [(주)골든비치]	1995. 12. 28	임대 (특1)	정희태	823.9
16개 업체(외국인 대상)			직영: 3 임대: 13		31,466.85
강원	강원랜드카지노 [(주)강원랜드](내국인대상)	2000. 10. 12	직영 (특1)	최 영	7,322.12
17개 업체(내·외국인 대상)			직영: 4 임대: 13		41,504.69

※ 신규 카지노 개장 : 코엑스 컨벤션별관(2006. 1), 힐튼호텔(2006. 5), 부산롯데호텔(2006. 6)
자료 : 문화체육관광부, 2011년도 카지노 통계(공개). hwp, 2011. 6. 24.

텔 카지노가 해당되며, 후자의 경우는 워커힐호텔 카지노, 그랜드호텔 카지노, 신라호텔 카지노, 하얏트호텔 카지노 등이 해당된다. 우리나라 카지노업체의 최초등록은 1967년 인천의 올림포스 관광호텔의 카지노에 의해 이루어진 이래 2011년 4월 31일 현재 한국 카지노업체 현황은 [표 12-1]에 나타나 있다.

2) 카지노 이용객 및 매출액 현황

우리나라 카지노업의 이용객 및 매출액 현황은 [표 12-2]에 나타나 있다.

표 12-2 카지노업의 이용객 및 매출액 현황

연 도	외래관광객 (명)	카지노이용객 (명)	카지노점유율 (%)	카지노성장률 (%)	카지노외화수입 (천 달러)	연평균성장률 (%)
1990	2,958,839	499,362	16.9	13.8	93,164	11.5
1991	3,196,340	595,115	18.6	19.2	116,544	25.1
1992	3,231,081	680,397	21.1	14.3	136,351	17.0
1993	3,331,226	650,420	19.5	-4.4	173,176	27.0
1994	3,580,000	626,865	17.5	-3.8	250,763	44.8
1995	3,753,197	632,007	16.9	1.2	286,342	14.2
1996	3,683,779	517,672	14.1	-18.2	265,560	-7.2
1997	3,908,140	518,178	13.1	0.1	243,013	-8.5
1998	4,250,216	689,254	16.0	33.0	203,877	-16.1
1999	4,659,785	694,899	14.9	0.8	251,787	23.5
2000	5,321,792	636,005	12.0	-8.4	301,153	20.0
2001	5,147,204	626,851	12.1	-1.4	296,355	-0.8
2002	5,347,468	647,722	12.1	3.3	327,075	10.4
2003	4,753,604	630,474	13.2	-2.6	334,335	2.2
2004	5,818,138	677,145	11.6	7.4	377,521	1.3
2005	6,021,764	574,094	9.5	-15.2	423,538	12.1
2006	6,155,046	988,894	16.1	72.2	502,943	18.7
2007	6,448,240	1,176,338	18.2	4.8	659,866	31.2
2008	6,890,841	1,276,772	18.5	8.5	731,220	10.8
2009	7,810,000	1,676,207	21.5	31.3	766,333	4.8
2010	8,798,000	1,945,819	22.1	16.1	838,117	9.4

자료 : 문화체육관광부, 2011년도 카지노 통계(공개). hwp, 2011. 6.24.

[표 12-2]에서 나타난 바와 같이 이용객 수의 증감률은 일정치 않고 매출액의 증감율도 같은 양상을 보이고 있다.

한편 2010년도의 카지노업체별 매출액 현황은 [표 12-3]에 나타나 있다.

표 12-3 카지노 업체별 매출액 현황

시 · 도	4,020업소명(법인명)	종사원수 (명)	2010 매출액 (백만원)	2010 입장객 (명)
서울	파라디이스워커힐카지노 [(주)파라다이스]	855	295,881	368,419
	세븐럭카지노 서울강남점 [그랜드코리아레저(주)]	1,363 (본사 포함)	250,842	343,537
	세븐럭카지노 힐튼호텔점 [그랜드코리아레저(주)]	472	166,437	774,734
부산	파라다이스카지노 부산 [(주)파라다이스글로벌]	249	7,452	83,947
	세븐럭카지노 부산롯데호텔점 [그랜드코리아레저(주)]	262	56,159	180,020
인천	골든게이트카지노 [(주)파라다이스인천]	272	63,838	29,186
강원	에스엠 카지노 [(주)코자나]	30	294	4,334
대구	호텔인터불고대구카지노 [(주)골드크라운]	103	60	569
제주	라마다프라자카지노 [(주)에이스통상]	149	12,673	19,903
	파라다이스그랜드카지노 [(주)파라다이스제주]	130	20,972	30,522
	신라호텔카지노 [벨루카(주)]	109	4,376	13,848
	로얄팔레스카지노 [(주)풍화]	98	10,620	9,174
	롯데호텔제주카지노 [(주)두성]	148	20,744	33,322
	엘베가스카지노 [티엘씨레저(주)]	158	13,404	23,091
	하얏트호텔카지노 [유니콘(주)]	74	5,424	5,640
	골든비치카지노 [(주)골든비치]	131	13,558	35,573
16개 업체(외국인 대상)		3,850	919,620	1,676,270
강원	강원랜드카지노 [(주)강원랜드](내국인대상)	1,700	1,161,511	3,044,972
17개 업체(내 · 외국인 대상)		5,550	2,081,131	4,721,179

자료 : 문화체육관광부, 2011년도 카지노 통계(공개).hwp, 2011. 6. 24.

[표 12-3]에서 나타난 바와 같이 최대의 매출액을 기록한 업체는 서울에 위치한 파라다이스 워커힐 카지노이며, 대다수의 업체가 집결해 있는 제주도의 총 매출액은 우리나라 전체 매출액의 약 20% 정도를 기록하고 있다.

3) 태백 폐광지역의 카지노 리조트

1989년부터 시작된 정부의 석탄산업합리화정책으로 강원도 태백시 정선군과 영월군 일대의 탄광들은 폐광되거나 석탄 채굴량을 줄이기 시작했고, 지역경제가 급속도로 피폐해지면서 지역주민의 수도 급감했다. 이러한 상황에 대한 대안으로 강원랜드현재 하이원리조트가 설립되었다.

강원랜드의 당초계획은 정선 백운산지구에 2010년까지 3단계로 나누어 최고의 리조트카지노를 시행할 예정이었으나, 최근 이를 2006년까지 2단계로 단축하여 시행하였다. 그 이유로는 기존의 카지노시설만을 중심으로 운영할 경우 도박장의 이미지가 고착화될 우려가 있을 뿐만 아니라, 다양한 여가시설의 부족으로 경쟁력이 약화되어 결국 강원랜드 카지노리조트의 궁극적인 목표인 가족형 종합관광단지를 조기에 완공할 수 없기 때문이다.

2000년에 개장한 스몰 카지노는 슬롯머신 480대, 게임 테이블 30개를 갖춘 당시에 국내 최대규모의 카지노장과 199객실의 특급호텔로 시작하여 2002년 3월 28일 메인 카지노가 개장될 때까지 큰 수익을 올렸다. 2003년 3월 28일 메인 카지노가 개장됨과 동시에, 스몰 카지노는 폐장되었고, 백운산지구는 종합 리조트로 변신을 위해 골프장이 조성되었다. 메인 호텔과 카지노는 슬롯머신 960대,

표 12-4 강원랜드 현황

구 분	시설명	시설 개요
숙박시설	메인 호텔	객실 477개, 10개의 식음료업장, 수영장 및 사우나
	High 1 호텔	197개 객실 및 부대시설
	Valley 콘도	객실수 123실 및 부대시설
	Mountain 콘도	객실수 280실 및 부대시설
카지노시설	메인카지노	게임 테이블 132대, 슬롯머신 및 비디오게임 960대
레저시설	High 1 C. C.	파 72, 총연장 7,109야드의 18홀 퍼블릭골프장
	High 1 Ski	슬로프 18면, 총연장 21km, 리프트 5기, 곤돌라 3기
	Theme Park	현실에서 경험하는 첨단가상의 세계

게임 테이블 132개로서 규모면에서 스몰 카지노에 비해 2~3배 규모로 확장되

었고, 주변에 테마파크인 '어드벤처 팰리스'를 조성하였으며, 그리고 2006년 12월에 스키장이 완성되어 가족형 종합리조트로 변신하고 있다. 현재의 강원랜드 시설현황을 보면 [표 12-4]와 같다송용찬, 2008.

강원랜드는 2007년 3월부터 2008년 1일 사이에 용역추진결과에서 나타난 11개 사업의 정밀타당성 검증과 기본계획을 수립하여 '강원랜드 2단계 사업 기본계획 수립용역' 과제를 추진하였다. 2단계 사업은 태백-삼정컨소시엄과 기타-유신컨소시엄이 용역을 추진한 결과 기존의 초기용역 콘셉트를 변경하여 최종5개 사업을 추진할 것을 제안하였다. 이와 관련된 5개 사업은 2008년 3월 14일 제75차 이사회에서 5개의 중점사업을 지역연계사업으로 추진할 것을 승인하였다.

강원랜드의 2단계 사업은 2007년부터 2016년까지 10개년 계획으로 태백시 · 삼척시 · 영월군 · 정선군의 7개 지역사업에 대하여 9,304억원을 투자하는 지역발전지원사업의 형태이었다석영준, 2010.

강원도 정선에 스몰 카지노가 개장한 후 지난 현재 카지노전문가들이 지적한 부작용들이 발생하고 있다. 이러한 부작용들 중 가장 심각한 것이 게임도박 중독증이다.

카지노의 속성상 이용객들의 대다수는 돈을 딸 수가 없다. 극히 일부분만이 돈을 딸 수 있는데도 불구하고 계속 카지노게임에 몰두함으로써 재산손실은 물론; 이로 인한 가정파탄 및 사회적으로 고립되는 문제점을 던져 주고 있다. 스몰 카지노의 경영업체인 ㈜강원랜드와 관계 지역사회는 이러한 문제점을 해결하도록 최대의 노력을 하여야 할 것이다. 이용객 또한 카지노게임을 하나의 즐기는 여가게임으로 인식하여 이용하여야 할 것이다.

한편 하이원리조트에 따르면 하이원리조트강원랜드의 지난 10년간에 걸친 경제기여효과가 3조 5,000억원을 넘어선 것으로 나타났다. 2000~2009년 8월 기준 하이원리조트의 중앙재정기여액은 관광기금 6,765억원, 국세 1조 1,470억원, 지방재정기여액은 폐광기금 5,302억원, 지방세 1,322억원으로 모두 2조 4,859억원에 이르는 것으로 파악되었다. 관광기금은 카지노매출액의 10%, 폐광기금은 법인세차감 전 순이익의 20%를 각각 납부한다.

표 12-5 강원랜드 2단계 사업의 용역결과

용역 초기 제안사업 (SERI)	최종 검토 사업(확정)	기본개발의 콘셉트	소 재	개장연도 (예정)	투자 (억원)
게임 시티	E - City	• 게임 · 애니메이션 · 아카데미 · 벤처단지 · 테마파크 등 복합단지 조성, 게임산업 진출 및 성공을 바탕으로 테마파크, 벤처단지 등 건설 • 2021년까지 콘텐츠산업 연구시설, 게임월드, 벤처타운, 애니메이션 등을 갖춘 E-시티를 조성해 생산 2조 3,800억원, 고용 10만 5,000명, 부가가치 1조 3,490억원 등의 지역경제 파급효과를 창출할 계획	태백 문곡	2009년부터 게임사업 진출	3,261
오프로드 리조트	모터 스포츠, 패밀리 리조트	• 체험 위주의 국내 최초 모터스포츠 리조트, 레저시설, 숙박시설로 구성	영월 상동	2012년 상반기	350
슬로우 시티	스위치백 리조트	• 국내 유일의 스위치백 철로를 이용한 관광명소 조성, 스위치백 체험 등 철도관련시설 및 숙박시설로 구성	삼척 도계	2014년 상반기	475
뮤즈아트 타운	탄광문화 관광촌	• 탄광의 역사와 유물을 활용한 문화관광 명소공간 조성, 탄광문화체험, 650갱도 개발 및 탄광마을, 기념공원으로 구성	정선 사북	2013년 상반기	561
스키타운	하이원 콤플렉스타운	• 지역문화공간 및 상가식음시설, 상품 및 특산물 판매시설, 다목적 광장으로 조성	정선 고한	2013년 하반기	358
총 투자비		5,005억원			

주 : 본 내용에서 동강 시스타사업의 경우는 제외됨. 동강 시스타사업은 초창기의 용역보고서에서는 제외되었다가 2007년 3월 23일경 강원랜드 이사회의 결의를 통해 강원랜드의 2단계 지원사업으로 결정됨. 따라서 삼성경제연구소 및 한국관광개발연구원의 용역결과에서는 제시되지 않음.

자료 : 석영준, 2010.

지역경제 활성화 효과는 같은 기간 1조 479억원으로 나타났다. 내역을 보면 ① 호텔식자재 지역업체 우선의무구매 1,591억원, ② 보안 · 청소 · 시설관리 등 비핵심분야를 강원남부주민주 등 23개 지역업체에 아웃소싱한 금액 3,345억원, ③ 건설공사 지역업체 발주 3,070억원, ④ 사회공헌사업비 331억원 등에 달한다. 폐광대체산업 육성을 위한 투자법인 및 폐광균형발전사업출자도 833억원으로 적지 않았다. 세금과 지역경제효과를 합하면 3조 5,338억원 규모다.

경제기여도를 단적으로 체감할 수 있는 사례는 노동집약적 사업으로 꼽히는 카지노를 통한 지역의 고용창출, 즉 하이원리조트가 직접 고용한 인원은 3,068명으로, 이 가운데 50% 가까운 1,494명이 태백 · 삼척 · 영월 · 정선 등 폐광지역 출신이다. 청소 · 경비보안 등 협력업체의 용역직원 1,070명의 95%1,016명도 폐광에서 태어나고 자란 인력들이다. 회사 측은 인력채용 때 폐광지역 출신 지원자에게는 10%의 가산점을 주고 있다. 설립취지에 맞춰 인구유출을 막고 지역정착을 유도하기 위한 것이란 게 회사 측 설명이다문화일보, 2009. 12. 7.

제3절

카지노 사업 관련법규

1 카지노업의 허가관련법규

카지노업의 허가기준은 관광진흥법 제21조 제1항에 의거하고, 이러한 카지노 사업의 허가기준은 특급관광호텔 카지노 및 선상 카지노에 따라 기준이 다르게 적용되고 있는데, 관광진흥법 시행령 제28조의 2항과 3항에 의거한 허가요건은 [표 12-6]과 같다.

표 12-6 카지노업 허가요건에 관한 법령

관광진흥법	관광진흥법 시행령	관광진흥법 시행규칙
제21조(허가 요건 등) ① 문화체육관광부장관은 제5조 제1항에 따른 카지노업(이하 "카지노업"이라 한다)의 허가신청을 받으면 다음 각 호의 어느 하나에 해당하는 경우에만 허가할 수 있다. 1. 국제공항이나 국제여객선터미널이 있는 특별시·광역시·도·특별자치도(이하 "시·도"라 한다)에 있거나 관광특구에 있는 관광숙박업 중 호텔업 시설(관광숙박업의 등급 중 최상 등급을 받은 시설만 해당하며, 시·도에 최상 등급의 시설이 없는 경우에는 그 다음 등급의 시설만 해당한다) 또는 대통령령으로 정하는 국제회의업 시설의 부대시설에	제27조(카지노업의 허가요건 등) ① 법 제21조 제1항 제1호에서 "대통령령으로 정하는 국제회의업 시설"이란 제2조 제1항 제4호 가목의 국제회의시설업의 시설을 말한다. ② 법 제21조 제1항에 따른 카지노업의 허가요건은 다음 각 호와 같다. 1. 관광호텔업이나 국제회의시설업의 부대시설에서 카지노업을 하려는 경우 가. 해당 관광호텔업이나 국제회의시설업의 전년도 외래관광객 유치실적이 문화체육관광부장관이 공고하는 기준에 맞을 것 나. 외래관광객 유치계획 및 장기수지전망 등을 포함한 사업계획서가 적정할 것	제29조(카지노업의 시설기준 등) ① 법 제23조 제1항에 따라 카지노업의 허가를 받으려는 자가 갖추어야 할 시설 및 기구의 기준은 다음 각 호와 같다. 1. 330제곱미터 이상의 전용 영업장 2. 1개 이상의 외국환환전소 3. 제35조 제1항에 따른 카지노업의 영업종류 중 네 종류 이상의 영업을 할 수 있는 게임기구 및 시설 4. 문화체육관광부장관이 정하여 고시하는 기준에 적합한 카지노 전산시설 ② 제1항 제4호에 따른 기준에는 다음 각 호의 사항이 포함되어야 한다. 1. 하드웨어의 성능 및 설치방법에 관한 사항

서 카지노업을 하려는 경우로서 대통령령으로 정하는 요건에 맞는 경우
2. 우리나라와 외국을 왕래하는 여객선에서 카지노업을 하려는 경우로서 대통령령으로 정하는 요건에 맞는 경우

②문화체육관광부장관이 공공의 안녕, 질서유지 또는 카지노업의 건전한 발전을 위하여 필요하다고 인정하면 대통령령으로 정하는 바에 따라 제1항에 따른 허가를 제한할 수 있다.

다. 나목에 규정된 사업계획의 수행에 필요한 재정능력이 있을 것
라. 현금 및 칩의 관리 등 영업거래에 관한 내부통제방안이 수립되어 있을 것
마. 그 밖에 카지노업의 건전한 육성을 위하여 문화체육관광부장관이 공고하는 기준에 맞을 것
2. 우리나라와 외국 간을 왕래하는 여객선에서 카지노업을 하려는 경우
가. 여객선이 2만 톤급 이상으로 문화체육관광부장관이 공고하는 총톤수 이상일 것
나. 〈삭제〉
다. 제1호나목부터 마목까지의 규정에 적합할 것

③ 문화체육관광부장관은 법 제21조 제2항에 따라 최근 신규허가를 한 날 이후에 전국 단위의 외래관광객이 60만명 이상 증가한 경우에만 신규허가를 할 수 있되, 다음 각 호의 사항을 고려하여 그 증가인원 60만명당 2개 사업 이하의 범위에서 할 수 있다.
1. 전국 단위의 외래관광객 증가 추세 및 지역의 외래관광객 증가 추세
2. 카지노이용객의 증가추세
3. 기존 카지노 사업자의 총 수용능력
4. 기존 카지노 사업자의 총 외화획득실적
5. 그 밖에 카지노업의 건전한 발전을 위하여 필요한 사항

④ 문화체육관광부장관은 제3항에 따라 신규허가를 하려면 미리 다음 각 호의 사항을 정하여 공고하여야 한다.
1. 제2항 제1호 가목 · 마목 및 같은 항 제2호 가목의 세부 허가기준
2. 허가가능업체 수
3. 허가신청기간 및 요령

2. 네트워크의 구성에 관한 사항
3. 시스템의 가동 및 장애방지에 관한 사항
4. 시스템의 보안관리어 관한 사항
5. 환전관리 및 현금과 칟의 수불관리를 위한 소프트웨어에 관한 사항

2 카지노 사업시설, 게임 및 영업제도

1) 시설기준

관광진흥법 시행규칙 제29조의 제1항 규정에 의한 시설기준은 [표 12-7]과 같다.

표 12-7 카지노업 시설기준

법조항	세부조항 내용
관광진흥법 시행규칙 제29조 카지노업의 시설기준 등	1. 330제곱미터 이상의 전용 영업장 2. 1개 이상의 외국환 환전소 3. 제35조제1항에 따른 카지노업의 영업종류 중 네 종류 이상의 영업을 할 수 있는 게임기구 및 시설 4. 문화체육관광부장관이 정하여 고시하는 기준에 적합한 카지노 전산시설 제1항 제4호에 따른 기준에는 다음 각 호의 사항이 포함되어야 한다. 1. 하드웨어의 성능 및 설치방법에 관한 사항 2. 네트워크의 구성에 관한 사항 3. 시스템의 가동 및 장애방지에 관한 사항 4. 시스템의 보안관리에 관한 사항 5. 환전관리 및 현금과 칩의 수불관리를 위한 소프트웨어에 관한 사항

2) 카지노업의 게임

카지노영업장 게임기구는 관광진흥법상에 룰렛Roulette, 블랙잭Blackjack, 다이스Dice, Craps, 포커Poker, 바카라Baccarat, 다이사이Tai-Sai, 키노Keno, 빅휠Bigwheel, 빠이까우Paicow, 판탄Fantan, 조커 세븐Joker Seven, 라운드 크랩스Round Craps, 트란타 콰란타Trent Et Quarante, 프렌치 볼French Bowl, 챠카락Chuk-A-Luck, 슬롯머신Slot Machine, 비디오게임Video Game, 빙고Bingo, 마작Majang 등 19종류가 규정되어 있다.

(1) 블랙잭Blackjack, twenty-one game, motion game

블랙잭은 도박성이 가장 강한 게임이며, 카지노에서 가장 성행하고 있다. 블랙잭은 딜러dealer와 플레이어player가 함께 카드의 숫자를 겨루는 것으로, 이 게임의 목적은 2장 이상의 카드를 꺼내어 그 합계를 21점에 가깝도록 만들어 딜러의 점수와 승부하는 카드게임을 말한다. 플레이어의 처음 두 장만으로 21을 만들면 블랙잭이 되어 붙여진 이름으로 이때 플레이어는 건 돈의 1.5배150%를 받으며, 그밖에는 승패에 따라 서로 베팅bets한 금액만큼 주고받는다.

(2) 바카라Baccarat

바카라는 카지노 게임의 왕이라 불리며, 손님은 뱅커banker와 플레이어의 어느 한쪽을 택하여 9 이하의 높은 점수로 승부하는 카드게임이다. 에이스ace는 1로 계산하며, 10, J, Q, K는 '0'으로 계산한다경우에 따라 손님과 손님, 손님과 딜러가 승부하는 경우.

(3) 룰렛Roulette

룰렛은 카지노 게임의 여왕이라 불리우며, 휠wheel 안에 볼ball이 회전하다 포켓pocket 안에 들어간 번호가 위닝 넘버winning number이다. 그 넘버number라든가 하이high, 로우low, 홀수, 짝수 등에 베팅bets하며 승부하는 게임이다.

(4) 빅휠Bigwheel, big six

빅휠은 손으로 큰 바퀴모양 기구를 돌려 가죽막대기에 걸려 멈추는 번호, 또는 같은 그림에 돈을 건 사람이 당첨금을 받는 게임이다.

(5) 포커Poker

딜러가 고객player에게 일정한 방식으로 카드를 분배한 후 미리 정해진 카드 순으로포커랭 순위 기준에 따라 참가자 중 가장 높은 순위의 카드를 가진 참가자가 우승자가 되는 방식의 게임이다. 매우 많은 방법이 있으나, 기본적인 방법은 각자가 카드를 5장씩 가지고 그것이 이루는 약約을 겨루는 것으로, 작전에 따라서는 낮은 약을 가진 사람이 이길 수도 있다는 점에 포커의 진미가 있다. 포커에는 크게 나누어 두 가지 방법이 있다. 하나는 드로포커draw poker라고 하여 자기가 받은 카드를 바꿀 수 있는 방법과 또 하나는 스터드포커stud poker라고 하여 한번 받은 카드를 바꿀 수 없는 방법이다. 오늘날 포커의 게임 종류는 약 120종 이상이 되고 있다.

(6) 크랩스Craps, dice

탁자에 여러 가지 숫자와 마크가 그려져 있어 어려운 게임처럼 보이지만, 카지노 게임 중에서 속도가 빨라 가장 재미있는 게임 중의 하나이다. 고객은 주사위 5개 중에서 2개를 선택하여 던진 눈의 합계에 따라 승부가 결정되며, 거는 장소와 종류가 다양한 것도 이 게임의 매력 중의 하나다.

(7) 다이사이Tai-Sai

다이사이는 주사위 3개를 이용하는 것으로 고대부터 유명한 중국의 게임으로서, 유리용기에 있는 주사위를 딜러가 3회 또는 4회를 진동시킨 후 뚜껑을 벗겨 3개의 주사위가 표시한 각각의 숫자 또는 구성되어 있는 여러 종류의 거는 장소에 칩chip을 올려놓고 맞히는 게임이다. 딜러는 유리용기 속의 전기 진동판으로 3개의 주사위를 흔들어 멈춘 다음 나타난 숫자를 부르고 나온 숫자의 스위치를 누르면, 레이아웃Layout 위에 나온 숫자 또는 구성되어 있는 여러 종류의 맞은 장소에 전기가 켜지기 때문에 손님은 건 장소의 이기고 진 것을 쉽게 알 수 있다.

(8) 라운드 크랩스Round Craps

라운드 크랩스는 주사위 3개를 갖고 플레어 중에서 한 사람을 슈터로 정하는데, 플레이어들의 동의하에 슈터는 누구나 될 수 있으며, 다음 슈터는 시계방향으로 돌아간다. 슈터와 플레이어들은 원하는 곳에 베팅을 하며, 딜러는 슈터가 던져서 나온 주사위의 합 또는 조합에 따라 당첨자에게 지급하고, 당첨되지 않은 플레이어의 베팅 금액을 회수한다. 라운드 크랩스는 3개의 주사위가 모두 특정한 숫자를 나타낼 경우에 대한 베팅으로, 당첨시 베팅 금액의 150배를 받는다.

(9) 챠카락Chuck-A-Luck

챠카락 게임은 딜러가 주사위 3개를 주사위 흔들개 속에 넣어서 3번 이상 흔들어서 주사위 3개가 가리키는 번호를 갖고 당첨번호를 알려주는 게임이다. 라운드 크랩스는 플레이어 중에서 슈터를 정하고 다음 슈터는 시계방향으로 돌아가며, 슈터가 주사위 3개를 던지는 데 비해, 챠카락 게임은 딜러가 주사위 흔들개 속에 주사위 3개를 넣어 3번 이상 흔들어서 게임을 하는 차이가 있다.

현재 카지노 영업 중에 있는 업체에서는 라운드 크랩스와 챠카락은 영업준칙에만 있을 뿐, 카지노를 찾는 고객들은 이 게임을 대부분 선호하지 않기 때문에 실제로 카지노업체에는 게임기 설치를 하지 않고 있는 실정이다.

(10) 키노Keno

고객player이 선정한 수개의 번호가 딜러 자신이 특정한 기구에서 추첨한 수개의 번호와 일치하는 정도에 따라 소정의 당첨금을 지급하는 방식의 게임이다.

(11) 빠이까우Paicow

딜러가 고객player 중에서 선정된 특정인뱅커과 다른 고객player들에게 일정한 방식으로 도미노를 분배하여, 뱅커와 다른 고객player들 간에 높은 도미노패를 가진 쪽을 승자로 결정하는 방식의 게임이다.

(12) 판탄Fan tan

딜러가 버튼단추모양의 기구의 무리에서 불특정량을 분리하여 그 수를 4로 나누어 남는 나머지의 수를 알아 맞추는 고객을 승자로 결정하는 방식의 게임이다.

(13) 조커 세븐Joker Seven

딜러가 고객player에게 카드를 순차로 분배하여 그 카드의 조합이 미리 정해놓은 조합과 일치하는지의 여부에 따라 승패를 결정하는 방식의 게임이다.

(14) 트란타 콰란타Trent Et Quarante

딜러가 양편으로 구분되는 고객player에게 각각 카드를 분배한 후, 양측 중 카드 숫자의 합이 30에 가까운 측을 승자로 결정하는 방식의 게임이다.

(15) 프렌지 볼French Bowl

딜러가 일정한 숫자가 표시된 홈이 파인 고정판에 공을 굴린 후, 그 공이 정지되는 홈의 숫자를 알아 맞추는 고객player에게 소정의 당첨금을 지급하는 방식의 게임이다.

(16) 슬롯머신Slot Machine

최근 몇 년 사이에 카지노에 최고의 수익을 올려주고 있는 카지노에서는 가장 중요시되고 있는 게임이다. 별다른 게임의 룰이나 기술의 습득이 필요 없어서 여성과 초보자들이 가장 선호하는 게임이다. 일반인들이 흔히 알고 있는 빠찡고와 유사하다. 나날이 새로운 게임기가 선보이기 때문에 종류가 많다. 카지노의 어드밴티지는 각 호텔 기기마다 다르지만 법적으로 네바다는 25% 이하 아틀랜틱 시市는 17% 이하이다.

(17) 비디오 포커Video Game

우리나라의 성인 오락실에 설치되어 잇는 포커 오락기와 유사하다. 5장의 카드를 사용하는 포커로서, 자기가 가진 5장의 카드 중 필요 없는 것은 버리고 새로운 카드를 받아서 작패의 조합에 따라 상금을 받는 것이다. 크게 7/5스케줄과 8/5스케줄슬롯머신에 대한 글에서 자세히 설명된다, 그리고 Jack or Better 게임과 Deuces

Draws 게임으로 나눌 수 있다. 비디오 포커 게임은 카지노가 위치한 지역주민들이 많이 이용한다.

(18) 빙고Bingo

참가자는 번호가 이미 기입되어 있는 빙고티켓을 구입하고, 딜러는 임의의 숫자를 추첨하여 추첨된 번호를 빙고보드에 표시한다. 빙고티켓의 번호와 전광판의 번호가 수평, 수직 또는 대각으로 가장 먼저 일치한 참가자가 빙고라고 외치면 우승자가 되는 방식의 게임이다.

(19) 마작Majang

104개의 패를 3인에서 4인이 13개씩방장은 14개을 나누어 가진 후, 2개씩 미리 한 개조를 만들고, 3개씩 1개조를 맞추어 먼저 4개조를 만들면 이기는 게임이다.

(20) 카지노워

카지노워Casino War는 게임에 쓰이는 카드로 한 벌One Desk 총 56장으로 진행하며 플레이어 한 장, 딜러 한 장 나누어 받은 다음 누가 더 높은 카드를 쥐고 있는지로 승부가 결정된다. 카드의 높은 순위는 A-K-Q-J-10~2의 순이다.

제4절

카지노업의 경영

카지노기업의 경영활동도 기업의 경영활동인 만큼 다음과 같은 경영조직구성의 원칙인 ① 명령일원화의 원칙, ② 권한위양의 원칙, ③ 기능화의 원칙, ④ 적정감독범위의 원칙, ⑤ 조정의 원칙, ⑥ 전문화의 원칙이 적용되어야 할 것이다. 이러한 원칙하에서 카지노업이 특성을 고려하여 최적의 조직을 편성하여야 한다.

1 카지노의 경영조직표

1) 우리나라 카지노의 경영조직표

[그림 12-1]에 의하면 P카지노호텔은 대표이사 밑에 총지배인이 있고, 총지배인은 관리담당임원, 영업담당임원, 판촉담당임원과 안전관리부를 통솔하고 있다.

영업담당임원은 영업1부, 영업2부, 영업3부를 통솔하고 있으며, 영업3부는 영업과, 머신게임과, 접객과, 칩스관리과로 나누어진다. P카지노호텔은 [그림 12-2]에서 나타난 바와 같이 W호텔의 카지노 조직도와 약간 다른 측면이 있다. W호텔의 카지노 조직도는 대표이사 밑에 부사장 · 전무가 있고, 총지배인은 부사장 · 전무의 통솔을 받는다.

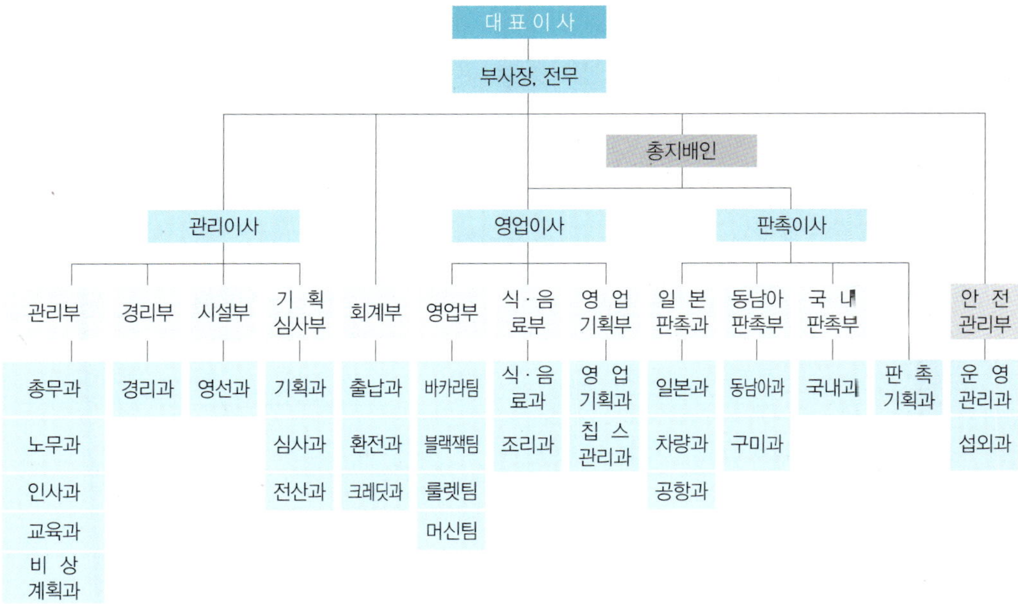

자료 : 이충기 · 고택운, 스몰 카지노 운영방안 및 사회적 부작용 최소화 방안, 강원랜드(주), 1999, p.53.

그림 12-1 W호텔 카지노 조직도

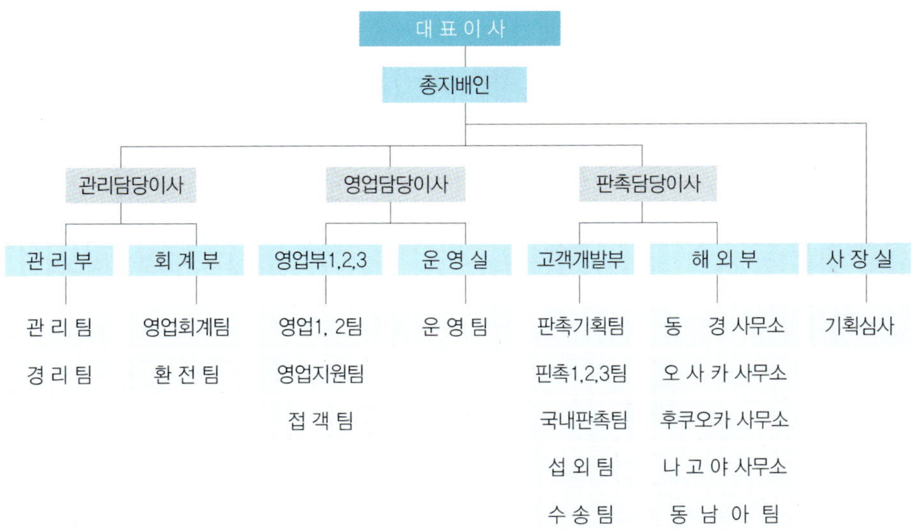

자료 : 이충기 · 고택운, 스몰 카지노 운영방안 및 사회적 부작용 최소화 방안, 강원랜드(주), 1999, p.54; 채용식, 1999, p.78.

그림 12-2 P 호텔 카지노 조직도

따라서 P카지노호텔은 총지배인이 관리 · 영업업무를 총괄하고 있으나, W호텔은 총지배인이 영업판촉포함만 총괄하고 관리부문은 관리이사가 총괄하고 있다.

• 5본부 12실 54팀 1센터 1단 연구소

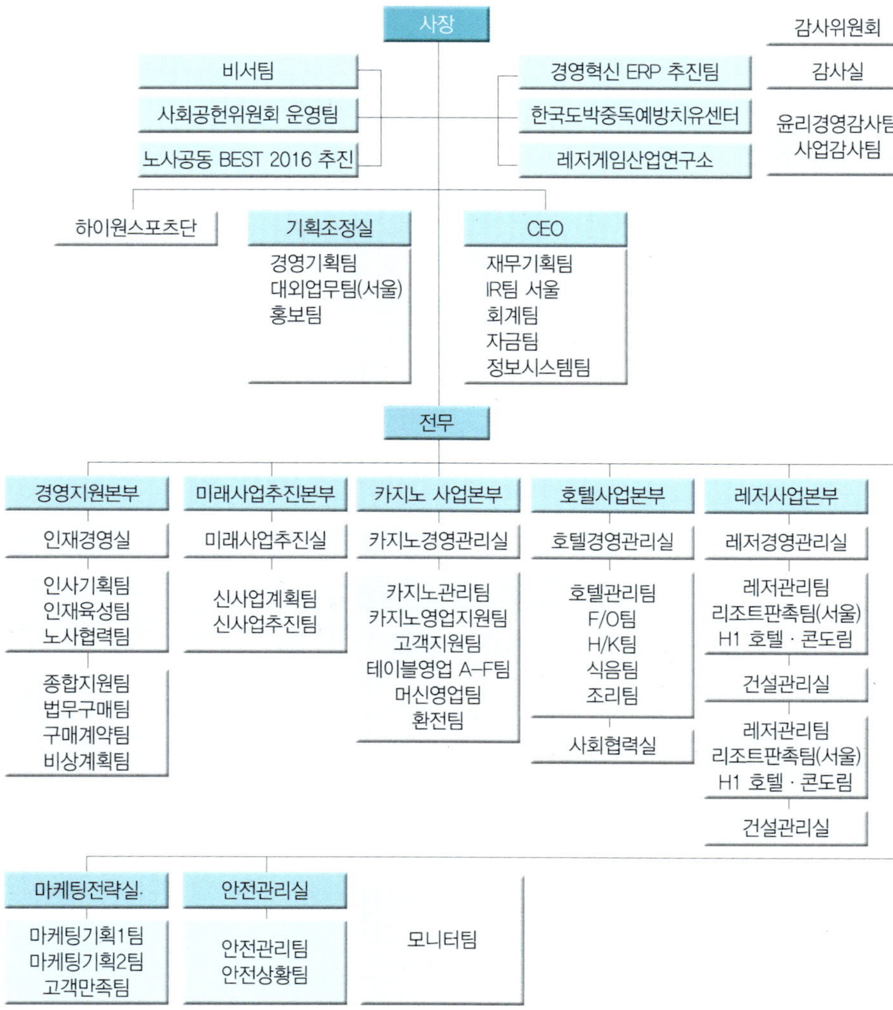

• 별도기구-복지재단(2003. 10. 4 설립)
• 스포츠 창단-스키팀(2001. 6. 25), 아이스하키팀(2004. 9. 15), 유도팀(2007. 10. 2)
• 협력업체 12개사

자료 : 이동재, 2009.

그림 12-3 강원랜드 조직구성도

[그림 12-3]은 강원랜드의 조직구성을 나타낸 것으로 강원랜드는 5본부 12실 54팀 1단 1연구소로 구성되어 있다. 직군은 경영지원직군 · 영업지원직군 · 게임영업직군 · 호텔영업직군 · 레저영업직군 · 특수직군의 6개 직군으로 구성되어 있으며, 사장 · 전무 · 감사위원회 · 본부장급의 임원진과 그 예하부서로 이루어져 있다.

강원랜드 지역협력팀에서 관리하는 지역협력업체가 12업체가 있다. 그 외에 복지재단에서의 각종 지역사회의 사회공헌활동을 하며, 하이원 스포츠팀으로는 스키팀 · 아이스하키팀 · 유도팀이 있다이동재, 2009.

강원랜드의 조직구조도는 P호텔 카지노 조직도와 비슷하다.

2) 미국 카지노의 경영조직

카지노 경영은 가끔 매우 실질적이고 물질적인 계획에 의해 특징지어지는데, 그 계획은 갖가지 보조, 편의시설뿐만 아니라 500개에서 3,000개에 이르는 호텔 객실에 공급되어진다. 그러한 겉모습을 가지고는 있지만 호텔 카지노에서의 주요한 소득원은 게임에서 얻어지는 소득인데, 호텔수입의 전체 60%를 차지한다. 카지노 경영조직을 검토할 때, 모든 경영 중에서 카지노 수행 역할의 중요성은 확실히 지적할 수 있다.

[그림 12-4]는 네바다 주의 카지노에서 이용되는 전형적인 카지노 조직표를 보여주고 있다.

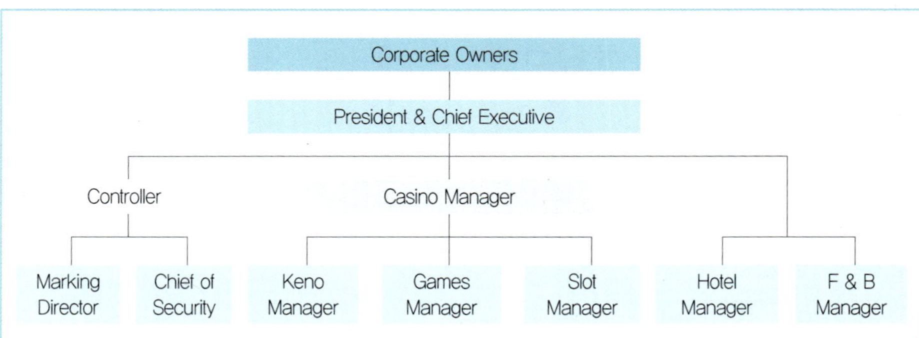

자료 : 이충기 · 고택운, 스몰 카지노 운영방안 및 사회적 부작용 최소화 방안, 강원랜드(주), 1999, p.55.

그림 12-4 네바다 카지노 조직도

[그림 12-5]는 뉴저지 주에서 운영되는 카지노 조직표를 보여주고 있다.

네바다 주의 조직표에서 가장 중요한 점은 카지노소유권자가 모든 운영에 관계한다는 것과 상대적으로 중요한 위치에 있다는 것이다. 뉴저지주 카지노 조직표를 살펴보면 직무의 지배력은 매우 중요하고또한 주에 의해 특별히 법률로 제정되어진다, 규칙 또한 조정되어지는 것도 뚜렷하게 볼 수 있다중요한 직무 중에 재정적 직무 · 기능 또한 전형적이라고 볼 수 있다. 이런 책임은 부사장 직위 위치로 되어 있다.

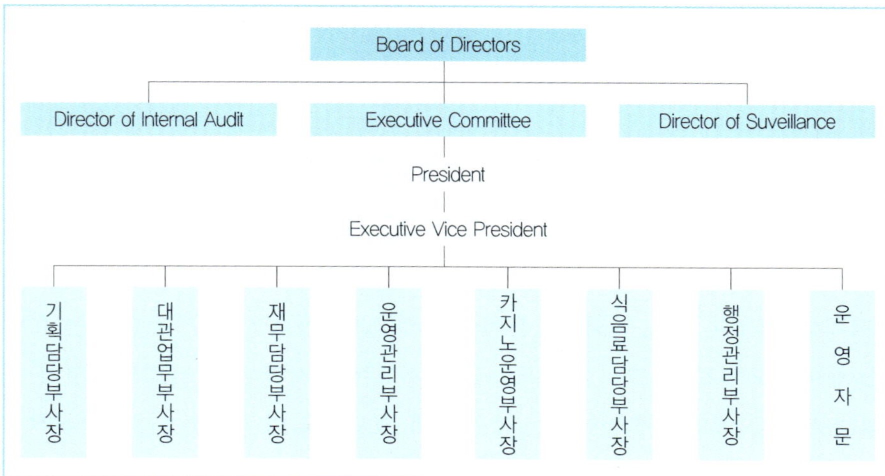

자료 : 이충기 · 고택운, 스몰카지노 운영방안 및 사회적 부작용 최소화 방안, 강원랜드(주), 1999, p. 56.

그림 12-5 뉴저지 카지노 조직도

2 카지노의 조직구조

카지노영업세칙고시에 의하면 카지노의 부문화 조직구조는 다음과 같이 갖추어야 한다.

1. 이사회
2. 카지노 총지배인
3. 영업부서
4. 안전관리부서

⑤ 출납부서

⑥ 환전영업소

⑦ 전산전문요원

1) 이사회

이사회는 카지노업의 건전한 발전을 위하여 다음 각 호의 1에 해당하는 자격을 갖춘 이사를 1인 이상 포함하여야 한다.

① 카지노업 근무경력이 10년 이상인 자

② 공무원 경력 15년 이상인 자로서 카지노 정책을 2년 이상 담당한 자

이사회는 카지노 영업활동과 내부통제에 대한 최종적인 권한과 책임을 진다.

2) 카지노 총지배인

① 카지노 사업자는 카지노업 근무경력이 10년 이상에 해당하는 경력이 있는 자를 카지노 총지배인으로 임명하여야 한다.

② 카지노 총지배인은 다음 각 호의 업무를 수행한다.

- 영업장 내의 게임운영 총괄
- 카지노영업장 내의 시설 및 기구 관리 · 감독
- 영업세칙 준수 지도 · 감독
- 콤프, 크레디트, 알선수수료 및 계약게임의 기준설정
- 카지노고객 유치 및 관리

3) 영업부서

① 카지노 사업자는 원활한 영업활동을 위하여 딜러, 플로어퍼슨, 피트보스, 시프트매니저 등의 종사원을 갖추어야 하며, 그들의 업무는 다음과 같다.

- 딜러dealer : 딜러는 게임 테이블에 배치되어 직접 고객을 대상으로 게임을 진행하며, 또 딜러는 1테이블당 1명 이상 게임을 진행할 수 있다.
- 플로어퍼슨floorperson : 각 게임 테이블에서 발생하는 행위를 1차 감독할

책임이 있으며, 6테이블당 1명 이상을 배치하도록 되어 있다.

- 피트보스pit boss : 각 게임 테이블에서 발생하는 행위를 2차 감독할 책임이 있으며, 영업준칙에 의해 24테이블당 1명 이상을 배치하도록 되어 있다.
- 시프트매니저shift manager : 카지노영업장 운영은 하루24시간를 8시간 3교대로 영업운영을 하고 있다. 따라서 담당근무시간에 카지노영업장에서 발생하는 모든 영업행위를 감독하며, 3명 이상을 배치하도록 되어 있다.

② 카지노 사업자는 영업부서 직원에 대한 영업장 내에서의 근무기록을 유지하여야 한다.

③ 카지노 사업자는 딜러 근무수칙을 정하여 이에 따라 근무시켜야 한다.

4) 안전관리부서

안전관리부서는 카지노영업장의 질서 및 안전과 관련된 업무를 수행하며, 중요한 업무는 다음과 같다.

① 내국인 출입통제

② 영업장의 질서유지

③ 고객 및 종사원의 안전

④ 폐쇄회로시설 운영 및 관리

5) 출납부서

출납부서는 영업 및 회계와 관련된 다음 각 호의 업무를 수행한다.

① 카운트룸 운영 및 관리

② 영업과 관련된 현금, 수표, 유가증권의 거래 및 보관

③ 기타 출납운영과 관련된 업무

6) 환전상

환전상은 카지노게임과 관련된 편의를 제공하기 위하여 다음 각 호의 업무를 수행한다.

1. 고객이 제시하는 외화를 원화로 환전
2. 고객이 게임종료 후 남아 있는 원화 또는 게임의 결과로 획득한 원화를 외화로 재환전
3. 기타 외국환거래법령에서 인정되는 제반 업무

7) 전산전문요원

전산전문요원은 카지노전산시설을 관리 · 운영한다.

한편, 카지노 업무에 따른 종업원 명칭은 다음과 같다(오수철, 1998: 134~136).

(1) 딜러 dealer

카지노 업장 내에서 이루어지는 각종 게임을 수행 conduct 하는 직원으로 게임의 종류 및 행위에 따라 호칭을 달리한다.

1. 룰렛 - Croupier, Mucker
2. 블랙잭 - Twenry-one Dealer
3. 바카라 - Callman, Payman, Scooper
4. 크랩스 - Stickman, Boxman, Payman, Laddor-Man
5. 키노 - Rummer, Writer

(2) 플로어맨 floorman; pit boss

주임급부터 계장, 대리, 과장급까지 게임 테이블을 운영할 책임이 있는 간부로서, 딜러의 관리, 근무배치 교육 등을 담당하고, 고객접대, 담당 테이블의 상황을 위 상사에게 보고한다.

(3) 시프트보스shift boss; shift manager

과장급부터 차장, 부장급까지로 교대근무의 책임자로서, 해당 근무시간에 대한 인력관리, 카지노시설 및 8시간 동안의 모든 Pit을 운영, 감독한다.

(4) 총지배인 및 부총지배인general manager & assist manager

차장, 부장급에서 이사급까지로서 카지노 운영에 있어 전반에 걸쳐 최고의 책임자이다. 해당 부서의 인력관리, 카지노시설 관리, 일일운영에 대한 책임을 진다.

(5) 케이지cage

업장 내의 현금 출납을 관장하는 곳으로 종사원의 호칭을 캐셔라고 하며, 직급별로 호칭을 달리하며, 케이지는 회계부서 또는 관리부서에 속한다. 케이지에서는 손님의 귀중품현금, 귀금속 등을 보관하다.

(6) 뱅크bank

업장 내의 칩스, 카드 출납을 관장하는 곳으로, 게임 테이블에 칩스를 필fill 또는 크레디트credit하는 업무를 담당한다. 뱅크는 영업부에 속하며, 뱅크부서가 없는 경우는 케이프cape에서 업무를 수행한다.

(7) 보안security

보안 또는 섭외라는 명칭으로 불리며, 업장 내의 안전유지 및 외부인업장 출입을 할 수 없는 자의 통제 및 카지노 재산보호에 그 임무가 있다.

(8) 서베일런스 룸Surveillance room

모니터 룸monitor room이라고 불리며, 전업장을 감시 보호, 녹화하여 어떤 분쟁이 발생하였을 때 자료를 제공하고, 종사원employee, 고객customer, 게임 테이블gametable 등의 상황을 심사, 분석할 수 있는 기능의 역할을 한다.

(9) 그리터greeter

카지노 호스트host, 주로 판촉부 소속으로, 고객의 접대 일체를 담당하는 직원이다. 판촉직원의 경우가 많다.

(10) 카지노 바casino bar

카지노에 입장한 고객에게는 주류, 음료, 식사 등을 무료로 제공하며, 이곳에 종사하는 직원도 카지노조직에 소속되며 바텐더, 요리사, 웨이트리스 등이 있다.

(11) 인포메이션 데스크information desk; check room

카지노에 입장하는 고객에게 입장권 발권 및 카지노 안내게임 설명 및 물품카메라, 옷, 기타 보관 등의 업무를 대행한다.

그 밖의 명칭으로 해외 카지노에는 러거lugger, 퍼거pugger, 콜렉터collector로 불리는 직원들도 있다. 이외에 직원으로는 일반사무직과 같은 관리부 직원으로 총무, 경리, 기획, 비서, 전산, 사무직 등이 있으며, 영선, 기사driver, 미화 등의 직원도 있다. 위의 직원은 소속된 부서 및 조직 속에서 근무수칙에 의거하여 업무가 대행된다.

요약

우리나라 카지노 사업은 외국인전용 카지노로부터 출발하여 지금은 내국인전용 카지노로 전개되고 있다. 카지노 사업은 고용효과가 높은 사업으로 장점이 있지만, 한편으로는 사람들을 도박중독증에 걸리게 하는 단점이 있다.

따라서 카지노 사업의 추가 증설문제는 국가가 신중히 생각하여야 할 문제이다.

연구문제

Q 1 카지노 사업의 기능과 효과를 설명하라.

Q 2 우리나라 카지노 사업의 현황을 설명하라.

Q 3 카지노업의 게임의 종류를 들고 설명하라.

Q 4 우리나라의 카지노 경영조직과 외국의 카지노 경영조직 간의 차이를 분석하라.

Q 5 카지노영업세칙고시에 의한 카지노의 부문화 조직구조를 설명하라.

Q 6 카지노 업무에 따른 종업원 명칭을 설명하라.

참고문헌

강원랜드, "카지노리조트 사업추진현황", 2001.

문찬호 등, 「카지노 게임과 경영론」, 한올출판사, 2000.

문화일보, "강원랜드 10년: 폐광지 경제활성화 기여", 2009. 12. 7.

문화체육관광부, "2009년 관광동향에 관한 연차보고서", 2010.

석영준, "지역정책형성과 지역언론의 역할형태 및 인식에 관한 연구", 강원대학교 박사학위논문, 2010.

송용찬, "카지노산업이 지역발전에 미치는 효과인식에 관한 연구", 중앙대학교 박사학위논문 2008.

오수철, 「카지노경영학」, 백산출판사, 1998.

원갑연 등, 「카지노 산업론」, 기문사, 2001.

이동재, "카지노 사업이 사회자본에 미친 영향에 관한 연구", 강릉대학교 박사학위논문, 2009.

이봉석 등, 「관광사업경영론」, 대왕사, 1998.

이충기, 「카지노산업의 이해」, 일신사, 1999.

이충기 · 고택운, "스몰 카지노 운영방안 및 사회적 부작용 최소화 방안", 강원랜드, 1999. 한국카지노업관광협회, 내부자료.

Chapter 13

테마파크와 리조트

Principle of Tourism
관광학원론

학습목표

- 주제공원의 역사에 대한 이해
- 주제공원의 개념에 대한 이해
- 주제공원의 구성요소에 대한 이해
- 주제공원의 분류에 대한 이해
- 주제공원의 특성에 대한 이해
- 해외 · 국내 주제공원의 현황 이해
- 우리나라 주제공원의 문제점과 해결방안에 대한 이해
- 리조트의 개념에 대한 이해
- 리조트 사업의 특성에 대한 이해
- 리조트의 형태에 대한 이해
- 우리나라 리조트 사업의 현황에 대한 이해

제1절

주제공원

1 주제공원의 역사와 개념

1) 주제공원의 역사

주제공원테마파크: Theme Park은 캘리포니아 주 Anaheim에 1955년 디즈니랜드가 이미 널리 알려진 만화 주인공들을 중심으로 한 독특한 놀이공원amusement park을 개발하여 부흥시킨 이래 미국에서 대중화되었다. 놀이공원의 기원을 찾기는 어렵지만, 그 기원은 고대 그리스와 로마의 무역박람회trading fairs로 거슬러 올라갈 수 있다Butler, 1940: 143. 1600년대에 놀이공원에 탑승물과 다른 매력물을 제공하면서 인기를 얻게 되었으며, 그 대표적인 예가 1600년대 중반의 프랑스의 Versailles이다. 19세기 중반에 이러한 'pleasure gardens'의 개념이 미국에 전파되었는데, 예를 들면 1845년 뉴욕시에 Vauxhall Gardens가 설립되었다. 또한 기술이 발달하면서 탑승물이 더 대담하게 되었고, 보호에 사용되는 물질도 더 신뢰성이 있게 되었다Vogel, 1984: 129~135.

1873년에 야외 놀이amusement시설로 뉴욕의 존스공원Jones park이 세워져 60년간 존재하였고, 1880년에는 부유층을 위한 Conet is1and가 뉴욕 해변가에 설립되어 20세기 놀이공원의 효시를 이루었다Epperson, 1984. 이들 놀이공원은 가족중심의 여가선용과 휴식공간으로 인식되었으며, 소액의 입장료를 책정하여 다수의 방문객을 끌었고, 입장한 방문객들은 내부의 각종 시설을 이용시에는 별

| 표 13-1 | TOP 25 Theme Parks–World(2009년)

순 위	구 분	개원 일자	입장객(천명)					전년비 (%)
			2006	순위	2007	순위	2008	
1	MAGIC KINDOM at Disney World	1971. 10. 1	16,640	1	17,060	1	17,063	Flat
2	TOKYO DISNEYLAND	1983. 4. 15	12,900	3	13,906	3	14,293	+2.8
3	DISNEYLAND Anaheim, California	1955. 7. 17	14,730	2	14,870	2	14,721	-1.0
4	TOKYO DISNEYSEA	2001. 9. 4	12,100	4	12,413	5	12,498	+0.7
5	DISNEYLAND PARK at Disneyland Paris, Marne-La-Vallee	1992. 4. 12	10,600	5	12,000	4	12,688	+5.7
6	EVERLAND Kyonggi-Do, Korea	1996. 4	7,500 (7,015)	10	7,200 (6,795)	11	6,600	=8.3
7	LOTTE WORLD Seoul, Korea	1989. 7. 12	5,500 (4,001)	-	2,249*	20	4,236	n.a.
8	EPCOT at Walt Disney World	1982. 1. 1	10,460	6	10,930	6	10,935	Flat
9	DISNEY'S HOLLYWOOD STUDIOS at Walt Disney World**	1989. 5. 1	9,100	7	9,510	7	9,608	+1.0
10	UNIVERSAL STUDIOS Osaka	2001. 3. 31	8,500	9	8,713	9	8,300	-4.7
11	DISNEY'S ANIMAL KINGDOM, Lake Buena Vista, Fiorida	1998. 4. 22	8,910	8	9,490	8	9,540	+0.5
12	UNIVERSAL STUDIO Orlando, FL	1990. 6. 7	6,000	11	6,200	10	6,231	+0.5
13	BLACKPOOL PLEASURE BEACH Blackpool, England	1896. 8	6,000	14	5,500		-	-
14	ISLANDS OF ADVENTURE at Universal Orlando, Florida	1999. 5. 28	5,300	15	5,430	14	5,297	-2.4
15	UNIVERSAL STUDIO HOLLYWOOD	1964. 7	4,700	18	4,700	16	4,583	-2.5
16	YOKOHAMA HAKKEIJIMA SEA PARADISE Yokohama	1993. 5. 8	5,400	17	47,700	17	4,555	-4.5
17	SEAWORLD FLORIDA Orlando, FL	1973. 12. 15	5,740	12	5,800	12	5,926	-2.9
18	DISNEY'S CALIFORNIA ADVERNTURE Anaheim	2001. 2. 8	5,950	13	5,680	13	5,566	-2.0
19	BUSCH GARDENS Tampa Bay, FL	1959. 3. 31	4,360	19	4,400	1	4,410	-2.0
21	SEAWORLD CALIFORNIA San Diego, Califomia	1964. 3. 21	4,260	20	4,260	19	4,147	-2.7
22	TIVOLI GARDENS Copenhagen, Denmark	1843.	4,396	22	4,110	22	3,972	-3.4
23	KNOTT'SBERRY FARM Buena Park, Califomia	1940.	-	-	1,920	24	3,565	-1.8
26	OCEAN PARK Hong Kong	1977.	4,380	16	4,920	15	5,030	+2.2
27	EURO PARK Rust, Germany	1975.	3,950	23	4,000	21	4,000	Flat
28	NAGASHIMA SPALAND Kuwana		3,910	24	3,910	23	3,734	-4.5
29	HONG KONG DISNEYLAND	2006. 9. 12	-	21	4,150	18	4,500	+7.9
30	PORT ADVENTURA Salou, Spain	1995.	-	25	3,700	25	3,300	-10.8

주: * 롯데월드 2007년 상반기 휴원(리노베이션 목적)
Disney's M.G.M. studios로부터 2007년 말 명칭 변경됨.

자료 : Themed Entertainment Assocication/Economics Research Research Associates' Attraction Attendants Report 2006, 2007, 2008; 유석환, 2009: 177~178에서 재인용.

도의 요금을 내도록 하고 있다. 영화 TV의 출현, 기호의 변화, 이동성의 증가, 전통적 관광목적지에 대한 실증 등은 놀이공원의 이익을 떨어뜨렸으며, 1955년 대규모 주제가 있는 공원의 개발디즈니랜드에 힘입어 지방 놀이공원은 점차로 규모가 커지고 주제공원으로 변모해 갔다Gee 등, 1997. 디즈니랜드의 성공은 새로운 투자를 유발시켰으며, 통계에 의하면 그후 1979년까지 미국에서 35개 주요 주제공원이 8천만명의 고객을 끌었으며, 각종 오락시설, 식당, 편의시설을 추가하고 추세에 맞추어 개발함으로써 인기를 얻게 되었다Lock, 1983. 현재 미국 등 서구 선진국의 주제공원은 거의 성숙기에 도달했거나 포화상태에 있다고 보아도 무방하다.

이러한 주제공원을 본격적으로 활성화시킨 디즈니랜드는 기획단계에서 월트 디즈니Walt Disney가 공원 전체의 통일성을 위하여 주제theme를 사용할 것을 주장하여, 탑승물이나 관람물이 독특한 역사적, 문화적 그리고 세계 각국의 풍물들을 통과할 때 고객들이 더 즐거움을 느끼고 짜임새 있게 된다고 생각함으로써, 주요 거리main street를 비롯하여 5개 지역으로 구분하여 건설하였다Vogel, 1984. 그 이후 월트 디즈니는 3,300만평의 디즈니월드Disney World, 1971를 개원하였으며, 일본에서는 오리엔탈랜드Oriental Land가 디즈니 프로덕션Disney Production과 계약을 체결하여 동경에 동경 디즈니랜드Tokyo Disney Land를 1983년에 개원하였다. 이 동경 디즈니랜드Tokyo Disney Land가 성공을 거두자, 구미쪽에서도 또 다른 디즈니랜드가 생겨나게 되었다. 프랑스 파리의 유로 디즈니랜드Euro Disney Land가 그것이다.

한국의 경우 1974년 한국민속촌, 1976년 용인자연농원, 1985년 경주월드, 1987년 서울드림랜드, 1989년 롯데월드, 1994년 엑스포과학공원, 1995년 대구 우방타워랜드, 1996년 용인자연농원에버랜드로 명칭이 바뀜과 캐러비안베이가 생겼다. [표 13-1]은 2009년 전세계에서 입장객 기준으로 상위 25개의 주제공원을 나타내고 있다.

2) 주제공원의 개념

이처럼 주제공원의 발전은 이미 서구 선진국에서는 성숙기에 접어들고 있다고 해도 과언이 아니지만, 이에 대한 확실한 개념정의는 거의 이루어지지 않고 있다. 본절에서는 기존의 연구에서 알려진 몇몇 주제공원에 관한 개념 정의 내지는 간단한 언급들을 살펴보기로 한다.

(1) 카메론J. Cameron

방문객 유인 산업 내에 있는 몇몇 주요 시설물들 중의 하나로서 만국박람회로부터 놀이공원, 정부나 지역적 박람회, 박물관이나 동물원과 같은 문화적 또는 기타 비영리시설까지도 포함한다Cameron, 1981: 11.

(2) 보겔H. Vogel

티켓이나 음료를 판매하는 사업이 아니라 즐거움과 적절한 경험을 판매하는 사업이다Vogel, 1984: 129~135.

(3) 메리어트 회사The Marriott corporation

환상을 유발시키는 분위기를 만들기 위하여 '여흥 및 상품'과 '풍속 및 건축양식의 연장the continuity of costuminy and architecture'을 조합한 특별한 주제나 사적지를 지향한 '가족 여흥의 장'이다.

(4) 톨키드슨George Torkidson

미국 디즈니랜드가 1955년에 놀이공원amusement park을 부흥시킨 이래 미국에서 대중화된 공원으로 특이성, 청결성, 정돈성, 안전성 등을 철학으로 하껴, 이러한 것들이 환상, 마력, 도피, 특권, 흥미 등의 분위기를 연출한다Torkidson, 1983: 93~94.

(5) 프레이어W. Preyer

관광객에게 새로운 형태의 여가를 제공해 주는 인공적인 공원이다Preyer, 1995.

(6) 한국관광공사

종종 그 자체가 목적지가 되어 다양한 경험을 할 수 있는 곳이다관광정보, 1995. 1. 2.

이상과 같은 주제공원의 역사와 기존의 정의에 비추어 볼 때 주제공원의 개념은 다음과 같은 내용을 포함한다.

1. 놀이공원으로부터 유래 발전한 것으로서 놀이공원적 성격이 강하며, 박물관, 박람회, 기타 문화적 시설을 위시한 영리적, 비영리적 시설 모두를 포함한다.
2. 특별한 주제를 가진다.
3. 특이성, 청결성, 정돈성, 안전성 등을 철학으로 하여 흥미 있고 환상적인 분위기를 연출한다.
4. 표적시장의 폭이 넓다. 즉, 특정 연령층을 대상으로 하지 않고, 노인, 어린이 모두를 포함한 가족시장을 표적시장으로 한 가족 여흥의 장소이다.

2 주제공원의 구성요소, 분류 및 특성

1) 주제공원의 구성요소

일반적인 성격의 주제공원은 다음과 같은 8가지의 기본 구성요소를 갖추고 있다고 보면 된다.

(1) 탑승시설

탑승시설이란 이동하고 회전하며 선회하는 놀이시설을 지칭하며, 성인과 어린이에게 재미와 모험 그리고 환상적 기분을 제공한다.

(2) 관람시설

스크린 등의 영상시설을 이용하여 성인과 어린이들이 관람하거나 참여하고 즐길 수 있는 시설을 지칭한다.

(3) 공연시설

공연자들이 연주와 쇼 등의 방법으로 공원을 생동감 넘치게 만드는 공간을 지칭한다.

(4) 식음료시설

식음료와 인적 서비스가 결합되어 이용객에게 제공된다.

(5) 기념품판매소와 게임시설

캐릭터를 주된 주제로 사용하여 만들어진 상품을 판매하는 장소와 이용객에게 보다 나은 재미와 만족을 제공하기 위하여 다양한 게임을 즐길 수 있는 공간이다.

(6) 고객편의시설

공중전화, 화장실 및 안내소 등 이용객의 편의를 도모하기 위한 시설이다.

(7) 휴식의 광장

이용객들이 휴식을 취할 수 있는 시설이나 공간을 지칭한다.

(8) 지원관리시설

공원이용객이 공원 내의 시설이나 프로그램을 잘 이용할 수 있도록 지원하기 위한 관리시설이다.

앞에서 열거한 8가지 기본구성요소 중 어느 한 가지라도 빠지게 되면 주제공원으로서의 성격이 상실된다. 이것들 외에 주제공원 경영자가 고려하여야 될 사항으로 고객의 욕구와 욕망을 만족시킬 수 있는 마케팅지향성이 있다.

2) 주제공원의 분류

주제공원은 여러 가지 방법으로 분류가 가능하나 본서에서는 주제공원이 위치한 지역여건에 따른 공간적 분류와 주제공원을 구성하고 있는 개발 콘셉트 및 시설에 따른 주제별 분류로 나눌 수 있다(박호표, 1997: 535~537).

(1) 공간적 분류

표 13-2 공간적 주제공원의 분류

분류방식	
자연공간 + 주제형	동식물 파크, 수족관, 바이오 파크 등
자연공간 + 활동형	자연리조트형 파크, 바다, 온천형 파크 등
도시공간 + 주제형	외국촌, 역사촌, 사이언스 파크
도시공간 + 활동형	도시리조트형 파크, 어뮤즈먼트 파크, 워터 파크

(2) 주제별 분류

표 13-3 주제별 주제공원의 분류

분류방식	개발 콘셉트	개발방법	비 고
사회, 민속, 역사	민가, 건축, 민속, 공예, 예능, 외국의 건축풍습	어느 시대 어느 지역을 특징하는 민가나 건축물 또는 분위기를 조성 또는 역사내용과 인물에 중점을 두고 환경과 상황을 재현하여 민속, 문화, 시대상을 표현	민속촌, 롯데월드
생 물	동물, 새, 고기, 식물	생물의 생식환경을 재현하여 정보수집, 실현 쇼 등을 구성	
산 업	광산, 유적, 지역산업, 전통공예, 산업시설	지역산업시설이나 목장 등을 개방, 전시시키고, 체험시키는 형태를 취한 것으로 체재 및 반복방문이 가능	
예 술	음악, 미술, 조각, 영화, 문학	영화세트, 미술작품의 야외갤러리, 정원 및 음악 이벤트 등의 환경을 이용	
놀 이	스포츠, 게임, 어뮤즈먼트 기계	스포츠 활동, 건강 등의 아이템을 도입하여 시설 구성	드림랜드, 서울랜드, 에버랜드

환상적 창조물	캐릭터, 동화, 만화, 서커스, 사이언스 픽션	동화나 애니메이션의 캐릭터를 중심으로 이야기의 일부를 재생하거나 SF세계 등을 주제로 비일상성을 중심으로 구성	
과학 하이테크	우주, 로봇, 바이오, 통신, 교통, 컴퓨터	우주, 통신, 교통, 에너지, 바이오테크놀로지 등 현대 과학기술의 정보와 모습을 전시하거나 우주체험의 시뮬레이션을 도입해 우주 및 과학체험의 장을 구성	대전엑스포 과학공원
자연 자원	자연경관, 온천, 공원, 폭포, 하천	관광단지, 위락단지 내 온천, 스포츠시설 등을 복합시켜 체재형 파크로 구성	경주월드

자료 : 박호표, 「관광학의 이해」, 학현사, 1997, pp.535~537.

3) 주제공원의 특성

주제공원은 일반 공원과는 다른 특성을 가지고 있는데, 이러한 특성을 구조적 특성과 경영적 특성으로 나누어 설명하면 다음과 같다김상무 등, 2001 : 326~332.

(1) 구조적 특성

제공원의 구조적 특성에는 테마성, 통일성, 비일상성, 배타성, 레저성, 독창성, 종합성 등 7가지로 정리할 수 있다. 이러한 특성을 정리하면 [표 13-4]와 같다.

① 테마성

주제공원은 하나의 중심적 테마 또는 연속성을 가지는 몇 개 테마들이 연합으로 구성되는 것이므로 테마성은 테마파크에 있어서 생명이라 할 수 있다. 따라서 각각의 주된 매력물, 전시 · 놀이시설들은 테마를 실현하도록 계획된다.

② 통일성

주제공원은 관람객에게 통일적인 인상을 심어 주게 되면 일단 성공적인 것으로 볼 수 있다. 즉, 주어진 테마에 의한 건축양식, 조경, 위락의 내용, 등장인물에서 식당의 메뉴, 판매상품, 심지어는 종업원의 제복, 휴지통의 모양이나 색깔에 이르기까지 통일된 이미지를 형성하기 위해 고안된다. 이러한 모든 요소가 균형과 조화를 이루는 또 하나의 독립된 세계를 창출하는 것이다.

표 13-4 테마파크의 구조적 특성

구 분	내 용	사 례
테마성	하나의 중심적 테마 또는 연속성을 가지는 몇 개의 테마들이 연합으로 구성되는 특성	디즈니랜드, 디즈니씨, 에버랜드, 롯데월드, 서울랜드, 하우스 텐보스
통일성	주제부각을 위해 건축양식 · 조경 · 위락시설 등 모든 상품에 통일적인 이미지를 부여하는 특성	디즈니랜드, 산리오 퓨로랜드, 동경 세사미 플레이스
비일상성	하나의 독립된 완전한 공상세계로서 일상성을 완전 히 차단한 비일상적인 유희공간으로서의 특성	하우스 텐보스, 스페이스 월드, 닛코 에도 빌리지, 유니버셜 스튜디오
배타성	특정의 테마설정에 의한 비일상적인 유희공간으로서 현실과의 차단을 통해 체험하게 되는 가상 · 허구의 공간으로서의 특성	디즈니랜드, 디즈니씨, 에버랜드, 롯데월드
레저성	창조적인 유희공간으로서 유희 · 구경거리 · 음식 · 쇼핑 · 쇼 및 다양한 이벤트 프로그램 등 놀이에서 휴식까지 즐길 수 있는 위락공간	디즈니랜드, 디즈니씨, 에버랜드, 롯데월드
독창성	테마파크는 현대적 감각이나 현대인의 욕구에 부응 해야 하지만, 지역적 특성이나 독특한 구성요소를 가지고 있는 공간으로서의 특성	씨월드 캘리포니아, 너츠베 리팜
종합성	놀이에서 휴식까지 일괄적으로 즐길 수 있는 공간 및 이미지로서의 특성	디즈니랜드, 에버랜드, 하우스 텐보스

자료 : 김창수, 「테마파크의 이해」, 대왕사, 2008, p.17.

③ 비일상성

주제공원은 하나의 독립된 완전한 공상의 세계로서 일상성을 완전히 차단한 비일상적인 유희공간이다. 따라서 관람객들은 테마에 의해 연출된 비일상적인 공간에서 관람객이기보다는 참여하는 참가자로서 그 공간에 맞는 비일상적인 행동을 일으킨다.

④ 배타성

주제공원은 특정의 테마설정에 의한 비일상적인 유희공간으로서 현실과의 차단을 통해 체험하게 되는 가상 · 허구의 공간이 되어야 한다.

⑤ 레저성

주제공원은 창조적인 유희공간으로서 유희 · 구경거리 · 음식 · 쇼핑 · 쇼 및 다양한 이벤트 프로그램 등 놀이에서 체험 · 휴식까지 즐길 수 있는 다양한 탑승시설 · 체험시설 · 놀이시설 등 하드웨어적인 위락공간과 공연 · 전시 · 이벤트 · 축제 등 소프트웨어적 프로그램을 방문객들에게 제공하여 즐거움을 향유할 수 있는 레저파크이다.

⑥ 독창성

주제공원은 현대적 감각이나 현대인의 욕구와 트랜드에 부응해야 하지만, 테마파크 입지와 주제의 내용에 따라 지역적 특성이나 주제의 독창성이 표현되어야 한다. 결국 한국 민속촌의 경우와 같이 그 지역의 역사적 배경이나 전통 그리고 자연적 조건에 맞는 테마의 선정이 필요하며, 이러한 지역의 특성에 근거한 독창성이 장기적 안목에서의 경쟁력을 가지게 됨으로서 테마파크의 생명력을 유지해 나갈 수 있다.

⑦ 종합성

주제공원 산업을 구성하는 요소들은 광범위한 분야와 관련되어 있다. 특히 기획단계의 컨설팅, 건설단계의 디자인, 음악, 운영단계의 이벤트, 인재육성, 지원시설로의 매점, 레스토랑, 호텔, 부동산 관리 등은 기존의 서비스업을 포함한 총체적인 주제공원의 성격을 더욱 부각시키고 있다.

(2) 사업적 특성

주제공원은 1차, 2차, 3차 산업의 특성을 모두 가지고 있는 복합적인 종합 관광사업이다. 즉, 계절적 변화와 기후 등 자연현상에 영향을 받는 1차산업, 대규모 첨단과학기술이 접목된 시설과 유지비 및 자본투자가 필요한 장치산업인 2차산업, 고도의 서비스와 운영 노하우가 필요한 3차산업 등의 특성을 모두 가지고 있다.

① 입지의존적 사업

입지선정이 개장 후 사업수익에 큰 영향을 미친다. 따라서 시장의 규모 및 환경이 비교적 양호한 곳에 위치하는 것이 바람직하다.

② 자연환경에 민감한 사업

실내형과 실외형 테마파크로 구분할 수 있다. 최근에는 실내형과 실외형을 적정하게 조합시키는 복합형 테마파크를 개발하는 추세에 있다.

③ 대규모 투자비와 장기간 개발사업

주제공원은 광대한 공간과 막대한 자본이 요구되는 자본집약적 산업이며, 개장 이후 방문객들을 지속적으로 끌어들일 수 있는 추가적인 시설투자와 콘텐츠 도입이 필요한 사업이다. 또한 고도의 기술과 전문화된 인력 등도 필요하다. 따라서 자금동원력이 뛰어난 대기업이 아니면 운영하기 어려운 사업이다.

④ 트랜드에 민감한 감성사업

주제공원은 하드웨어부분이 중요하지만 전시 · 공연 · 이벤트 등의 소프트웨어부문의 중요성이 강조되고 있다. 그러나 소프트웨어의 진부화가 빠르기 때문에 시장 트랜드에 탄력적으로 대응하는 감성 마케팅차원의 접근이 필요하다.

⑤ 인적 서비스의존도가 높은 사업

주제공원은 서비스산업으로서 인적서비스의 의존도가 높은 사업이다. 따라서 인건비는 매출액에서 차지하는 비중이 크기 때문에 개장 이후 인건비 비중은 25% 이하로 낮추는 것이 필요하다.

⑥ 방문객의 소비원천사업

주제공원 방문객의 소비규모는 기업의 이익창출의 원천이다. 따라서 방문객이 주제공원에 오래 체류할 수 있도록 노력해야 할 것이다. 특히 입장권 및 시설 이용료 등의 기본 수익 외에 식음 및 상품판매는 이익의 원천이므로 철저한 이익관리가 필요하다.

(3) 환경적 특성

주제공원의 환경적 특성은 시장환경과 기술 및 경영환경의 변화와 트랜드가 매우 빠르게 응용되는 사업특성을 가지고 있다. 따라서 환경변화와 관광시장을 미리 예측하고 대비할 수 있는 종합경영관리 시스템의 구축이 필요하다.

① 테마의 다양화

관광인식의 변화에 따라 테마파크는 단순히 즐기는 오락중심의 장소에서 교육 및 문화적인 면을 추구하는 공간으로 변화하고 있다. 이와같이 테마파크의 테마가 다양화되고 있다. 따라서 관광객의 흥미를 유발시키고, 더불어 환상적이면서 교육적 효과가 큰 프로그램을 개발・연구하여야 관광객을 유치할 수 있도록 해야 할 것이다.

② 시설과 내용의 첨단화

주제공원의 시설과 내용은 현대과학의 첨단화와 집합체이다. 특히 IT산업과 첨단영화산업・우주산업・멀티미디어산업 등은 주제공원의 개발에 가장 큰 역할을 하고 있다.

③ 대형화와 지역특화 테마파크로 양분화

현대 주제공원은 대형화와 지역특화로 양분되어 가고 있다. 디즈니랜드 계열사는 연간 1천만명 이상을 모을 수 있는 유일한 테마파크이다. 또한 한국에도 에버랜드와 롯데월드도 연간 약 600만명 이상의 국내외 방문객이 찾는 종합 테마파크로서 위치를 확보하고 있다. 이와같이 테마파크는 해당 국가의 경제규모 또는 국민생활의 여가활동 수준과 밀접한 관련이 있다. 한편 최근에는 지역특성과 자원을 활용하여 지역경제 발전과 지역 관광명소로서 역할을 할 수 있는 단일 주제성격의 지방정부차원의 테마파크가 개발이 추진되고 있다.

④ 경영기법의 고도화

주제공원 대형화의 최대요인은 대형 주제공원의 건설과 운영을 가능하게 하는 산업기술의 발전이다. 즉, 주제공원의 경영기법이 고도화되고 있다. 이용자 측면에서 보면 대형 시설에 의해 다양한 레저수요를 충족시킬 수 있어 좋은 일이나, 기업측면에서 보면 대형 시설을 만들어 놓아도 매력이 없고 경영이 부실하다면 소비자들로부터 외면당하고, 기업의 성과도 역시 저조할 것이다.

⑤ 주제공원사업의 다각화

주제공원에서 사업의 다각화를 시도하고 있다. 월트 디즈니 프로덕션은 테마파크 디즈니랜드와 디즈니월드, 그리고 여러 만화영화로 잘 알려진 미국 최대의 엔터테인먼트기업으로 사업다각화를 통하여 영업이익 증대와 매출실적 증대를 가져 왔다. 국내의 주제공원들도 종전의 단순한 테마파크의 형태를 탈피하여 스포츠 · 레저 · 오락 · 취미 · 현장학습등 다양한 레저형태의 복합형 관광시설의 운영을 시도하고 있다.

⑥ 휴양체재형의 확대

현대 주제공원은 호텔과 콘도형 숙박기능을 부여하고 가족단위의 즐거움과 단체청소년들을 위한 체재형 테마파크의 개발이 이루어지고 있다. 예컨대 라스베가스에 있는 MGM 그랜드 호텔 테마파크는 객실수가 5,005실로 세계에서 가장 많은 객실을 보유한 호텔 테마파크이다. 또한 카지노와 환락의 도시인 네바다주의 라스베가스가 종전의 카지노나 향락적이던 이미지를 가족관광과 건전한 여가활동 및 다양한 이벤트행사로 체재목적형 관광지로 변신하는 데 성공을 거두었다.

⑦ 가족중심화

인구구조의 변화와 가족중심의 여가활동 패턴으로 인하여 가족단위 시장중심의 테마파크가 부상하고 있다. 그동안 10대와 20대의 젊은층에 폭발적인 인기를 끌고 있는 탑승시설보다는 노년층이나 가족 전체가 즐길 수 있는 놀이시설의 도입이라든가 놀고 즐기는 것보다는 교육적 성격이 된 역사·문화 및 첨단과학기술을 응용한 새로운 놀이시설이 각광받고 있다.

3 세계 각국의 주제공원 현황

1) 국외 주제공원 현황

(1) 미국

미국은 주제공원의 종주국이라고 할 수 있을 만큼 주제공원이 잘 개발되어 있는데, 약 600여개의 주제공원과 놀이공원을 소유하고 있고, 전 세계에서 약 60% 이상의 시장점유율을 가지고 있다.

주제공원의 원조는 캘리포니아 애너하임Anaheim의 디즈니랜드이다. 그 이전에도 1923년에 개원한 사이프레스 가든Cypress Gardens과 1924년에 개원한 노츠베리 팜Knott's Berry Farm 등이 있었지만, 시험적인 것에 불과하였다. 미국에는 현재 50여개소의 주제공원이 있으며, 그 중 네 곳은 디즈니랜드 이상의 규모이다 박종찬, 1989:12.

통계에 의하면, 1970년에는 3천만명이, 1976년에는 약 7천만명이, 1977년에는 약 8천만명이 주제공원을 방문한 것으로 나타났으며, 1981년에 5~6%가 줄었으나 1984년에는 약 9천만명이 방문하였다Yager, 1982: 167~174; Gupta, 1977; Vogel, 1984.

이제 미국에 있어서 주제공원은 거의 성숙기에 도달했거나 포화상태라고 보여지며, 1976년 이래 새로운 주제공원이 나타나지 않고 있다. 미국의 주요 주제공원을 살펴 보면, [표 13-5]와 같다.

구체적으로 디즈니랜드의 사례를 들어 살펴보면, 1955년 캘리포니아의 애너하임에 설립되어 현재 약 80에이커의 면적을 보유하고 있는 대규모 공원이다. 이 주제공원은 시설배치면에서 방사형 접근법에 기초하고 있다. 우선 주진입로가 있고, 중앙의 탑을 중심으로 주위에 각각의 개별주제를 가진 랜드들이 위치하고 있다. 각 랜드land는 내부적으로 개방되어 있으며, 방문객들은 한 매표소만을 통과하도록 구성되어 있고, 운송수단은 주로 모노레일monorail이나 패들 스티머paddle steamer 등이 이용된다. 이 주제공원은 각 주제를 가진 지역들이 근접해 있으며, 이들은 크게 어드벤처랜드Adventure Land와 물쇼를 볼 수 있는 프론티어

표 13-5 미국 주제공원 입장객수 상위 10위 현황

연도별순위		공원명	입장객(천명)
2005	2004		
1	1	매직킹덤(디즈니월드)	16,160
2	2	디즈니랜드	14,550
3	3	엡콧 센터(디즈니월드)	9,917
4	4	디즈니MGM스튜디오 테마파크(디즈니월드)	8,670
5	5	디즈니 애니멀킹덤(디즈니월드)	8,210
6	6	유니버셜스튜디오 올란도	6,130
7	7	디즈니즈 캘리포니아 어드밴처	5,830
8	8	아일랜드 오브 어드밴처(유니버셜스튜디오)	5,760
9	9	씨월드 플로리다	5,600
10	10	유니버셜스튜디오 할리우드	4,700

자료: 사단법인 한국종합유원시설 협회 자료실, 2006; 유재홍, 2008: 20에서 재인용.

랜드Frontier Land, 베어컨트리Bear Country, 신데렐라성을 포함한 판타지랜드Fantasy Land, 투모로우랜드Tomorrow land 등으로 구분되어 불린다. 각 지역은 탈 것Ride이라는 기본적인 주제를 포함하는 다양한 형태로 방문객들에 제공되며, 각 지역은 주제에 따라 상이한 특성을 갖도록 구성되어 있다. 예를 들어 어드벤처 랜드는 모험과 환상을, 프론티어 랜드는 향수nostalgic를 고유의 이미지로 한다. 이

들은 서로 같은 지역에 인접되어 있으면서도 전혀 다른 이미지를 갖는다(박종찬, 1989: 13~17). 디즈니랜드의 신선함과 매력을 유지시키는 역할을 하고 있는 또 다른 요인들로 보수 · 수리 · 청결유지 등의 완전성과 중앙통제시스템에 의한 생동감 있는 매력물의 제공 등이 있다.

(2) 유럽

유럽은 미국과는 달리 주제공원이 적은데, 이러한 이유는 첫째, 겨울이 길어 햇빛을 볼 수 있는 기간이 짧고 둘째, 국민성과 여가의식이 미국과 다르기 때문이다.

영국의 첫 번째 주제공원은 레저 · 스포츠회사에 의해 개발된 Chertsey의 Thorpe Water Park로, 이것은 수상스키와 같은 물에서의 활동과 Bluebird 및 Vlking Long ship과 같은 것들이 주제로 되어 있다. 그 외에 세계 유수의 성공적인 주제공원으로 덴마크 코펜하겐의 Tivoli Garden을 들 수 있다(박종찬, 1989: 12~17). 코펜하겐의 중심부인 중앙역 근처와 시청 사이에 위치하고 있는 Tivoli Garden은 19세기 초 전통적 유럽 위락공원(pleasure park)의 인기를 반영한다. Tivoli Garden은 덴마크인들이 그들의 자유헌법을 이룩하고 산업적 성장이 인기있는 환대시설에 대한 욕구를 만든 그 시대에 Georg Castensen에 의해 건립되었다. 입지적인 위치로는 오늘날까지 그 원형이 남아 있는 고대 성곽을 포함하고 있으며, 지금의 호수는 도시성곽에 흐르는 해저로부터 끌어 온 것이다.

개원시 공원의 중앙건물은 공연장이었다. 그후 1874년 Chinese peacock Theatre가 개장되었고, 1900년에 Pagoda Tower가 건립되었다. Tivoli Garden은 결국 시의회의 소유하에 들어와 운영 · 유지되었으며, 1900년대 초의 건물 중 현재까지 남아 있는 것은 Bazaar 등과 같은 무리시스타일(Moorish Style)의 건물로 대부분의 건물들은 1994년에 파괴되고, 새로운 건축물과 시설이 공원의 특성과 규모를 유지하게끔 재건된 것이다. 1956년에 새로운 공연장이 개장되었고, 어린이 놀이터가 1958년에 완공되었다. Tivoli Garden은 유럽인들의 감각에 의해 디자인되었으며, 도시인들이 복잡하고 시끄러운 생활환경을 떠나 여가생활을 즐길 수 있는 장소로 발전되어 왔다.

1992년 파리 근교에 유로 디즈니의 개장으로 인해 주제공원이 산업으로 주목되기 시작했다. 유로디즈니는 단순히 놀이의 장을 넘어서 도시기능의 중핵적인 역할을 담당하는 데 그치는 것이 아니라, 더 나아가 관광사업의 거대한 경제효과를 수반한다는 것, 또한 EC통합 차원에서 전 유럽의 관광객을 모을 수 있는 유효한 수단이 되고, 무엇보다도 사람들에게 꿈과 희망을 주며 소비를 유발시켜 기업수익과 연결된다는 취지하에 설립되었다. 유로 디즈니랜드는 프랑스 파리의 동쪽 32km 지점에 위치하고 있으며, 총면적 1,934ha의 광활한 대지에 각종 오락 · 휴식시설을 갖춰 '미국식 오락성'을 만끽할 수 있도록 설계된 '유럽 속의 미국땅'이다. 또한 파리 근교에 자리하고 있어 접근성이 용이하기 때문에 유로 디즈니랜드는 휴일이나 평일을 가리지 않고 몰려드는 가족단위 관광객들로 성황을 이루고 있다이봉석 등, 1998:278~279.

[표 13-5]는 유럽 주제공원 2005년 입장객수 상위 10위 현황을 나타내고 있다.

표 13-5 2005년 유럽 주제공원 입장객수 상위 10위 현황

(단위 : 만명, 1995년 기준)

순위	공원명 및 위치	입장객천명	순위	공원명 및 위치	입장객천명
1	디즈니랜드프랑스	10,200	6	에프텔링네덜란드	3,300
2	블랙풀 프레저 비치영국	6,000	7	리세베리스웨덴	3,150
3	티볼 가든덴마크	4,100	8	가르다랜드이탈리아	3,100
4	유로파 파크독일	3,950	9	바켄덴마크	2,600
5	포트 러벤추라스페인	3,350	10	알톤 타워즈영국	2,400

자료 : 사단법인 한국종합유원시설 협회 자료실, 2006; 유재홍, 주제공원의 방문자만족, 공주대학교 박사학위논문, 2008: 23에서 재인용.

(3) 일본

1983년을 일본 주제공원의 원년으로 본다. 1983년 4월 동경 디즈니랜드, 동년 7월 나가사키 오란다촌이 개장되면서 주제공원의 개념이 정착화되기 시작했다 박종찬, 1989: 12~17. 그 이전에도 주제공원의 성격을 띤 공원이 [표 13-6]에서 보는 바와 같이 몇몇이 있었고, 그 후에도 1986년 일광강호촌日光江戸村이 주제공원

의 성격을 띠고 있어 주제공원의 영역에 포함시켜도 무리가 없을 것으로 본다. [표 13-7]은 2005년 일본 주제공원 입장객수 상위 6위의 현황을 나타내고 있다. 또한 [표 13-8]은 일본의 2대 주제공원인 동경 디즈니랜드와 네덜란드촌을 비교한 것이다.

표 13-6 동경 디즈니랜드 이전 주제공원의 성격을 띤 공원들

명 칭	개장연도	기 타
유네스코村	1951. 9.	
메이지촌(明治村)	1965	
상반(常磐) 하와이센터	1966	
일본민가원(日本民家園)	1967	
리틀월드	1983	인간박물관

자료 : 박종찬, 1989: 18.

표 13-7 일본 주제공원 입장객수 상위 6위 현황

순위(2005년도)	공원명 및 위치	입장객(천명)
1	도쿄 디즈니랜드	13,000
2	도쿄 디즈니 씨	12,000
3	유니버셜스튜디오 재팬	8,000
4	요코하마 학케이지마 씨 파라다이스	5,300
5	나가시마 스파랜드	3,800
6	스즈카 써키드	2,600

자료 : 사단법인 한국종합유원시설 협회 자료실. 2006; 유재홍, 2008: 22에서 재인용.

표 13-8 일본의 2대 주제공원 비교

시설명	동경 디즈니랜드	오란다촌
운영회사	Orietalland	네덜란드촌
개설일	1983. 4.	1983. 7.
자본금	30억엔	16억엔
매상고	초기 1,800억엔	초기 8억엔
투자총액	개장 후 27억엔	개장 후 152억엔

자료 : 박종찬, 1989: 18.

동경 디즈니랜드는 일본 중고생들에게 상당히 인기가 있는데, 이것의 매력은 첫째, 기본개념concept이 뚜렷하고 둘째, 이벤트의 일본적인 맛을 가미함으로써 재방문을 유도했고 셋째, 쇼핑을 좋아하는 일본인을 겨냥한 캐릭터상품 넷째, 주변을 관광단지화한 전략 등이다. 1993년 개장된 '오션 돔'은 해변시설을 가지고 있는데, 이 해변시설은 연중 상온을 유지하여 많은 관광객들이 애용하고 있고, 호텔과 골프장이 제공되어 최적의 휴식공간이 되고 있다.

한편 일본에서는 주제공원에 대기업이 신규참가를 하고 있는데, 이러한 이유로는 동경 디즈니랜드의 성공 때문이었다. 즉, 동경 디즈니랜드의 성공은 내용과 거대투자가 가져오는 규모가 방문객을 유인하는 매력 때문에 발생했으며, 이러한 성공은 자본주의의 논리를 대변한 것이다.

오리엔탈랜드의 『2009년 연차보고서』2009 Annual Report에 제시한 도쿄 디즈니리조트의 수익기반을 보증하는 4가지 강점은 다음과 같다. 첫째, 반경 50km 이내에 생활수준이 높은 약 3천만명의 주민이 거주하고, 도심으로부터 불과 10km 거리에 약 200만㎡의 광대한 부지 내에 위치하고 있으며, 접근성의 편리함을 들고 있다. 둘째, 미국 디즈니사Disney Enterprises, Inc와의 업무제휴를 강점으로 지적하고 있다. 셋째, 축적된 테마파크 노하우인 무형의 고품격 대고객 서비스와 지속적인 추가 투자를 통한 매력물과 수용능력을 확장시켜 고객유치를 통한 현금흐름cash flow을 증가시킨다. 넷째, 안정적인 현금흐름을 창출하여 지속적 추가투자를 실현하는 것을 모토로 삼고 있다.

도쿄 디즈니랜드 전 부사장 가미사와 노보루는 도쿄 디즈니랜드의 성공비결로 먼저 외적 요인으로 첫째, 디즈니랜드가 가지고 있는 일일권 내의 입지조건과 도쿄만 연안도로 정비와 JR선 연결 및 삼면이 바다로 둘러싸인 해안매립지로서 개발에 큰 제약이나 지장을 받지 않고 또 디즈니랜드가 추구하는 '비일상적인 축제공간'을 만들기에 적합한 도심에 위치하면서, 동시에 도쿄만 매립지이기에 가능할 수 있었던 독립된 공간이라는 지정학적 조건을 들고 있다. 둘째, 지바현으로부터 불하라는 낮은 비용으로 용지를 취득할 수 있었으며, 자금지원을 승인받기 위해 지바현의 지원으로 금융기관에 지불보증 및 불하된 땅의 용도를 유원지용에서 주택용으로 용도변경을 얻어내어 디즈니랜드가 실패로 끝나더라도 그 토지를 주택지로 사용할 수 있다는 담보가치 설정을 취할 수 있었으므로,

은행은 주식회사 오리엔탈랜드 측에 무담보로 융자를 해줄 수 있는 조건형성이 되었던 것이다. 셋째, 시대적 배경을 성공비결로 들고 있다. TDL이 개장 당시 1980년대는 일본경제가 성숙기를 맞아 일본인의 가치관이 경제 중심에서 생활중시로, 물질적 풍요로움에서 마음의 풍요로움 추구로 크게 변하는 시기였으며, 국민들 사이에서 싹트기 시작했던 생활 · 문화 · 오락에 대한 지향이 든든한 순풍이 되었다고 한다.

내적 요인으로는 첫째, 월트 디즈니의 철학에 의한 장기적인 시야에서 비즈니스를 내다 보며 졸속을 경계하는 경영풍토이다. 비용은 고가이나 고품질이라는 점에서 고객의 만족도를 높이고, 그것이 결국에는 높은 집객력을 오랫동안 유지하는 비결로 통하게 된다는 것이다. 둘째, 변화력혁신력으로, "매일이 초연初演이다."라는 월트 디즈니의 고집처럼 고객이 그 느낌을 받을 수 있도록 디즈니랜드에서는 항상 신선하고 변화하는 것을 중시하며, 그 결과 디즈니는 결코 '완성'되지 않고, 매일매일 변화 · 성장해 가는 생명체로서 이러한 변화는 탁월한 기획력과 창조력이 있어야 가능함을 지적하고 있다. 셋째, 성공의 비결로는 '사람의 마음에 다가가는' 접객서비스를 그 예로 들고 있다. 매뉴얼을 뛰어넘는, 배려하고 늘 신경쓰는 대접待接의 마음, 그것이야말로 사람들을 TDL로 달려가게 하는 최대요인임을 강조하고 있다최문용, 2009.

오리엔탈랜드의 우에니시 교우이치로 사장은 최근 일본 경제주간지 『동양경제』와의 인터뷰에서 디즈니랜드가 고객에게 전하는 감동과 행복이라는 콘텐츠와 도쿄 디즈니랜드의 지속적인 설비투자가 맞물려 개원 25주년에 최고실적을 거두었고, 보통 10년 주기의 신규사업계획을 고객의 빠른 반응에 대응하기 위해 3년단위로 미래를 준비하고 있으며, IT기술을 활용한 고객과의 커뮤니케이션 시스템을 다양한 경로로 구축하여 어트랙션 대기시간을 리얼타임 고지를 통해 디즈니 리조트 어느 곳에서도 대기시간을 현재시점에 알 수 있게 함으로써 고객이 더 많은 체험을 할 수 있도록 할 것임을 피력했다.

나가오카 아키오 오리엔탈랜드 회장은 2008년 11월 블룸버그 통신과의 인터뷰에서 동남아시아 여행객을 목표로 입장객수를 3년 내에 현재보다 20% 포인트 더 늘리기로 했다고 밝혔다.

도쿄 디즈니랜드는 내방객 유치를 위한 다양한 마케팅 전략을 수립하고, 2008

년 초부터 디즈니랜드 25주년 프로그램과 태양의 서커스 '제드'Zed를 내세워 해외판촉활동을 통한 외국인관광객 유치를 꾸준히 늘려가고 있다유석환, 2009: 156~158.

일본의 주제공원은 첫째, 영화나 만화를 배경으로 한 주제 둘째, 외국풍물의 주제 셋째, 첨단과학을 이용한 학습체험의 주제 넷째, 역사를 배경으로 한 주제로 나눌 수 있다.

2) 국내 주제공원 현황

우리나라 주제공원의 효시는 서울대공원 내의 서울랜드라고 할 수 있다. 물론 그 이전에도 이와 유사한 개념으로 개발되어진 공원이 있으나, 본격적으로 주제공원의 개념을 가지고 개발한 것을 이것이 처음이다.

1988년 5월 10일 경기도 과천시에 개장된 서울랜드는 우리나라 최초의 본격적 주제공원으로 규모는 비교할 수 없으나, 그 시설과 구조면에서는 외국의 주제공원과 유사하다. 양쪽으로 세계 각국의 풍물을 한눈에 볼 수 있는 건축물들이 환상적으로 펼쳐 있는 주진입로는 중앙의 분수로 연결되며, 이것을 기점으로 한 하나의 노선에 따라 여러 가지 주제를 가진 시설물들이 펼쳐져 있다. 서울랜드는 대도시인 서울의 근교에 위치하여 도시인들의 휴식공간으로 자리를 잡아가고 있으며, 특히 서울대공원에 포함되어 있어 큰 이점을 안고 있다. 1987년에 개장된 드림랜드는 서울랜드에 비해 일찍 개장되었고, 시설 등 여러 측면에서 주제공원의 성격을 많이 가지고 있어 주제공원으로 분류할 수는 있지만, 단정하기는 곤란한 점이 있다. 다만, 주제공원의 성격을 띤 공원으로 우리나라에 주제공원이 정착되기 위한 준비단계의 하나라고 할 수 있으며, 차후 서울랜드 · 롯데월드 등 본격적인 주제공원 설립에 큰 영향을 끼치고 있다. 그 외의 본격적인 주제공원으로 롯데월드가 있으며, 주제공원의 개념이 포함되어 있는 공원으로 에버랜드와 경주월드 등을 들 수 있다.

결론적으로 우리나라에서 주제공원이라고 할 수 있는 것은 한국민속촌 · 에버랜드 · 프라자랜드 · 경주월드 · 부곡하와이 · 드림랜드 · 서울랜드 · 롯데월드 · 엑스포과학공원 · 우방랜드 · 캐리비안베이 등이 있다. [표 13-9]는 국내 위터파크 2008년도 운영현황을 나타내고 있다.

우리나라 주제공원은 2009년도 입장객 기준으로 에버랜드가 세계 6위, 롯데월드가 7위를 차지할 정도로 성장하여 입장객 기준으로 디즈니랜드를 ㅂ롯한 세계적인 주제공원테마파크들과 우위를 겨루고 있다. 하지만 우리나라 주제공원들의 문제점들을 살펴보면, ① 자금투입 규모면에서 외국의 대형 테마파크기업들에 비해 열세에 있고, ② 좁은 국토와 인구의 도시집중으로 주제공원의 70% 이상이 서울 등의 수도권에 집중되어 있어 상권에 한계가 있으며, ③ 기본개념과 다양한 주제개발이 부족하여 주로 입지선행형 개발을 하고 있다.

표 13-9 국내 워터파크 운영현황(2008년)

워터파크		소재지	개장연도	이용객수(명)	비 고
삼성 캐리비안베이		경기도 용인시	1996. 7	1,483,000	
대명 오션월드		강원도 홍천군	2006. 7	1,250,000	
상록 리조트		충남 천안시	1998. 7. 4	195,000	
경주 캘리포니아비치		경북 경주시	2008. 6	210,000	
아산 스파비스		충남 아산시	2001. 4. 13	599,000	
덕산 스파캐슬		충남 예산군	2006. 7. 21	576,500	그랜드오픈 (2007. 3)
한화 워터피아		강원도 속초시	1997. 7	570,500	
블루캐니언		강원도 평창군 봉평면	2008. 6	219,000	
피크아일랜드		강원도 평창군 대관령면	2008. 7	139,000	
대명 아쿠아월드	설악	강원도 속초시	2004. 7	143,000	
	경주	경북 경주시	2006. 7	315,000	
	단양	충북 단양시	2003. 7	272,000	
	양양	강원도 양양군	2007. 7	198,000	
	변산	전북 부안군 격표면	2008. 7. 24	370,000	2007. 7. 24 ~ 2008. 8. 31

자료 : 유석환, 2009: 179.

이를 극복하기 위해서는 첫째, 민간기업과 정부가 공동으로 참여하는 제3섹터 방식의 개발과 외국의 대형 테마파크기업들과 체인화 경영으로 자금부족문제를 해결할 수 있을 것이다. 둘째, 농촌 · 목장 · 어촌 등의 테마로 1차 산업과 관련된 현장학습 · 캠핑활동이 가능한 농장형 주제공원의 개발과 광산지대를 재개발하여 조성한 산악형 주제공원의 개발, 쇼핑센터와 결합한 주제공원, 드라마나 영화세트를 이용한 주제공원, 나비 · 새 · 곤충 · 파충류 · 식물 등의 생물을 이용한 주제공원, 전통문화유산을 이용한 주제공원과 같이 독창성과 지역성을 살린 소규모의 주제공원 개발로 주제^{테마}의 부재와 상권의 한계성을 극복할 수 있다김상무 등, 2001: 340.

4 우리나라 주제공원의 문제점과 해결방안

우리나라 주제공원산업을 중심으로 살펴본 문제점은 첫째, 자금투입 규모면에서 열세이고 둘째, 상권의 지역성에 한계가 있으며 셋째, 영화산업의 기반도 약하고, 오락을 상품으로 연결하여 산업화하는 데 기술과 전문인력이 부족함에 기인하는, 기본개념과 다양한 주제개발의 부족현상이 발생하고 있다이봉석 등, 1998: 287~288.

따라서 우리나라 주제공원의 해결활성화방안으로 다음과 같은 것들이 제시된다유석환, 2009: 179~184.

365일 전천후 실내 테마파크인 롯데월드는 실내공간의 특성을 살려 "낮을 밤으로!, 여름을 겨울로!, 겨울을 여름으로!"라는 기치하에 전혀 반대되는 환경 및 태양광 돔을 이용한 지구상에서 그 유래를 찾을 수 없는 초환경적인 그린파크를 탄생시켜, 고객감동과 더불어 방문고객 유치의 극대화를 추구할 수 있을 것이다. 현재 개발 중인 워터파크, 유니버셜 스튜디오, 충남백제재현단지, 샤롯데시어터의 전국 프랜차이즈화를 비롯해 카드사업부문과 유통망과 함께한 스폰서십 제휴 등으로 전국의 테마파크 및 리조트와의 협력체계를 구축하여 현 롯데월드의 체계화된 선진 정비 및 운영 등의 컨설팅을 비롯한 스폰서십 재투자 등을 통한 협력 · 제휴관계 구축 등으로 관광 마케팅의 선진화를 구축할 수 있을 것이다.

둘째, 에버랜드는 실외 테마파크의 단점인 영업일수 제약을 극복할 수 있도록 향후 개발확장되는 에버랜드 일정부분을 실내 파크화하여 경기도로부터 관광단지 지정과 함께 추진하고, 첨단 테크놀로지를 개발시 적용하여 프랑스 퓨처러스코프'보다 더욱 진화된 세계 유일의 대형 평판 모니터로 구축된 영상 테마파크 조성 등이 가능할 것으로 본다. 영상 소스에 따른 무궁무진한 가능성을 지닌 영상문화 콘텐츠를 이용해 현재 테마파크 매력물의 아킬레스건인 수명주기에 따른 매력물 리노베이션의 한계적인 요소를 편의대로 바꿀 수 있다. 국·내외 유명 아티스트와 연계되어 운영할 수 있는 첨단 테마파크를 조성할 수도 있을 것이다. 부가하여 IT강국의 특성화산업과 연계한 전 세계적 유일의 게임파크를 조성하여 온라인 게임강국 위주에서 전 세계게임 시장을 주도할 수 있도록 카네기 멜론, 성균관대학교, 삼성그룹 등이 산학협력체계를 구축하여 세계유수의 교육기관, 게임개발 벤처단지와 게임경기장, 개발회의, 교육, 신제품 론칭, 게임대회가 가능한 컨벤션센터 등을 갖춘 게임복합타운을 조성하고, 지구촌 청소년들을 포함하여 전 세계 IT산업의 교류채널을 유치할 수 있는 IT문화콘텐츠의 메카로 거듭날 수 있을 것이라고 본다.

셋째, 테마파크끼리 연합되어 네트워크화된 거대 파크 조성에 관한 검토를 제안해본다. 내방객 접근성을 고려한 인근지역 파크 및 원스톱형 리조트를 클러스트화하여 효율화어트랙션 도입시 중복회피, 공동정비, 공동 리노베이션, newwork화된 park 간 종합자유이용권제도 도입 및 대형 퍼레이드 공동제작 등를 추구함으로써 TDR보다 다양한 미국의 디즈니월드와 같은 형태의 매머드 리조트 혹은 파크를 조성함으로써 관광문화산업의 메카로 등극할 수 있다. 태생적 차이는 있으나 이미 Six Flags 등 프랜차이즈형 테마파크가 북미를 포함하여 전 세계적으로 하나의 시스켐하에서 운영되고 있으며, 국내 대형 파크들 상호 간의 서비스 및 기술제휴 등을 통한 위탁경영 및 위탁정비체계 구축이 가능하다. 예를 들면 반경 1시간 거리 내 대구·부산·울산·포항·창원 등 배후도시세력이 강하며, 또한 자체 인프라 구축이 기본적으로 잘 갖추어져 있고, 외국인 유치에 필요한 기존의 한국적인 관광문화상품과 각종 편의시설 그리고 공연장을 이미 잘 갖추고 있는 경주시와 같은 도시를 최적의 대상지라고 할 수 있다. 엑스포 공연장에는 경주·부산·대구·울산·포항·창원까지 연합하여 '태양의 서커스' 등 최고의 공연을 유치할 수 있는 상설 공연장을 만들어 중국을 포함한 동남아관광객 유치를 극대화하는 등 전국 관광문화산업의 메카로서 자리매김을 할 수 있다. 또한 부산을 겨냥한 국제 컨벤션산업 유치를 연계하는 교두보를 확보할 수 있다.

넷째, 홍보 · 판촉 · 시설교환 및 비수기 대책강구 등 마케팅활동의 공유화로 국내는 산 하나 넘으면 기후 및 식생여건이 달라지는 곳도 많고, 지척이 구만리인 곳도 있기는 하나, 전국이 1일 생활권화된 것이 이미 오래이고, 면밀한 검토를 해보면 고속철 및 SOC 확충에 따른 도로 및 교통여건의 개선 등으로 이미 전국 어디서나 서울 대형병원에서 하루 내에 진료받고 집에 돌아갈 수 있는 것이 현실로 와 있는 지금, 1일 생활권 내에서 살고 있다고 할 수 있다. 국내 관광형태를 살펴보면, 개인 및 단체 관광코스가 과거의 것과 크게 변동이 없이 운영되고 있었으나, 최근 중 · 고교 현장학습의 경우를 비롯해서 학급단위로 가까운 거리의 장소에 다녀오는 추세도 있다. 선택의 폭이 커진 것이다. 전국 유명축제는 그 자리를 잡아가고 있으나 한시적으로 운영된다. 연합하여 인근 테마파크를 중심으로 새로운 관광코스를 창출할 수도 있다. 유치 프로그램은 공유하여 여행사 · 이벤트사와 함께 공유하고 연합하면 전국적인 프로그램을 주고받을 수 있는 선택의 폭이 커진다.

테마파크의 매력물은 이제는 더 이상 탑승 · 관람물과 공연 엔터테인먼트에 한정된 구성요소가 아니다. 이들에게 생명력을 불어 넣을 수 있는 이야깃거리story telling가 존재함으로써 가족이 대를 이어가며 할아버지 · 할머니의 기념일 등을 그 아들 · 딸이 자식들을 데리고 지금도 존재하는 테마파크에서 함께 '시간여행'을 하며 대화할 수 있는 것이다. 과거체험을 불러일으키며 시간이 지난 지금 새롭게 체험하며 자연스럽게 서로를 공감할 수 있는 대화의 오브제object이자 공간이라고 할 수 있다. 이는 다른 관광상품과의 차별점으로 내방객계층별로의 트렌드에 부합되는 매력물과 올디즈 밧 구디즈olddies but goodies가 공존하는, 즉 재투자로 새로운 구성요소를 확충해야 하나 변함없는 추억의 롱테일 어트랙션이 존재함을 설명하고 있다.

끝으로 서비스체계를 구축하여 고객에게 감동이 묻어나오는 탈일상을 조성하는 창조적인 일이야말로 간과할 수 없는 재투자일 것이다. 매력물에 대한 효율적인 재투자는 물론, 이와 관련한 자체 및 국 · 내외 벤치마켓을 위한 교육에 투자되는 비용을 포함하고, 노동집약적인 장치장식산업에서 가장 중요하다고 할 수 있는 인건비와 상품매출, F&B 분야와 부대매출 등의 제반 분야를 망라해서 미래에 지속가능한 성장을 추구할 수 있는 테마파크 마케팅 전개를 위한 재투자가 이루어져야 할 것이다.

앞에서 언급한 해결방안은 다음과 같이 주제공원의 미래환경 변화를 고려하여야 할 것이다김상무 등, 2001 : 341~346.

- 주제테마의 다양화
- 시설들의 최첨단화
- 규모의 대형화
- 경영기법의 고도화
- 사업의 다각화
- 체재형 주제공원의 시도
- 가족단위중심의 주제공원 부상

한편 조방현2009은 국내에서 운영되고 있는 유명 테마파크와 해외에서 운영되고 있는 유명 테마파크의 서비스품질을 조사해 그 차이를 규명하여 국내 시장에 적합한 서비스품질을 제시하였는데, 결론을 다음과 같이 제시하고 있다.

첫째, 해외 테마파크와 국내 테마파크의 서비스품질 5개 요인은 모두 이용객의 만족도에 유의한 영향을 미치는 것을 알 수 있었으며, 국내 테마파크와 해외 테마파크 간의 서비스품질의 차이는 없었다.

둘째, 해외 테마파크와 국내 테마파크의 서비스품질 5개 요인은 이용객의 재방문의도에 유의한 영향을 미치는 것을 알 수 있었으며, 국내 테마파크와 해외 테마파크 간의 재방문의도의 차이는 없었다.

셋째, 해외 테마파크와 국내 테마파크의 이용객 만족도는 이용객의 재방문의도에 유의한 영향을 미치는 것을 알 수 있었으며, 국내 테마파크와 해외 테마파크 간의 재방문의도의 차이는 없었다.

즉, 그의 연구에서는 국내 테마파크와 해외 테마파크 간의 서비스품질과 만족, 그리고 재방문 의도 간의 영향의 차이는 나지 않는 것으로 나타나서 그만큼 우리나라의 테마파크산업이 세계적인 수준으로 운영되고 있다고 볼 수 있으나,

조사대상이 대부분 국내 거주인이라는 것이 그의 연구의 중요한 제한점으로 대두될 수 있다.

미래 국가발전사업으로 인식되어 막대한 자금이 투자되고 있는 테마파크산업은 향후 우리나라의 서비스산업이 어떠한 방향으로 반전되어야 할 것인지를 가늠할 수 있는 척도가 될 수 있다. 따라서 앞으로 테마파크산업을 발전시키기 위해서는 서비스품질관리를 어떠한 방향으로 발전시킬 것인가를 생각하는 것이 가장 우선적이라고 할 수 있을 것이다(조방현, 2009: 42).

제2절

리조트 사업

1 리조트 사업

1) 리조트의 의의와 개념

산업화사회는 정신생활에서의 피로와 갈등이 증가하고 있어 현대사회가 부과하는 다양한 스트레스에서 벗어나고자 하는 사람들이 증가함에 따라 리조트에 대한 욕구와 필요성이 증가하고 있다.

구미 리조트의 역사를 살펴보면 왕후와 귀족 등을 포함하는 특권계급이 이용한 영국의 배스Bath나 독일의 바덴바덴Baden Baden 등의 온천장에서 원류를 찾을 수 있다. 그 뒤 산업혁명 이후에 부유평민층들이 영국의 리조트, 프랑스의 해안부, 스위스의 산악지대 및 미국의 플로리다 리조트를 이용하였고, 제2차 세계대전 전후 노동자층의 소득과 여가 확대에 기인하여 국민 전체를 대상으로 리조트의 이용이 전개되었다. 국민 전체의 리조트 이용의 예는 프랑스의 랑그독 루시옹Languedoc Roussillon 리조트 및 미국에서의 민간에 의한 각종 리조트가 해당된다.

이러한 리조트 역사를 살펴볼 때, 리조트는 세 가지 요소, 즉 첫째, 몸을 보하는 보양성 둘째, 장기간 체류하는 장기체재성 셋째, 다양한 여가활동을 포함하는 여가활동의 다양성의 요소를 포함하고 있다. 리조트resort라는 단어는 프랑스어의 resortier re=again, sortier=to go out에서 출발했는데, 간단하게 정의하면 레크

리에이션의 추구, 건강 증진 등의 목적을 가진 사람들이 방문하는 장소이다Mill, 1992: 240

이봉석 등1998은 리조트를 "국민이 여가를 이용하여, 자유로운 시 · 공과 인간관계 속에서 체재하면서 스포츠, 레크리에이션, 교양문화활동, 휴양, 집회 등의 일상생활과는 다른 다양한 활동을 함으로써 국민들로 하여금 새로운 휴식relaxation과 자극stimulation, 그리고 상실되어가는 인간성을 재발견할 수 있도록 종합적 기능이 정비된 지역"으로 정의하고 있다. 따라서 리조트라고 했을 때는 체재성, 자연성, 보양성, 다기능성, 공익성 등의 요건을 갖추는 것이 필요하다이봉석 등, 1998: 319. 즉, 리조트는 많은 수의 관광객을 유치하고 서브를 제공하기 위한 명확한 목적을 가지고 매력물과 쾌적한 환경을 결합함에 의하여 만들어진다Hudman, 1989: 67.

| 표 13-10 | 관광지와 리조트의 차이

구 분	관광지	리조트
목적	• 발견 • 호기심 • 탐험 • 정신적 • 부성적	• 여유 • 기분좋음 • 쾌락 • 신체적 • 모성적
감각	• 긴장 • 자극적 고무	• 이완 • 안식감
장소와의 관계	• 여행 • 표박(漂泊) • 여인	• 정주 • 전지 • 준주민
여행 형태	• 일인 • 일박 • 일회	• 다수 • 체재 • 재방문
공간	• 부성적 관광자원	• 모성적 환경
시간과의 관계	• 시간 초월	• 현재를 삶

자료 : 김영빈, 「조경 · 관광 리조트 개발의 실제론」, 동화기술, 1999, p.16.

리조트는 관광지라는 말과 같은 것으로 활용되는데, [표 13-10]에서 나타난 바와 같이 엄연히 구별될 필요가 있다.

[표 13-10]에서 나타난 바와 같이, 리조트는 관광지보다 개개인의 인간성 회복, 자기충실을 위한 다양한 여가활동을 전개하는 장으로써, 그곳에 거주, 체재, 살

수 있는 생활의 장으로서 여가를 즐길 수 있는 공간의 성격이 더욱 짙다고 하겠다.

2) 리조트 사업의 특성, 형태 및 시설

(1) 리조트 사업의 특성

로빈슨은 6개의 리조트 사업의 특성을 확인하고 있는데, 그것 들은 다음과 같다Robinson, 1976: 157~158.

1. 제조업이 최소화되며, 서비스 분야가 중심이 된다.
2. 대부분의 리조트 경우 구성원들이 대부분 노년층으로 구성되지만, 스키장은 예외이다.
3. 많은 구성원들이 집에서 휴양지로 통근을 한다.
4. 고용수요와 관광객 흐름이 계절적으로 편중되고 있다.
5. 투자자들이 별장second home에 대해 투자를 하는 경향이 있다.
6. 대도시 옆에 위치하는 경우를 제외하고 규모는 작다.

이 밖에 추가적인 리조트 사업의 특성은 다음과 같다이봉석 등, 1998: 320~321.

1. 생산과 소비의 동시점 · 동지점성Inseparability
2. 수요의 불안정성 및 계절성
3. 막대한 자본투자
4. 무형성Intangibility
5. 신속성
6. 서비스과정의 고객참여
7. 소멸가능성Perishability
8. 노동집약성
9. 리조트서비스의 융통성
10. 일과성
11. 측정의 곤란성
12. 불가역성
13. 시간과 공간의 특징성
14. 저장 불가능성

(2) 리조트의 형태

리조트는 이용형태에 의한 분류, 조직에 의한 분류, 주제에 의한 분류, 입지조건으로 분류하면 다음과 같다(김영빈, 1999: 31~37).

① 이용형태에 의한 분류

- **주말형**

당일형 또는 일박형으로 이용되는 리조트로 대도시 주변에 주로 많이 입지를 한다. 이 리조트는 손쉽게 이용가능한 것이 특징이다. 스포츠 레저나 오락적인 요소가 부여되는 것이 필요하다. 이후 주휴 2일제의 완전정착에 수반한 대도시권에 거주하는 사람들의 여가활동의 장소로서 점점 그 수요의 증대가 예상된다. 이것은 장기체재형 리조트와 더불어 한층 정비충실이 요망된다.

Ⓐ 장기체재형

- **호텔 중심형**

호텔 등 숙박시설, 별장 등의 제2의 집(별장)을 중심으로 장기체재하는 리조트, 주로 리조트 생활이 호텔 내에서 끝나는 호텔 중심형은 요금에 알맞은 시설내용, 등급 등 선택의 폭넓은 장점이 있으나 이용료가 높고 장기체류는 계절 폭이 크기 때문에 우리나라의 리조트는 연 가동률이 낮고(20~60%), 연간 가동률을 평준화하지 않으면 채산이 맞지 않아 호텔 이용자에게 각종 특전을 주고 회원제도를 취하며 연간이용의 평준화를 추진하는 예도 있다.

- **별장 중심형**

별장을 중심으로 한 리조트는 체재기일이 길고 반복·이용되는 것이다. 이제까지 우리나라 여가활동은 스키와 골프, 낚시라고 하는 단일 목적의 레저활동을 위한 체재이었던 것에 대하여 점차 체재 그 자체를 목적으로 한 것으로 변화되어가고 있다. 이후 장기체재형의 리조트로의 요구도 점차로 높아져갈 것으로 예상된다. 체재로부터 반정주형으로 이용되기 때문에 생활공간으로서의 기능의 충실이 요망된다.

Ⓑ 정주형

이 유형은 장기에 걸친 정주형의 체재가 행해지는 리조트, 즉 정주를 전제로 하기 위해 리조트로 생활기능이 가장 필요로 하는 특징이라 할 수 있다. 다시 다음과 같은 변형이 있다.

● 은퇴층을 위한 리조트

이 형의 리조트의 대표적인 형으로서는 직장생활을 마친 고령자를 대상으로 한 리조트가 있다. 제일선의 직장을 떠난 고령자가 보람을 갖고 생활하는 장을 주 기능으로 하는 공간적 여유를 갖고 높은 수준의 생활기능, 보람 있는 직장, 생애학습의 장과 건강유지 증진을 위한 훈련의 장이 필요하다. 또한 각종 병원, 진료소 등의 의료기관이 필요함과 동시에 간호할 수 있는 주택 등도 갖추어져야 하는 것이 바람직하다.

● 리조트로부터 통근 이용을 전제로 한 리조트

가족의 건강을 유지하기 위한 주말을 보내기 위해 쾌적한 환경의 리조트로 이주하여 도시로의 직장으로 통근하는 생활 행동양식이 증가하고 있다. 이와 같은 리조트는 도시와 연결하는 고속 교통기관의 존재가 필수조건으로 합쳐서 양호한 환경하에서의 생활공간이 필요하게 된다. 다시 각종 정보 기자재의 보급을 수반하여 자기 집에서 리조트 근무가 가능해지면 그와 같은 유형의 리조트가 바람직하게 된다.

● 비즈니스 리조트

리조트의 놀이기능과 주거기능에 직업기능을 첨가한 형태의 리조트이다. 연구개발시설과 그에 관련된 첨단산업 등의 직장이 리조트에 도입됨으로 인해서 자기완결형의 도시가 형성된다. 이와 같은 리조트의 성립에는 당초부터 지역 형성을 위한 전략을 근거로 단계적으로 계획적인 마스터플랜을 세우는 것이 필요하다.

② 조직에 의한 분류

Ⓐ 폐쇄시스템

가장 특징적인 예로서 지중해 클럽을 들 수 있다. 이것은 리조트 기점 내에서 모든 리조트의 활동이 가능하도록 계획되어져 있고 리조트 생활의 모든 면에서 이용자가 즐길 수 있도록 되어 있는 프로그램과 시스템이 구성되어 있다. 공간적으로는 원칙으로 폐쇄된 세계를 형성하고 있고 리조트 내에서는 G.O신사 조직자라 하는 레크리에이션 지도자적인 역할을 가진 단체 간부에 의해 세부적인 이용을 위한 프로그램이 전개되고 있다.

Ⓑ 개방시스템

체재의 거점과 복수의 배치형태군을 갖고 주변지역과의 녹지 이용을 전제로 한 리조트, 전항의 교차된 리조트는 오히려 특이한 경우이며 일반적으로는 그와 같은 리조트가 많다. 리조트 생활은 거기에서 생활행위 전반이 대상이 되나, 개개의 활동은 다양하기 때문에 특종의 레크리에이션 종목과 획일적 서비스로서는 만족할 수 없다. 특히 리조트 활동의 주체가 체재로부터 반정주형으로 이해함에 따라서 활동공간은 폭넓게 다방면으로 전개되어진다. 프랑스의 랑그독 루시옹에 있어서는 리조트 내에 여행 대리점이 있고, 그 체재기간의 리조트 활동에 컨설팅을 행하고 있다.

이와 같은 체재의 거점에 있어서 다양한 선택성을 제공할 수 있는 정보거점이 있고 여러 가지 레크리에이션 활동이 가능한 배치형태군이 존재하는 것이 필요하다.

③ 주제에 의한 분류

리조트를 테마에 의해서 분류하면 다음과 같은 것이 있다. 실제는 이중 복수가 조합된 것으로 된다.

Ⓐ 스포츠형의 리조트

● 마린 스포츠형

해안, 요트 선착장, 마리나, 낚시터, 윈드서핑 기지, 다이빙 교실, 마린 스포츠시설을 중심으로 호텔 등의 숙박 체재기능과 레스토랑, 쇼핑 등의 상업기능을 배치한 리조트이다.

우리나라에서는 이제까지 여름철 이용에 한정된 경향이 있으나, 요즘 해수욕 등의 비치 활동에서 각종의 마린 스포츠와 크루즈 여행 등 마린 레저 활동의 종목이 확대되고 또한 그 이용자도 일반화되어지기 때문에 연간을 통한 이용이 행해지고 있다.

- 스키 스포츠형

산악과 고원의 지형과 적설 조건에 따라 각종 형의 스키 리조트가 있다. 호텔 등의 숙박, 체재기능을 중심으로 레스토랑, 쇼핑 등의 시설이 배치되지만 젊은 세대의 이용자가 스키족의 활동을 즐길 수 있는 장소와 거주기능이 높은 숙박시설을 구비하는 것이 중요한 요건으로 되어 있다.

지금까지의 스키리조트는 학생층을 중심으로 한 젊은 층에 표적을 맞춘 개발이 많았으나 아이부터 중 · 고령층에도 즐길 수 있는 시설 장비도 필요하게 된다.

- 야외 스포츠형

특징적인 형으로는 테니스, 골프 등의 스포츠 리조트를 들 수 있다. 테니스 코트를 중심으로 한 리조트 관광지는 곳곳에서 볼 수 있으며, 이러한 것들은 일반 학생의 스포츠 합숙을 목적으로 한 민박, 펜션민박형의 소 호텔의 부대시설로서 성립되어온 것이다.

또한 대규모로 정비되어지는 것은 없으나 외국의 리조트에 있어서는 체육 클럽의 부대시설인 라켓 클럽으로서 반드시 여러 곳에 코트를 갖고 있는 예가 많다. 골프는 모든 연령층, 남녀의 구별 없이 이용되는 스포츠이며, 체재형의 리조트 지역에 있어 골프 코스는 없어서는 안 되는 시설이다. 골프 코스는 대규모인 자연지의 개량을 수반하기 때문에 자연환경과의 조화에 유의하여 개발이 행해지지 않으면 안 되지만 적절히 개발되면 리조트로서의 환경 이미지를 높이는 효과가 기대된다.

Ⓑ 가족 레크리에이션형

주로 가족 등의 레크리에이션 이용에 대응한 리조트이다. 도시에서 자연으로부터 격리되어 자란 어린이들에 있어서 자연 속에서의 체험학습은 빼놓을 수 없는 것이다.

Ⓒ 수공예품 취미형

예술활동을 위한 아틀리에화실지역의 전통 공예체험을 위한 수공예품센터 등 취미를 살린 여가활동이 행해지는 리조트이다.

이제부터는 은퇴한 사람들이 보람 있게 자기의 취미를 살릴 수 있는 생활 근거지를 구하여 도시 거주자가 개인이나 친구와 함께 이주하여 그 장소에 알맞은 공예품과 식품 등을 만드는 일에 종사하든가 농업과 임업 등을 취미로 하는 새로운 형의 이용에 대응하는 것이 필요하다.

따라서 문화와 교양교실, 세미나실, 취미를 위한 시설 등이 필요하다. 창작활동을 중심으로 한 예술가, 작가가 집단으로 생활하는 예술가 촌 등의 예를 들 수 있다.

Ⓓ 오락 연예형

매력적이고 고도의 오락적 요소에 의해서 이용객의 유치를 꾀하고 리조트를 형성해 나가는 형이다. 미국의 디즈니랜드는 어린이들의 꿈을 키우고 항상 신선한 행사와 유흥과 오락을 연출함으로 인해서 이용자를 모이게 하고 레저 보양시설에 부수된 각종 숙박, 반정주 · 정주시설을 만들어내고 있다.

또한 미국 라스베이거스와 같은 도박을 오락으로 하여 이용객의 유인을 꾀하는 호텔 내 도박을 중심으로 한 오락시설 등을 예로 들 수 있다.

일본에서도 나가사키 화란촌과 동경 디즈니랜드 등의 사례가 있다. 단지 오락 유흥 기능뿐만이 아니고 점차로 숙박 체재 기능을 부가하여 복합적인 리조트로서 정비되어 가고 있다.

④ 입지조건으로의 분류

일반적으로 산악형, 해양형, 대도시권 주말체재형 등으로 분류된다.

Ⓐ 산악고원형 리조트

웅대한 산지, 산악 등의 경관과 넓고 넓은 고원, 풍부한 삼림자원을 활용한 형의 리조트이다. 우리나라에 있어서는 피서지로서의 설악산, 청평, 무주구천동 등의 별장지 개발이 그 전형이다. 또한 동계 적설 조건을 살린 용평, 무주 스키 리조트의 사례 등 많이 볼 수 있다.

Ⓑ 해양형 리조트

해수욕장, 마리나, 요트 선착장, 윈드서핑 시설, 낚시터 등의 시설을 중심으로 호텔 식당 등이 해안가에 배치되는 것이 많다. 주로 젊은 층의 마린 레저에 표적을 맞춘 것이 많으나 요즘은 온난한 기후조건을 살려서 고령층 혹은 가족단위를 위한 보양과 간호를 겸한 형태의 리조트 계획도 보이고 있다.

Ⓒ 대도시권 주말형 리조트

대도시권 주변에 입지하는 주말체재형 리조트이다. 이 형은 등급이 높은 시설 중심의 것이 많고 마리나, 스케이트장, 골프장 등을 중심으로 한 각종 스포츠, 레크리에이션 활동시설과 연수시설 등을 중심으로 배치되는 경우가 많다.

리조트 지역에 있어 이와 같은 산업의 입지는 지역의 경제사회의 발전에 크게 기여함과 동시에 리조트 지역에 있어 사람들의 중요한 부분을 구성하는 것으로 생각된다. 즉, 리조트가 생산기능을 구비함으로 인해 그곳에 거주하는 사람들의 계층, 범위를 크게 확대하고 사람들이 생활하는 지역사회를 보다 활기 있는 것으로 하고 사람들이 생생한 모습으로 살 수 있도록 지역형성에 기여하는 것으로 생각된다.

(3) 리조트 시설

리조트 유형에 따라 다르나 구체적으로 다음과 같은 시설에 각각의 지역의 특성, 자연조건, 상정되는 리조트 이용자의 세대, 계층에게 요망된다김영빈 1999: 39~41.

❶ 숙박 · 체재시설

숙박 · 체재시설에 대해서는 주택을 포함시켜 장기간의 체재에 대응하여 비교적 염가로 높은 수준의 서비스를 받을 수 있는 이용권 분양형 맨션, 콘도미니엄이 담당할 역할이 클 것으로 생각된다. 호텔, 펜션pension 등도 이것을 보완하는 것으로 정비가 필요할 것이다. 또한 자동차야영장도 오늘날에는 숙박기능의 일익을 담당해 갈 것이다. 예컨대 프랑스의 랑그독 루시옹에서는 가장 저렴한 숙박시설인 오토캠프장이 총 베드 수의 10%를 점하고 있다. 전체로서는 가격, 이용자 숙박형태 등에 의해서 다양한 것을 준비할 필요가 있다.

❷ 서비스시설

장기의 체재에 대응하기 위한 리조트에 있어서는 여러 가지의 서비스가 필요하다. 예컨대 레스토랑, 쇼핑센터 등의 시설, 의료시설 등은 물론이고 스포츠 용품의 임대제도, 배달제도, 리조트 시설의 이용정보 서비스, 특히 장래에 있어서는 리조트 지역에 있어 가택근무를 가능하게 하는 정보센터 등도 필요하다. 또한 성수기 이외에 있어 별장 등의 관리서비스도 필요하다.

❸ 건강관리시설

사회인의 체재형 건강관리시설, 고령자용의 건강 돌보기 등의 건강관리시설은 특히 그 수요 증대가 예측된다. 양호한 자연환경 속에서 건강 체크를 행하고, 그에 따른 체력 향상에 대한 정보를 제공한다. 훈련센터 등은 이미 구미에서 상당한 정도로 보급되어 있고 우리나라에서도 보급이 예상된다. 또한 고령화 사회의 도래에 인한 의료 체크 시설도 이후 필요성이 증가되는 것으로 생각되며, 거주시설과 한 조로 된 형태의 시설 정비도 필요하게 될 것이다. 그리고 온천요양소와 요양공원과 같은 온천을 활용한 시설도 이후 증가할 것으로 생각된다.

❹ 스포츠시설

스포츠시설은 자연조건과 필요에 대응한 다양한 시설이 정비되어진다. 산악고원형의 리조트 지역에 있어서는 예컨대 스키장, 스케이트장, 골프장, 테니스코트, 승마클럽 등이며, 해양성 리조트 지역에서는 예컨대 비치, 마리나, 요트선착장, 윈드서핑, 다이빙, 낚시터 등이 정비되어야 한다.

⑤ 문화 · 교양시설

문화 · 교양시설에 대해서는 예컨대 문화학원, 세미나실 등의 교양 습득 활동에 대응하는 것. 지역의 자연문화와의 접촉을 목적으로 한 여름학교, 서클 등의 아동 등의 교육활동과 기업 등의 연수활동에 대응하는 것. 미술 진열실, 박물관, 음악당 등의 문화예술활동에 대응하는 것. 나아가 화방 등의 창작활동을 위한 시설, 공예공원, 악기 연주를 위한 시설 등의 취미활동에 대응하는 시설 등이 있다. 지역의 전통 공예를 살린 전통 공예촌, 옛날 거리 풍습을 살린 역사촌, 혹은 외국의 거리 풍습 등을 모방한 국제촌 등도 또한 이 유형 중에 포함된다.

⑥ 교류시설

지역에 있어서의 커뮤니티의 형성, 지역, 세대, 국적을 넘어선 교류활동을 촉진하기 위한 시설로서의 커뮤니티센터 등의 다양한 집회를 할 수 있으며 행사센터, 다목적 광장, 전통 문화관 등의 정비가 기대된다. 이들 시설은 사람과 사람과의 교류, 도시와 농촌과의 교류 등 리조트에 기대되는 교류기능을 높이기 위한 것으로 정비가 바람직한 것이나, 채산성의 문제가 있기 때문에 특히 공공측의 관여가 필요하다.

⑦ 휴양시설

리조트 지역에 있어 휴게, 양호한 자연환경과 온천 등을 활용한 휴식시설, 휴양시설 및 전망시설이 정비된다.

⑧ 교통지역

리조트 지역 내의 이동을 위한 시설로서 버스, 도로, 철도, 주차장, 항공기 등 지역의 조건에 따라 여러 가지로 변화되는 것으로 생각된다.

⑨ 판매시설

리조트 체재자가 쇼핑을 즐김과 동시에 일용품, 식료품, 토산품 등을 구입하기 위한 시설로 도시적인 쇼핑몰로부터 지역의 상품을 판매하는 시설까지 다양한 시설을 생각할 수 있다.

⑩ 공익시설

열공급시설, 식품공급시설, 오수처리시설, 안내소, 관리시설 등 리조트 지역의 생활기능을 유지해가기 위해 필요한 시설이다.

⑪ 산업지원시설

지역의 특색 있는 산업을 살려 리조트 지역을 특색 있는 것으로 활용하기 위한 지역산업의 전시, 연습, 판매 등을 행하는 지역산업의 지원시설도 정비가 바람직하다. 또한 산업의 입지를 촉진하기 위해서는 연구기능의 지원시설, 정보시설의 정비가 필요하다. 다시 기업육성을 위한 격리기능을 갖는 공공연구기관 등의 입지도 필요에 대응하여 검토가 있어야 될 것이다.

(4) 리조트 개발사업의 절차

① 기획단계에 있어서의 검토사항

리조트 개발의 절차는 기획단계에 있어서의 검토사항과 계획의 절차로 나누어진다(김영빈, 1999: 46~63). 기획단계에 있어 검토사항은 다음과 같다.

㉮ 기획의 사고

이 단계는 전략목표의 설정, 조사, 계획목표를 계획목적으로 전환시키는 작업, 공간계획으로 전개하는 단계이다.

㉯ 계획주체 결정

리조트 계획에서는 민간분야의 능력을 감안하면서 관민일체가 되어 행하는 것이 바람직하다.

㉰ 사업주체결정

㉱ 자금계획

㉲ 연차계획

㉳ 입지조건 및 토지의 확보

사 수요예측

아 지역사회의 진흥 고려

2 계획의 절차

가 계획입안의 절차

리조트 개발계획에 있어 계획입안의 절차는 [그림 13-1]에서 나타난 바와 같이 4단계로 구성된다.

- 전략목표의 설정

1단계의 목적은 '무엇을'과 '누구를 위해서' 만드는가라는 계획목표를 설정하는 것이다. 이 단계에서 중요작업으로는 기획과 발상에 기인한 가능성의 파악이다. 때문에 기본적 항목에 관계되는 기초조사를 행하고, 리조트 수요의 유무의 파악, 입지상의 문제정리, 상위계획과 적합성 체크, 기존권익의 파악, 기획안 마무리가 주요한 과제이다.

- 조사

이 단계는 계획실현을 위해 필요한 여러 가지의 정보를 수집 · 정리하는 것이다. 이 단계에서의 중요한 적업으로서는 조사 · 검토 · 조정을 들 수 있다. 그러기 위해서는 자연특성, 자연자원 분석, 교통입지조건, 개발지의 리조트입지조건 및 주변의 관광, 리조트 자원의 특성 분석 등 입지에 관계되는 각종의 본조사와 분석을 행함과 동시에 리즈트 마켓의 규모의 분석도 행할 필요가 있다. 그 결과에 기인하여 적차의 선정과 개발규모를 대략 결정한다. 그러기 위해서는 관계자 간의 의견조정과 장애제거 및 기본권의 보상대책 등이 중요한 과제가 된다.

- 계획조건의 설정

앞 단계까지 검토된 계획목표를 구체적인 계획목표로 다시 짜는 작업을 행하는 단계에서 공간계획을 위한 계획조건의 설정이다. 이 단계에서의 주요작업으로서는 방침의 확립과 사업화의 준비를 행하는 것이다.

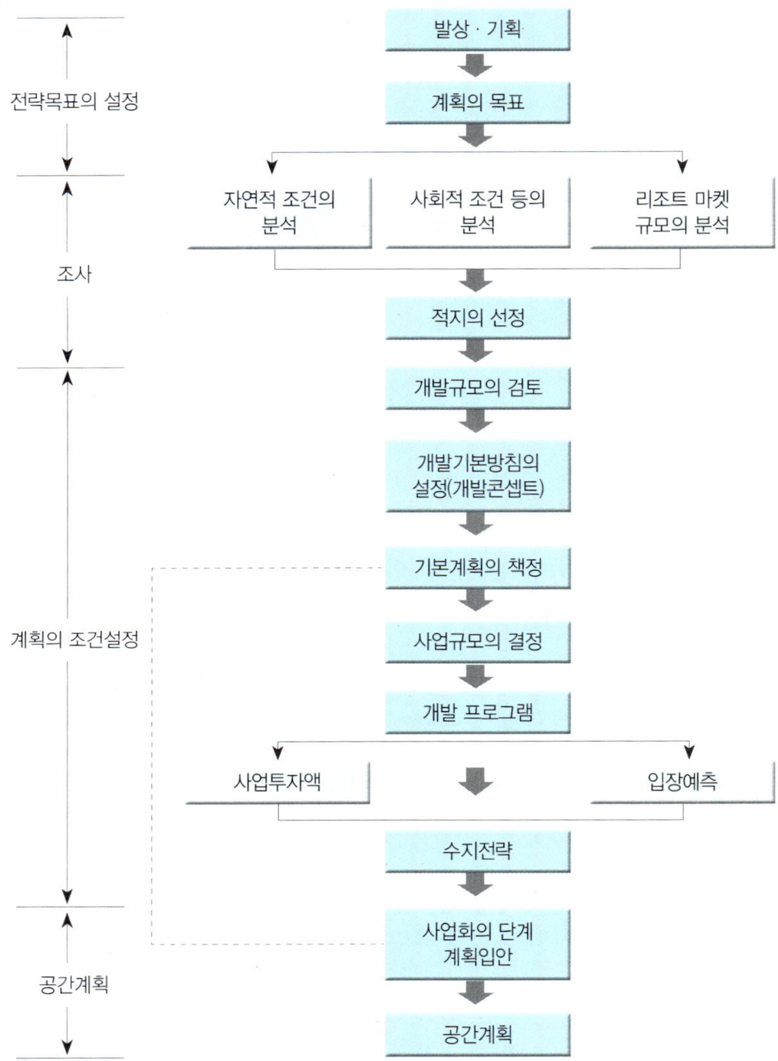

그림 13-1 리조트 개발계획의 절차

이 때문에 개발기본방침의 설정에 기인하여 기본시설숙박 · 거주시설과 목적시설접객시설을 중심으로 한 기본계획을 책정하고, 사업화로 향한 사업규모의 결정과 개발 프로그램의 설정 및 수익예측의 예상의 설정 등이 주요한 과제로 된다.

- 공간계획

이 단계는 구체적인 물리적 계획으로 좁히는 것이다. 즉, 리조트로서 특정된 지역에 있어 시설내용과 토지이용 등을 결정하고 시설배치와 디자인 및 관리 · 운영 시스템을 검토한다. 그 때문에 계획의 목표에 따라서 이용자의 욕구를 정확히 만족시킬 수 있는 요소시설의 선택과 계획지로의 물리적 · 생태적 적합성을 충분히 검토하는 것이 과제로 되어 있다. 또한 이용자의 입장에서 보아 쾌적하고 풍부한 리조트 생활을 창조할 수 있는가가 중요한 시점이다. 그러기 위해서는 각 시설환경이 지향하는 바가 알맞고 기대에 어긋하지 않는 것이어야 된다. 즉, 시설환경과 서비스로 지불하는 요금에 대하여 격차가 없는 시설의 관리 · 운영 시스템을 고려해 두어야 한다.

이상 4개의 단계를 거쳐 건설사업이 개시되고 개설 · 개업으로 이행된다.

나 토지조건의 검토

다 개발개념의 검토

라 기본계획 작성

2 리조트 사업 현황

우리나라의 리조트 사업은 규모나 수의 측면으로 비교적 꾸준히 발전해 왔다고 할 수 있다. 물론 그 과정에서 소유주의 부도나 IMF 같은 사태로 인하여 장애점이 존재했지만, 여러 가지 긍정적인 측면, 예를 들어, 박세리 등과 같은 세계적인 스타들의 등장으로 골프장 같은 리조트는 꾸준히 발전하고 있다.

[표 13-11]은 국내 주요리조트 현황을 나타내고 있다.

[표 13-11] 국내 리조트 사업 현황

구 분		비발디파크	휘닉스파크	용평리조트	무주리조트
위 치		강원도 홍천군	강원도 평창군	강원도 평창군	전북 무주군
면 적		122만평	120만평	183만평	212만평
운영업체		(주)대명레저산업	(주)보광	(주)용평리조트	(주)무주리조트
개장 년 월		1993년 12월	1995년 12월	1975년 12월	1990년 12월
스포츠 시설	골프장	18홀, 9홀	18홀, 9홀	36홀, 9홀	18홀
	스키장	13면	16면	31면	31면
숙박 시설	호 텔	-	141실	191실	118실
	콘 도	1,613실	756실	1,674실	974실
	유스호스텔	188실	76실	73실	418실
구 분		한솔오크밸리	현대성우리조트	파인리조트	강촌리조트
위 치		강원도 원주시	강원도 횡성군	경기도 용인시	강원도 춘천시
면 적		340만평	129만평	30만평	60만평
운영업체		(주)한솔개발	(주)현대시멘트	(주)파인리조트	(주)GS건설
개장 년 월		1992년 9월	1995년 12월	1996년 12월	1997년 3월
스포츠 시설	골프장	54홀, 9홀	27홀, 9홀	27홀	27홀, 9홀
	스키장	9면	20면	7면	10면
숙박 시설	호 텔	-	-	-	-
	콘 도	960실	767실	302실	222실
	유스호스텔	-	86실	60실	-

자료 : 서천범, 「레저백서2007」, 한국레저산업연구소, 2007, p.103

3 분야별 리조트 사업

리조트는 복합형 휴양지를 의미하나, 리조트를 구성하는 경우 주위의 자연환경이나 개발 목적에 따라 해당 리조트를 대표하는 주요 시설이 있기 마련이다.

이러한 주요 시설별로 리조트를 구분하는 경우, 스키 리조트, 골프 리조트, 해양 리조트 등으로 구분될 수 있다. 본서에서는 앞에서 언급한 세 가지를 중심으로 설명하고자 한다.

1) 스키 리조트

(1) 스키 리조트의 의의

스키는 최근 우리나라에서 이용객이 급격하게 증가하고 있는 스포츠 중의 하나이며, 스키를 타는 것이 더 이상 사치가 아닌 것으로 인식되고 있다. 스키 리조트는 지세 · 산세 · 기상조건 · 적설조건 · 교통사정 등이 감안되어야 하며, 안전한 연습장도 필요하다.

스키 리조트는 원래 유럽에서 발생한 산악 리조트의 개념이 강하였으나, 인공설 제조기계의 도입 등 시설의 발달로 인하여 해발표고가 그렇게 높지 않은 지역에서도 적설 등을 포함하는 기후조건이 양호한 경우 스키장이 건립됨으로써 접근성이 뛰어난 도시주변에 많이 생기게 되었다. 스키를 이용하는 소비자의 입장에서는 당일 이용보다 숙박을 하는 경우가 많은 관계로 숙박요금이 저렴하여야 하며, 또한 스키의 제반 비용도 싸야 한다.

스키 리조트를 이용하는 소비자는 30~40대의 직장인들로 가족단위도 많이 이용하고 있다. 이들의 규모는 3~4명 정도로 이루어진 소그룹 형태이며, 어린 아이가 포함되는 관계로 이들이 성장했을 때 고객이 될 확률이 아주 높다.

최근 스키 리조트의 시설은 초급자에서 상급자까지 이용할 수 있는 다양한 난이도의 슬로프 및 야간에도 스키를 즐길 수 있는 시설을 갖추고 있으며 스포츠 · 레저와 관련된 다양한 위락시설을 이용할 수 있다.

(2) 스키 리조트의 개발

스키장의 개발은 자연조건과 시장조건에 의거하여 이루어져야 한다. 자연조건은 공급적인 측면이고, 시장조건은 수요적인 측면이다. 스키장의 자연조건은 다음과 같다박호표, 1997: 524~526.

첫째, 기후조건으로서 기온은 설면의 유지와 쾌적한 스키활동을 위해서 동계기간의 월평균기온은 섭씨 0°에서 10°, 일평균기온은 영하 5°에서 영상 5°가 최적이고, 대체로 온난한 곳이 좋다. 그러나 활강사면은 북향을 택하여 설면이 영하를 유지하도록 해야 한다. 바람은 활주자에게 큰 장애요소가 되는데, 산정부로 부는 바람은 활강속도를 감소시키고 활강사면과 직각을 이루는 바람은 추위를 동반하므로 바람직하지 못하다. 또한 풍속이 초당 15미터 이상이 되면 리프트 운행이 중지되므로 좋지 못하며, 특히 산악지대로서 돌풍이 많은 지역은 부적합하고, 약풍이나 무풍지가 좋다. 적설량은 보통 1미터 이상을 유지해야 하지만, 50센티미터 정도로도 활주는 가능하다. 그 이하일 경우는 지표가 부분적으로 노출되므로 영하 2° 이하의 상태에서 제설기로 보충해야 한다. 적설시기는 우리나라의 경우 12월 말에서 3월 중순까지 지속되는 것이 이상적이고, 최저 90일 이상 스키장 영업이 가능한 적설상태를 유지해야 한다. 강설일수는 12월에서 3월에 평균 15일 내지 20일, 강설량은 10~20센티미터가 15일 이내, 50센티미터 이상이 1일에서 2일 정도면 적당하고, 설질은 건분설乾粉雪의 신설新雪상태가 지속되는 것이 가장 이상적이며, 습설 · 싸락눈에서도 스키는 가능하나 활강의 쾌적성이 낮다. 스키활동에 좋은 조건으로는 일조시간이 긴 편이 활동시간도 길어서 좋고, 적설기에 비가 내리는 것은 설질을 나쁘게 하며, 안개가 끼는 것도 사고의 위험이 따르므로 악조건이 된다.

둘째, 지형조건으로 스키장의 면적은 작은 것은 1헥타 내외에서 큰 것은 수백헥타에 달하고 있으나, 관련시설을 포함하면 소규모의 것이라도 10헥타 이상이 바람직하다. 지형적으로 가장 이상적인 곳은 산기슭이 평탄하거나 완사면을 이루며, 중복부에서는 점차 경사가 지며, 중복부에서 산정상부까지는 급사면으로 이루어진 곳이 활강에 이상적인 산세이다. 표고는 설질과 적설기간을 고려하여 500m 이상이 바람직하고, 800m 이상이면 유지 · 관리와 환경보전의 측면에서도 부적당하다. 경사도면은 스키코스 및 스키어의 숙련도에 따라 사면을 구분한다.

경사면의 방향은 설질유지를 위해서 북동사면이 가장 좋고, 동향 및 북향도 양호하다. 일조를 위해 남사면을 택하기도 하나, 이는 표고와 위도가 높은 추운 지역에서만 가능하다. 서향이나 북서향은 바람에 의한 추위와 경사방향과 직각을 이루어 설질유지에 불리한 조건이 된다.

국내의 스키 리조트로는 용평 리조트, 양지 리조트, 천마산 스키장, 무주 리조트, 서울 스키 리조트 등이 있다.

2) 골프 리조트

국내의 골프장은 1960년대 이후 계속 개발되어 왔다. 최근 얼마 전까지만 해도 골프는 사치성 운동이라는 국민들의 사회적 인식이 우세하였으나, 박세리의 국제대회 우승 이후 그러한 인식이 많이 완화되었다. 그러나 최근 골프장 건설의 최대 장애점은 환경오염을 우려하는 지역주민의 반대이다. 이러한 현상은 앞으로 우리나라에서 골프장 건설을 불가능하게 만들지도 모른다. 골프장을 건설하고자 할 때 용지의 선정은 골프장을 수익성 있게 경영할 수 있는 결정적인 요소가 된다. 따라서 골프장 조성시 용지의 선정에 만전을 기하여야 한다. 골프장 입지의 특성은 도시형과 리조트형으로 대별할 수 있다[박호표, 1997: 529].

3) 해양 리조트

(1) 해양 리조트의 의의

해양 리조트란 바다를 중심으로 한 레저활동, 즉 해수욕, 보트 · 요트 타기, 수상스키, 스쿠버 다이빙, 낚시 및 해상수중탐사 등과 같은 것을 즐길 수 있는 종합적인 레크리에이션 시설 혹은 지역을 의미한다. 해양 레크리에이션 활동의 종류는 [그림 13-2]와 같이 나타낼 수 있다.

[그림 13-2]에서 나타난 바와 같이 해양성 레크리에이션은 스포츠형과 레저형 및 관광형으로 나눌 수 있고, 이 밖에 관련 레크리에이션과 관련 활동이 있다.

바다는 인간이 본능적으로 물을 좋아한다는 측면에서 매력적인 요소이다. 이러한 바다에 사람들이 좋아하는 인공시설을 가미하면 많은 이용객들을 유치할 수 있다.

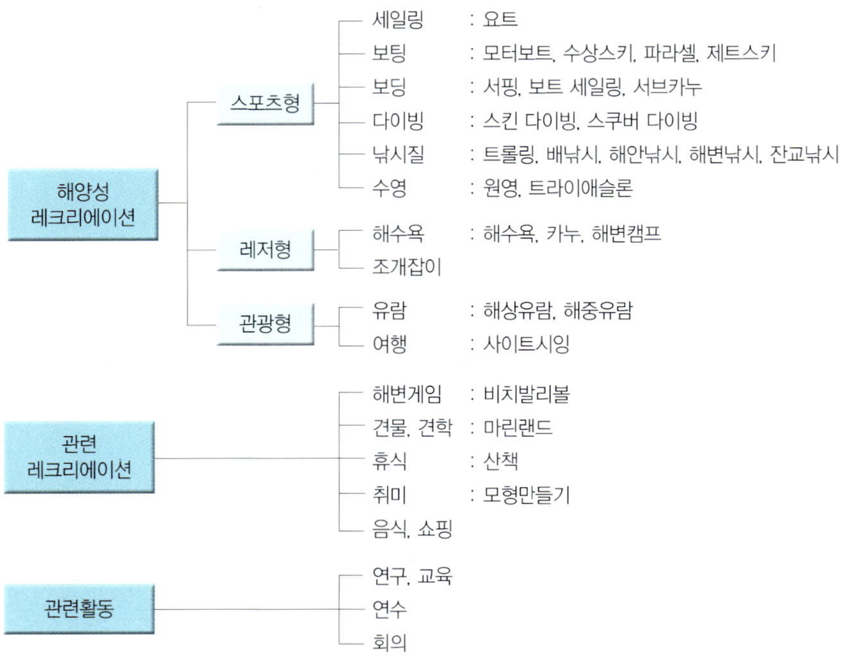

자료 : 박호표, 1997: 541.

그림 13-2 해양 레크리에이션 활동의 종류

(2) 해양 리조트의 개발형태

해양 리조트의 개발형태는 비치형 · 마리나형 · 종합휴양형 · 기능전환형 · 신규개발형으로 나눌 수 있다. [표 13-12]는 해양 레저시설의 개발형태를 자세히 나타내고 있다.

표 13-12 해양 레저시설의 개발형태

형 태	내 용	해외사례	국내사례
비치형	해수욕을 중심으로 하고 그 밖의 해변이용을 포함하는 해양성 레크리에이션을 진흥하는 형태	파타야비치(태국) 존스 비치(미국) 구다 비치(인니) 코파카바나(브라질)	해운대, 경포대 등의 해수욕장

마리나형	마리나를 핵으로 하여 해양성 레크리에이션 기지화를 목표로 하는 형태	마리나 델 레이(미) · 천사의 마리나(프) 실 솔 베이(미) 롱 비치 마리나(미)	도남단지(충무) 수영만(부산)
종합 휴양형	장기 체재를 염두에 두고 종합적인 휴양지 개발을 지향하는 형태	마이애미 비치(미) 와이키키 비치(미) 고스타 델 솔(스페인)	돌섬(마산) 중문(제주)
기능 전환형	어항, 창고 등을 포함하여 기존 기능을 전환시켜 새로운 레크리에이션적 수변 이용을 촉구시키는 형태	센토사카린독(영) 미스테이크시보트 페뉴얼 홀마킷(미)	
신규 개발형	대규모적인 인공개발을 통하여 해양성 레크리에이션 공간을 새롭게 조성하는 형태 타 기능도 포괄적으로 포함하여 개발을 전개	• 랑그독루시옹(프) • 미션베이파크(미) • 누사두아비치(인니) • 아라모아나파크(미)	

자료 : 박호표, 1997: 543.

사례

호텔, 병원, 대학, 은행 등과 같은 서비스 기업들은 점차로 5번째의 P인 구성원(people)의 중요성을 인식하고 있다. 서비스 기업의 종업원들은 항시 소비자와 접촉하고 있으므로, 좋고 나쁜 인상을 조성할 수 있기 때문이다. 조직체(기업)들은 내부의 구성원(종업원)들이 외부의 성원(고객들)을 서브하는 데 몰두하는 방법을 습득하는 데 심혈을 기울인다. 이하에는 Disney기업이 종업원들에게 "긍정적인 고객의 태도"를 획득하기 위해 행해야 할 것이 제시되어 있다.

1. Disney의 요원들은 새로운 지원자에게 특별한 대우를 한다. 신입사원들에게 장소, 의장, 각 훈련분야의 기간 등의 내용이 적힌 지침서를 보낸다.
2. 첫날, 신입사원들은 하루 온종일 받을 오리엔테이션 수업내용을 Disney University에 제출한다. 그들은 한 탁자에 네 명씩 앉아, 이름표를 받고, 자신을 소개하고 친구들을 사귀는 동안 커피, 주스, 과자를 즐겁게 먹는다. 이렇게 함으로써, 신입사원은 즉시 세 명을 알 게 되고, 한 집단의 구성원임을 느끼게 된다.

3. 신입사원들은 최근에 제작된 시청각 자료를 통해 Disney의 철학과 운영방법을 소개받는다. 그리고 그들이 서비스사업에 종사하게 될 것을 알게 된다. 그들은 각자의 직무를 가진 '배역 구성원'으로서 Disney 손님들에게 봉사하는 데 열정적이며 박식한 전문가가 된다. 신입사원들은 '쇼'를 행하는 데 있어서 각자가 맡은 역할을 수행하는 방법을 배우게 된다. 그후 점심식사를 하고, 공원을 돌아보고, 별도로 준비된 사원 전용 휴게실에 가게 된다. 거기에는 호수, 오락실, 소풍장소, 보트장, 낚시터 및 도서관이 있다.
4. 다음날, 신입사원들은 안전원(경찰), 수송요원(운전수), 관리원(거리 청소부), 또는 식음료원(식당 근무자)으로서 그들에게 부과된 직무에 대해 보고한다. 그들은 현장에 배치되기 전에, 수일 동안 추가적인 훈련을 받는다. 그리고 수행할 기능을 배운 후에, 근무복을 받고 나서 현장에 갈 준비를 한다.
5. 신입사원들은 공원에 대해 손님들이 자주 질문하는 문제에 대답하는 방법에 대해 추가적인 훈련을 받는다. 그들이 대답하지 못할 때에는, 안내서로 무장하고 어떤 질문에도 대답할 수 있는 교환원에게 전화를 걸어야 한다.
6. 종업원들은 "Eyes and Ears"라는 Disney 신문을 받는데, 그 신문에는 활동, 고용기회, 특별한 혜택, 교육자료 등에 대한 뉴스가 있다. 각 기사마다 우수한 근무자의 사진들이 많이 게재되어 있다.
7. Disney 관리자들은 '교대 활동', 즉 표를 검표하고, 팝콘을 판매하거나, 또는 말을 태우거나 하는 일선 근무를 1년에 1주일씩 한다. 이렇게 함으로써, 경영자는 공원을 운영하고, 또한 수백만명의 손님들을 만족시키기 위한 서비스의 질을 유지하는 것에 접하게 된다. 모든 경영자와 근무자들은 지위에 관계없이 이름표를 붙이고 서로 이름을 부르면서 대화한다.
8. 모든 부서의 근무자들에게 Disney에서 일하는 것을 어떻게 느끼고 있느냐에 대해, 그리고 그들이 겪은 불만족한 것에 대해서 설문지에 응답을 한다. 이러한 방법을 통해 Disney의 관리자들은 근무자를 만족시킬 수 있도록 하고, 그럼으로써 최종적으로 고객을 만족시킬 수 있었는가를 측정할 수 있다.

Disney 구성원들이 그들의 고객을 만족시키는 데 성공적이라는 것은 의심할 수 없다. 구성원들에 대한 경영진들의 주의는 성원들로 하여금 '쇼'를 중요한 것으로, 그리고 개별적으로 책임을 지도록 한다. "이 조직을 소유하고 있다."라는 구성원들의 생각은 그들이 접촉하는 수백만 명의 손님들에게 넘치게 된다.

자료 : N. W. Pope, "Mickey Mouse Marketing", American Banker, July 25, 1979; "More Mickey Mouse Marketing", American Banker, September 12, 1979.

요 약

주제공원은 디즈니랜드로 인하여 본격적으로 활성화되었으며, ① 탑승시설, ② 관람시설, ③ 공연시설, ④ 식 · 음료시설, ⑤ 기념품판매소와 게임시설, ⑥ 고객편의시설, ⑦ 휴식의 광장, ⑧ 지원관리시설로 구성된다.

주제공원은 공간적 및 주제별로 분류되며, 구조적 및 경영적 특성을 가지고 있다. 주제공원의 종주국은 미국이라 할 수 있으며, 일본 및 한국도 어느 정도 개발되어 있다.

우리나라의 주제공원은 여러 가지 문제점을 가지고 있으며, 이러한 문제점은 여러 가지 방식으로 해결되어야 한다.

산업사회는 사람들이 정신적으로 휴식을 취하는 리조트를 필요하게 만들었다.

리조트는 관광지와 특성상 다르며, 또한 리조트가 되기 위해서는 일정한 시설이 있어야 하고, 리조트를 개발하기 위해서는 일정한 절차가 필요하다.

연구문제

Q 1 각 학자들이 언급한 주제공원의 개념을 설명하라.

Q 2 주제공원을 유형별로 분류하라.

Q 3 한국의 주제공원 현황을 설명하라.

Q 4 현대사회에서 리조트의 의의를 설명하라.

Q 5 리조트와 관광지의 개념 차이를 설명하라.

Q 6 리조트를 입지에 따라 분류하라.

참고문헌

김상무 등,「관광사업경영론」, 백산출판사, 2001.
김영빈,「조경 · 관광 · 리조트 개발의 실제론」, 동화기술, 1999.
김창수, 「테마파크의 이해」, 대왕사, 2008.
박종찬, "주제공원 활성화 방안에 관한 연구", 세종대학교 석사학위논문, 1999.
박호표,「관광학의 이해」, 학현사, 1997.
서천범, 「레저백서2007」, 한국레저산업연구소, 2007.
엄서호,「레저산업론」, 학현사, 1998.
유석환, "테마파크 매력물 구성요소 변화추이에 관한 연구", 경기관광연구(14), 2009.
유재홍, "주제공원의 방문자 만족", 공주대학교 박사학위논문, 2008.
이봉석 등,「관광사업론」, 대왕사, 1998.
이코노미 플러스, 2010. 2.
조방현, "국내와 국외의 여가시설로서의 대형 테마파크 비교분석을 통한 한국형 테마파크 서비스 모형 탐색", 한국여가레크레이션학회지, 33(3), 2009.
채용식, 「리조트경영학」, 현학사, 2006.
한국관광공사,「관광정보」, 1995. 1월 · 2월.

Butler, D. George, Introduction to Community Recreation, McGraw-Hill Book, 1940.
Epperson, A. F., Private & Commercial Recreations: A Text & Reference, John Wiley & Sons, 1984.
Gee, Chuck Y. et al.., The Travel Industry, VNR, 1997.
Gupta, S. K., An Economic and Cultural Impact Study of the Amusement Park and Attraction Industry, Wharton Applies Research Center of University of Pennsylvania, 1977.
Lock, R. E. Shed, "Developing Successful Theme Recreation Centers", Real Estate Review, 12, 1983.
Prey, W., Tourimus-Einfuhrung in die fremdenverkerhrs konomie, Oldenbourg: Muchen. Restaurant & Institutions, 1994.
Robinson, H., A Geography of Tourism, McDonald & Evans, 1976.
Torkidson, Leisure and Recreation Management, 1983.
Vogel, H., 1985 Outlook for Theme Park, Washinton D.C: Travel Data Center's, 1984.
Yager, J., "1983 Outlook for Theme Park", Proceeding of the US Travel Data Center, 1982.

Chapter 14

의료관광

학습목표

- 의료관광의 등장배경에 대한 이해
- 의료관광의 개념에 대한 이해
- 의료관광상품의 구성요인에 대한 이해
- 외국의 의료관광정책에 대한 이해
- 한국 의료관광산업의 활성화 방안에 대한 이해

제1절

의료관광의 등장배경과 의의

사람들은 관광을 통하여 휴식을 취하고 즐거움을 느끼며 웰빙과 건강의 증진을 취한다. 휴일 동안에 휴식, 운동 혹은 온천에의 방문을 통하여 건강을 도모하려는 시도는 의료관광이라는 관광산업에서의 새롭고 확실한 틈새시장을 등장하게 만들었다.

관광의 일부 초기 형태는 건강과 웰빙의 도모와 직접적으로 관련이 된다. 즉, 전 세계적으로 많은 온천이 생겨났고, 일부의 경우는 지역관광의 출발이 되었으며, 18세기까지는 온천욕이 대중화되었다. 19세기에는 비교적 한적한 지역까지도 온천이 생겨났다Smyth, 2005. 이와같이 건강상의 혜택을 얻을 목적으로 최근에는 관광객이 온천을 방문하는 보건관광Health Tourism의 형태 등으로 나타나고 있다. 또한 최근에는 다양한 레포츠 활동 즉, 골프, 자전거 타기, 걷기 및 등산 등의 활동과 더불어 요가와 명상 등을 찾아 웰빙과 관광을 동시에 추구하고 있다.

21세기 들어와서 웰빙의 개념은 사회적으로 더욱 확대되어 힘든 일로부터 벗어나 더욱 깨끗하고 혹은 더욱 따뜻한 기후를 가진 장소에의 이동 혹은 온천의 이용을 통해 보다 심신의 안녕과 행복을 추구하는 유형이 등장하게 되었고, 특히 관광산업의 하나의 형태인 의료관광이 각광받게 되었다.

일부 연구자들은 건강에 관련된 관광의 모든 형태를 포함시키기 위해 보건관광이라는 용어를 사용하고 있으나Garcia-Altes, 2005, 구체적인 의료행위를 포함하는 용어로써 의료관광Medical Tourism을 보건관광으로부터 구별하는 것이 필요하다. 틈새시장으로써 의료관광은 하나의 산업으로서 급속하게 성장하고 있는 분야로 등장하였다. 이러한 의료관광산업에서 사람들은 전통적인 의미에서 휴일을 즐김과 동시에 의료처치를 받기 위해 해외로 여행한다. 의료관광은 선진국에서의 높은 치료비용, 긴 환자대기목록, 해외항공여행 이용가능성의 증가, 환율의 유리한 방향으로의 변화 및 부유한 베이비 붐 세대의 노년화, 의료서비스의 수요증가, 경쟁개방 심화와 환자의 국제이동 증가 등으로 인하여 최근 급격하게 증가해 왔다. 의료관광은 부유한 환자가 부유한 지역에 여행을 하는 초기의 형태와는 반대 방향으로 나가고 있다.

의료관광의 성장은 보건전문가가 아닌 외국인 환자와 병원 간의 중개인인 인터넷의 성장과 신기업의 탄생에 의해 용이하게 되었다. 또한 의료관광은 새로운 기술이 적용된 일부 주요 국가에서 급격하게 개선된 보건제도에 의하여 성장하여 왔다. 무엇보다도 의료치료가 공공부분에서 민간부분으로 점차적으로 이동함에 따라 관광분야와 연합하여 정교한 마케팅 기법을 수반하였는데, 이러한 변화는 특히 선진국이나 미국 같은 나라에서 점점 더 많은 국민들이 의료처치를 위해서 상당한 비용을 감수해야 한다. 마지막으로 미용외과에 대한 관심의 증가는 새로운 수요를 창출하였다. 다양한 형태의 치과성형수술, 특히 미용치과수술을 포함하는 치과수술들은 영국이나 호주 같은 나라에서 의료보험으로 치료가 되지 않는다. 따라서 치과의료관광이 특별히 의료관광에서 보편화되었는데, 아시아에서는 보편화 추세의 초기 단계에 있다. 즉, 테러리즘의 소멸, 아시아 경제의 쇠퇴, 가격정보에 대한 인터넷에의 접근성, 보건서비스의 글로벌화 등으로 인하여 아시아에서 보편화 추세의 초기현상이 발생하고 있는 것이다Levett, 2005.

의료관광이 목적인 관광객은 장기간 숙박할 가능성이 높고, 환자에 대한 보호자의 동반가능성이 높으며, 부모나 친지의 병문안으로 이어져 환자 1인에 대한 높은 관광수입을 기대할 수 있다. 더불어서 질병치료에 성공한 환자는 관광홍보차원의 가치를 높일 수 있기 때문에 의료업계는 고용창출을 기대할 수 있고, 관광사업의 입장에서도 부가가치가 큰 황금산업이라 할 수 있다. 따라서 21세기 각광받는 산업의 분야중 하나라 할 수 있다.

뛰어난 의료진이 풍부한 반면 의료비가 저렴한 인도의 경우 2004년 모두 15

만여명의 외국인이 치료를 위해 인도를 찾았으며의료관광을 목적으로 하는 관광객은 매년 15%씩 증하는 추세이다. 또한 태국의 경우에도 2003년 약 30만명3억달러 수입, 2004년의 경우 약 50만명, 2012년 250만명으로 전년대비 14% 증가하며 의료관광을 목적으로 방문한 것으로 집계되었다. 실제 태국은 성형외과수술의 질이 상당히 떨어진다고 알려져 있음에도 불구하고 국가차원의 홍보로 많은 방문객을 끌어들이고 있다. 싱가포르의 경우 초일류병원을 유치하고 자유로운 병원투자와 마케팅을 허용하는 정책을 구사하고 있다. 이 같은 전략으로 2007 약57만명, 2012년에는 85만명을 유치하였다. 우리 나라의 경우에도 쌍꺼풀수술, 주름살 제거주사, 유방성형수술비 등은 일본의 20~30%에 불과하고, 중국에서의 성형수술비용의 절반밖에 되지 않아 가격경쟁력과 우수한 의료진을 내세운다면 높은 수입을 기대할 수 있다.

의료관광이 현재 직면하고 있는 가장 큰 저해요인 중의 하나는 개발도상국에서의 의료처치가 결과와 안전면에서 관광객 송출국가의 그것들과 대등하다는 것을 의료관광객에게 확신시킬 수 없다는데 있다. 즉, 인도 같은 나라에서의 의료처치시스템이 서구사회의 관점에서 부적절하다고 간주될 때를 말하는데 그럼에도 불구하고 독일 라디오 방송국인 Deutsche welle는 인도가 건강과 위생에서 검증되지 않은 나라로 지적하였음에도 불구하고 인도는 여전히 독일을 주요 시장의 하나로 기대하고 있는 실정이다Connell, 2006. 이러한 문제 외에 또 다른 문제점은 지불하는 만큼 치료받는다는 개념에 의거하여 값이 싸다면 값이 싼 만큼 값싼 의료처치를 받는다는 인식하여 의료관광을 열등한 것으로 만들고 만다. 비록 이러한 상황은 많이 바뀌었지만 의료관광에 대해 부정적은 시각은 그대로 남아 있는 실정이다. 따라서 이러한 부정적 시각과 인식을 바꾸기 위해 각국 정부와 우리나라에서도 의료관광산업의 활성화 방안에 대해 꾸준히 연구하고 새로운 시스템을 도입할 필요가 있다.

제2절

의료관광의 개요

1 의료관광의 개념

의료관광이란 건강을 위한 병원치료와 휴양 및 여가, 문화체험 등 다목적 관광을 일컫는 관광용어로서 싱가포르, 태국, 인도 등 동남아시아 국가로부터 시작되어 최근 21세기 각국의 전략산업으로 삼고 있는 새로운 관광상품 트렌드이다[전명숙, 2007]. 따라서 의료관광에 대한 정의는 시간적으로 짧은 학문적 배경으로 인하여 다양하게 정의되고 있다.

우선 학문적인 관점에서의 의료관광을 Connell[2006]은 특정한 치료가 개입된 관광행위로, 수술, 치과치료 등과 같은 의료시버스를 받는 동시에 휴가를 즐기기 위하여 하는 장거리 여행으로, Laws[1996]는 자신의 건강상태를 개선시킬 목적으로 집을 떠나 행하는 레저활동으로 정의하고 있다. Gupta[2004]는 의료관광을 수술과 같은 여러 형태의 전문적인 치료를 필요로 하는 환자들에게 관광산업과 결합하여 저렴한 비용으로 효과적인 의료서비스를 제공하는 것으로 정의하여 앞의 두 학자들보다 더욱 좁은 관점을 나타내고 있다.

이밖에 Goodrich[1993]는 의료관광을 건강관리 서비스 및 시설과 일반적인 관광시설이 결합된 것으로 정의하고, 이러한 결합을 홍보함으로써 관광객을 관광시설과 목적지로 유치하는 시도도 의료관광에 포함시키고 있다. Medlik[1996]은 보건관광Health Tourism 또는 보건관리관광Healthcare Tourism도 의료관광에 포함시키고 있는데, 보건관광은 보건의료관광으로 알려져 있고, 건강리조트와 건강

치료, 여러 가지 병에 대한 치료에서부터 건강과 휴양프로그램에 이르기까지를 포함하는 것을 주된 목적으로 다른 장소를 방문하고 여행하는 것으로 정의된다 유인평 · 국중을, 2008. 이러한 정의는 Hall 1992이 의료관광을 특별한 흥미관광 Special Interest Tourism 중 하나로서 건강을 주요 동기로 삼는 관광으로 정의한다는 점에서 의료관광과 일맥상통한다고 할 수 있다.

국내에서는 한국보건산업진흥원 2002이 의료관광을 미래21세기 국가전략 산업군, 의료산업과 관광산업의 접목으로 새로운 틈새시장, 의료산업과 관광산업의 결합으로 시너지효과 극대화, 의료관광의 새롭고 색다른 즐거움을 주는 신 관광산업 분야로 특징짓고 있다. 따라서 의료관광을 종합적으로 정의하면 유인평 · 국중을, 2008, 해외여행과 의료서비스 선택의 자유화로 인해 건강 · 요양 · 치료 등의 의료혜택을 체험하기 위한 목적으로 세계 일부 지역을 방문하면서 환자 치료에 필요한 휴식과 기분전환이 될 수 있는 그 지역 주변의 관광 · 레저 · 문화 등을 동시에 체험하는 관광활동이다. 의료관광을 산업에 적용한 의료관광산업은 의료산업에 관광산업을 접목시킨 새로운 산업으로 의료분야에서 관광자원으로 사용할 부문을 추출하여 이것과 함께 높은 수준의 서비스를 판매하는 산업으로 볼 수 있다. 따라서 의료관광산업은 의료업, 운송업, 숙박업, 여행업, 항공업, 호텔업, 식당업, 통역업, 의료관광 전문가 육성 교육업, 광고업, IT산업 및 서비스업 등을 포함한다.

2 의료관광상품의 구성요인

의료관광상품은 다음과 같은 요인으로 구성된다 전명숙, 2007.

1) 의료관광 인프라시설

의료관광의 인프라시설은 우선 병원 및 의료시설과 고객이 진료받는 동안 체류할 수 있는 숙박시설이 필수적이며 건강관리 및 요양에 필요한 마시지, 스파시설, 운동기구시설 등과 같은 보조시설이 필요하다. 또한 병원이 있는 장소까지의 접근성을 위한 교통시설도 중요한 요소 중 하나이다.

2) 관광자원

의료관광상품에서의 관광매력은 부수적 요소이지만 의료시설이나 의료진과 같은 주요소와 동등한 개념으로 제고할 대상이다. 고객은 단지 병원에서의 치료만을 목적으로 하는 것이 아니라 병원이 위치한 지역을 대상으로 관광행동을 진료 후 또는 진료와 같은 기간 내에 원할 수 있기 때문에 의료시설이 위치한 지역의 다양한 관광매력을 필요로 한다.

3) 음식

의료관광 고객은 건강을 위한 진료와 더불어 집을 벗어난 타지에서의 관광행동을 하게 된다는 면에서 지역적 특색을 음미할 수 있는 전통음식이나 별미가 관광매력으로 작용할 수 있으며 유기농 소재의 건강식, 각자의 체질에 맞춘 맞춤건강식, 치료를 목적으로 하는 보양음식, 한방음식 등과 같이 건강을 증진하고 에너지를 보충할 수 있는 음식이 부수적 역할을 한다.

4) 고객맞춤 비용

의료관광의 성공은 표적시장의 분석과 라이프스타일 분석을 통한 마케팅전략 수립에 있다고 할 수 있다. 특히 마케팅전략 요소 중 고객에게 적절한 가격을 제시하여 고가격/고품질을 원하는 고객에게는 고가격전략으로, 일반대중에게는 고객의 거주지와 경쟁력 있는 가격을 구성하는 융통성 있는 마케팅 믹스 전략을 구사할 필요가 있다. 의료관광 고객층은 주로 시간적 · 경제적 여유계층이 참가하는 특성이 있는 관계로 일반적인 관광상품과는 달리 고객의 특성에 알맞은 가격정책을 적용해야 한다.

5) 접객 서비스마인드

의료시설과 종사자들은 환자에 대한 권리를 보장하고 환자에 대한 친절한 서비스로 환자에게 진료와 의료시설에 대한 만족도를 상승시키기 위하여 노력할 의무가 있다. 의료관광의 주체인 환자는 의료산업 측면에서 볼 때 환자이지만 의료관광산업면에서 볼 때 관광의 주체인 고객에 해당되어 고객으로서 권리를 보장받아야 한다.

3 의료관광상품의 분류

한편 의료관광상품은 다음과 같이 분류될 수 있다전명숙, 2007.

1) 질병치료 관광상품

특정 질병이 있는 불특정다수의 환자들이 질병 치료의 명의를 찾아 전문 의료인의 치료를 받고 치료의 전후 인근의 관광지를 방문하거나 관광행위를 할 수 있도록 구성한 관광 상품으로써 외국의 경우 관광객 또는 환자와 동반가족이 치료와 관광 기간 동안 체류할 수 있는 법적 허가와 진료를 받을 수 있는 인프라의 구축이 필요하다.

2) 미용성형의료 관광상품

외모를 가꾸기 위한 성형수술이나 미용, 마사지, 온천, 스파 등을 목적으로 주로 여성들이 애용하는 관광상품으로써 자국에서 체험하지 못한 특별한 미용관련 서비스체험이나 의료기술이 뛰어난 국가에서 성형미용을 받고 관광을 겸하는 관광상품을 의미하며 의료기술이 뛰어난 경우와 상대적으로 자국에 비하여 경제적인 비용이 미용의료 관광상품의 동기가 된다.

3) 휴양의료 관광상품

휴양지에 적합한 자연환경과 건강을 위한 의료서비스의 인프라가 갖추어진

곳을 방문하여 체류하는 관광상품으로써 경제적 · 시간적 여유를 가진 관광객이 주고객이며 대부분 휴양지 내에서 건강과 의료, 휴양에 필요한 시설을 갖추고 장기체류의 관광객이 많은 특징이 있다.

4) 전통의료 관광상품

방문국의 전통의학에 의한 치료와 관광을 목적으로 하는 관광상품으로써 서양의학과는 반대의 개념인 인도의 아유베다나, 한국의 한방치료와 같은 특정 국가의 전통의학을 활용한 환자 개인의 체질을 분석하여 자연적 치유를 목적으로 하며 개인맞춤형 건강생활법이라고 할 수 있다.

제3절

의료관광정책

1 외국의 의료관광정책

1) 싱가포르

싱가포르는 세계적인 첨단의술로 의료관광객의 이목을 집중시키고 있다. 싱가포르는 의료관광에 상당한 국가의 지원이 이루어지고 있고 싱가포르 메디슨 Singapore Medicine과 같은 회사를 정부가 주관하고 있다. 싱가포르 메디슨은 싱가포르를 세계 최대의 의료관광국가로 만들고자 하는 정부관련기관으로 2012년까지 10억의 의료관광객을 유치하는 계획을 세우고 있다 황여임, 2006.

싱가포르 관광청은 건강관리 Health Care 부서를 신설하여 외국인 환자를 유치하는 병원에 대해 대폭적인 지원을 하고 있고 싱가포르의 의료시스템과 각 여행사를 연계한 건강여행 패키지 등의 상품개발을 하고 있다. 또한 싱가포르 정부는 사이언스 프로젝트를 통해 미국 존스홉킨스 의대 연구소와 머크, 릴리 등 세계 굴지의 다국적 제약회사의 리서치센터를 유치, 복합생명과학단지를 조성 중에 있다. 또 매해 14억원 가량의 예산을 들여 해외 의료서비스 홍보에 투자할 계획이다. 민간병원에 대한 영리법인화를 허용하여 주식상장이 가능하고 자유로운 마케팅활동을 허용하고 있으며 환자 가족을 위한 아파트 임대, 환자 및 가족 전용 비즈니스 센터 운영 등 호텔 수준의 서비스를 제공하며, 특히 유럽 및 중동의 대부호와 왕족을 위한 특급 진료실을 운영하는 등 귀족 마케팅을 시행하고 있다[백광, 2005].

2) 인도

2002년부터 보건정책개정[National Health Policy Reforms]을 통해 타국에 비해 높은 비용우위를 자본화하기 위해 외국에서 온 환자들의 치료비에 할인혜택을 주어 인도의 의료서비스 공급의 확대를 유도하는 데 노력을 집중하고 있다. 또한 정부는 의료투어를 전 세계적으로 홍보하기 위해 국가적 관광소개 안내책자에 각종 의료투어 패키지에 대한 소개를 상세하게 추가시켰으며[Kulshurestha, 2005], 외국으로부터 수입되고 있는 많은 의료장비들에 대한 관세를 대폭 낮추어 세계적인 의료선진국으로서의 발전을 모색하고 있다[Singh, 2003].

3) 말레이시아

말레이시아 정부는 의료관광산업에 대해 적극적인 홍보와 지원을 행하고 있다. 정부는 병원이 의료서비스에 대해 홍보를 할 수 없는 법 조항을 폐지하 병원들이 적극적으로 마케팅할 수 있는 길을 텄고, 그후 말레이시아 내의 의료관광사업은 급속히 발전하고 있다.

말레이시아 보건관광부는 말레이시아 대사관을 중심으로 의료관광에 대한 정보를 제공하고 책자를 배포하고 있으며, 주요 병원들과의 연결도 대행해 주고 있다. 또한 Hospital과 Hotel을 합친 개념인 Hospitels를 소개하며 싱가포르와 태국에 비해 20~50% 낮은 비용으로 관광객의 증가를 유도하고 있다[황여임, 2006].

4) 필리핀

필리핀은 '레저와 함께하는 보건[Healthcare With Leisure]'이라는 모토를 걸고 국가적 홍보를 펴고 있는데, 웰빙과 온천 아이템을 중심으로 의료관광을 진행하고 있다. 필리핀 의료관광프로그램은 관광청을 중심으로 보건부와 필리핀 전통 대체의학협회 등과의 연계를 통해 최고의 의료관광지로서의 모습을 만들어내고 있다황여임, 2006.

2 한국의 의료관광정책

이명박 정부가 출발하면서 선진 의료관광정책을 추진하기 시작했으며, 2007년부터 국회에 상정해온 의료법 개정안이 2008년 11월 현재 국무회의 심의를 통과하고 2009년 1월 20일 의료법 일부 개정안을 공포하여 2009년 4월부터 외국인 환자 유인 · 알선행위가 합법화되었다. 정부가 의료산업화 정책의 일환으로 의료관광산업을 핵심전략산업으로 추진하기로 하는 가운데 각 지자체마다 의료관광 활성화를 위한 조치를 시작하기 시작했다. [표 15-1]은 각 지자체의 의료관광 마케팅 동향을 나타내고 있다김도영 · 김맹선, 2008.

표 15-1 각 지자체 의료관광 마케팅 동향

구분	의료관광 마케팅 동향
제주 특별자치도	의료관광 육성계획, 제주형 의료관광 모델을 추진하는 등 동북아 의료관광의 메카로 도약하겠다는 청사진, 서귀포 인근 30만평 부지에 건강검진센터 · 재활센터 · 스파 워터파크 · 숙박시설을 갖춘 제주 웰빙 테마타운 조성서울대 병원 참여, 서귀포시 상효동 37만평에 병원100병상, 아트센터300석, 골프장18홀, 콘도미니엄 등을 가진 토털 헬스케어 공간 '우리들 웰니스 리조트'가 2008년 말 완공우리들 병원
서울 특별시	서울대병원 강남센터와 2007년 9월 14일 서울시 의료관광 활성화를 위한 양해각서MOU 조인식
경기도	수원 화성행궁 내 한의학 문화사업 추진, 정조대왕과 4권의 한의학서적을 집필한 정약용선생의 업적을 재조명, 한의학 문화사업의 역사적 고증과 타당성을 검증받는 학술세미나 개최, 화성행궁 안에 전통한방진료소와 전통한의학문화체험관, 한의학 홍보관 설치, 한의학 건강증진강좌와 건강교실을 운영계획
대전광역시	첨단의료단지를 추진하고 있는 등 우수한 의료자원과 관광자원을 적절히 활용한 의료관광을 중심으로 의료관광산업 발전계획

대구광역시	의료인들이 잘 갖추어진 인프라를 체계적으로 활용, 의료와 관광을 연계한 다양한 여행상품을 개발하는 등 부가가치창출에 대한 인식, 진료비가 서울, 부산에 비해 20~0% 싼 가격경쟁력, 최고 수준의 모발 이식술을 체계적으로 발전시켜 이 분야의 세계적 메카로 자리매김할 계획, 마이크로 임플란트에 대한 가치제고
경상북도	포항과 경주 양성자 가속기와 천년고도의 역사 · 문화 · 관광 인프라를 비롯하여 동해안 온천, 골프장, 휴양림 등 관광자원과 연계한 첨단의료 휴양타운 조성계획
경상남도	웰빙라이프well-being life도 계획, 웰빙의료, 가정, 생활체육, 문화운동으로 도민들의 의료관광에 대한 인식 확산
강원도	원주시에 첨단 의료관광단지 조성계획, 의료 건강도시에 걸맞는 신개념의 관광단지를 조성, 자립도시로 만든다는 구상
전라남도	녹색지킴이, 보건위생에 대한 환경인식, 동북아 관광중심지 육성, 지역 특성을 살린 문화관광 산업육성
전라북도	문화와 전통이 살아 숨 쉬는 고장, 쾌적한 자연환경, 생태공원 조성 등, 전통문화와 의료관광을 접목

자료 : 김도영 · 김맹선(2008)

제4절

한국 의료관광산업의 활성화 방안

의료관광은 국내 관광산업의 주요 경쟁국인 싱가포르, 태국, 인도, 중국에서는 의료서비스와 휴양 · 레저 · 문화 등의 관광활동이 결합된 새로운 형태의 블루오션blue ocean 전략으로서의 의료관광을 외화획득을 위한 21세기 국가전략산업으로 선정, 대규모의 예산과 정부차원의 적극적인 지원정책을 펼치고 있다조구현, 2006. 또한 미국을 비롯한 세계 각국에서도 민간주도로 의료서비스 및 건강증진식품을 관광산업과 연계하여 발전시키는 등 의료관광은 급격한 성장을 하고 있다유지윤, 2006.

우리나라의 의료관광은 이 분야의 선진국에 비해 약 5~10년 정도 뒤져 있지만 정부가 의료관광의 파급효과에 대해 중요하게 인식하면서 의료관광산업의 육성을 위해 한국관광공사 내에 전담조직을 두고 있고, 의료관광 및 의료타운 건설을 추진하고 있으며, 대학병원들을 포함한 의료기관들 역시 외국인 환자 유치에 적극적으로 나서고 있는 실정이다. 지방자치단체들 또한 의료관광사업의 수익성에 눈을 돌리면서 의학회, 지역 대학병원들과 공동으로 의료관광마케팅을 펼치고 있다. 서울시에는 성형의학회와 공동으로 '성형의료관광' 컨소시엄을 결성하였으며 협의회를 통해 서울관광마케팅주식회사를 설립하고 참여 의료기관을 더욱 확대한 뒤 본격적인 사업을 개시할 예정이라고 밝혔다. 또한 대구지역 대학병원들도 대구시와 공동으로 의료관광 유치사업에 관한 노력을 기울일 것이라고 공표하였다. 뿐만 아니라 각 시 · 도에서도 의료관광개발 및 첨단의료복합단지 조성에 관심을 가지고 추진할 계획을 발표하고 있다. 이는 최근 들어 우리나라 의학기술의 우수성이 널리 알려지면서 의료서비스를 받으러 오는 외국인들이 다소 증가하고 있는 통계가 나오고 있을 뿐만 아니라 의료산업이 고부가가치산업으로 인지되고 있기 때문이다. 특히 성형부분의 의술은 세계적 수준이라고 할 만큼 높은 수준을 유지하고 있으며 한류의 영향으로 일본, 중국을 포함한 동남아시아 국가 대부분은 성형 및 한방의료에 관한 많은 관심을 가지고 있다. 따라서 정부에서는 다음과 같은 의료관광산업의 활성화 방안이 필요하다신윤숙, 2008.

1 인프라 구축과 우수 의료인력의 확보

우리나라는 여건상 태국이나 싱가포르, 인도 같은 기존의 의료선진국과 가격경쟁력으로 승부하기에는 어려울 것으로 사료된다. 최첨단의 선진 의료시설과 시스템 등으로 차별화하기 위해서는 인프라 구축을 서둘러야 할 것이다. 또한 우수한 의료인력도 필요하다. 따라서 국내 의료 인력양성에 있어 양적은 물론 질적인 추구가 필요하며, 필요하다면 외국의 우수한 인력의 도입이나 외국 우수 의료기관이나 학교와 협력을 통하여 최고 수준의 의료인력을 확보해야 할 것이다.

또한 국내 의과대학 및 의학전문대학원의 교육수준도 강화할 필요가 있으며 우리나라의 강점인 IT와 BT분야 기술을 활용한 차별화 내지 특성화된 의료서비스, 즉 의료기술 경쟁력으로 나가야 할 것이다. 인도가 의료관광 분야에서 IT와 BT산업을 적극 활용하고 있음을 주지할 필요가 있다.

2 법적 정비 및 규제 완화

우리나라 대형병원의 경우 국내 의료 수요가 충족되고 있는 관계로 외국인 환자 유치의 필요성을 크게 느끼지 못하고 있는 실정이며, 의료사고나 보험관련에서 국제법규와 국내법규가 상충되지 않고 해결될 수 있도록 법규를 정비해 나가야 할 것이다.

3 시장 확보와 의료관광상품 개발

국가별로 특화된 의료관광상품을 제공할 필요가 있다. 미국의 경우 교포들의 고국방문과 연계한 한국 입국 진료 및 치료가 가능하도록 하고, 건강검진과 중증질환 위주의 고가상품을, 일본과 중국의 경우 성형 치과미백, 라식 임플란트 등과 관련한 상품을 주로 제공하는 등 국가별 또는 지역별 특화된 상품이 개발되는 것이 바람직할 것이다.

의료관광 활성화를 위해서 한국형 의료관광 모델을 확립하는 것이 시급하다. 우리나라는 태국 및 인도 등에 비해 의료비용이 고가인 관계로 비용우위전략보다는 고급화 및 특성화 모델을 개발하여야 한다. 즉, 고급화 전략에는 성형이나 치과진료 등이 적합하고, 특성화 전략에는 위암, 간암, 간이식, 척추치료 등이 가능하다. 한방치료도 특화가 가능하다.

4 선진의료 시스템과의 연계

우리나라 의료기관이 외국인 환자를 유치하기 위해서는 공인된 국제기구에 의해 객관적인 기술적 평가를 받음으로써 국제 수준의 신뢰도를 확보하는 것이 필요하다. 이를 위해서는 '국제의료평가원'으로부터 JCI인증을 획득하는 것이 지름길이다. 또한 의료관광의 선도국가들은 미국 등의 유수한 병원이나 의료기관과 긴밀한 협력관계를 유지하고 있다. 우리 병원들도 외국의 병원과의 협력 내지 국내 유치에 대하여 긍정적인 입장에서 적극적으로 활용하여야 할 것이다.

5 마케팅

외국인 환자를 유치하기 위해서는 여러 분야의 합동 노력이 전제되어야 한다. 정부기관, 의료기관, 항공 및 여행 등 관광업계, 홍보 및 마케팅업계 등의 통합된 노력이 필요하다. 이러한 노력들 중 한국의 의료관광에 대한 인지도를 높이기 위해 적극적인 홍보와 마케팅의 중요성이 강조되어야 한다. 예를 들어 줄기세포 등 생명과학 관련연구 분야나 신약개발 등에 관한 홍보 등은 의료관광지에 대한 한국의 위상을 제고할 것으로 사료된다.

6 서비스 강화

외국인 환자에 대한 편리하고 신속한 출입국 및 장기체류 관련절차, 대기시간이 길지 않은 입원 및 효과적인 치료, 외국인 환자와의 원활한 언어소통 문제, 환자와 보호자들을 위한 편안한 거주환경 등 세심한 배려와 친절한 서비스가 정착되어야 한다.

7 국내 병의원 간의 과도한 경쟁 지양

외국의 환자를 유치하기 전에 국내 의료기관 간의 협력체제가 우선적으로 수립되어야 의료의 양극화 현상이 발생하는 것을 방지할 수 있을 것이다. 의료기관별로 특성화된 분야를 개발하여 전문적인 진료를 하는 것도 병원 간의 불필요한 경쟁을 해소하는 방안이 될 것이다.

요 약

의료관광은 현재 급격하게 성장하고 있는 관광의 한 분야이다. 특히 한국은 뛰어난 의료기술로 인하여 선진국으로부터 많은 의료관광객을 유치하고 있고 또한 미래에는 더욱 많은 의료관광객이 한국을 방문할 것으로 예측되고 있다.

의료관광상품의 구성요인으로는 ① 의료관광 인프라시설, ② 관광자원, ③ 음식, ④ 고객맞춤 비용, ⑤ 접객 서비스마인드로 구성되며, 의료관광상품의 분류로는 ① 질병치료 관광상품, ② 미용성형의료 관광상품, ③ 휴양의료 관광상품, ④ 전통의료 관광상품으로 구성된다. 이러한 의료관광상품에 대해서 싱가포르, 인도, 말레이시아, 필리핀 등은 육성을 하고 있고, 우리나라와 우리나라의 지자체에서도 별도로 육성을 시키고 있다.

한국의 의료관광산업을 활성화하기 위해서는 ① 인프라 구축과 우수 의료인력의 확보, ② 법적 정비 및 규제 완화, ③ 시장 확보와 의료관광상품 개발, ④ 선진의료 시스템과의 연계, ⑤ 마케팅, ⑥ 서비스 강화, ⑦ 국내 병의원 간의 과도한 경쟁 지양이 있어야 할 것이다.

연구문제

Q 1 의료관광의 등장배경과 의의를 설명하라.

Q 2 의료관광의 개념을 설명하라.

Q 3 의료관광상품의 구성요인을 설명하라.

Q 4 의료관광상품을 분류하라.

Q 5 외국의 의료관광정책을 설명하라.

Q 6 우리나라와 각 지자체의 의료관광정책을 설명하라.

Q 7 한국 의료관광산업의 활성화 방안을 설명하라.

참고문헌

강한승 · 서병로 · 김기홍, 「의료관광마케팅」, 대왕사, 2010

김도영 · 김맹선(2008), "의료관광 마케팅 전략 모형에 관한 연구", 관광연구저널, 22(2), 261-281, 2008.

백광, "외국의 의료관광 추진현황 및 시사점", 한국관광공사, 2005.

신윤숙, "한국의료관광의 전망과 활성화 방안", 문명연지, 21, 41-70, 2008.

유인평 · 국중을, "의료관광마케팅 연구", 관광경영학회, 12(3), 1-20, 2008.

유지윤, "관광산업 복 · 융합화 촉진방안", 한국문화정책연구원, 13, 2006.

전명숙, "의료관광 활성화 방안 연구", 한국항공경영학회 2007년 추계 학술발표대회, 2007, 225-236.

조구현, "한국 의료관광 활성화 방안에 관한 탐색적 연구", 한국호텔경영학회, 15(4), 189-203, 2006.

한국보건산업진흥원, "보건관광자원 조사 및 상품화 방안 연구", 2002.

황여임, "한국 의료관광시장 확대를 위한 마케팅 전략에 관한 연구", 경희대학교 경영대학원 석사학위논문, 2006.

Connell, J., "Medical Tourism: Sea, Sun, Sand and Surgery", Tourism Management, 27(2006), pp.1093-1100.

Garcia-Altes, M., "The Development of Health Tourism Services", Annals of Tourism Research, Vol. 32, No. 1(2005), pp.262-266.

Goodrich, R., "Socialist Cuba: A Study of Health Tourism", Journal of Travel Research, Vol. 32, No. 1(1993), pp.36-42.

Gupta, A., "Medical Tourism and Public Health. People's Democracy", Vol. 25, No. 7(2004), pp.19-20.

Hall, C. M., Adventure, Sport and Health Tourism, in Weiler, B. and Hall, C. M.(eds), Special Interest Tourism, Bellhaven Press, London, 1992, pp.141-158.

Kulshurestha, T., Detailing a Prescription for Medical Tourism. Financial Express, 2005.

Laws, E., Health Tourism: A Business Opportunity Approach, Ins. Cliff & S. J. Page(eds), Health and the International Tourists, London, Routledge. 1996.

Levett, C., "A Slice of the Action", Sydney Morning Herald, 29 October(2005), p.27.

Medlik, S., Dictionary of Travel, Tourism and Hospitality, British Library Cataloguing in Publication Data, 1996, p.125.

Singh, G., Medical Tourism in India: Strategy for its Development, India Institute of Management, Bangalore, 2003.

Smyth, F., "Medical Geography: Therapeutic Places, Spaces and networks", Progress in Human Geography, 29(2005), pp.488-495.

www.cubanhealth.com.

찾・아・보・기

ㄱ

A

B

C

D

E

F

G

H

I

J

K

L

M

N

저자 소개

하 동 현

- 동국대학교 경영학과(경영학사)
- 미국 Ohio대학교 M.B.A.(경영학석사)
- 세종대학교 경영학박사(마케팅 전공)
- 동국대학교 관광경영학과(부) 주임교수, 학부장(역임)
- 동국대학교 문화관광산업연구소 전 · 현 소장
- 한국호텔관광학회, 한국호텔외식경영학회 부회장 역임
- 한국관광서비스학회, 대한관광경영학회 회장 역임
- 동국대학교 경주캠퍼스 관광대학 학장 역임
- 동국대학교 경영관광대학 교수
- 현재 동국대학교 사회과학계열대학 호텔관광경영학부 교수

■ 연구실적

- 여가와 인간행동, 백산출판사, 2009.
- 호텔경영론(3판), 한올출판사, 2016.
- 호텔객실경영실무, 한올출판사, 2016.
- 소셜네트워크서비스를 통한 지역호텔과 고객과의 정보공유 관계가 경영성과에 미치는 영향, 2016 외 다수

조 태 영

- 동국대학교 불교학과(관광경영학과) 졸업
- 동국대학교 대학원 불교학과 응용불교학 전공(문학석사)
- 동국대학교 대학원 호텔관광경영학과 이벤트경영학 전공(호텔관광경영학박사)
- (주)아미항공 여행사 영업부(역임)
- 현) 한국호텔컨벤션서비스
- 현) 중부대학교 항공서비스학과 겸임교수
- 현) 한국지역문화콘텐츠연구원
- 현) (사)화랑문화진흥회 자문위원
- 저서 : 세계화 시대의 지역축제 경영(기문사, 2008 공저)
  관광학원론(한올출판사, 2014 공저)
- 역서 : 리조트경영론(한올출판사, 2012 공역)
- 논문 : 문화관광체험이 고유성 및 관광만족, 삶의 질에 미치는 영향(박사학위논문) 외 다수

조 영 신

- 동국대학교 대학원 호텔관광경영학 석사
- 동국대학교 대학원 호텔관광경영학 박사
- (주)아시아나항공 캐빈승무원
- 전) 한국방송통신대학교 관광학과 강사
- 전) 중부대학교 항공서비스학과 겸임교수
- 전) 두원공과대학교 항공서비스과 교수
- 현) 서울신학대학교 관광경영학과 교수

관광학원론

초판1쇄 인쇄 2016년 8월 20일
초판1쇄 발행 2016년 8월 25일

지은이 하동현 · 조태영 · 조영신
펴낸이 임 순 재

펴낸곳 **한올출판사**
등 록 제11-403호
주 소 서울특별시 마포구 모래내로 83(성산동, 한올빌딩 3층)
전 화 (02)376-4298(대표)
팩 스 (02)302-8073
홈페이지 www.hanol.co.kr
e-메일 hanol@hanol.co.kr

ISBN 979-11-5685-403-6